LE GÉNÉRAL FAIDHERBE
DE L'INSTITUT

LE SÉNÉGAL

LA FRANCE
DANS L'AFRIQUE OCCIDENTALE

OUVRAGE CONTENANT

18 GRAVURES D'APRÈS LES DESSINS DE RIOU
3 GRAVURES DE THIRIAT D'APRÈS DES PHOTOGRAPHIES
ET 5 CARTES OU PLANS

PARIS

LIBRAIRIE HACHETTE ET Cie

79, BOULEVARD SAINT-GERMAIN, 79

1889

Droits de traduction et de reproduction réservés.

LE SÉNÉGAL

LA FRANCE
DANS L'AFRIQUE OCCIDENTALE

Le Général FAIDHERBE

D'après une photographie de M. Pierre Petit

A

MONSIEUR SCHŒLCHER

SÉNATEUR

EX-MEMBRE DU GOUVERNEMENT PROVISOIRE DE 1848

Cher Maître et ancien Collègue,

Permettez-moi de vous dédier ce livre où il est question de l'esclavage des noirs, à l'émancipation desquels vous avez consacré votre vie entière.

Votre tout devoué

G^{AL} FAIDHERBE

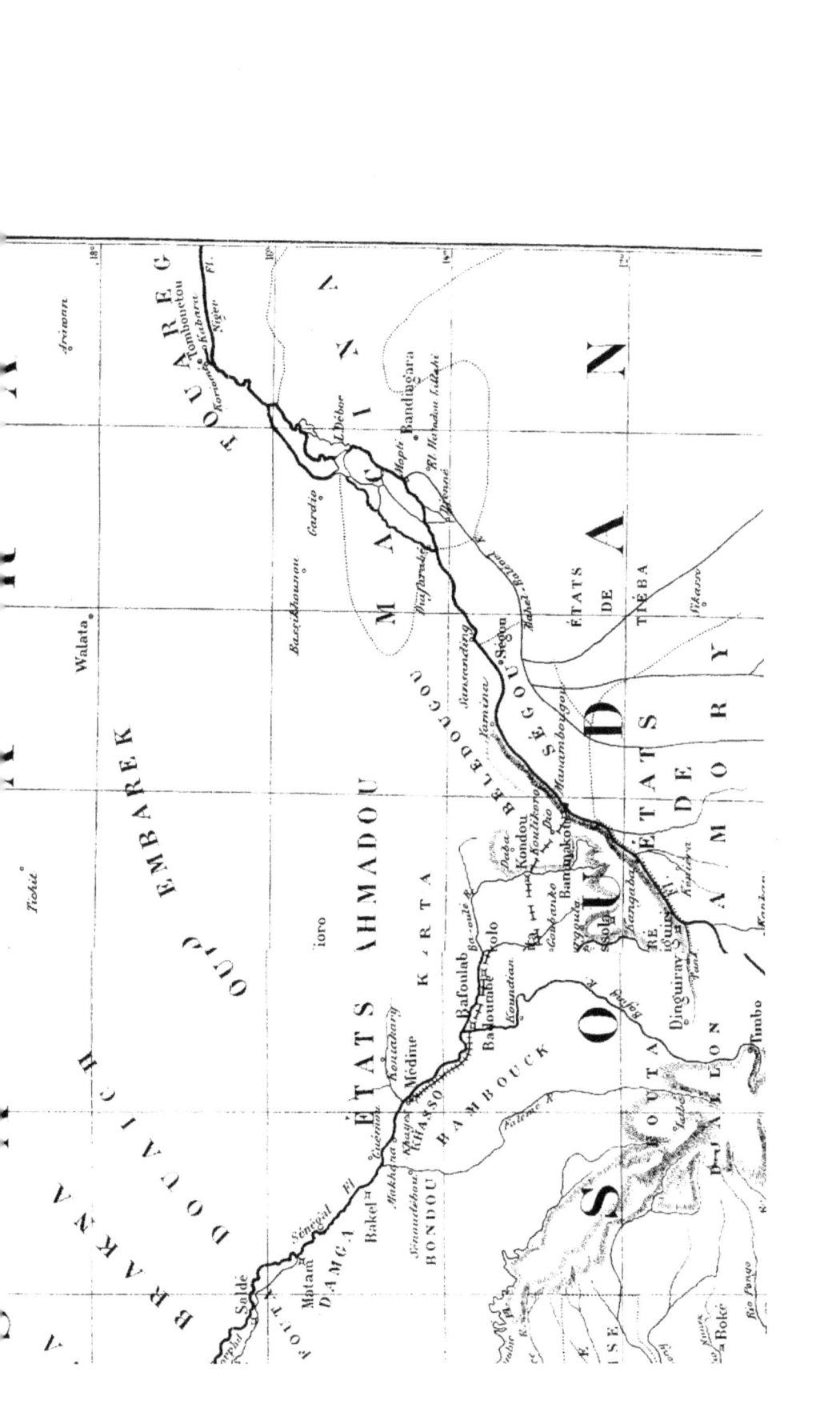

AVANT-PROPOS

Naguère encore la faveur publique paraissait acquise à la colonie du Sénégal, la plus ancienne colonie de la France. On s'intéressait à ce qui s'y passait; on applaudissait à ses progrès. Le gouvernement, de son côté, récompensait largement les services qu'y rendaient, au prix de dangers de toutes sortes, des fonctionnaires capables et dévoués. Depuis quelques années, une réaction, suivant nous injuste, au moins exagérée, semble se manifester contre elle. Ayant gouverné cette colonie pendant de longues années, je ne puis rester indifférent à la polémique qui s'est engagée à son sujet.

Certaines personnes soutiennent que ce pays n'est bon à rien, et que c'est mal à propos que nous y dépensons notre argent, qui pourrait être plus utilement employé, et la vie de nos soldats; il sera suffisamment répondu à cette assertion dans le cours du présent ouvrage.

On incrimine surtout les opérations de ces dernières années; ici je dois donner des explications, dans mon propre intérêt, puisque mes opinions ont été pour quelque chose dans les entreprises désapprouvées.

Il s'agit, comme on le sait, de la pénétration dans l'intérieur du continent et de la construction d'un chemin de fer destiné à relier au Niger le Sénégal navigable.

Étant gouverneur, je me suis montré partisan de la pénétration, comme mes prédécesseurs, Brüe, Bouët-Willaumez, Baudin, etc.; j'ai établi le poste de Médine, non seulement pour protéger toutes nos possessions en arrière, mais aussi comme point de départ pour la marche en avant.

En 1868 j'ai écrit à M. Mage, au retour de son voyage :

Il faut qu'avant deux ans notre drapeau flotte à Bafoulabé, et avant dix à Bammakou, sur le Niger.

Mais voici comment je supposais qu'on s'y prendrait :

La façon dont nous nous étions conduits envers Sambala, roi de Médine, après nous être établis chez lui, l'avait tout à fait rallié à notre cause, et les chefs de certains pays de l'intérieur nous écrivaient pour nous faire connaître leur désir de nous voir nous établir chez eux comme chez Sambala, c'est-à-dire sans les tourmenter, en les défendant contre leurs voisins (même quand ils n'avaient pas tout à fait raison), et en imposant la paix à la contrée.

Je supposais que, le moment propice arrivé, on irait fonder un second établissement où l'on agirait comme il a été dit plus haut.

En un mot, je pensais qu'il ne fallait occuper de points nouveaux qu'après avoir acquis la certitude de pouvoir le faire pacifiquement[1].

---

[1]. J'étais même si loin de supposer que les circonstances politiques nous permettraient d'occuper ces pays en maîtres, que je disais qu'on pourrait consentir à payer aux chefs de la contrée des droits de 5 ou 10 % sur le commerce qui s'y ferait. (Ouvrage de M. Mage, p. 15. Hachette, 1868.)

C'était là mon avis jusqu'en 1870, alors que l'empire fondé par el-hadj Omar était encore puissant dans la contrée comprise entre Médine et le Niger.

Une grosse question à résoudre était celle des transports. La plupart des produits de ce pays, n'ayant qu'une faible valeur intrinsèque, n'auraient pu être importés chez nous que grâce à des moyens de transport très peu onéreux. Or il n'y a que les chemins de fer qui remplissent cette condition.

C'était une grande difficulté, mais on avait le temps d'y réfléchir. Quant à moi, je me gardai bien d'en parler prématurément ; mais si au bout de dix, quinze ans, les produits commerciaux étaient devenus très abondants, c'eût été le moment de chercher et de trouver un mode de transport qui nous permît d'en faire le commerce.

Je quittai la colonie en 1865 et je cessai de m'en occuper officiellement.

Étant à Versailles comme membre du Sénat, en 1879, je reçus la visite de l'Inspecteur général des travaux maritimes, qui m'était adressé par l'amiral Jauréguiberry, alors Ministre de la marine et des colonies.

Je fus stupéfait lorsqu'il m'apprit qu'on allait entreprendre la construction d'un chemin de fer entre Médine et le Niger, en même temps que la construction de postes de protection. Je pouvais à peine le croire ; je lui demandai si l'on avait suffisamment réfléchi aux difficultés d'une pareille entreprise. Il me répondit affirmativement et m'assura que, sur la proposition du gouverneur Brière de l'Isle, le Ministre était complètement décidé à demander des fonds au Parlement, afin qu'on pût se mettre à l'œuvre le plus tôt possible. Il venait me demander des renseignements au sujet des ressources sur lesquelles on pouvait compter dans la contrée, surtout en personnel.

Quand je vis que les choses en étaient à ce point, une grande satisfaction succéda à mon étonnement, car la situation politique avait bien changé depuis quatorze ans : le pouvoir d'Ahmadou, successeur de son père el-hadj Omar, était bien affaibli, et les pays conquis reprenaient l'un après l'autre leur indépendance. Il n'y avait plus réellement d'obstacle sérieux à notre marche en avant entre Médine et le Niger.

Je ne cachai pas à l'Inspecteur général qu'en fait d'ouvriers il n'en trouverait au Sénégal qu'un assez petit nombre, mais suffisamment adroits et faciles à diriger. J'ajoutai qu'en fait de terrassiers et de manœuvres, les indigènes du Sénégal ne me semblaient pas pouvoir lui rendre de grands services, même si leurs chefs les y engageaient. Habitués à l'oisiveté, ils ne font pas, munis d'outils dont ils n'ont pas l'habitude, la dixième partie du travail que produit un de nos terrassiers.

Je déclarai à l'Inspecteur des travaux maritimes que, pour ma part, je pensais qu'on devrait faire exécuter ce chemin de fer par le Génie : un colonel ou lieutenant-colonel comme Directeur, un officier supérieur comme second, pour remplacer le Directeur au besoin, trois ou quatre capitaines et une dizaine d'adjoints.

Le Génie a fait, depuis, ses preuves dans la construction du chemin de fer de Mécheria, et son emploi était déjà, suivant moi, tout indiqué pour le chemin de fer du Niger. Mais précisément à cette époque, et nous ne savons pour quels motifs, on cessa de prêter à la marine des officiers du Génie pour les travaux coloniaux, et les officiers d'artillerie de marine en furent chargés, non pas cependant en ce qui concernait le chemin de fer du Niger.

Malgré mes objections, l'Inspecteur général avait des ordres et il se mit en devoir d'y satisfaire.

Les mesures prescrites par le Ministère de la marine furent vigoureusement exécutées à partir de 1881 par le colonel Borgnis-Desbordes, qui montra immédiatement qu'il était, en ce qui concerne l'occupation du pays et la construction des forts, à la hauteur de la tâche difficile qu'il entreprenait.

On sait qu'en ce qui regarde la construction du chemin de fer, dont le colonel n'eut pas à s'occuper, les résultats ne furent, au contraire, rien moins que satisfaisants.

On ne trouva pas, dès l'abord, d'ingénieurs sérieux pour étudier le terrain, faire les tracés et diriger les premiers travaux. De plus, l'Administration prit mal ses mesures; les envois ne furent pas faits au moment utile; on employa, à grands frais, des Marocains et des Chinois, sans savoir les garantir contre les dangers du climat; une grande quantité de matériel n'arriva pas à destination et fut abandonnée çà et là; bref, à cause de ce désordre, on aboutit en tout à une quarantaine de kilomètres, revenant à un prix ridiculement exagéré.

Au bout de deux ans les détails de l'échec étaient connus, et en 1886 le Parlement, regrettant d'avoir engagé tant d'argent dans cette entreprise, refusa de voter de nouveaux crédits. Il refusa même de donner les fonds nécessaires pour utiliser le matériel déjà transporté sur place.

En 1883 j'adressai au Sénat, dont je faisais partie, la lettre ci-après, où je plaidais la cause de l'entreprise si mal vue par lui :

Mon cher collègue,

Ne pouvant pas prendre la parole à la tribune, j'ai l'honneur de vous envoyer les considérations suivantes sur la question du Haut-Sénégal qui doit vous être soumise à l'occasion du budget extraordinaire.

Étant, il y a vingt-cinq ans, gouverneur du Sénégal, je pensai, comme plusieurs de mes prédécesseurs, que, la colonie exploitant déjà complètement le littoral, son avenir, son développement, étaient dans l'extension de ses relations commerciales vers l'intérieur, vers le fertile et populeux bassin du Niger.

C'est pour cela que j'envoyai la mission Mage étudier sur les lieux la question de la création d'une voie commerciale du Sénégal au Niger, et que je construisis le poste de Médine, point de départ de cette voie.

M. l'amiral Jauréguiberry, gouverneur du Sénégal en 1863, partagea les vues et les convictions de ses prédécesseurs sur cette question. Plus tard, étant ministre de la marine, il se trouva en position de mettre ce projet à exécution, et obtint, à la fin de l'année 1879, un premier crédit de 500 000 francs pour frais d'études et de mission dans le Haut-Sénégal.

En 1880 il présentait aux Chambres un projet d'établissement d'une voie ferrée de Médine au Niger; la dépense était évaluée à 54 millions à répartir en six exercices. La Commission du budget fut d'avis d'en ajourner l'exécution, mais proposa d'accorder un crédit de 1 300 000 francs pour construction de lignes télégraphiques et de postes fortifiés, frais d'études et missions topographiques dans le Haut-Sénégal. Ce crédit fut voté au mois de juillet 1880.

Au mois de février 1881, le Ministre de la marine obtint des Chambres un crédit de 8 552 754 francs pour commencer la construction du chemin de fer de Médine à Bafoulabé, puis, en mars 1882 et en août 1883, de nouveaux crédits, l'un de 7 458 785 francs, l'autre de 4 677 000, pour la continuation de cette entreprise.

Le Parlement, en votant tous ces crédits, adoptait évidemment les projets du Gouvernement.

Aujourd'hui, quelle est la situation ?

Grâce aux troupes de la marine, admirablement conduites pendant trois années successives par le colonel Borgnis-Desbordes, une route protégée par des forts, à une distance moyenne de trente lieues l'un de l'autre, existe entre Médine et le Niger ; ma conception est donc réalisée.

Établis à Bammakou, sur les bords du Niger, nous sommes dès aujourd'hui maîtres d'y naviguer et d'y commercer seuls sur une longueur de sept cents lieues.

Malheureusement, pour le chemin de fer les choses n'ont pas aussi bien marché : d'abord la direction des travaux de tracé et de construction a changé plusieurs fois de mains depuis trois ans ; les envois n'ont pu être faits à des époques convenables pour profiter des crues du fleuve : de là, des retards coûteux, des pertes de matériel et des fatigues suivies de mortalité pour le personnel. En outre, deux années de fièvre jaune sont venues désorganiser tous les services de la colonie.

Il en résulte qu'après plus de deux ans il n'y a qu'une quarantaine de kilomètres d'achevés avec quelques travaux d'art importants.

De là, les attaques dirigées contre le projet lui-même et le vote de la Chambre qui vient de refuser, dans sa séance du 17 décembre 1883, le crédit de 5 300 000 francs demandé par le Gouvernement pour terminer la ligne de Médine à Bafoulabé.

Or ce refus arrive au moment où toutes les difficultés sont surmontées, où la situation politique est bonne, l'état sanitaire également bon, où tout le matériel est transporté sur les lieux, ainsi que plus de deux mille travailleurs pour le mettre en place.

Le Gouvernement va-t-il en être réduit à donner l'ordre de cesser tout travail ?

En tout cas il serait alors obligé de demander un crédit pour nourrir et payer le personnel jusqu'à ce qu'on puisse le rapatrier, ce qu'on ne pourra faire que dans quelques mois.

Devra-t-on abandonner sur place tout le matériel, rails, traverses, locomotives, etc. ?

On a traité d'insensés nos projets sur le Haut-Sénégal. Il n'est pas insensé de chercher des marchés nouveaux pour notre commerce en décadence. Partout où nous sommes en présence de la concurrence étrangère, nous succombons devant les Anglais, les Allemands, les Hollandais, les Américains, dont l'instinct et les aptitudes commerciales sont supérieurs aux nôtres. Au Niger nous serions seuls pour un immense champ d'exploitation. Nous en tenons la seule porte et nous n'avons pas à y craindre des difficultés avec les autres puissances, comme cela arrive partout ailleurs.

On a nié qu'il y eût un marché à exploiter dans ces régions; comment peut-on dire cela d'un pays très peuplé et d'une fertilité exceptionnelle comme le sont nécessairement des plaines situées dans la zone intertropicale et arrosées par de nombreux cours d'eau.

Dans son dernier rapport, le commandant de Kita a dit que le maïs qu'il avait fait planter autour de son poste avait atteint plus de trois mètres de hauteur.

Ces pays ne produisent aujourd'hui que pour leur consommation parce qu'ils n'ont pas de débouchés. C'est à peine s'ils exportent un peu d'or et d'ivoire, et des plumes d'autruche, marchandises d'un transport facile et qui ne sont pas encombrantes. Chaque famille y cultive, autour de sa case, du mil et des arachides pour se nourrir; elle trouve sur les arbres voisins le beurre végétal comme condiment; elle recueille le miel et la cire pour son usage; elle cultive du coton qu'elle file et tisse pour ses vêtements, et de l'indigo pour les teindre, et enfin du tabac.

L'indigène, pour produire tout cela, travaille peut-être la valeur d'un mois par an; s'il trouvait à vendre les produits de son travail, il défricherait et produirait sans doute quatre fois plus, comme cela a lieu depuis trente ans à la côte, depuis qu'on y achète les arachides qu'un millier de navires vont y charger annuellement; le Soudanien pourrait alors se procurer ce qui lui manque : des armes, de la poudre, des chevaux, des objets de toilette, des liqueurs et surtout du sel, marchandise d'une valeur infime, et qui, dans le Soudan, se paye le centuple de ce qu'elle nous coûte.

Niera-t-on que le pays soit très peuplé? Nous avons les assertions de tous les voyageurs qui ont parcouru le Soudan, Mungo-Park, Caillé, Barth; et, sans reculer si loin, il suffit de s'en rapporter aux derniers explorateurs, Mage, Soleillet et Gallieni.

Mage a signalé une trentaine de villages sur les bords de la partie du Niger qu'il a suivie en pirogue; il n'avait fait qu'une vingtaine de lieues; cela donne entre les villages une distance de deux tiers de lieue.

Gallieni, du point où il a passé le Niger, à Nafadié, jusqu'à Nango, a marqué sur sa carte plus de vingt villages pour une longueur de vingt-cinq lieues, ce qui donne une distance moyenne de cinq kilomètres entre les villages.

On est donc en droit d'assurer que la vallée du Niger est très peuplée.

Je reconnais qu'une fois la ligne de Médine à Bafoulabé terminée pendant la prochaine campagne, il serait avantageux de confier à l'industrie privée la construction du reste de la ligne jusqu'au Niger.

On trouverait peut-être une Compagnie qui s'en chargerait à ses frais, à condition d'avoir le monopole de son usage, ce qui l'amènerait nécessairement à avoir le monopole du commerce du Niger; mais cela conviendrait-il à nos idées actuelles?

Il vaudrait mieux offrir à une Compagnie la garantie d'intérêt, et que le chemin de fer servît à tout le monde.

En résumé, il ne semble pas possible que le Parlement persiste à refuser les fonds nécessaires pour terminer la ligne commencée jusqu'à Bafoulabé, et que le Gouvernement renonce à son projet; ce serait mériter les reproches d'inconstance, de légèreté, d'incapacité à coloniser qu'on a l'habitude de nous adresser. Comme cela entraînerait probablement l'abandon de nos postes au-dessus de Médine, les conséquences politiques d'une pareille reculade pourraient être désastreuses pour notre domination au Sénégal et mettraient à néant notre prestige dans toutes nos possessions africaines. Enfin, cela serait justifier les paroles du voyageur autrichien Lenz, qui, après son retour par le Sénégal de son voyage à Tombouctou, a écrit et dit dans ses diverses conférences en Europe et à moi-même : « L'idée de la construction d'une voie ferrée du Sénégal au Niger est grandiose ; les résultats en seraient magnifiques ; mais il y a de grandes difficultés à vaincre, et les Français auront-ils assez de persévérance et d'esprit de suite pour mener à bonne fin une pareille entreprise ? »

Paris, le 28 décembre 1885.

Le Général FAIDHERBE,
Sénateur.

Le Parlement persista dans son refus ; mais le colonel Gallieni, pendant son commandement du Haut-Fleuve, en 1887-1888, parvint à mettre le matériel en place, au moyen de quelques fonds d'entretien et de corvées indigènes consenties par les chefs. Il compléta la ligne jusqu'à Bafoulabé, de sorte qu'il put avoir la satisfaction de dire qu'il avait été de Khayes à Bafoulabé en chemin de fer ; mais ce n'est pas bien sérieux, et il n'y a guère qu'un tiers de la ligne qui soit dans des conditions acceptables.

Tout cela sera du reste développé par la suite.

L'état de ma santé ne m'aurait pas permis de mener à bonne fin le travail que je livre aujourd'hui au public, si MM. les capitaines Bizard et Brosselard, et surtout M. le capitaine Ancelle, ne m'avaient pas apporté leur aide, pour laquelle je leur adresse ici mes sincères remerciements.

Chemin de fer de Khayes a Bafoulabé. — Station de Khayes.

D'après une photographie.

LE SÉNÉGAL

LA FRANCE DANS L'AFRIQUE OCCIDENTALE

PREMIÈRE PARTIE

ESCLAVAGE — COMPAGNIES PRIVILÉGIÉES

Ce n'est pas une histoire complète et suivie de nos établissements à la côte occidentale d'Afrique que nous avons voulu faire; nous ne pourrions tout au plus avoir cette prétention que pour les trente-cinq dernières années. En ce qui regarde les temps antérieurs, c'est plutôt un tableau, souvent anecdotique, et autant que possible tracé par les contemporains, que nous donnons à nos lecteurs; nous avons cru que cela intéresserait plus que le récit détaillé d'événements qui datent de plusieurs siècles. Il n'en est pas de même des événements contemporains.

Tout le monde sait aujourd'hui que la partie occidentale de l'Afrique boréale présente trois zones bien distinctes par leur orographie et leur climatologie : le Tell[1] ou Berbérie[2], le Sahara[3] et le Soudan[4].

Ces contrées offrent bien entre elles les contrastes les plus remarquables; il n'y a rien, par exemple, de plus dissemblable au monde que la Berbérie et le Soudan, quoiqu'il ait plu aux géographes de les réunir sous le nom d'Afrique; ce nom ne servait primitivement qu'à désigner un petit canton de l'antique Libye, situé dans la Tunisie actuelle.

Le Tell, qu'on appelait autrefois les États barbaresques, c'est-à-dire le Maroc, l'Algérie, la Tunisie et Tripoli, est un pays comparable à l'Espagne, à la Provence, à l'Italie, à la Grèce et à l'Asie Mineure, mais ce n'est pas le mystérieux pays des monstres et des merveilles. En un mot, on est là dans une presqu'île de l'Europe, dont, d'après la Fable, Hercule, le Lesseps du temps, aurait percé l'isthme entre Ceuta et Gibraltar.

Non, ce n'est pas la Méditerranée, mais bien le Sahara qui sépare là deux parties du monde, et cette barrière est plus sérieuse qu'une mer.

Ce que nous avançons est démontré par l'identité du ciel, des saisons, des sites et des productions sur tout le pourtour de la Méditerranée.

S'il faut entrer dans des détails, au nord du Sahara, dans le Tell, on a les quatre saisons, comme en Europe : l'hiver, quelquefois rude, qui revêt les montagnes d'un

---

1. Tell, ce mot désigne la partie cultivable de la Berbérie. Vient-il du latin tellus ?

2. Berbère est le mot adopté aujourd'hui pour désigner la race autochtone du nord de l'Afrique.

3. Sahara, mot d'origine douteuse, mais probablement arabe, désignant le désert.

4. Soudan, par abréviation pour Bled-es-Soudan (pays des Noirs); l'adjectif Soudani (au pluriel Soudan) veut dire « noir » en arabe.

beau burnous blanc; le printemps, où tout renaît et chante, où tout est vert et fleuri; l'été, pendant lequel de belles moissons de blé et d'orge ondulent au souffle du siroco comme une mer houleuse au lendemain d'une tempête; et enfin l'automne, l'aride automne, avec ses tourbillons de poussière incommode.

De l'autre côté du Sahara, dans la Sénégambie, il n'y a au contraire que deux saisons : la saison sèche, de novembre en juillet, où la chaleur est presque supportable, quand ne souffle pas le vent du désert, et pendant laquelle il ne pleut jamais : huit mois sans une goutte d'eau ! et la saison des pluies, qu'on appelle l'hivernage. Cette dernière est la saison des chaleurs excessives et des fièvres pernicieuses, des calmes étouffants, interrompus par des pluies torrentielles et de violents orages.

Donc, pas le moindre rapport entre les deux climats, et, par suite, différence totale dans les productions naturelles.

En effet, au nord du Sahara, comme dans tout le bassin méditerranéen, on est dans le pays des roses, des genêts, des myrtes et de l'aubépine; les vignes, les oliviers, les amandiers et les figuiers couvrent et ornent les coteaux; les plaines, ce sont des champs de céréales ou bien des prairies émaillées de fleurs, où paissent de nombreux troupeaux de moutons aux riches toisons; les rivières ne sont guère que des torrents trop souvent à sec.

Au sud du Sahara, rien de tout cela. Il y a bien des moutons, mais au lieu de laine ils ont du poil sans valeur. Là, peu de fleurs ou des fleurs sans parfum; une variété infinie d'oiseaux, parés des plus brillantes couleurs, mais qui, en général, ne chantent pas; d'immenses cours d'eau, comme le Sénégal, le Niger, la Gambie, etc., peuplés de monstres tels que les hippopotames, les lamantins et les crocodiles; des forêts vierges où l'on remarque entre autres arbres énormes le baobab, dont le tronc atteint, mais exceptionnellement, trente mètres de tour, le bombax et le tamarinier, ces géants du règne végétal, qui abritent sous leur ombre les géants du règne animal, l'éléphant et la girafe.

Enfin, pour en venir au contraste le plus frappant peut-être : au nord du Sahara, l'homme blanc, actif, industrieux, tenace, qui lutte contre la nature et en modifie souvent les lois; au sud du Sahara, l'homme noir, qui, dans son apathie, se soumet à elle en esclave, et envers qui les peuples civilisés ont été bien coupables, l'homme noir, naturellement bon, d'une intelligence comparable à celle de bien des races blanches, mais qui, manquant de caractère, c'est-à-dire de force de volonté, de prévoyance et de persévérance, sera toujours à la merci des races mieux douées que lui sous ce rapport avec lesquelles il se trouvera en contact.

Les côtes de ces contrées furent connues très anciennement des Phéniciens, qui allaient chercher la pourpre dans l'île de Madère et établirent des comptoirs sur le littoral.

On peut citer pour exemple Hannon, qui, 500 ans avant Jésus-Christ, alla jusqu'au delà du Tropique et rapporta les peaux des gorgones, qu'il appelle des femmes sauvages, et qui devaient être des chimpanzés. (Le radical *gor* signifie « homme » dans plusieurs dialectes nègres de cette partie de l'Afrique, et les singes sont appelés hommes sauvages dans beaucoup de langues des pays où il s'en trouve.)

Plus tard, les Grecs et les Romains fréquentèrent aussi ces contrées, et enfin vint le tour des peuples de l'Europe occidentale.

Dès le quinzième siècle, les Portugais, les Hollandais,

les Espagnols, les Anglais et les Français envoyaient des navires faire du commerce avec les populations de la côte africaine.

Aujourd'hui l'autorité de la France s'étend depuis le cap Blanc jusqu'à la rivière de Malicoury (Mellacorée), en exceptant les possessions portugaises, dont la capitale est Boulam, et les possessions anglaises de la Gambie, dont le chef-lieu est Sainte-Marie-de-Bathurst.

Quant aux possessions portugaises, elles viennent d'être l'objet d'un arrangement entre la France et le Portugal, qui nous cède son comptoir de Zighinchor, dans la Casamance. La délimitation des frontières entre nos possessions et la Guinée portugaise a été faite en 1888 par une commission composée de plénipotentiaires des deux nations. Le commissaire français était M. le capitaine d'infanterie Brosselard.

La Gambie n'a nulle importance pour les Anglais, à cause de l'avance considérable qu'a sur elle notre colonie du Sénégal ; presque tout le commerce y est entre les mains de Français.

Il en est de même de la Guinée portugaise.

Si les nations civilisées s'entendaient charitablement quand il s'agit de porter la paix et la civilisation dans des contrées sauvages, au lieu de se contrecarrer par des rivalités souvent mesquines, ces deux puissances nous céderaient par vente ou par échange ces comptoirs enclavés dans nos possessions. Celles-ci formeraient alors à la côte occidentale d'Afrique un tout, un ensemble considérable, ce qui nous rendrait plus facile à atteindre le but humanitaire que nous y poursuivons. Du reste, il a déjà été maintes fois question de cette cession, surtout pour la Gambie. Les amis de l'humanité doivent faire des vœux pour sa réussite.

Sur le territoire soumis à l'autorité française on trouve :

La ville de *Saint-Louis*, 20 000 habitants, chef-lieu de la colonie, siège de la cour d'appel, de la préfecture apostolique, du conseil général, de la chambre de commerce, résidence du gouverneur et du commandant des troupes, etc.;

Dakar, excellent port, commune, point de relâche des Messageries maritimes, 2 000 habitants;

Rufisque, commune, chambre de commerce, 7 000 habitants;

Gorée, commune, dans une petite île près de la côte, 2 000 habitants;

Kaolakh, dans la rivière Saloum;

Carabane, *Zighinchor*, *Sedhiou*, dans la Casamance;

Boké, dans le rio Nuñez;

Boffa, dans le rio Pongo;

Benty, dans la Mellacorée.

Vers l'intérieur, par le Sénégal, on trouve *Richard-Toll*, *Mérinaghen*, *Dagana*, *Podor*, *Aéré*, *Saldé*, *Matam*, *Bakel*, *Khayes*, *Médine*, *Bafoulabé*, *Badoumbé*, puis *Kita*, *Koundou*, *Niagassola*, entre le Sénégal et le Niger;

Bammakou et *Siguiri*, sur le Niger.

Enfin un point doit être occupé entre Siguiri et Benty pour fermer le circuit.

Les populations de ces contrées sont les Maures Trarza, Brakna, Douaïch, etc., sur la rive droite du Sénégal, qui sert de limite entre eux et les races noires. Celles-ci sont les Wolof, les Serrère, les Toucouleurs, les Poul, les Soninké, les Manding, etc., etc.

Les plus civilisés sont les habitants de nos villes Saint-Louis, Gorée, etc., en majorité wolof, qui de père en fils ont vécu au contact des blancs. Ces noirs ont, comme tous les hommes, des défauts et des qualités. Ils sont braves, dévoués, mais nonchalants et superstitieux; ils deviennent de jour en jour plus éclairés.

Malheureusement le commerce auquel se livraient les premiers navigateurs qui visitèrent ces contrées et les premiers colons qui s'y établirent, consistait surtout en achats d'esclaves pour en faire des travailleurs dans les colonies d'Amérique.

Ce commerce, contre nature par lui-même, se faisait dans des conditions si révoltantes, qu'il finit, comme on le sait, par soulever la réprobation générale, de sorte que, dans ce siècle, l'Angleterre et la France, spécialement, se donnèrent beaucoup de mal et dépensèrent beaucoup d'argent pour en supprimer les restes.

On le supportait à ces époques reculées, parce qu'on n'en connaissait pas les circonstances odieuses; ceux qui en profitaient laissaient croire qu'ils s'y livraient uniquement par zèle religieux et pour sauver les âmes des malheureux noirs.

De nos jours, depuis que la côte occidentale d'Afrique est occupée presque complètement par les puissances européennes, la lutte entre celles-ci et les Arabes qui font la traite des nègres est localisée dans la partie orientale du continent.

L'intervention de l'Allemagne comme nouvelle puissance maritime y complique beaucoup la question.

Mgr Lavigerie, archevêque d'Alger, s'est mis aussi à la tête d'une ligue antiesclavagiste.

Le commerce de la traite était abandonné à des Compagnies privilégiées, qui, entre 1626 et 1719, c'est-à-dire pendant quatre-vingt-treize ans, furent successivement :

De 1626 à 1664, la Compagnie normande, ou association de marchands de Dieppe et de Rouen;

De 1664 à 1673, la Compagnie des Indes occidentales ;
De 1673 à 1682, la Compagnie d'Afrique ;
De 1682 à 1695, la Compagnie du Sénégal ;
De 1695 à 1709, la Compagnie du Sénégal, cap Nord et côte d'Afrique ;
De 1709 à 1719, la Compagnie du Sénégal.

Sur vingt directeurs de ces Compagnies, dix moururent au Sénégal après quelques années seulement de séjour ; ce furent : MM. Thomas Lombart, de Soussy, Mésineau, Raguenet, du Boulay, de Richemont, Jacques Fumechon, Chambonneau, Mustellier, de Richebour.

Nous allons donner au sujet de la traite des nègres un épisode intéressant arrivé dans nos établissements du Sénégal à la fin du dix-septième siècle.

Il y eut à cette époque un changement de dynastie dans le Cayor, dont dépendait alors le Baol. Le chef de la nouvelle dynastie, qui porte le nom de Gueidj, était Latir-Fal Soucabé. Après lui régna son fils Maïssa-Tend, qui eut à défendre son trône contre un descendant de l'ancienne dynastie, nommé Mahaoua.

Ce dernier, après avoir essuyé plusieurs défaites, était découragé et décidé à renoncer à ses prétentions.

Un jour, il se reposait, couché sur le sable, et réfléchissait à sa destinée ; il avait près de lui un canari plein d'eau (vase aux flancs arrondis). Il vit une de ces énormes grenouilles (ou plutôt crapauds) que l'on rencontre au Sénégal, attirée par l'instinct de la soif, s'approcher du vase pour tâcher de boire. Naturellement, le malheureux batracien ne put grimper ; à son premier effort, il roula sur le dos ; il recommença dix, quinze, vingt fois, toujours avec le même résultat. Mahaoua l'observait avec intérêt ; il crut que l'animal renonçait à son entreprise, mais loin de là ; lorsque celui-ci eut repris un peu de force, il recommença ses assauts sans être plus heureux. Nouveau repos, puis nouveaux assauts, et cela dura plusieurs heures. Mais enfin, par un effort suprême, étant parvenu à accrocher une de ses pattes au bord du col, l'animal tomba dans l'eau et s'en donna à cœur joie.

« C'est une leçon que Dieu me donne », s'écria Mahaoua, et aussitôt il se mit à recruter quelques partisans et à recommencer les hostilités. Il parvint à recouvrer son titre de Damel, après avoir surpris dans son village un des principaux lieutenants de Maïssa-Tend, nommé Fara-Caba, chef du village de Caba, dans le Baol, et commandant aux meilleurs guerriers du parti des Gueidj.

Il le tua et fit prisonniers la plupart de ses gens.

Comme d'habitude, il alla les vendre à nos traitants de Gorée.

Ce qui suit, à leur sujet, est extrait d'un ouvrage imprimé à Amsterdam en 1789, et dont l'auteur, désigné par les seules initiales M. P. D. P., avait été ancien conseiller au conseil souverain du Sénégal, ensuite commandant du fort Saint-Louis de Gregoy, au royaume de Juda (Ouidah), et enfin gouverneur pour le roi de la ville de Saint-Dié-sur-Loire.

La majeure partie des prisonniers fut vendue, au nombre de près de cinq cents, en plusieurs fois ; mais cette victoire pensa coûter cher à tous les blancs qui se trouvaient dans l'île.

L'usage, dans cette île, est qu'à mesure que l'on traite des captifs, de quelque nation qu'ils soient, on les met au *collard* deux à deux, en attendant qu'on ait occasion de les embarquer.

Ce collard est une chaîne de fer de cinq à six pieds de long. On tient à un des bouts un collier de fer plat, et qui s'ajuste autour du col. Il se ferme et se *goupille* de manière que ces captifs ne peuvent l'ouvrir sans outils ; on a grand soin de n'en point laisser à leur disposition.

En cet état, libres de leurs bras et de leurs jambes, ils sont conduits au travail par un, deux ou trois maîtres de langue, suivant la quantité qu'ils sont ; on les occupe souvent à casser des roches pour bâtir, à les transporter d'un lieu à un autre, ou à lever des terres, rouler des barriques d'eau, décharger les canots, les chaloupes ; le soir, revenus du travail, après leur repas, on les enferme dans une captiverie, située dans la cour du fort.

Les cinq cents captifs, dont j'ai parlé plus haut, abhorrant la captivité plus que tous les autres peuples leurs voisins, après avoir pris connaissance du fort et de l'île, y complotèrent une révolte formée avec intelligence, très bien tramée, et qui ne pouvait manquer de réussir, sans un jeune enfant de onze à douze ans qu'on avait mis à la captiverie, les fers aux pieds, pour le punir de quelques petits vols qu'il avait faits. Cet enfant était couché, lors du complot, sur un cuir de bœuf, comme s'il eût dormi ; mais, comme il s'était réveillé, il entendit tous les arrangements de la révolte, qui devait s'exécuter le jour même, à six heures du soir, en rentrant du travail. Ce projet ne pouvait manquer de réussir si cet enfant ne nous eût pas fait appeler le matin, après que les captifs furent sortis, pour nous révéler le complot projeté. Voici de quelle manière il devait s'exécuter :

Le soir, en rentrant, le tiers des révoltés devait se jeter brusquement sur le corps de garde qui est à la porte du fort, s'emparer des armes des soldats, posées sur leurs râteliers, tuer les dix ou douze soldats de garde, qui ne s'y seraient point attendus ; pendant laquelle opération un autre tiers des révoltés entrerait dans le fort, s'emparerait du magasin aux fusils, de la salle d'armes, de la poudrière, etc. ; et pendant cette expédition, le dernier tiers devait se rendre au village et se disperser, pour massacrer tous les blancs et autres qu'ils rencontreraient, afin que, rien ne s'opposant plus à leurs projets, maîtres du fort et de l'île, ils pussent tous s'armer de chacun un fusil, poudre, balles, emporter les marchandises les plus fines et les plus précieuses, et de moindre volume, et enfin descendre ensuite au bord de la mer, s'embarquer dans les chaloupes pontées, canots et pirogues qu'ils y trouveraient, et passer de suite à la Grande-Terre, d'où ils auraient gagné facilement le pays où leur jeune roi détrôné s'était réfugié. Ils n'auraient couru aucun risque d'être attaqués en chemin, étant bien armés et non attendus.

Cette révolte, si bien concertée, ne manqua d'avoir son exécution que par leur défaut d'attention à n'avoir pas aperçu l'enfant couché auprès d'eux, ainsi qu'il vient d'être dit. Sans ce bonheur, nous étions tous perdus, et eux au comble de leurs vœux. C'est ainsi que la fortune se joue souvent des projets les mieux concertés des faibles mortels, et souvent leur prépare des dangers ou les en garantit.

Aussitôt que nous fûmes informés de cette conspiration, pendant que les captifs étaient dehors, au travail, l'on fit tripler la garde, avec ordre d'être sous les armes, la baïonnette au bout du fusil, lorsque les captifs rentreraient. On eut soin de ne les faire avancer au fort qu'en plusieurs bandes. Le reste de notre garnison se mit sous les armes, avec quatre petites pièces de canon chargées à mitraille, braquées sur l'endroit par où devaient rentrer ces noirs dans le fort; de manière qu'en approchant du corps de garde il ne leur fut pas difficile, en voyant cinquante autres soldats sous les armes, de s'apercevoir que leur projet était éventé et manqué. Ils rentrèrent donc, à l'ordinaire, et l'instant d'après, entourés de plus de cent fusiliers, on leur fit mettre les fers aux pieds, bien goupillés, et même des menottes à ceux que l'on croyait les plus déterminés. En cet état, ils furent renfermés dans la captiverie, avec une sentinelle à la porte.

Le lendemain matin, le commandant de l'île les fit tous assembler dans la cour du fort, et s'adressa particulièrement aux deux ou trois chefs de la révolte, qu'on savait être des grands de leur pays, pour leur demander s'il était vrai qu'ils eussent projeté, la veille, de massacrer tous les blancs de l'île. A cette première question, qui leur fut faite devant tout le monde, les deux chefs, loin de nier le fait, ni chercher des faux-fuyants, répondirent avec hardiesse et courage que rien n'était plus vrai, qu'ils devaient ôter la vie à tous les blancs de l'ile, non pas par haine pour eux, mais bien pour qu'ils ne pussent s'opposer à leur fuite et au moyen qui leur était offert d'aller rejoindre leur jeune roi ; qu'ils avaient tous la plus grande honte de n'être pas morts les armes à la main sur le champ de bataille, pour lui ; mais qu'actuellement, puisqu'ils avaient manqué leur coup, ils préféraient la mort à la captivité. A cette réponse vraiment romaine, tous les autres captifs crièrent d'une voix unanime : *Dé que la! dé que la!* (Cela est vrai! cela est vrai!).

La réponse de ces deux captifs à l'interrogatoire qui venait de leur être fait était trop claire pour qu'il fût nécessaire de leur faire d'autres questions. Le Conseil de la Direction s'assembla pour délibérer sur ce qu'il y avait de mieux à faire dans cet événement. Pour donner un exemple à tout le pays, il fut décidé que les deux chefs de la révolte seraient mis à mort le lendemain, devant tous les captifs et les gens de l'ile assemblés, de la manière suivante :

Le lendemain, on fit assembler tous les captifs dans la *savane*. On en fit former un rond ovale, ouvert par un bout. Vis-à-vis de cette ouverture, on fit placer deux petites pièces de canon chargées non à boulet, mais de la seule *bourre*, nommée le *vallet*; enfin, à l'extrémité de cette ouverture, les deux chefs de la révolte y furent placés, et, tirés par le maître canonnier, et avec la seule bourre de canon, ces malheureux furent jetés morts à quinze pas d'où ils avaient été canonnés.

Tous les autres captifs, frappés d'un exemple aussi terrible de sévérité, rentrèrent à la captiverie dans la plus grande consternation. Si cette exécution paraît terrible et inhumaine, elle est une suite nécessaire du commerce infâme que presque tous les Européens font dans ces contrées, et sur lequel je me permettrai quelques réflexions à la fin de cet ouvrage.

Je crois intéressant de rapporter ce qui est arrivé aux cinq cents captifs dont les deux chefs furent suppliciés, quoiqu'ils pensassent en vrais Romains.

Après que leurs tentatives furent découvertes, il nous arriva un vaisseau de la Rochelle, appartenant à M. *Bacot*, négociant de cette ville, capitaine *Avrillon*, frété par la Compagnie des Indes pour apporter des approvisionnements au Sénégal, et pour prendre ensuite un chargement de noirs que nous avions ordre de lui donner pour faire son retour, et de toute la quantité qu'il en pourrait prendre. En conséquence, le jour pris pour embarquer cette cargaison de noirs, on les marqua, suivant l'usage, de la marque de la Compagnie, sur l'épaule, ou au bras, ou à la cuisse. Je me rappelle que chaque fois que je reconnaissais que les captifs destinés à être embarqués l'après-midi provenaient des cinq cents captifs révoltés, je les faisais apercevoir au capitaine *Avrillon*, en lui conseillant de les tenir bien enferrés, s'il ne voulait lui-même éprouver une révolte ; il me répondit, avec le ton d'un homme qui aime à paraitre n'ignorer de rien, qu'il en avait bien conduit d'autres, quoique certainement il n'eût jamais connu les noirs de cette nation.

Enfin, il les embarqua tous, et partit ; mais le deuxième ou troisième jour après être en mer, il eut l'imprudence d'en faire déferrer quatorze ou quinze, et de les mettre sur son pont à manœuvrer, pour soulager, disait-il, son équipage. Ces nègres déferrés ne manquèrent pas de ramasser tous les clous et les ferrements qu'ils purent trouver dans le navire ; ils les donnèrent furtivement à leurs camarades, avec lesquels ils trouvèrent le moyen de se déferrer dans une seule nuit. Le sixième jour du départ du navire, le capitaine *Avrillon* paya cher d'avoir négligé les avis que je lui avais donnés. En allant, à la pointe du jour, de sa chambre pour se rendre sur le gaillard d'avant, il fut empoigné par la jambe par un bras vigoureux qui le tira de dessus le passe-avant et le fit tomber sur le pont, où tous les captifs étaient déjà montés, les fers aux pieds en apparence, mais sans goupilles. Le capitaine fut assommé à l'instant à coups de boulons des fers des captifs.

Au premier cri qu'il fit d'abord, un de ses officiers vint à son secours avec cinq de ses matelots, qui tous furent assommés en un instant. Si dans ce moment une partie des nègres déferrés étaient montés sur le gaillard de derrière, ils se seraient trouvés entièrement maîtres du navire ; mais le reste de l'équipage consistait en vingt-deux ou vingt-quatre hommes ; éveillés par le bruit, voyant tous les captifs déferrés, ils eurent la présence d'esprit de sauter sur la porte de la cloison à claire-voie, qui sépare les nègres du gaillard de derrière, et de courir au coffre d'armes, d'en prendre les fusils et les pistolets, de les charger, et de tirer, toujours à balles, sur les captifs révoltés, et particulièrement sur ceux qui, plus alertes et plus ingambes, cherchaient à monter le long des manœuvres du navire, pour franchir l'obstacle de la cloison à claire-voie et s'emparer des blancs, qu'ils savaient être en très petit nombre; mais chaque nègre qui se trouvait prêt à passer par-dessus était décoché, jusqu'à bout portant, par une balle de fusil qui le faisait tomber; mais il était aussitôt remplacé par un ou plusieurs autres à la fois, sans qu'ils fussent effrayés. Cela dura près d'une heure; ils se succédaient les uns aux autres par différents cordages et éprouvaient le même sort. On ne tirait point sur le gros de la cargaison, plus pour ménager le bien de l'armateur que par humanité. La rage des révoltés à prétendre passer par-dessus la barrière augmenta si fort, malgré la mort qui les attendait, que voyant que rien ne les rebutait, l'officier resté commandant sur le gaillard de derrière, craignant de n'avoir pas le temps de charger ses armes, se décida à faire tirer à mitraille deux petits canons qu'on tient toujours en chandelier dans la claire-voie de la cloison, et toujours pointés sur le pont, où l'on tient les nègres dans le jour.

Ces deux coups de canon, chargés de beaucoup de mitraille, tuèrent un si grand nombre de ces malheureux, que le reste se jeta en pagaille dans l'entrepont. Lorsqu'il ne parut plus un seul noir, l'on vint fermer les panneaux des écoutilles. l'on compta les morts, qui montaient à deux cent trente, non compris sept blancs, qui furent tous jetés à la mer. Que l'on juge présentement du coup d'œil affreux d'une si horrible boucherie!

Cette troisième catastrophe est encore une suite de cet infâme commerce, dont je ne peux dire trop de mal. Je me permettrai d'en parler dans une autre occasion.

Je reviens à la narration de ce navire révolté, de M. Bacot, de la Rochelle. Il a continué sa route, s'est rendu en Amérique, y a vendu le restant de sa cargaison à un prix si avantageux, que la Compagnie des Indes nous a marqué qu'il avait mis au pair, c'est-à-dire qu'il n'avait rien perdu sur son voyage.

Sans nous étendre sur toutes les réflexions auxquelles

pourrait donner lieu ce récit dramatique, bornons-nous à faire observer que l'immense majorité des esclaves nègres transportés pendant plusieurs siècles d'Afrique en Amérique se recrutait dans les classes non guerrières des populations.

Quand un chef nègre fait une expédition de guerre pour fournir aux commandes des acheteurs d'hommes, les noirs guerriers se font tuer ou s'échappent, et ce sont les masses non guerrières qu'on ramasse pour les vendre. C'est ce qui explique comment ces noirs supportent en général l'esclavage avec résignation.

Il n'en eût pas été de même si les négriers avaient eu souvent à porter en Amérique des cargaisons de la nature de celle dont il vient d'être question; et si l'on avait pu suivre les traces de ceux de ces *tiédo* qui survécurent à leur double révolte, on aurait certainement trouvé qu'ils ne supportèrent pas l'esclavage sans protestations, et que beaucoup d'entre eux allèrent augmenter le nombre de ces nègres marrons qui faisaient le désespoir des colonies.

En effet, ces tiédo sénégambiens sont souvent des hommes indomptables, et on en a vu un, il y a quelques années, à Saint-Louis, repris après maintes évasions d'une audace inouïe, rester dix jours sans boire et sans manger, parce qu'on lui avait enchaîné les mains et qu'il ne voulait pas, disait-il, laper comme un chien. On finit par lui détacher les mains à l'heure du repas, pour lui sauver la vie, et on l'envoya à la Guyane.

Ceux qui pratiquaient la traite des nègres n'étaient pas sans courir quelques dangers.

Les infamies qu'ils commettaient en enlevant eux-mêmes, dans les villages, les noirs que les chefs leur avaient vendus, et même en retenant prisonniers, par trahison, ces chefs venus avec confiance à leur bord, les exposaient parfois à des représailles.

Le Père Labat, de l'ordre des Frères Prêcheurs, nous a laissé un ouvrage sur le Sénégal, paru en 1728 sous le titre de *Nouvelle Relation de l'Afrique occidentale*.

Le Père Labat n'avait pas vu ces pays, et il composa son ouvrage d'après les notes de M. Brüe, ce célèbre directeur de la Compagnie du Sénégal, puis de la Compagnie des Indes, l'homme le plus remarquable de tous ceux qui ont dirigé les affaires de ces établissements pendant les dix-septième et dix-huitième siècles.

C'est de cet ouvrage que nous extrayons ce qui suit :

Le sieur Brüe avait toujours entretenu une étroite correspondance, depuis qu'il était en Afrique, avec Linguère, mère du Damel Latir-Fal Soucabé, roi du Cayor. Il avait connu cette princesse la première fois qu'il alla voir Latir-Fal Soucabé. Il avait reconnu qu'elle était bienfaisante, généreuse, populaire, extrêmement obligeante, et que par son autorité elle empêchait une partie des violences et des extorsions de son fils.

Le sieur Brüe lui avait fait quelques présents qui lui avaient extrêmement plu, et elle en avait toujours été si reconnaissante qu'il ne se passait point de mois qu'elle n'envoyât savoir de ses nouvelles, et qu'elle n'accompagnât ses compliments de quelque présent; tantôt c'était du tabac excellent, tantôt de belles pagnes, des pipes, des fruits et autres choses ; quelquefois même elle lui envoyait des négresses jeunes et très belles, et elle avait soin de recommander à ses gens de ne rien recevoir de ce que le Général leur voudrait donner en échange, selon la coutume des nègres.
. . . . Au mois de mai 1701, Damel Latir-Fal, qui avait des griefs contre le sieur Brüe au sujet

des opérations de traite, lui fit savoir qu'il serait incessamment à Rufisque avec un bon nombre de captifs, et que s'il s'y voulait rendre, ils oublieraient de part et d'autre tout le passé et qu'ils feraient ensemble une bonne traite.

Malgré toute la répugnance que Brüe avait à se livrer ainsi entre les mains d'un ennemi dangereux comme était Damel, il crut qu'il fallait en cette occasion obéir à la Compagnie, de crainte que s'il arrivait quelque malheur aux affaires, on ne s'en prît à lui. Il alla donc attendre Damel à Rufisque, et fit porter toutes les marchandises dont il crut avoir besoin.

Damel arriva à Rufisque le 30 mai 1701 ; ce ne furent d'abord que compliments et protestations d'amitié, avec des assurances que rien ne serait plus capable d'y apporter la moindre altération.

En attendant que les captifs arrivassent, Damel était sans cesse avec le Général, tantôt dans le logement des Français, et tantôt dans le sien propre. Enfin, le jour qu'il devait consigner les captifs, qui effectivement étaient arrivés en bon nombre, ce prince proposa au sieur Brüe d'aller prendre l'air à cheval, en attendant qu'on eût tout préparé pour l'embarquement. Ils y furent, le Roi accompagné de ses officiers, et le Général seulement avec deux commis. Ils allèrent à une lieue de Rufisque, à un village nommé Teynier, appartenant à Condy, un des lieutenants généraux de Damel. On entra dans la case et on s'assit ; mais un moment après, le Roi se leva et pria le sieur Brüe de l'attendre un moment et qu'il allait revenir. Condy entra un moment après avec plusieurs hommes armés, et dit au sieur Brüe qu'il avait ordre de s'assurer de sa personne ; et dans l'instant les satellites qu'il avait avec lui se jetèrent sur le Général, le désarmèrent, et on amena dehors les deux commis après les avoir désarmés.

On arrêta dans le même temps tous les Français qui étaient à Rufisque et au Cap-Bernard. Tout ceci se passa le 6 juin 1701, et on n'oublia pas de piller et d'enlever toutes les marchandises, tous les meubles qui étaient dans le logement du Général, et jusqu'à ses propres habits et ceux des Français qui avaient été arrêtés avec lui et dans les deux autres lieux que je viens de nommer.

Le Roi envoya un de ses officiers au Général lui dire qu'il le traitait ainsi parce qu'il avait chassé et enlevé les navires étrangers qui étaient venus pour traiter avec lui, et qu'il prétendait qu'on l'indemnisât de toutes les pertes qu'il disait avoir faites par l'enlèvement de ces vaisseaux.

Le Général répondit aisément à tous ces griefs, mais il ne put obtenir de voir le Roi ni aucun Français. Il était gardé à vue, Condy couchait dans sa chambre, et il y avait sans cesse vingt-cinq ou trente hommes armés qui entouraient la case, avec deux gros corps de garde à vingt pas de là.

Damel proposa à son Conseil de faire couper la tête au sieur Brüe; c'était le sentiment de l'alquier de Rufisque, qui représentait que si le Général sortait de leurs mains, il ne manquerait point de s'en venger sur eux, de les enlever et de brûler le village. Cet avis ne fut pourtant pas suivi; les plus judicieux de ses conseillers virent bien qu'après une telle perfidie, il faudrait se résoudre à une guerre éternelle avec les Français, qui ne manqueraient pas de désoler leur pays et de s'unir avec leurs ennemis pour les détruire. Ils dirent au Roi qu'il valait mieux en tirer une grosse rançon, et cet avis se trouva assez conforme au génie avare de ce prince.

On entra donc en négociation avec les officiers français de l'île de Gorée, qui, désespérés de la détention de leur général, cherchaient tous les moyens de lui procurer la liberté. Ils envoyèrent des barques le long de la côte pour avertir les navires français qui s'y trouveraient de revenir incessamment à Gorée, afin d'attaquer les Nègres et leur enlever leur général, et cependant ils entrèrent en négociation avec les officiers de Damel.

Ce prince faisait monter ses prétentions extrêmement haut, et outre le pillage qu'il avait fait des effets de la Compagnie et de ceux du sieur Brüe, il voulait encore avoir tout l'or, tous les captifs et toutes les marchandises qui se trouveraient dans les magasins de Gorée et dans le vaisseau le *Saint-François-de-Paule*, qui venait d'arriver de France.

On disputa longtemps de part et d'autre, et enfin on convint d'un présent qui, avec le pillage des effets de la Compagnie, montait à la somme de 20 779 livres, monnaie du pays, c'est-à-dire les marchandises évaluées au prix du pays et non sur le pied de leur achat en France, ce qui pouvait revenir environ à 7 000 livres, sans compter la perte particulière du Général, qui montait à plus de 6 000 livres, argent de France, tant en habits, argenterie, meubles, bagues et autres effets qu'on avait enlevés dans son logement, et sur lui-même, ayant été entièrement dépouillé.

Il fut douze jours entiers gardé à vue jour et nuit sans pouvoir parler à personne de ses gens et sans avoir un interprète. Il n'y avait que la mère de Condy et ses femmes qui le venaient saluer tous les matins, lui apportaient du tabac, et en lui marquant qu'elles prenaient beaucoup de part à sa disgrâce, lui disaient que Dieu y remédierait.

Le traité et la détention du Général auraient été plus longtemps à se conclure sans l'arrivée de deux navires de France et de quelques autres bâtiments qui vinrent mouiller à Rufisque, et qui étaient prêts à faire une descente. Damel eut peur, il fit conclure le traité, reçut le prix de sa perfidie et partit sur le soir le 17 juin 1701, et on rendit la liberté au sieur Brüe sur les deux heures après minuit. Il partit sur-le-champ de ce funeste lieu, se rendit à Rufisque et s'embarqua sur un des vaisseaux de la Compagnie, qui le porta à Gorée, où il fut reçu avec une joie extraordinaire par tous ses officiers, qui étaient prêts à tout risquer pour sa délivrance, et qui l'auraient fait s'ils n'eussent appréhendé que le perfide Damel ne lui eût fait couper la gorge.

———

Après la traite des nègres, le principal commerce du Sénégal était la traite de la gomme.

Cette traite se faisait sur la rive droite du fleuve, à certains points convenus d'avance entre la Compagnie et les rois maures, et qu'on appelait les escales.

Écoutons encore le Père Labat, qui va nous faire connaître quelques particularités de ce commerce :

Le sieur Brüe avait été informé qu'il arrivait souvent des désordres considérables pendant la traite, parce que les Maures, qui sont tous naturellement grands voleurs, dérobaient, le jour, la gomme dans le quintal pendant qu'on la mesurait, et la nuit, au travers des cases où on la renfermait; et que les commis, pour ne pas demeurer en tête (*sic*) avec eux, souffraient que leurs laptots coupassent les toulons ou sacs de peau dans lesquels on apporte la gomme, et ne leur permettaient pas de ramasser celle qu'ils en avaient fait sortir. Ils les contraignaient même d'emplir le quintal au delà de la juste mesure, et les trompaient dans la mesure et la qualité des marchandises qu'ils leur livraient. Tout cela les éloignait de la nation et les obligeait de porter leurs marchandises aux Hollandais intrus à Arguin, et qui venaient aussi faire la traite à Portendic.

C'était en partie pour cela que le Général avait voulu assister en personne à cette traite. . . . .
. . . .
. . . . On contesta longtemps, selon la coutume, sur la capacité du quantar ou quintal, qui est une mesure cube faite de planches, dans laquelle on met la gomme; sur les marchandises que l'on donnerait en troc; sur la nourriture des Maures qui apportent la gomme, parce qu'on a introduit la coutume de les nourrir jusqu'à ce qu'ils soient payés; et sur plusieurs autres choses.

Ces contestations, auxquelles il faut s'attendre, durèrent deux ou trois jours. Le Général lâcha quelque chose de son côté; mais comme il fallut faire un quintal ou cube de mesure, il le fit monter de 350 à 380 livres, où il avait toujours été, jusqu'à 500 livres, poids de Paris. . . . .
. . . . Dès que la traite fut ouverte, on vit arriver tous les jours des caravanes de dix, vingt et trente chameaux ou bœufs porteurs, escortés de ceux à qui la gomme appartenait, et de leurs serviteurs. Ils ont l'air de vrais sauvages quand ils arrivent; leurs cheveux sont hérissés ou nattés négligemment par derrière; la plupart n'ont pour tout habillement

qu'une peau de chèvre autour des reins, avec des semelles de cuir de bœuf aux pieds, attachées au gros orteil et au talon avec des courroies. Tous sont armés de longues piques, d'arcs et de flèches, avec un grand couteau passé dans leur ceinture. Leurs femmes, qui sont perchées sur le dos des chameaux, sont vêtues d'une longue chemise de toile noire par-dessus laquelle elles ont une pièce de toile rayée dont elles se font tantôt une espèce d'écharpe et tantôt une jupe. . . . .
. . . . Ces femmes et filles sont de couleur olivâtre, la plupart ont les traits du visage fort réguliers, les yeux grands, bien fendus, noirs et pleins de feu, la bouche petite et riante, les dents bien rangées et très blanches. Elles paraissent pleines d'esprit et plus réservées que les négresses.

Elles apportaient aux barques et au comptoir du lait et du beurre dans de petits sacs de cuir fort propres, des boîtes à mettre le tabac, et des bourses de différentes figures faites de paille de riz ou d'herbe très bien travaillée. . . . .
. . . . Dès le premier jour de la traite, Mahagne, maître-langue de Chamchi, vint trouver le sieur Brüe, et lui dit que tous ceux qui avaient eu la direction de la traite s'étaient toujours accommodés avec lui pour frauder les huitièmes que ce chef des Maures prend sur toute la gomme qui se traite, et qu'ils partageaient avec lui ce qui aurait dû revenir à son maître, et qu'en reconnaissance de cela, il leur faisait traiter en leur particulier l'or et l'ambre gris que les Maures apportaient. C'était justement ce que le Général souhaitait de savoir.

Il feignit d'abord de ne pas le croire, et il tira par cette manœuvre les éclaircissements qu'il cherchait sur la conduite de beaucoup d'officiers que la Compagnie avait employés dans ses affaires. Mais quand il eut tiré de ce ministre infidèle le détail de toutes ces malversations, il lui fit une sévère réprimande de sa trahison, et le menaça d'en avertir Chamchi, à moins qu'il ne lui promit et ne lui jurât sur l'Alcoran de ne plus tomber en de semblables fautes. On peut croire que Mahagne lui promit et lui jura tout ce qu'il voulut; et le sieur Brüe, content d'avoir tiré de lui les éclaircissements qu'il voulait avoir, lui promit un présent raisonnable, outre les droits qu'on lui payait ordinairement, et une somme en argent ou en marchandise pour la traite de l'or et de l'ambre gris qu'il ferait vendre pour le compte de la Compagnie.

Cet abus avait été porté si loin par les commis, qu'un d'eux étant venu à mourir au retour d'un voyage de traite, on trouva dans son coffre plusieurs livres d'ambre gris, et pour une somme considérable d'or en poudre qu'il avait traité pour son compte particulier, au préjudice de la Compagnie, qui ne permet à aucun de ses employés de traiter pour leur particulier aucune des choses dont elle s'est réservé la traite très expressément, comme l'or, l'ivoire et les esclaves, l'ambre gris.

On avait présenté au sieur Brüe, dès qu'il fut arrivé, une négresse de dix-sept à dix-huit ans, des plus belles et des mieux faites, qui lui avait fait dire qu'elle avait accoutumé de blanchir le linge des commandants et des commis qui venaient faire la traite, qu'elle avait soin de les peigner, de leur laver les jambes et de les frotter quand ils quittaient le travail, et qu'elle lui venait offrir de lui rendre les mêmes services. Le sieur Brüe ne put s'empêcher de rire d'un tel compliment, et d'admirer la mollesse de ses commis, et combien ce pays est dangereux pour les jeunes gens. Il accepta cependant l'offre que la négresse lui faisait, de blanchir son linge, et la remercia du reste.

On voit quelle était la moralité de ce commerce : le ministre du chef des Maures volait son maître, de complicité avec les commis de la Compagnie ; ceux-ci volaient la Compagnie en traitant pour leur compte, malgré la défense, de l'ambre, de l'or, etc.; ils volaient les Maures sur les quantités et les qualités des marchandises, en faisant des trous aux sacs servant de mesures à la gomme, qui devenaient ainsi de véritables tonneaux des Danaïdes. Enfin, les Maures volaient la Compagnie en mêlant de la terre et des pierres à leur gomme. Nous avons vu plus haut que le directeur, tout en s'indignant de ces malversations, ne manquait pas, de son côté, de porter le quantar de 350 ou 380 livres à 500.

La gomme était autrefois un produit très riche; on l'employait dans l'industrie et dans la confiserie. Il y a une trentaine d'années, la découverte de l'emploi de la dextrine, qui pouvait remplacer la gomme dans l'industrie, en fit baisser le prix.

Il y a quelques années, ce prix était tombé à 1 franc le kilogramme, à cause de la concurrence qu'étaient venues faire les gommes arrivant en Égypte par Khartoum, et provenant du Darfour, du Kordofan et de l'Arabie, sous le nom de gomme arabique.

Les Anglais étaient alors tout-puissants dans ces contrées, et en même temps qu'ils cherchaient à mettre un terme aux brigandages de la traite des nègres par les Arabes, ils projetaient de se constituer en Afrique un vaste empire, comme celui de l'Inde en Asie[1]. Cet empire eût compris l'Égypte, les contrées du Haut-Nil, Darfour et Kordofan, la région des lacs, et les pays compris entre les lacs et la mer jusqu'à Zanzibar. La destruction de l'armée du général Hicks dans le Kordofan, en 1883, vint déjouer leurs projets, probablement pour toujours, car d'un côté ils se montrent impuissants contre les Derviches, nom donné aux partisans du Mahdi, et d'autre part les Allemands arrivent avec de grandes prétentions sur cette côte orientale d'Afrique.

En 1882 les Anglais essayèrent de nous entraîner avec eux dans une action commune pour reprendre la vallée du Haut-Nil. Le Ministre des affaires étrangères eut le bon esprit de ne pas accepter cette proposition.

L'opinion publique lui en fait cependant aujourd'hui de

1. Si la politique des Anglais tenait plus encore à se constituer un vaste empire qu'à obtenir l'émancipation des esclaves, il y avait cependant parmi eux des abolitionnistes héroïques et sincères, qui, comme Gordon et Livingstone, donnaient leur vie pour servir la cause de l'émancipation.

vifs reproches ; quant à nous, nous pensons que si nous nous étions engagés dans cette mauvaise affaire, nous aurions depuis lors une vingtaine de mille turcos dans les régions insalubres du Haut-Nil, et les Anglais trouveraient le moyen de nous y faire jouer un rôle de dupes : à eux les avantages, à nous la peine.

Quoi qu'il en soit, il ne vient plus de gomme par la Haute-Égypte. Or la quantité qui venait de ce côté était supérieure à celle qui vient du Sénégal, aussi le prix de cette denrée, augmentant d'une façon fabuleuse, est-il monté jusqu'à 5 francs le kilogramme.

De là, naturellement, des profits considérables que se partagent les négociants et les traitants du Sénégal, ainsi que les Maures sénégalais, qui sont tout étonnés de se trouver aujourd'hui dans l'abondance de toutes choses, et de voir leurs tentes remplies de marchandises, avec lesquelles ils vont en caravanes commercer au loin.

Voici encore quelques détails sur les Maures qui apportent les gommes au Sénégal. Il s'agit de ces nomades de la partie occidentale du Sahara, si cruels envers les naufragés, et à qui ceux-ci ont fait, dans leurs récits, une si terrible réputation en en traçant un affreux portrait.

D'abord, beaucoup de personnes se figurent que Maure est le vrai nom des populations du nord de l'Afrique, nomades au Sénégal, et boutiquiers dans les villes d'Algérie. Ce mot, qui est d'origine sémitique, et qui veut dire « occidentaux », est parfaitement inconnu aux uns comme aux autres.

ESCLAVAGE. — COMPAGNIES PRIVILÉGIÉES.

Le mot par lequel les nomades de la rive droite du Sénégal se désignent eux-mêmes, et sont désignés dans le pays, est *nar*. La contrée qu'ils habitent, jusqu'à une limite indéterminée vers le nord, est désignée par les habitants du Sénégal par le mot *ganar*, qui a peut-être la même origine que les noms de géographie ancienne : cap Ganaria, au sud du Maroc ; île Ganaria, donné d'abord à la plus grande des îles Canaries, puis à toutes les autres. On a, par la suite, substitué le *c* dur au *g* dans le nom : îles Canaries. On voit que nous sommes loin de l'hypothèse absurde des Romains qui faisaient venir ce nom du mot *canis*, chien.

Nous n'entrerons pas dans de grands développements au sujet des Maures ; quelques traits de mœurs suffiront.

Commençons par les chefs et voyons de quelle manière ils arrivent au pouvoir. Si nous prenons les Trarza, nous trouvons que le prince Amar ould Mokhtar, régent pour les deux jeunes fils du roi Eli-Kouri, usurpe le pouvoir à leur détriment dans les premières années de ce siècle.

Son fils aîné, Brahim Ouali, ayant assassiné Ahmed Fal, prince de la famille royale, son cousin, et ayant été tué lui-même par le frère de celui-ci, ce fut le second fils d'Amar ould Mokhtar, nommé Mohammed el-Habib, qui succéda à son père en 1828.

Il livra en 1830 au gouverneur du Sénégal l'héritier légitime survivant des Trarza, Mokhtar, que l'on fusilla à Saint-Louis, parce qu'il avait assassiné un traitant dans le fleuve.

Mohammed el Habib fit ensuite tuer son propre frère, Ould el-Eygat, dont il craignait l'influence.

Il fut assassiné lui-même, en 1860, par ses neveux, mécontents du traité qu'il venait de signer avec nous et qui leur était désavantageux.

Son fils aîné, Séidi, le vengea en tuant ses cousins, les assassins, au nombre de neuf, dit-on, et il succéda à son père.

Outre Séidi et deux autres fils qu'il avait eus d'une princesse trarza, sa première femme, Mohammed el-Habib avait sept fils d'une seconde femme trarza, nommée Saloum, et un fils de la négresse Guimbotte, reine du Walo; ce dernier mulâtre foncé, nommé Eli.

En 1871, Séidi, le roi, et ses deux frères de même mère furent assassinés par les sept frères Saloum ; mais ceux-ci ne profitèrent pas de leur crime, parce que la majorité des Trarza se rangea sous les ordres d'Eli, qui fit la guerre aux assassins, les chassa du pays, et, après en avoir fait tuer plusieurs, fut proclamé roi des Trarza.

En 1886 il fut à son tour assassiné par un de ses neveux, fils de Séidi, nommé Ahmed Fal. Mais ce dernier ne jouit pas longtemps du pouvoir dont il s'était emparé. Amar Saloum, frère d'Eli, réunit ses partisans, tua Ahmed Fal dans une rencontre en mars 1887, et devint roi des Trarza.

Chez les Brakna, le roi Ahmédou mourut en 1841, pour avoir bu, par erreur dit-on, du lait empoisonné que sa femme aurait destiné à son cousin, Mohammed Séidi, dont l'influence lui causait des inquiétudes.

Son fils Sidi Eli ne règne aujourd'hui, après des troubles prolongés, que parce que, le 15 décembre 1858, il a assassiné d'un coup de fusil à bout portant, après une feinte réconciliation, son compétiteur et cousin, nommé aussi Mohammed Séidi.

Les familles royales des Trarza et des Brakna se targuent d'être plutôt arabes que berbères, mais il n'en est pas de même des princes des Douaïch, qui avouent être de source zénaga ; voyons s'ils valent mieux que les autres.

ESCLAVAGE. — COMPAGNIES PRIVILÉGIÉES.

Depuis 1820, année de la construction de notre poste de Bakel, la famille royale se divise en deux partis qui s'assassinent à l'envi.

Peu après cette date, Soueydi avait usurpé le pouvoir sur son oncle El-Mokhtar, mais son neveu Souleyman le fit assassiner.

Souleyman fut assassiné à son tour, avec son propre fusil, par son cousin germain Ahmed, fils de Soueydi, dans une entrevue qu'Ahmed lui avait demandée pour faire sa soumission.

Ahmed périt lui-même assassiné par ordre d'Abdoullaye, frère de Souleyman. Puis il y eut encore un autre prince de la famille royale, nommé Bakar, assassiné par le parti opposé.

Nous lisons dans un ouvrage sur le Sénégal que, vers le commencement du siècle, les deux rois des Trarza et des Brakna étant en guerre, l'un d'eux fit prisonnière la femme de l'autre, et la lui renvoya après lui avoir coupé le nez et les oreilles; celui-ci, ayant pris à son tour la femme du premier, la lui rendit après lui avoir arraché toutes les dents.

Des chefs passons aux sujets : en 1845 un Maure trarza, voulant traverser le fleuve, de Bop-nquior à Saint-Louis, prend passage dans un canot conduit par deux jeunes enfants de dix à douze ans, qui revenaient de couper du bois. Le Maure, ayant appris d'eux à quelle famille ils appartenaient, leur coupe la tête à tous deux, laisse les corps et les têtes dans le canot, qu'il repousse négligemment du pied, et descend tranquillement en ville. Arrêté dans la journée, il avoue tout, en disant :

« C'étaient les fils d'un de mes ennemis mort; leur devoir était de venger sur moi leurs griefs de famille; ma sécurité exigeait que je les tuasse : je l'ai fait. »

Avant 1854, la traite des gommes avec les Maures se faisait, comme nous l'avons déjà dit, à de grandes foires annuelles qu'on appelait les *escales*, sous la surveillance d'un bâtiment de l'État. L'escale se terminait tous les ans par une razzia que les Maures allaient faire sur la rive des noirs.

C'était sur les embarcations des traitants que fantassins et cavaliers traversaient le fleuve.

Ils allaient surprendre et mettre à feu et à sang quelques villages du Walo, du Cayor ou du Djiolof, et ils revenaient à l'escale avec leur butin vivant.

On voyait des cavaliers portant dans leurs bras ou sur le devant de leur selle de jeunes enfants, la mère suivant, attachée à la queue du cheval, si elle n'avait pas péri dans la bagarre.

Vers 1850, sous les murs de Dagana, au retour d'une de ces expéditions, deux cavaliers trarza se disputaient un enfant de quelques mois. Ils allaient en venir aux mains, quand survient un troisième Maure, qui, pour rétablir la paix, ne trouve rien de mieux que de supprimer la cause du conflit : il prend l'enfant par un pied, le fait tournoyer au-dessus de sa tête et lui brise le crâne contre un arbre.

Dans notre dernière guerre avec les Trarza, en 1855, les Maures nous avaient pris un matelot qui s'était égaré de la colonne, vis-à-vis de Gaé ; il fut à moitié assommé par les femmes, à coups de pilon à mil, et désarticulé successivement aux poignets, aux chevilles, aux coudes, aux genoux, aux cuisses et aux épaules.

C'est par de semblables cruautés que les Maures arrivent à inspirer une profonde terreur aux nègres.

Il y a surtout certaines fractions qui sont regardées, même par les autres, comme composées de véritables brigands. Il en est ainsi des Ouled-Far'i : en raison de la

D'après une photographie.

MOHAMMED-SALOUM DES OULED-BOU-SBA, D'ARGUIN, RÉFUGIÉ A SAINT-LOUIS, APRÈS AVOIR TUÉ
D'UN COUP DE FUSIL, PAR VENDETTA, SON PARENT, CHEF DE LA TRIBU.

ressemblance de leur nom avec celui de la vipère cornue (lefâï) dont la morsure est mortelle, on a fait sur eux le dicton suivant :

> Ha r'it el-Far'i ou-el-lefâï,
> Qtel el-Far'i ou-khelli el-lefâï.

ce qui veut dire : « Si tu te trouves en présence d'un Ouled-Far'i et d'une vipère cornue, tue d'abord l'Ouled-Far'i (comme étant le plus dangereux des deux) sans t'occuper de la vipère cornue ».

En 1857 on exécuta, le même jour, à Podor, quinze hommes de cette tribu pour les punir de leurs brigandages journaliers autour du poste. La leçon fut très efficace et cette tribu ne fit plus ensuite parler d'elle.

Une autre tribu, qui avait une réputation détestable, et celle-là notoirement de souche zénaga, était celle des Takharedjent[1], qui commettait ses méfaits dans les environs mêmes de Saint-Louis. Peu nombreuse du reste, elle a été presque détruite dans les dernières guerres.

On voit que ces Sahariens sont bien farouches et bien cruels; il est vrai que les tribus de tolba (marabouts), qui ne portent pas d'armes et ne font jamais la guerre, commettent naturellement moins de violences que les tribus guerrières; or chez les Trarza et les Brakna, c'est parmi quelques-unes de ces tribus que l'usage du zénaga s'est conservé. Il serait néanmoins hasardé d'en conclure que l'élément berbère vaille beaucoup mieux que l'élément arabe.

D'abord, le croisement des deux races, et même des

---

1. Takharedjent est le mot arabe kharedj, avec les *t* initial et final du berbère. Kharedj est le participe de khredj, qui veut dire « sortir » : *sortir de l'orthodoxie.*

trois, en y comprenant les noirs, est presque général dans ces populations; ensuite, c'est par force et comme conséquence d'événements politiques que les tribus de tolba sont devenues pacifiques, et, si ces marabouts ne commettent plus de violences par eux-mêmes, ils n'en sont que trop souvent les instigateurs, surtout contre les infidèles et quand il s'agit de se procurer des esclaves.

On raconte au Sénégal qu'un marabout arrivant du désert vint un jour offrir au damel du Cayor un magnifique cheval. Le damel en voulut à tout prix. Le marabout en demanda cent jeunes filles vierges. Le damel mit ses tiédo en campagne, fit razzier une dizaine de villages aux environs de Gandiole, et le prix du cheval put être réuni et livré au marabout maure.

Il est juste d'ajouter que même parmi ces gens-là il se trouve quelquefois de beaux caractères, des natures d'élite. Qu'il nous suffise de citer pour exemple cet Ahmed Bekkay, cheikh de Tombouctou, auquel le voyageur Barth a eu tant d'obligations, pour lequel il avait conçu une si grande estime, et auquel il avait voué une si grande reconnaissance.

Disons enfin que ces Maures sahariens, quoique musulmans, et par suite regardant comme licite d'avoir quatre femmes légitimes, ne pratiquent point la polygamie; on dit que ce sont les femmes qui ne le souffrent pas. En revanche, ils abusent du divorce d'une manière déplorable.

Ils sont d'une grande malpropreté, ce qui s'explique par la rareté de l'eau chez eux, et les Mauresques sont, si c'est possible, encore plus malpropres que les hommes. Elles ont généralement l'avant-bras couvert d'une couche de crasse d'une épaisseur d'un millimètre.

Le capitaine Vincent, dans son voyage dans les régions

de l'Adrar, en ayant remarqué une sous ce rapport, lui fit une observation sur la malpropreté de ses bras. Elle ne fit qu'en rire.

« Combien y a-t-il donc de temps que tu ne t'es pas lavée ? » dit le capitaine.

Elle chercha dans sa mémoire et répondit :

« Ah ! je me souviens, c'est à la naissance de Mokhtar que je me suis lavée la dernière fois », et elle montrait un de ses enfants qui était auprès d'elle, et qui avait douze à treize ans.

Les filles se marient généralement de dix à douze ans, et les garçons vont à la guerre à quatorze ou quinze ans. C'est à ces rudes peuplades qu'en 1858, après quatre ans de guerre acharnée, nous avons imposé un traité de paix qui a mis fin à leurs brigandages dans le Walo et dans le Cayor, sans apporter nulle entrave à leur commerce légitime, par caravanes, avec ces pays et avec nous-mêmes.

Depuis trente ans elles ont religieusement observé les conditions de ce traité, ce qui prouve qu'il a été établi sur des bases pratiquement équitables.

On ne se douterait pas que les Maures du Sénégal ont une culture littéraire plus avancée que la plupart des indigènes de l'Algérie, et qu'ils cultivent avec passion la poésie arabe antéislamique. C'est ce que fait remarquer dans un rapport M. Basset, qui avait été envoyé au Sénégal par le gouvernement pour y faire des études de linguistique.

Il n'est pas rare, dit-il, d'entendre un de ces sauvages vous réciter des *kacidah* d'Imroul-Kaïs, de Nabigha, de Tarafa, ou même du *Hamasa* et du *Kitab el-Aghani*. On croirait avoir devant les yeux un de ces poètes-brigands de la vieille Arabie, et je soupçonne que Chanfara ne devait pas avoir une apparence plus brillante que nos Trarza.

Le savant capitaine Le Châtelier, chargé en 1888 d'une mission au Sénégal, principalement pour élucider la question religieuse musulmane, a publié à la suite de son voyage un livre qui nous a fait connaître cette question. C'est d'après l'ouvrage de cet officier que nous pouvons donner les renseignements suivants :

Les grands marabouts du nord-ouest africain appartiennent généralement aux ordres ou confréries des Kadriya et des Tidjaniya (au Sénégal, au lieu de Tidjaniya, on dit Tidjane [singulier, Tidjani], et Tidjani est en même temps un nom propre; c'était celui du chef du Macina, neveu d'el-hadj Omar).

Avant la prise d'armes d'el-hadj Omar, presque tous les musulmans de ces contrées étaient Kadriya depuis plus de trois siècles, et leurs chefs religieux appartenaient à la grande famille des Bekkay, qui était toute-puissante il y a une quarantaine d'années à Tombouctou, où Sid el-Mokhtar avait été reconnu par tous comme chef religieux, et après lui Ahmed el-Bekkay, qui fut l'hôte de Barth et qui fit la guerre à el-hadj Omar.

Encore aujourd'hui, font partie des Kadriya Bekkaiya : Cheikh Sidia, tout-puissant chez les Brakna; Cheikh Saadibou, à qui eut affaire le voyageur Soleillet en 1878; Cheikh el-Abidin, aujourd'hui établi dans le Fermagha, fils de Si Ahmed el-Bekkay de Tombouctou; et naturellement aussi le chef du Macina, Seïdou-Abi, qui a succédé à Tidjani.

La doctrine d'el-hadj Omar étonna d'abord, vers 1850, les musulmans de Saint-Louis, à cause de ses innovations, mais elle se répandit rapidement à la suite des invasions, et bientôt les Tidjane furent les maîtres dans le Fouta Sénégalais et dans le vaste empire créé par ce conquérant.

Ce n'est donc que pour des intérêts matériels qu'Ahmadou, chef des Tidjane, comme successeur de son père, n'a pas été complètement d'accord avec son cousin.

Nous avons vu plus haut que sur vingt directeurs des Compagnies privilégiées, dix moururent après un séjour de quelques années seulement au Sénégal. On ne s'étonnera pas de cette mortalité après la lecture des extraits[1] ci-après des lettres du chevalier de Boufflers, qui donnent une idée des conditions misérables dans lesquelles se trouvaient les fonctionnaires et employés des Compagnies.

Les diverses Compagnies faisaient généralement de mauvaises affaires ou bien se vendaient leurs comptoirs.

Il semble que ce fut seulement sous M. Brüe qu'elles aient prospéré.

En 1782 le gouvernement se décida à nommer un gouverneur; le premier fut M. Dumontel, destitué en 1784. Après lui, vint le comte de Repentigny, de 1784 à 1786. Le troisième, qu'on ne s'attendrait guère à trouver dans la liste des gouverneurs du Sénégal, fut le célèbre chevalier de Boufflers, ce brillant colonel du régiment de Chartres, auteur de poésies légères très appréciées, et membre de l'Académie française.

Il gouverna cependant cette colonie en 1786 et 1787. Il avait accepté ces fonctions pour acquérir des droits aux faveurs du roi, et rétablir ainsi ses affaires par-

1. Extraits de l'ouvrage de MM. Magnien et Prat : *Correspondance du Chevalier de Boufflers et de Mme de Sabran*. E. Plon, imprimeur-éditeur.

ticulières, afin de pouvoir épouser Mme de Sabran, jeune et aimable veuve qui lui avait inspiré une violente passion.

Notre chevalier de Boufflers avait été dans sa jeunesse abbé à Saint-Sulpice, ce qui lui permettait de conserver une rente de 40 000 livres en bénéfices, don du roi Stanislas. Comme il n'avait aucun goût pour l'état ecclésiastique, il troqua le petit collet contre la croix de Malte, qui lui laissait le droit de conserver ses rentes, et fit la guerre dans la Hesse en 1762, à la tête du régiment de Chartres.

C'est de sa correspondance, surtout avec Mme de Sabran, que nous allons extraire quelques passages qui donneront une idée de ce qu'était la colonie à cette époque.

On verra que le chevalier, qui n'était alors que le prétendu de Mme de Sabran, s'exprime comme s'il était déjà son mari.

Le Chevalier de Boufflers à ...?
(qu'il appelle « Mon cher Maître »).

Ce 21 janvier 1786, au Sénégal.

. . . .

..... L'entrée et la sortie du fleuve sont défendues par une barre qu'on ne pourra franchir qu'aujourd'hui. Je l'ai passée comme par miracle, dans le seul quart d'heure où elle ait été praticable en quinze jours. Il y a entre ce passage et le reste de la traversée la différence d'un pays de montagnes à un pays de plaines. Il ne comporte que des bâtiments très légers, et les navires un peu forts sont obligés de rester au mouillage, environ une lieue au large, et de se servir de leurs chaloupes. S'ils prennent mal leur moment, et s'ils ne sont pas conduits par des

A M. le Maréchal de Beauvau.

6 mars 1786.

.... Depuis six semaines que je suis ici, je me suis toujours assez bien porté; mais j'ai senti que le climat exigeait des ménagements auxquels je ne suis point accoutumé : il faut peu manger, peu boire, peu marcher, peu dormir, peu s'occuper, etc. De tout un peu, mais peu de tout. Le pain est actuellement mauvais, par des causes que vous verrez dans un mémoire ci-joint; l'eau l'est habituellement : la mieux choisie, la mieux filtrée est toujours saumâtre. J'avais demandé au ministre une machine à dessaler de M. Poissonnier; elle m'était promise : il y en a à Rochefort; l'intendant de Rochefort me l'avait promise aussi, bien sûr que le ministre l'approuverait, et elle ne m'est point parvenue. Ce serait un trésor pour le Sénégal. . . .

. . . .
. . . .

Je radoube quelques vieilles embarcations et j'en fais de nouvelles avec des bois du pays, faute de mieux; car, en arrivant, je n'ai pas trouvé un canot en état de nager, et j'ai dû emprunter les quatre premiers avirons dont je me suis servi. Je travaille aux affûts et aux plates-formes, où il n'y a pas un morceau de bois qui ne soit pourri. Je fais réparer et faire les lits et les fournitures des casernes, dont le délabrement m'a fait venir les larmes aux yeux à mon arrivée; je fais remanier toutes les cloisons, tous les murs, toutes les toitures de l'hôpital pour le mettre en état de recevoir la foule des malades qui doit y entrer dans la mauvaise saison. Je suis en même temps obligé de faire quelques réparations urgentes à ce qu'on appelle mon gouvernement : c'est la plus pauvre, la plus sale et la plus dégradée de toutes les masures. Je ne parle pas des fortifications et je ne m'en occupe pas encore; elles sont dans un tel état, qu'elles

seraient nulles quand même elles seraient bonnes, et elles sont tellement mauvaises, qu'elles seraient nulles quand même elles seraient en état. Mais c'est ici la chose la moins nécessaire ; des trois grands fléaux, celui qui aura le plus de peine à nous approcher, c'est la guerre ; aussi, d'ici à longtemps, je ne songerai à éloigner que la peste et la famine. L'une et l'autre sont plus près qu'on ne pense : la mauvaise farine que nous mangeons fait que nous avons beaucoup plus de malades qu'on n'en a ordinairement sur pareil nombre d'hommes, à pareille époque, et cette mauvaise farine, notre unique ressource, nous n'en avons plus que pour trois mois. . . . .
. . . .

Ma vie est simple : je me lève avec le soleil, et après avoir fait toutes les petites affaires qui tiennent au service militaire et à la police de l'île, ainsi qu'aux audiences à donner aux habitants et aux étrangers, je vais visiter mes travaux, et je reviens entre onze heures et midi, lire et écrire jusqu'à une heure ou une heure et demie ; alors nous nous mettons à table. La chère que je fais n'est pas délicate, mais fort abondante : j'ai ordinairement quatorze ou quinze couverts, et tant que M. de Repentigny restera ici, je n'en aurai pas moins. Il y a de fondation deux aides de camp, deux secrétaires, l'ingénieur, le greffier, le major commandant du bataillon, l'ordonnateur, deux ou trois et quelquefois cinq ou six officiers de marine, sans compter les officiers du bataillon, ceux de l'administration, ceux de la Compagnie et les négociants avec lesquels il faut que je vive. Le commandant de la troupe est logé chez moi, et l'ordonnateur y mange en attendant qu'ils aient chacun leur maison ; mais tant que M. de Repentigny sera ici, il y aura engorgement et déplacement. Les officiers de marine ne peuvent descendre, loger et manger que chez moi, parce qu'il n'y a point d'auberge, comme vous l'imaginez bien, et que ma maison est la seule où il y ait l'apparence d'une chambre à donner ; mais assurément je ne puis pas y avoir de regret, car tous ceux que j'ai vus jusqu'ici, depuis le premier jusqu'au dernier, sont les plus aimables, les plus honnêtes et les meilleures gens du monde. Ma dépense excédera de peu mes appointements, et au cas où cela serait plus fort que je ne le compte, j'aurai recours à la justice de M. le maréchal de Castries. La Compagnie m'avait proposé de payer mon pain et ma viande un sol la livre, comme le directeur ; j'ai répondu que je payerais au prix des rations ; on m'a fait d'autres propositions encore plus tentantes ; mais on ne m'a point tenté jusqu'à présent, et vous pourrez le voir par la manière dont je parle de cet établissement-là et de tous les abus qu'il entraîne.

. . . .

Au même.

Ce 27 mars 1786.

. . . .

Depuis environ trois semaines, la barre n'a pas été deux jours praticable, et dans trois ou quatre naufrages dont nous avons été comme témoins, nous avons perdu entre autres M. le chevalier de la Haichois, commandant de la *Bayonnaise*, un des hommes les plus distingués par son esprit, son mérite et ses talents ; un garde-marine et cinq matelots ont été noyés avec lui : plusieurs autres chaloupes ont eu le même sort ; mais presque tous les blancs qui les montaient ont été sauvés par les noirs. . . . .

. . . .

A Madame de Boisgelin.

Au Sénégal, ce 27 mai 1786.

. . . .

J'ai avec moi un petit Maure très joli, que je destine pour la Reine et qui pourrait trouver place dans la maison de M. le Dauphin ; j'attends aussi une petite Mauresse de vingt mois, qu'on dit charmante. Je les enverrai peut-être tous les deux à la comtesse Diane, si elle est à Versailles ; sinon on les remettra à M. de Nivernois, qui trouvera sûrement un moyen de les faire parvenir. . . . .

. . . .

A Madame de Sabran.

Ce 20 janvier 1787.

. . . .

J'apprends dans ce moment-ci que ce M. Blondeau, qui doit te porter de mes nouvelles et qui devait prendre à Saint-Domingue le premier bâtiment allant en France, n'en fera peut-être rien. Il mène environ cent nègres achetés, dit-on, entre lui et M. de Repentigny, et ne sortira pas de Saint-Domingue qu'ils ne soient vendus jusqu'au dernier. Mais j'espère au moins qu'il fera partir mes paquets, et Dieu sait quand ils arriveront! Voilà les gens auxquels je vais avoir affaire. Tous ont le cœur d'un marchand sous l'habit d'un officier. . . . .

A la même.

Ce 27 janvier 1787.

. . . . On m'avertit que le feu est dans l'île.
. . . .

Ce 28 janvier 1787.

. . . . . . Je n'en puis plus, ma fille. J'ai passé la nuit au milieu des flammes, à porter le peu de secours qui dépendait de moi à ces pauvres malheureux. Je me suis brûlé une jambe et meurtri l'autre. Faute de moyens, j'ai voulu au moins encourager par mon exemple. Imagine qu'il n'y avait ni pompes, ni seaux, ni haches, ni pelles; il a fallu voir brûler soixante cases de paille et se contenter de faire de grands abatis du côté où le vent soufflait, pour sauver le reste de l'île, et particulièrement le gouvernement et le magasin à poudre. A quatre heures, le matin, je suis rentré, je me suis déshabillé, et je commençais vers sept ou huit heures à me reposer, lorsque j'entends encore

enfoncer ma porte; encore le feu. Hier, c'était au sud; aujourd'hui c'était au nord. Il y a eu cent quarante cases brûlées dans les deux incendies, et si le vent n'avait pas tourné comme par miracle, il ne restait plus rien dans l'île. . . . .
. . . .

A la même.

Ce 4 février 1787.

. . . .
Adieu; embrasse notre chère Auguste de la part de son plus zélé partisan; embrasse aussi la charmante petite Ségur; dis-lui que j'ai toujours attendu ce bâtiment que M. Baudet devait m'envoyer pour elle de Bordeaux; que s'il arrivait, je pourrais, malgré la cherté actuelle, lui donner une cinquantaine de beaux nègres, à moins de moitié du prix auquel elle les paye, en sorte que, rendus à Saint-Domingue, ils reviendront à peine à cent pistoles. . . . .
. . . .

A la même.

Ce 8 février 1787.

J'achète en ce moment une petite négresse de deux ou trois ans pour l'envoyer à madame la duchesse d'Orléans. Si le bâtiment qui doit la porter tarde quelque temps à partir, je ne sais pas comment j'aurai la force de m'en séparer. Elle est jolie, non pas comme le jour, mais comme la nuit. Ses yeux sont comme de petites étoiles, et son maintien est si doux, si tranquille, que je me sens touché aux larmes en pensant que cette pauvre enfant m'a été vendue comme un petit agneau. Elle ne parle pas encore, mais elle entend ce qu'on lui dit.

Si tu la vois au Palais-Royal, ne manque pas de lui parler son langage et de la baiser en pensant que je l'ai baisée aussi, et que son visage est le point de réunion de nos lèvres. Adieu.

A la même.

Ce 16 mars 1787.

. . . .
Nous n'avons ni bois, ni outils, tout nous manque, sans compter le pain et le vin, et même l'eau, car il n'y en a point de potable, excepté la mienne que je fais distiller, mais qui sent la fumée à faire vomir. Voilà, mon cœur, où ton pauvre mari en est réduit. Mais rassure-toi en pensant qu'il a de la force d'esprit et de corps de reste pour tout supporter, et sois sûre que tu le reverras, après de tristes et longs travaux, plus content, plus heureux que s'il avait passé la vie la plus douce et la plus tranquille. Il fera comme Socrate, qui trouva de la volupté à sentir un peu desserrer les chaînes qui lui meurtrissaient la jambe depuis quinze jours. Ce Socrate-là avait une autre femme que la mienne. De ce côté nous ne nous ressemblons guère plus, lui et moi, que du côté de la sagesse. Adieu, mon enfant ; console-toi de mes peines par l'idée qui me console de tout, c'est que nous nous reverrons.

A la même.

Ce 31 mars 1787.

Eh bien! je l'avais bien dit, mon pauvre petit *Sénégal*, c'est le nom du bâtiment, n'a point pu revenir. Il a été éloigné des autres vaisseaux de la rade par un coup de vent. . . . .
Je vais à tout risque lui dépêcher la seule chaloupe avec les seuls matelots qui me restent, pour lui porter des provisions; mais s'il arrive quelque malheur à la barre, je reste à pied au milieu des mers. Ma vie se passe en privations, en impatiences, en accidents, en inquiétudes. . . . .
. . . .

A la même.

Ce 1ᵉʳ avril 1787

Enfin, il est revenu mon pauvre petit *Sénégal*, avec quelques petits dommages que je vais faire réparer sur-le-champ, pour être en état de partir dans trois ou quatre jours. Je vais à Podor, où le roi des Bracnas m'attend pour me demander un petit présent. Je porte avec moi de quoi donner pour boire, en chemin, à tous les monarques de l'Afrique. Les uns me vendent des esclaves, les autres des chevaux, les autres rien. . . . .
. . . .

A la même.

Ce 16 avril 1787.

Je m'empresse de t'apprendre que je me porte mieux; mais tu ne te feras jamais d'idée de la chaleur de cet endroit-ci (Podor). Il passe à la vérité pour le poêle de l'Afrique; mais il passe encore tout ce qu'on en dit. Le thermomètre en dit plus que personne, car je l'ai pendu vers une heure et demie à la muraille, en dehors, au soleil, et l'esprit-de-vin a touché l'extrémité du tube, en sorte qu'on a été obligé de dépendre le thermomètre et de le rentrer, de peur qu'il ne cassât, d'autant plus qu'il était si brûlant que mes gants en ont été marqués. Je ne t'ai pas dépeint le maudit fort où je suis. C'est une cour carrée, entourée de quatre mauvais bâtiments à rez-de-chaussée, sans plancher, sans plafonds, couverts de planches mal jointes, et dans chaque coin, des espèces de tourelles dans l'une desquelles demeure le commandant. La garnison, composée de vingt soldats agonisants, demeure dans une espèce d'écurie, à côté de la porte; le reste est destiné pour des magasins où il n'y a presque rien, et où tout se gâte en peu de temps par l'excès de la chaleur. En sorte qu'après y avoir encore réfléchi, et après m'être assuré de l'inutilité parfaite de ce poste-là, je pourrais bien, d'ici à mon départ, le faire raser. Adieu, mon enfant. Voilà encore la chaleur qui me travaille, et je compte me mettre demain en marche pour me rapprocher de toi.

A la même.

Ce 15 mai 1787.

Nous marchons au bord de la mer[1], obligés de nous conformer aux marées, afin de profiter des laisses de basse mer, qui sont le seul terrain praticable à vingt lieues à la ronde, et pour cela il faut être exposé quatre heures à toute l'humidité de minuit, quatre heures à toute l'ardeur du midi ; dans les intervalles, nous campons, nous attachons nos chevaux au piquet, nous allons couper du bois et de la paille ; nous faisons la cuisine, nous dormons. Ma suite est augmentée d'une petite mulâtresse qui m'a pris pour son escorte, et qui marche avec cinq ou six esclaves. Ce qu'il y a de pire, c'est que, par des bêtises inouïes de l'officier que j'avais chargé de tout, et qui trouvait toujours les chameaux trop chargés, nous manquons de pain, de vin et même de viande, car tout ce que j'en ai apporté est déjà gâté. Le pain est suppléé par du couscous et du riz, le vin le serait par l'eau s'il y en avait de potable, et la viande l'est par la croûte de pâté. Voilà comme nous allons vivre pendant quatre jours ; encore si tu étais de notre écot ; mais souffrir à mille lieues de toi la faim, la soif et la chaleur, c'est vraiment être en enfer et pâtir de la peine du dam et de celle du sang. Adieu.

1. M. de Boufflers se rendait de Gorée à Saint-Louis.

Comme on le voit par les extraits de la correspondance ci-dessus du chevalier de Boufflers, la barre du fleuve était une des choses qui faisaient son désespoir, en empêchant les communications avec la mer.

Nous allons expliquer ce que c'est que cette barre :

Le Sénégal coule directement vers la mer jusqu'à Saint-Louis. Là il incline brusquement son cours vers le sud, et coule parallèlement à la mer, dont il n'est séparé que par une langue de sable. De plus, son embouchure n'est pas fixe; elle se déplace continuellement vers le sud, de sorte que cette langue de sable s'allonge annuellement jusqu'à atteindre la longueur d'une vingtaine de kilomètres. Arrivé là, le fleuve, un jour de raz de marée, se trouve communiquer avec la mer par un plus ou moins grand nombre de coupures que les vagues ouvrent dans la langue de sable, et, lorsque la mer se calme, pendant que ces coupures se comblent par le sable, une d'elles, éloignée d'un certain nombre de kilomètres vers le nord de l'ancienne embouchure, subsiste et devient la nouvelle embouchure du fleuve. C'est à l'embouchure que se trouve la barre, c'est-à-dire le bas-fond qui rend difficiles l'entrée et la sortie du fleuve, parce que le chenal que les navires doivent suivre est éminemment variable de profondeur et de direction.

Le chenal de la barre du Sénégal présente toujours au moins douze pieds de profondeur et même plus depuis quelques années; cela limite beaucoup, comme on le voit, les dimensions des navires qui peuvent fréquenter ce fleuve.

Avant l'invention des bateaux à vapeur, cette condition défavorable constituait une véritable calamité; et c'est alors qu'on aurait pu contester à l'entrée du Sénégal la qualité de port. En effet, pour qu'un bâtiment à voiles pût entrer, il fallait que trois conditions fussent remplies à la fois, en supposant de plus, bien entendu, que le navire ne calât pas au delà de la profondeur du chenal.

Il fallait d'abord que la mer fût assez calme, pour que le creux des lames ne fit pas talonner ou échouer le navire.

Il fallait ensuite qu'il y eût du vent et que la direction de ce vent permît au navire de gouverner dans le sens du chenal. Or cette concordance n'arrivait que trop rarement; des navires étaient obligés d'attendre très longtemps avant d'entrer ou de sortir, et bien des personnes se rappellent avoir vu, mouillés en rade devant l'embouchure du fleuve, et attendant des conditions de vent et de mer qui leur permissent d'entrer, des navires qu'ils y retrouvaient en revenant au Sénégal après plusieurs mois de séjour en France.

On conçoit que les frais, dans ces conditions, devenaient ruineux.

Mais aujourd'hui cette mauvaise impression sur la qualité, comme port, du Sénégal n'a plus de raison d'être, quoique par tradition elle subsiste malheureusement encore en partie.

Grâce à la vapeur, la direction du vent est indifférente, et dès que la mer est assez tranquille sur la barre, les bateaux à vapeur peuvent entrer et sortir, et les bâtiments à voiles peuvent se faire remorquer.

C'est en se basant sur la détestable réputation que méritait autrefois l'entrée du Sénégal, que les promoteurs du chemin de fer de Dakar à Saint-Louis espéraient que ce chemin de fer tuerait Saint-Louis comme port de mer, parce qu'on ferait passer par Dakar et par le chemin de

Station du chemin de fer de Dakar a Saint-Louis

D'après une photographie.

fer les marchandises envoyées de France pour le Sénégal, et par le chemin de fer et Dakar les produits venant de ce fleuve.

Or l'événement n'a justifié en rien ces prévisions.

Les dépenses qu'occasionnerait le transbordement du bord sur le chemin de fer, à Dakar, puis du chemin de fer sur un navire, au Sénégal, pour monter dans le fleuve, augmenteraient considérablement les frais de transport, et la différence entre le fret de France à Saint-Louis et le fret moins fort de France à Dakar ne compenserait pas cette augmentation.

Ce n'est pas sur le commerce extérieur du Sénégal proprement dit que le chemin de fer de Dakar doit compter pour couvrir ses frais, mais bien sur le transport des productions du Cayor à Saint-Louis et à Dakar. En 1888, il a présenté un déficit d'environ deux millions, que la garantie du gouvernement devra payer. En 1889, grâce à une production extraordinaire d'arachides, il est probable que ses recettes seront en progrès, et nous avons l'espoir que, par suite de la prospérité future du Cayor, le chemin de fer arrivera à pouvoir vivre par ses propres ressources. Dès aujourd'hui, en effet, la population, ayant joui des immenses avantages que lui présente ce moyen de déplacement, ne pourrait plus s'en passer.

Comme preuve que l'embouchure du Sénégal mérite bien aujourd'hui le nom de port, nous pourrons citer les faits suivants :

En 1886 et 1887 une seule maison a fait partir de Bordeaux pour le haut du fleuve dix navires qui, après avoir accompli leur voyage et passé par conséquent deux fois la barre, ont été de retour à Bordeaux au bout de deux mois à peine.

Il n'y avait pas d'eau douce autrefois à Saint-Louis, et ce qu'il y a de plus navrant dans la correspondance de M. de Boufflers, c'est la nécessité où il se trouvait de distiller lui-même de l'eau saumâtre pour la rendre potable. « Encore, dit-il, cela sentait toujours la fumée. » Quelle situation pour un courtisan habitué aux mollesses de Versailles !

L'eau du Sénégal, à Saint-Louis, est très bonne dans la saison où le fleuve écoule les masses considérables qui viennent de l'intérieur ; mais pendant sept mois, l'eau n'arrivant plus du Haut Fleuve qu'en très petite quantité, le niveau baisse d'environ un mètre à Saint-Louis et de quinze mètres à Bakel. L'eau de mer prend alors le dessus à marée haute, et sale le fleuve jusqu'à Richard-Toll (50 lieues de Saint-Louis). Même à Podor (75 lieues), où l'eau reste douce, les navires évitent encore au courant de flot.

Pendant la saison où le fleuve est salé, les habitants étaient réduits à aller, sur la plage, chercher de l'eau potable dans les dunes. Quant à l'administration, à la garnison et aux commerçants européens, ils buvaient de l'eau contenue dans des citernes, et provenant soit de la pluie, soit du fleuve quand son eau était douce. L'administration envoyait aussi chercher de l'eau douce au-dessus de Dagana, au moyen d'un bateau-citerne.

Si l'on creuse un trou dans le sable des dunes, il s'accumule au fond une certaine quantité d'eau ; ce n'est pas l'eau de mer qui remonte d'abord, mais bien l'eau de pluie restée à l'état latent dans le sable des dunes. Cette eau est presque douce, mais cela ne dure que deux ou trois jours, parce qu'en vertu de la capillarité, l'eau de la mer pénètre bientôt et vient se mêler à la première.

On n'en est plus réduit aujourd'hui à ce moyen par

D'après une photographie.

UNE DES FONTAINES AMENANT A SAINT-LOUIS L'EAU DU MARIGOT DE LAMPSAR.

trop primitif, et, pendant la saison sèche, de nombreuses fontaines fournissent à Saint-Louis, à N'dar-Tout, à Guet-N'dar et à Bouët-ville de l'eau douce provenant du réservoir naturel du marigot de Lampsar, l'un de ces bras secondaires formés en assez grand nombre par le fleuve, près de son embouchure.

En 1859 le gouverneur Faidherbe, cherchant une solution à cette question si importante de l'eau douce, se dit qu'en barrant un des marigots en deux points, au moment où les marigots sont pleins d'eau douce, l'intervalle entre les deux barrages deviendrait un réservoir naturel dont il n'y aurait plus qu'à amener l'eau à Saint-Louis, pendant la saison où le fleuve est salé.

Il fit, à cet effet, une reconnaissance du marigot de Lampsar. Le barrage inférieur devait être établi près du poste du même nom, et le barrage supérieur à une douzaine de kilomètres en amont. Le marigot présente des bords réguliers, une cinquantaine de mètres de largeur, et un peu plus de deux mètres de profondeur moyenne. On voit qu'on aurait obtenu de la sorte une masse d'eau bien plus considérable que la quantité nécessaire aux besoins d'une ville de 20 000 habitants pendant sept mois.

D'autres soins et le manque de crédits empêchèrent de réaliser alors ce projet.

Ce ne fut que six années après, en 1865, que M. Pinet-Laprade, devenu gouverneur du Sénégal, établit le projet complet des barrages et de la conduite qui, au moyen d'une machine à vapeur établie à Lampsar, amène l'eau douce jusqu'à Saint-Louis, grâce à plusieurs siphons pratiqués sous le fleuve et sous quelques marigots.

Enfin ce fut le gouverneur Brière de l'Isle qui fit adopter le projet et mit en train son exécution.

Les travaux auront coûté près d'un million et demi.

L'eau ainsi amenée est bonne ; cependant vers la fin de la saison sèche elle contracte encore un goût désagréable, mais on croit en savoir la cause et connaître le remède à employer.

On ne se contente plus, à Saint-Louis, d'avoir de l'eau douce : on y veut de la glace en toutes saisons.

Des fournisseurs en fabriquent à des conditions convenues avec l'administration, et il est même arrivé à Saint-Louis des navires du Nord avec chargement de glace, ce qui permet de se la procurer à très bon marché.

On voit que Saint-Louis est loin aujourd'hui des conditions où s'y trouvait le chevalier de Boufflers.

Nous avons vu que ce malheureux gouverneur n'avait pas même un canot en bon état pour sortir de son île.

On a peine à croire qu'une ville comme Saint-Louis, construite sur un malheureux îlot de sable dans le fleuve, faisant un riche commerce, et ayant depuis longtemps une quinzaine de mille habitants, ait pu se résigner pendant des siècles à ne pas avoir de communications avec ses rives. La rive droite aurait procuré aux habitants d'agréables promenades au bord de la mer, rafraîchi par la brise du large, et le bras du fleuve, de ce côté, n'a que 120 mètres de largeur. La rive gauche, il est vrai plus éloignée, leur aurait procuré des terrains de culture, de jardinage, des promenades à pied ou à cheval.

La seule raison à donner est que les habitants de Saint-Louis passaient la plus grande partie de l'année à commercer dans le haut du fleuve, où ils se plaisaient beaucoup, et seulement quelques mois à Saint-Louis, où ils venaient se reposer en famille des fatigues et des plaisirs de la traite.

La plupart des Européens considéraient le temps de leur séjour au Sénégal comme un exil que leur idée fixe

Grande rue de N'dar-Tout.

D'après une photographie.

était d'abréger. Quant aux fonctionnaires, leur pensée constante était aussi de rentrer en France le plus tôt possible.

En un mot, il y avait apathie et découragement général.

On avait pourtant, dans le pays, de grandes facilités pour construire des ponts sur pilotis avec des troncs de rôniers mâles, qui font des pilots admirables.

En 1852 quelques Bambara s'étaient établis dans l'île de Sor, et y cultivaient des lougans où ils récoltaient quelques choux qu'on était bien heureux de leur acheter.

Ces Bambara habitaient sur le bord du fleuve, et, leurs lougans étant un peu dans l'intérieur, ils en étaient séparés par le petit marigot qui passe au milieu de Bouëtville. Quatre fois par jour ils traversaient ce marigot, ayant de l'eau jusqu'aux aisselles, et on n'avait jamais pensé à leur mettre une simple planche pour leur éviter ce petit désagrément. Ce n'est qu'en 1855 que le Génie construisit un petit ponceau, qui fut le premier du pays, et étonna beaucoup la population. Cela encouragea le Directeur du Génie, qui construisit alors le pont de Guet-N'dar, au moyen d'une vingtaine de mille francs heureusement disponibles.

L'autorisation de faire ce travail avait été demandée à l'Administration métropolitaine, qui répondit qu'elle ne voyait pas de quelle utilité pouvait être un pont à Guet-N'dar, village de pêcheurs disposant d'un grand nombre de pirogues, tant dans le fleuve que sur la mer. Cette réponse s'étant fait attendre, le pont était achevé quand elle arriva, et grâce à lui, en quelques années, l'existence des Sénégalais se trouva transformée.

Aujourd'hui le quartier le plus agréable de la ville est sur la rive droite.

Ce ne fut que douze années plus tard, en 1865, que l'on construisit, avec l'agrément du Ministère, le grand pont de plus de 600 mètres, en partie sur pilotis, en partie sur bateaux, qui permit de créer sur la rive gauche des maisons de plaisance, des jardins, etc., de sorte que maintenant Saint-Louis ne manque plus ni de fruits ni de légumes.

Sous le rapport de la salubrité, il y avait aussi bien des mesures à prendre, mais qu'on négligeait, comme tout le reste; c'était entre autres l'entretien de la propreté sur le pourtour de l'île.

Quand on exigea des alignements pour les maisons à Saint-Louis, on traça les rues, les unes dans le sens de la longueur de l'île, et les autres perpendiculairement à cette direction.

Les unes et les autres aboutissaient au fleuve, mais toutes les habitations situées en pourtour s'étendaient aussi, comme terrain, jusqu'au fleuve; on n'avait pas ménagé une rue de ceinture.

Chaque habitant jetait toutes ses ordures sur le bord même du fleuve, dans l'étendue de sa propriété; il en résultait une accumulation de fumier, d'immondices, qui empestait l'île entière.

Ce fut seulement en 1855 que, profitant du droit que lui donnait la loi, l'Administration du Sénégal reprit, au nom de l'État, possession du littoral de l'île, en forçant les propriétaires à reculer, à entourer leurs terrains, et à former ainsi une rue de ceinture.

La police put alors veiller à ce que les riverains allassent jeter toutes leurs ordures dans le fleuve même, et ainsi fut supprimée une grande cause d'insalubrité.

Mais on peut imaginer les difficultés qu'il fallut vaincre avant d'obtenir cette réforme, si l'on veut bien remar-

SAINT-LOUIS

VU DU GRAND BRAS DU SÉNÉGAL

Vers 1720 (d'après le Père Labat)

Vers 1780 (d'après le capitaine du génie Golberry).

En 1865 (d'après une photographie).

quer qu'il fallait forcer une population peu éclairée à rompre avec des habitudes invétérées.

A la même époque on commença à construire des latrines publiques, ainsi que des parties de quais en rôniers et en maçonnerie.

Le décret de la Convention abolissant l'esclavage ne fut pas appliqué d'une façon absolue dans toutes les colonies; au Sénégal, en particulier, il n'amena qu'une diminution dans les envois de nègres aux Antilles. La suppression de la traite ne fut pas la seule cause de la crise que subit la colonie à partir de 1793. Il faut l'attribuer aussi à la guerre, à l'interruption des communications avec la métropole; faute de marchandises d'échange, le commerce fut complètement arrêté.

Saint-Louis, Gorée et les postes de la côte subirent les attaques des Anglais. Heureusement, le gouverneur Charbonnier put conclure la paix avec les Maures. Cela lui permit de disposer de toutes ses forces, à la vérité très restreintes, pour résister à ces attaques.

En 1807, après une accalmie de quelques années, les Anglais vinrent bloquer Saint-Louis. Pendant quatre mois les habitants, qui montrèrent dans ces circonstances beaucoup de patriotisme et d'énergie, avaient consenti à être réduits au quart de la ration. Ils résistèrent avec opiniâtreté et obligèrent les Anglais à lever le blocus. Le général Blanchot, qui gouvernait à Saint-Louis, et qui était digne de commander à d'aussi braves gens, mourut peu de temps après la levée du blocus.

En 1809, Saint-Louis, malgré la résistance de sa garnison, que le feu et la maladie réduisirent à trente hommes, fut pris par les Anglais.

Le traité de Paris, du 30 mai 1814, restitua à la France tous les territoires situés entre le cap Blanc et la rivière de Gambie.

Deux ans après, seulement, le Gouvernement français songea à reprendre possession de notre vieille colonie du Sénégal.

L'expédition française envoyée dans ce but subit un désastre qui épouvanta le monde.

La frégate la *Méduse*, commandée par M. de Chaumareys, qui portait le personnel destiné au Sénégal, s'échoua, par suite de l'incapacité du commandant, sur le banc d'Arguin. Cent cinquante malheureux, ingénieurs, officiers, soldats, ouvriers et marins, furent abandonnés sur un radeau, sans approvisionnements suffisants. Ballotté sur la mer pendant douze jours, ce radeau fut bientôt le théâtre d'épouvantables scènes de violence et d'anthropophagie.

Lorsqu'il fut découvert par le brick l'*Argus*, envoyé à sa recherche, il n'y restait plus que quinze survivants, tous dans un état déplorable, et dont six moururent en quelques jours. Tous les autres avaient été massacrés, noyés ou *mangés*.

Plus récemment, le monde fut effrayé par un nouveau désastre, arrivé cette fois à une expédition qui avait pour but de faire une reconnaissance dans le Sahara, et peut-être jusqu'au Soudan. Nous voulons parler de la mission Flatters.

Cette mission comptait, en quittant Ouargla, au mois de décembre 1880, une centaine d'hommes, tous combattants. Lorsque, le 16 février 1881, le colonel Flatters,

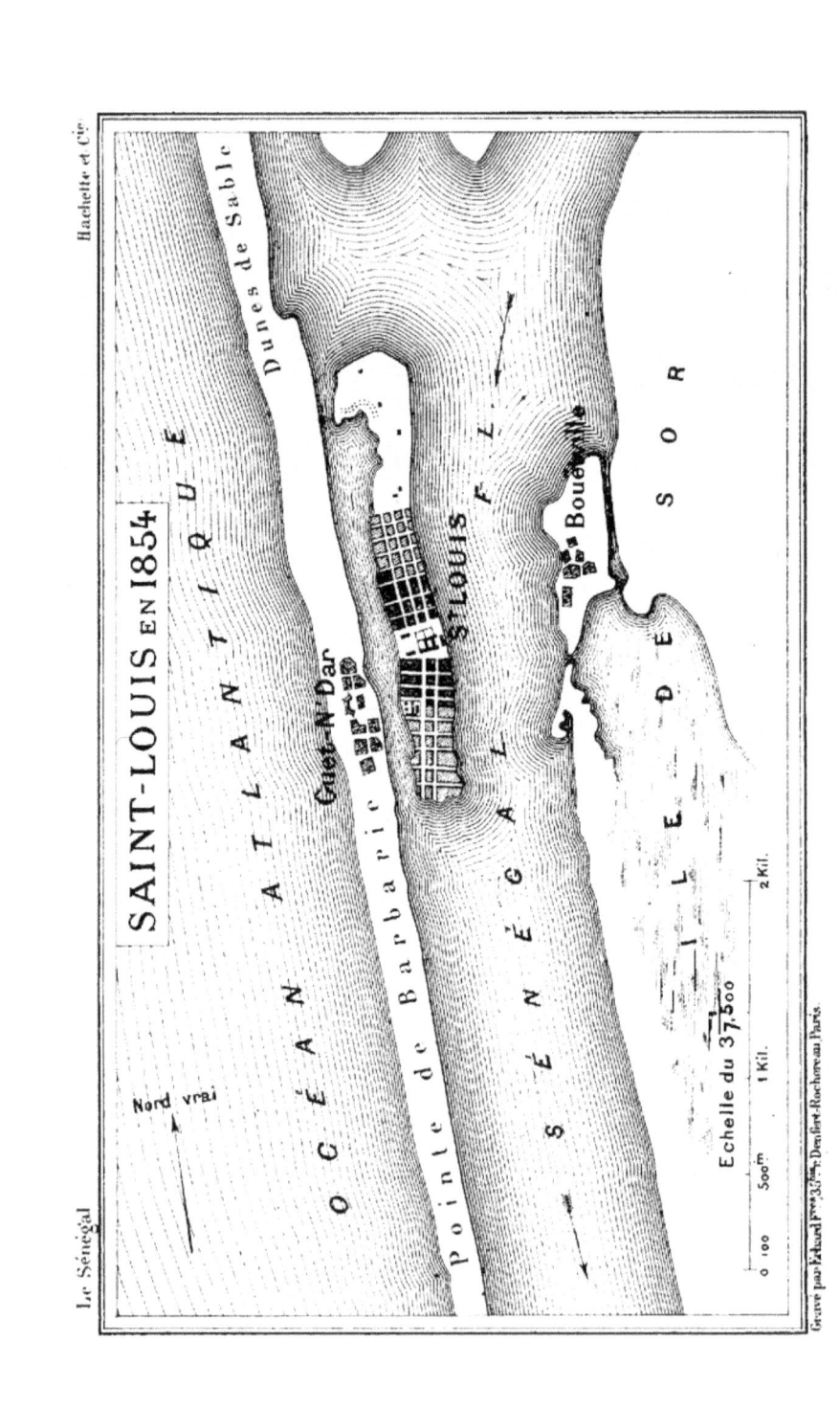

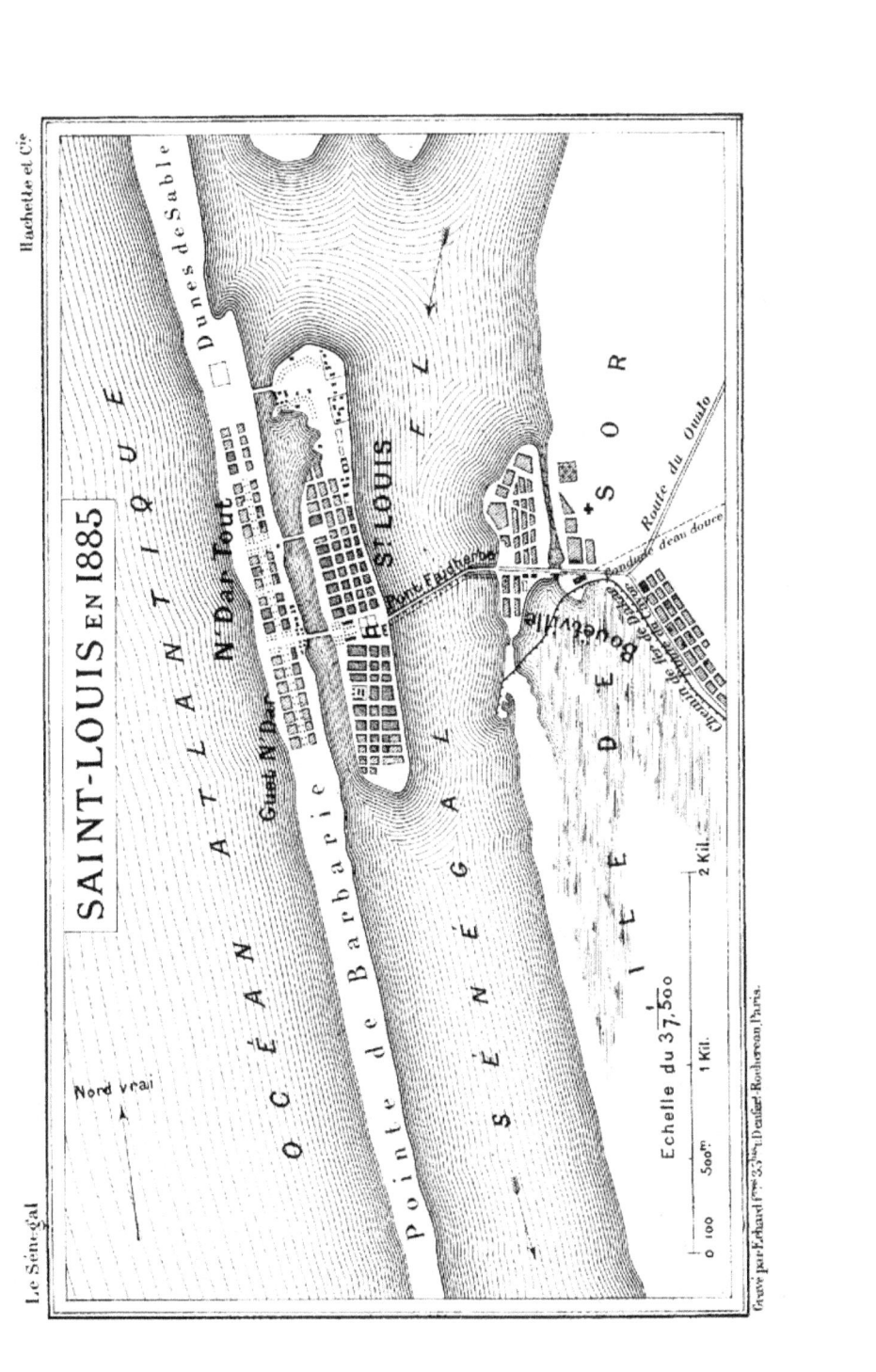

oubliant toute prudence, se livra si fatalement pour lui et pour les autres, avec tout l'état-major de la mission, entre les mains des Touareg, qui les massacrèrent, il restait environ soixante hommes, qui, sous le commandement du lieutenant de Dianous, se dirigèrent vers le nord. Après un empoisonnement par des dattes que leur donnèrent les Touareg, et après le combat qu'ils eurent à subir contre eux à Amguid, le 10 mars, il ne restait plus que trente-quatre hommes, sous le commandement du maréchal des logis Pobéguin. Le 28 avril, le khalifat de Ouargla, envoyé à leur recherche, recueillit environ la moitié de ces malheureux, qui avaient *mangé* l'autre moitié, y compris Pobéguin.

Les écrivains comparent souvent le désert à la mer; les deux horribles drames que nous venons de rappeler prouvent la justesse de leur comparaison : sur la plaine humide comme sur l'océan de sable, le manque de vivres conduit inévitablement l'homme à l'anthropophagie.

Avec les forces dont il disposait, le colonel Flatters devait repousser victorieusement toutes les attaques qu'il pouvait avoir à craindre dans la contrée où errent les Touareg, mais aux abords du Soudan il eût été obligé de se retirer devant les forces considérables que les Soudaniens n'eussent pas manqué de porter au-devant de lui.

Cette population si extraordinaire des Touareg, dont la langue actuelle est le berbère, c'est-à-dire l'antique libyen, a une origine peu connue, une origine européenne.

Quinze cents ans au moins avant Jésus-Christ, des hordes d'hommes du Nord, attirés par les pays du soleil, s'avançaient vers le sud par la Gaule, l'Espagne et le Portugal, laissant partout des dolmens comme témoins de leur passage et de leur séjour. Ils n'étaient pas arrêtés par le détroit de Gibraltar et abordaient à Tanger. Les uns se dirigeaient directement au sud, en suivant le littoral de l'océan Atlantique ; leurs descendants se retrouvent aujourd'hui parmi les populations de l'Atlas et jusque dans les îles Canaries. Les autres tournaient à l'est, en suivant le littoral méditerranéen, s'établissaient surtout en Numidie, et se mêlaient aux guerres de la Basse-Égypte, à partir de la dix-neuvième dynastie (1400 av. J.-C.).

Ils ont laissé dans la contrée qui forme aujourd'hui la subdivision de Bône une multitude de dolmens ; nous en avons vu au moins huit mille, et nous en avons fouillé un grand nombre ; nous avons constaté que les corps qui y sont inhumés appartiennent à une très grande race dolichocéphale, comme la grande race blonde du nord de l'Europe.

Dans les guerres que ces envahisseurs mêlés aux Libyens autochthones firent aux Égyptiens, puis plus tard aux Romains et aux Arabes, une partie d'entre eux se réfugièrent dans les solitudes arides du Sahara pour conserver leur indépendance. Ce sont les Touareg ; ainsi les guerriers du nord de la Gaule, dont la haute taille étonnait les légionnaires romains sans les effrayer, les squelettes de près de six pieds que nous avons trouvés dans les dolmens de Roknia, et ces grands Touareg qui fendent un homme en deux d'un coup de leur sabre à deux mains, appartiennent à la même race ; seulement elle s'est modifiée par le changement de climat et par des croisements avec les races brunes autochthones d'Afrique.

Parmi les personnes qui ont laissé un souvenir de leur passage au Sénégal au dix-huitième siècle, on doit citer Jean-Baptiste-Léonard Durand, qui était Directeur de la Compagnie du Sénégal en 1785 et 1786, c'est-à-dire pendant les gouvernements de MM. de Repentigny et de Boufflers.

Il a publié en 1808, sur le Sénégal, un ouvrage où se trouvent, en langue et en caractères arabes, les traités passés avec les rois maures, dont les sujets faisaient avec nous le commerce de la gomme; il y a joint des cartes soignées du pays voisin.

Après le colonel Schmaltz, entré en fonctions le 25 janvier 1817, les différents gouverneurs furent :

MM. le baron Lecoupé, 1820 ;
    le baron Roger, 1822 ;
    Brou, 1828 ;
    Renault de Saint-Germain, 1831 ;
    Pujol, 1834 ;
    Malavois, 1836 ;
    Soret, 1837 ;
    Charmasson, 1839 ;
    Montagnies de la Roque, 1841 ;
    Bouët-Willaumez, 1843, qui obtint du Gouvernement l'envoi au Sénégal d'un détachement de spahis ;
    le comte Bourdon de Gramont, 1846.

Parmi ces gouverneurs, le baron Roger était un écrivain assez distingué ; il fit une grammaire wolof, un roman intitulé *Clédor*, et imita en vers français un recueil de fables wolof, parmi lesquelles il y en a d'assez intéressantes. Nous en donnons ici quelques-unes.

Le Singe et le Lapin.

Un singe raillait un lapin
Sur son air effaré. « Pourquoi l'oreille droite,
    L'œil au guet, le regard chagrin,
Toujours tourner la tête et de gauche et de droite?
C'est un tic ridicule. — Il est vrai; mais, voisin,
    N'avez-vous pas aussi le vôtre?
Quoi! toujours vous gratter! pas le moindre repos!
    C'est cette patte, et puis cette autre;
    C'est à la tête, et puis au dos,
Et puis au ventre, et puis.... Corrigeons nos défauts.
Je veux tenir l'œil fixe une journée entière,
    Et ne me retourner pour voir
    Ni de côté, ni par derrière. »
Le singe répondit : « Moi, je puis, jusqu'au soir,
    Rester sans remuer la patte.
    Qu'est-il besoin que je me gratte? »
Nos gens se tinrent cois dans le premier moment :
Mais l'habitude enfin devenant la plus forte,
Le singe imagina de parler de la sorte :
« Dans le dernier combat j'agis très vaillamment;
    J'en ai sur moi de sûrs indices;
    J'y fus blessé dans quatre endroits;
Ici, là, par ici, par ici. » Chaque fois
Il grattait doucement ses feintes cicatrices.
Le lapin repartit : « Les ennemis de près
    Me serraient un jour à la guerre;
J'en avais sur les flancs, en avant, en arrière ;
    J'allais être prisonnier, mais
    Je sus bien me tirer d'affaire
En faisant ici, là, mille et mille détours. »
Les mouvements des yeux suivaient ceux du discours.

L'habitude, dit-on, est une autre nature;
    On promet d'en changer; hélas!
    Les prétextes ne manquent pas
    Pour reprendre l'ancienne allure.

Le Lion, le Chacal et le Loup.

Un loup, un chacal, un lion
Voyageaient au désert sans espérer pâture.
Chacun portait un sac pour sa provision.
　　Du lion, par mésaventure,
　　Le sac eut une déchirure.
Le loup, pour éviter qu'on ne lui prît le sien,
　　Et faire niche à son confrère,
　Dit aussitôt : « Du chacal le grand-père
Raccommodait les sacs et les cousait très bien.
　　— C'est vrai, mais il faisait usage
　Des nerfs d'un loup pour coudre son ouvrage »
　　Repartit le chacal subtil.
　Sire lion n'entend pas badinage;
　　Sans en demander davantage,
Il assomma le loup afin d'avoir du fil.
　　« Mon cher chacal, vite, dit-il,
　　Procède à ce raccommodage;
　N'est-ce pas là le fil qu'il te fallait?
— Ce travail est fort long; dans un pareil voyage,
Répondit le chacal, il nous retarderait.
Prenez le sac du loup, ce sera plus tôt fait! »

Les Gris-Gris.

Un bœuf savait écrire; il vendait des gris-gris.
　Dévot, fervent, exact à la prière,
Du Salam sur son front il portait la poussière.
Muni d'un chapelet, au loin dans le pays
　　Il dominait sur les faibles esprits.
　Avait-on peur des sorciers, du tonnerre?
Voulait-on se venger de quelques ennemis?
　Se garantir des dangers de la guerre?
Chacun venait à lui, les grands et les petits
Il avait des paquets à toutes les adresses,

Savait tous les secrets de la crédulité.
Des gris-gris pour le feu, pour l'eau, pour les richesses;
Des gris-gris pour les pieds, la tête, la santé;
Gris-gris pour conserver la fraîcheur, la beauté;
  Gris-gris d'amour pour plaire à ses maîtresses,
Ou pour compter sur leur fidélité.
Tout le monde en voulait de toutes les espèces,
« Vous en aurez, messieurs, mais mettez-y le prix. »
Le lion en prit un pour faire bonne chasse,
  Le mouton pour n'être pas pris;
La perdrix s'en pourvut contre l'aigle vorace,
  L'aigle pour happer la perdrix;
  Le pélican pour emplir sa besace,
Et maints petits poissons pour éviter la nasse.

  Le lièvre aussi vint chercher un gris-gris.
    Pauvre diable criblé de dettes,
Il voulait un secret pour ne pas les payer.
    Le bœuf lui dit : « Prenez mes amulettes,
      Vous ne craindrez nul créancier.
— Grand merci, marabout, de vos bonnes recettes !
    — Merci ! non, non, répondit le premier;
    Je ne vis pas de semblables sornettes;
Payez-moi mon gris-gris. — Je le veux essayer,
Dit le lièvre; voyons l'effet de ce papier :
  S'il a vraiment quelques vertus secrètes,
Il doit me dispenser de vous payer mes dettes.
  S'il est mauvais, quel prix vaut-il ! combien ?
    Je n'en voudrais pas pour rien. »

Trompeur parfois s'adresse à qui le lui rend bien.

Le Lièvre et les petits Oiseaux.

  Des richesses, du pouvoir,
  Des talents et du savoir,
Plus on en a, plus on en veut avoir.

De tous les animaux, le lièvre, au pied agile,
    Est certes bien le plus malin.
Il demandait à Dieu de le rendre plus fin,
    De le rendre encor plus habile.
Pour le congédier, Dieu lui dit : « De moineaux
    Lorsque ta gourde sera pleine,
Tu reviendras me voir ». Le lièvre, fort en peine,
Sur cette épreuve-là méditait en repos,
    Couché le long d'une fontaine.
Survient en folâtrant une bande d'oiseaux
    Qui s'abat près de l'onde claire.
    Elle y joue et s'y désaltère.
    « Voilà, pensa-t-il, mon affaire,
    S'ils veulent mordre à l'hameçon. »
Puis il dit plusieurs fois, d'un ton plein de mystère .
« Non, non, oui, oui, non, non, cela ne se peut guère ;
    Non ; oui, cela se peut. — Oui, non !
    Que dites-vous donc là, compère ? »
Lui demanda la gent babillarde et légère.
« Je voudrais, reprit-il, savoir si j'ai raison,
    Et si ma gourde est assez grande
    Pour pouvoir vous contenir tous.
    Essayons-en, le voulez-vous ?
    — Nous y tiendrons ; belle demande !
    — Gageons que vous n'y tiendrez pas ! »
Nos oisillons d'entrer, un, deux, toute la bande.
Le lièvre les enferme et porte son offrande,
    Fier de sortir d'un mauvais pas.
    Mais Dieu, lui frappant sur la tête,
    Lui dit : « Néant à la requête.
    Halte-là, mon rusé coquin,
Ta cervelle en malice est déjà trop féconde ;
    Si je te rendais plus malin,
    Tu bouleverserais le monde. »

La Boule de beurre et la Motte de terre.

Une boule de beurre, une motte de terre,
   N'ayant un jour ni feu ni lieu,
   Roulaient en contrée étrangère.
   Un voyage n'est pas un jeu;
Pour vivre, en tout pays, il faut de l'eau, du feu.
Besoin s'en fit sentir à nos boules errantes.
   La terre alla puiser de l'eau;
Et la boule de beurre à des flammes brillantes
   S'en fut allumer un flambeau.
   Toujours la sotte imprévoyance
   Produit des résultats fâcheux.
   Qu'advint-il de leur imprudence?
   Elles fondirent toutes deux.

Si l'on combine les superstitions fétichistes avec les superstitions musulmanes, et qu'on couronne le tout par la crédulité de certains chrétiens, on arrive à des résultats surprenants; au milieu de ce conflit de croyances, les malheureux indigènes ne savent à qui croire.

Un prêtre, missionnaire du Sénégal, qui a écrit sur le pays[1], raconte l'histoire suivante :

C'était le 19 mai 1848. Je logeais dans une même maison avec MM. V..., préfet apostolique, et X..., jeune prince chrétien du Walo. Nous nous étions déjà couchés, lorsque, sur les neuf heures du soir, à peine commencions-nous à fermer nos paupières, nous fûmes tous éveillés par des cris infernaux qui nous firent dresser les cheveux sur la tête et frissonner malgré nous

---

1. *Esquisses sénégalaises*, par l'abbé Boilat. Paris, Bertrand, libraire-éditeur, 1853.

Après avoir essayé en vain d'y résister, je me levai pour aller demander à M. le préfet ce que c'était que ces cris effroyables; il était aussi debout et venait me faire la même question. Un instant après, M. l'abbé C..., professeur du collège, qui ne demeurait pas avec nous, venant pour se confesser, entra et fut aussi saisi de ces vociférations. Nous ouvrîmes nos fenêtres du côté de la rue, et bientôt nous pûmes nous convaincre qu'elles partaient de la maison voisine, d'une case qui se trouvait en face de notre logis. M. V..., en proie à un tremblement dont il n'était pas maître, m'ordonna d'aller examiner ce qui se passait. Je me rendis donc à la case avec M. l'abbé C.... Nous trouvâmes sur un lit une jeune fille de vingt à vingt-deux ans, étendue sur une natte et un oreiller sous sa tête; la case était remplie de monde. La tête de cette personne était agitée comme un pendule lancé avec une rapidité de mouvements incalculable. Elle chantait, sur un ton qu'on sent plus qu'on ne peut exprimer, des prophéties de toute nature. Tous les noirs, hors d'eux-mêmes, étaient fort embarrassés, ne pouvant lui porter aucun secours. « Qu'a-t-elle? leur dis-je. — C'est, me répondirent-ils, un esprit qui s'est emparé de son corps; vous qui avez de l'instruction, vous trouverez peut-être le moyen de le chasser. » Je demandai son nom, et l'on me dit qu'elle se nommait Sophie. Je me mis à l'interroger. Je vais citer mes demandes et ses réponses.

« Sophie, Sophie », lui dis-je à plusieurs reprises. Pas de réponse : et ses chants et ses agitations redoublaient. « Je vous somme de me répondre au nom de Jésus-Christ, Sophie! — Je ne suis pas Sophie, je ne suis pas une fille pour m'appeler ainsi; je suis Samba-Diob, le grand démon adoré par les Sérères dans le village de *** au Baol (je n'ai pas pu retenir le nom du village); je suis un esprit, je me transporte où il me plaît, sur l'aile des vents. » Et elle continua son chant. Un instant après, elle prit un autre air dans une langue que je n'ai pu deviner. M. l'abbé C..., qui était à côté de moi, me dit que c'était un air que les bergers de l'Aveyron chantaient souvent en gardant leurs moutons; et ce qui le frappa vivement, c'est que c'était une chanson de son pays. « Restez là, me dit-il, pendant que j'irai à votre chapelle réciter un chapelet pour elle. » J'avais alors dressé dans mon jardin un petit autel pour le mois de Marie. Pendant ce temps j'envoyai à ma chambre chercher des médailles de la Sainte Vierge, ne voulant pas me permettre de l'exorciser sans l'autorisation du préfet apostolique, qui avait refermé sa porte et que je craignais de réveiller. La médaille arriva en même temps que M. l'abbé C..., mais le plus difficile était de la fixer sur un corps si agité et que huit hommes à peine auraient pu contenir. Nous nous mîmes six à essayer de lui tenir la tête, afin d'y attacher la médaille, et après un travail très fatigant, nous parvînmes à l'assujettir; mais les mouvements qu'elle faisait la lancèrent au fond de la case. Nous la ramassâmes et la fixâmes enfin au même endroit; aussitôt les mouvements convulsifs s'arrêtèrent, et nous ne pûmes nous empêcher d'admirer la puissance de Marie. Samba-Diob se mit à chanter qu'on lui ôtât la médaille et qu'il s'en irait bientôt, pourvu qu'on lui jetât de la farine sur les pieds.

M. C... me dit : « C'est une ruse du démon, qui ne veut pas se donner pour battu; il faut qu'il parte sans rien ». Les négresses accouraient déjà avec leur farine, mais nous les empêchâmes de la lui jeter. L'esprit malin, forcé par le nom de Marie à s'en aller, entonna sa chanson de départ sur un ton très fort, à être entendu de toute la rue, et continua, en diminuant sa voix, comme pour exprimer l'éloignement, et enfin en terminant d'une manière tout à fait insensible. Les mots de la chanson étaient ainsi conçus en wolof : « Je suis un esprit; je me suis transporté ici sur l'aile des vents ; je vole où il me plait, et en un clin d'œil je disparais, je retourne dans mon royaume, où les hommages de la divinité me sont rendus. » Après ce dernier refrain, chanté aussi bas que possible, Sophie resta comme morte sans plus dire mot, et elle tomba dans un profond sommeil qui se prolongea jusqu'au lendemain neuf heures du matin. A son lever, je la montrai au préfet; elle était si fatiguée de cette agitation, qu'elle semblait n'avoir pas dormi depuis longtemps. Elle fut toute surprise de voir une médaille de la Sainte Vierge attachée à ses cheveux; elle la jeta en disant que déjà à Dakar on lui en avait donné une, et que sa mère l'avait obligée de s'en débarrasser. Elle n'avait aucune souvenance de ce qui s'était passé la nuit précédente.

D'après une photographie.

JEUNE FILLE WOLOF DE SAINT-LOUIS.

Était-ce une possession, ou une obsession, ou une simple épilepsie? Il ne m'appartient point de décider, dit en terminant le Père Boilat.

On ne sera pas étonné que les habitants du Sénégal aient eu leurs idées un peu brouillées par les diverses propagandes religieuses qui cherchaient à se les attirer.

Il y avait dans ce pays, il y a une quarantaine d'années, un traitant, considéré, père de famille, qui était bien singulier à cet égard. N'ayant pas une certitude entière sur la question de savoir quelle était la bonne parmi les trois religions, il les avait adoptées toutes, et disait d'un air malin que de la sorte il était sûr de son affaire quand viendrait le grand jour du jugement. C'était un des plus fervents catholiques du pays, mais il achetait aux marabouts maures des gris-gris qu'on lui assurait être très efficaces, et en même temps il s'affiliait aussi aux fétichistes dans leurs pratiques.

Il avait eu l'idée de demander à son confesseur la permission de tromper les Maures à la traite des gommes, attendu que les Maures le volaient autant qu'ils le pouvaient, et qu'il ne ferait ainsi que rentrer dans son bien.

Du reste il avait eu l'intelligence de gagner une certaine fortune.

La question religieuse est une de celles qui donnent le plus de préoccupations dans quelques-unes de nos colonies.

Dans la période de développement de l'islamisme, les musulmans qui faisaient la conquête de pays chrétiens ne regardaient pas du tout les habitants comme leurs égaux, ne leur donnaient aucun droit politique, mais leur accordaient, moyennant un tribut nommé *djezia*, la liberté de conserver leurs mœurs, leurs usages et leur religion.

Il ne se présentait dès lors aucune difficulté ; c'était le droit de la force.

Depuis la décadence de l'islamisme dans les trois parties du monde où il s'était répandu, les chrétiens qui possèdent, par droit de conquête, un pays musulman, désireraient naturellement, par suite de leur état de civilisation plus avancée, établir l'égalité absolue de tous les citoyens, mais ils rencontrent de grandes difficultés en ce qui concerne les musulmans. Il est, en effet, toujours très grave d'attenter à la liberté de conscience, et c'est à quoi on serait réduit pour les musulmans, chez qui la loi civile et la loi religieuse sont confondues, et dont la constitution de la famille est tout autre que chez les chrétiens.

Le cas que nous avons supposé, d'une puissance chrétienne maîtresse d'une population musulmane, se rencontre en Algérie, et nous pouvons dire aussi au Sénégal, où la grande majorité des indigènes noirs est musulmane.

En Algérie, un sénatus-consulte du 14 juillet 1865 autorisait la naturalisation des indigènes ; mais, l'Administration voyant l'impossibilité d'admettre des polygames comme citoyens français, et cherchant une solution, demanda aux principales autorités françaises de la colonie leur avis sur la manière de résoudre la question.

On proposa d'accorder la naturalisation seulement aux indigènes qui seraient liés par le mariage avec une seule femme, et reconnaîtraient cette union comme indissoluble, selon la loi française de cette époque.

La loi française est basée sur ce principe que le mariage unique constitue un état social supérieur à celui qui admet la polygamie. Ce principe est hors de discussion, et l'on conçoit qu'on désire voir les indigènes s'y soumettre dans leur propre intérêt.

Il est certain aussi qu'au point de vue administratif il y aurait grand avantage à ce que les trois millions d'indigènes de l'Algérie fussent soumis aux lois qui régissent chez nous la famille; mais si nous considérons la question comme moraliste pratique, nous verrons naître de graves objections à l'application de ces idées.

Si l'on s'en rapportait aux dires erronés des personnes qui représentent la famille comme n'existant pour ainsi dire que de nom chez les musulmans, on n'hésiterait pas à porter une main téméraire sur des choses qui doivent être sacrées, et à causer ainsi des maux incalculables à des gens auxquels on déclare ne vouloir que du bien.

En qualité de commandant de la subdivision de Bône à cette époque, nous avons cherché à nous rendre compte de ce qu'est la famille indigène, au moyen d'une petite statistique portant sur cent chefs de famille pris parmi les caïds, cheikh, cadis, spahis et prolétaires des quatre cercles de la subdivision, et voici ce que nous avons trouvé :

Sur ces 100 chefs de famille, il y avait 50 polygames; c'étaient les plus riches et les plus âgés; et 50 monogames.

Ces 50 polygames comptaient 143 femmes, c'est-à-dire moyennement près de 3 femmes par homme. Ils présentaient dans le cours de leur vie 20 divorces.

Les 50 monogames présentaient 22 divorces ; d'où nous tirons de suite cette conséquence : les riches épousent plusieurs femmes et divorcent peu, tandis que les pauvres n'épousent qu'une femme, mais divorcent beaucoup plus souvent

Chez les Maures de la rive droite du Sénégal, l'abus du divorce est poussé à l'excès, au point que dans un douar il est telle femme qui a été l'épouse de tous les hommes.

Il est à remarquer que la polygamie est d'autant plus en usage que les populations sont plus nomades; chez les habitants des villes, au contraire, elle n'existe que par exception. Ainsi, sur 25 chefs de famille de Bône même, nous n'en avons trouvé qu'un ayant plusieurs femmes.

Les 50 polygames, avec leurs 143 femmes, présentaient 306 enfants, c'est-à-dire moyennement 2,14 enfants par femme.

Les 50 monogames, avec leurs 50 femmes, présentaient 116 enfants, c'est-à-dire 2,57 enfants par femme.

Les femmes des monogames sont donc un peu plus fécondes que celles des polygames, ce qui se comprend.

Les 143 femmes des 50 polygames présentaient comme durée moyenne de leur union quatorze à quinze ans.

Les 50 femmes des 50 monogames donnaient la même moyenne, quoique l'âge moyen des maris ne fût, pour cette catégorie, que d'environ 40 ans, tandis qu'il était de 50 ans pour l'autre.

Nous allons voir que ces familles polygames de l'aristocratie indigène, et même celles des prolétaires, sont généralement des familles sérieuses, et méritent d'être traitées sérieusement.

Dans ce but, nous allons citer quelques exemples particuliers :

Lakhdar ben Mohammed avait 4 femmes depuis 32, 18, 15, 10 ans; il avait des enfants de toutes et n'avait répudié aucune femme.

Ahmed Zin ben Mohammed avait 4 femmes depuis 22, 11, 8 et 6 ans, des enfants de toutes, pas de répudiation.

Mabrouk ben Djedid avait 4 femmes depuis 25, 15,

10 et 8 ans, des enfants de toutes, pas de répudiation.

Ali ben Madjoub avait 4 femmes depuis 31, 21, 16 et 5 ans ; il en avait eu 20 enfants, pas de répudiation.

Mahmed El-Bou Khadraoui avait 2 femmes depuis 30 et 25 ans, 15 enfants, pas de répudiation.

Et la grande majorité de nos caïds, cheïkh et cadis étaient dans le même cas.

Qui pourrait ne pas voir quelque chose de respectable dans ces familles patriarcales ?

Cependant nous avouons qu'au point de vue de l'assimilation à nos mœurs, la pluralité des femmes est un grand inconvénient.

Faut-il chercher à le faire disparaître, et par quels moyens y arriver?

Certaines personnes semblent vouloir pousser les indigènes à se réduire à une seule femme en répudiant les autres. Ce moyen nous paraît éminemment immoral.

Comment! notre but est de raffermir la famille et nous commencerions par la désorganiser!

Il nous semble que le vrai moyen de raffermir la famille serait au contraire de tendre avant tout à interdire aux monogames comme aux polygames le droit de répudier leurs femmes, et d'arriver ensuite successivement au mariage unique par extinction naturelle des femmes multiples. De la sorte, nous ne jetterions le trouble dans aucune famille, nous ne ferions chasser aucune femme de sa maison, nous ne ferions aucun orphelin.

Nous commettrions au contraire une grande injustice et nous serions bien cruels à l'égard des femmes et des enfants si nous prétendions n'accorder aux indigènes l'avantage du titre et des droits de citoyen qu'à la condition qu'ils se réduisent à une seule épouse en renvoyant les autres.

Nous placerions de vénérables pères de famille dans la nécessité de renvoyer, avec leurs enfants, des compagnes qu'ils ont depuis 15, 20, 30 ans, et plus. Et comment exerceraient-ils peut-être leur choix, étant donnée la faiblesse de notre nature humaine?

Le vieux patriarche ayant épousé une toute jeune femme depuis peu de temps la garderait et ferait maison nette des trois autres plus avancées en âge.

La jeune femme, menacée de rester l'unique épouse d'un homme âgé, craignant de voir retomber sur elle seule les soins pénibles du ménage, qui sont surtout le lot des vieilles, refuserait de renouveler le mariage, dans l'espoir d'épouser ensuite un mari plus jeune.

La désorganisation serait donc complète, et un faisceau de quatre familles serait brisé.

Pour en revenir au Sénégal, el-hadj Omar s'arrogeait comme prophète le droit d'avoir autant d'épouses qu'il le voulait, aussi en avait-il une belle quantité qu'il parquait dans certains villages fortifiés de son empire, sous la garde de talibés; mais, comme les prophètes ses collègues, il exigeait de tous les autres musulmans qu'ils se conformassent à la loi réduisant à quatre le nombre des femmes légitimes.

Ayant vaincu et soumis le Tonka ou roi du Kaméra, il le fit venir près de lui, lui rasa la tête de sa propre main pour lui faire honneur, et lui déclara que, comme musulman, il eût à réduire à quatre le nombre de ses femmes; il en avait trois cents.

Le Tonka se mit à peser tous les genres de mérites de ses épouses; il les compara entre elles sous le rapport de la beauté, de la jeunesse, de la naissance, tenant compte de leurs talents divers, sans oublier l'art culinaire.

Il se décida enfin, et désigna à el-hadj Omar les quatre femmes de son choix :

« Ce sont bien certainement les meilleures de toutes tes femmes?

— Oh! bien certainement, répondit le Tonka.

— Eh bien! je les prends pour moi, et comme j'ai beaucoup d'amitié pour toi, je te permets d'en choisir quatre autres dans le reste. »

La polygamie est surtout pratiquée par les dioulas ou commerçants voyageurs qui parcourent l'Afrique avec des caravanes et font entre autres le commerce d'esclaves. Il leur est très avantageux d'avoir une femme, une maison, des esclaves et un intérieur tout prêts à les recevoir sur certains points principaux de leur parcours. Il se trouve ainsi toujours là quelqu'un pour garder leurs biens et veiller sur leurs intérêts.

C'est ainsi qu'à leur exemple un assez grand nombre de traitants du Sénégal avaient plusieurs ménages échelonnés le long du fleuve, au grand désespoir de leurs familles à Saint-Louis.

Parmi les singularités de mœurs que présentait le Sénégal à une certaine époque, se trouvait ce qu'on appelait le mariage à la mode du pays.

Nous allons faire connaître ici cette coutume.

On sait que la colonie fut prise plusieurs fois par les Anglais, et occupée par eux pendant un assez grand nombre d'années.

Des fonctionnaires anglais furent substitués aux fonctionnaires français, mais naturellement le gouvernement anglais n'envoya au Sénégal ni prêtres ni missionnaires catholiques.

Or la population chrétienne était catholique ; elle ne pouvait pas renoncer aux mariages, mais il était impossible de les célébrer avec les consécrations légale et religieuse. On fut obligé de s'en passer. C'est à ces unions qu'on a donné le nom de « mariages à la mode du pays », lorsque l'époux était un Européen.

Les jeunes filles ne se mariaient pas avec les jeunes gens du pays, qui n'avaient pas de position, ni souvent de conduite, parce qu'il leur était trop facile de trouver des maîtresses parmi les négresses. D'un autre côté, les Européens célibataires, officiers, employés ou commerçants, trouvaient bien peu de distractions dans ce pays où il n'y avait alors ni société, ni théâtre, ni cafés. Ils recherchèrent les jeunes signares, et les familles acceptèrent leurs propositions d'unions quelque illégales qu'elles fussent ; on était de bonne foi de part et d'autre ; les choses ne se passaient pas avec mystère, mais au contraire avec la plus grande publicité possible.

Le prétendant envoyait une personne au père pour lui demander sa fille ; celui-ci consultait sa famille, prenait des informations sur les ressources, la conduite, le caractère du futur époux, et si les renseignements étaient bons et que la jeune fille fût consentante, il rassemblait tous ses parents, leur faisait part de sa décision, et l'on prenait jour pour célébrer la cérémonie. Toute la noce, composée de la famille, des captifs, des amis, parcourait la ville, accompagnée de griotes qui chantaient leurs louanges ; puis avait lieu un repas copieux où l'on faisait de nombreuses libations, et la jeune personne était livrée à son mari.

Le ménage allait généralement bien pendant tout le

Signare de Saint-Louis.

temps du séjour de l'Européen à Saint-Louis, et lorsqu'il rentrait en France (ce qui avait été prévu), il n'y avait ni récriminations ni discussions d'intérêt.

Certaines de ces signares étaient riches en bijoux d'or, et en captifs qu'elles louaient, et c'est avec ces ressources et les appointements du mari que l'on vivait, généralement dans l'abondance.

En cas de départ de l'Européen, s'il y avait des enfants, les signares, qui sont d'excellentes mères, les gardaient complètement à leur charge, et il arrivait souvent que les pères s'en désintéressaient une fois rentrés en Europe.

La signare, lorsqu'elle était encore jeune, se remariait de la même façon, et assez souvent avec le remplaçant de son premier mari, ce qui fit créer par plaisanterie le nom de « femmes de l'emploi ».

L'Européen, arrivant, et louant généralement le logement de son prédécesseur, tout disposé pour son service, le trouvait meublé et garni même d'une femme et quelquefois d'enfants; seulement on comprend qu'au bout d'un certain nombre de substitutions, un nouveau venu renouvelait une partie de cette installation.

Ces mariages, quoiqu'ils ne fussent pas légaux, furent regardés comme sérieux et valables par des arrêts du conseil d'État, dans des questions d'héritage.

Que nous sommes loin aujourd'hui de ces habitudes exceptionnelles, et amenées par les circonstances.

Après la réoccupation du Sénégal par la France, la reine des Français, Marie-Amélie, et les missionnaires s'occupèrent spécialement de cette question, et firent comprendre à la population chrétienne qu'il y avait lieu de réformer complètement les usages à cet égard. Ils finirent par avoir gain de cause, et depuis lors la société sénégalaise devint régulière.

Il s'y trouve un grand nombre de familles très respectables et ne laissant rien à désirer au point de vue de la civilisation.

La population du Sénégal, qui a déjà fait tant de progrès, est animée d'un désir extrême de s'instruire, et fait pour cela de grands sacrifices, ainsi que l'indique le budget de la colonie.

Nous voyons dans l'Annuaire du Sénégal de 1887 que l'Administration entretient 56 professeurs (hommes), qui appartiennent en grande partie à l'Institution des Frères de l'Instruction chrétienne de Ploërmel, et 25 professeurs (femmes), qui appartiennent pour la plupart à l'ordre des Sœurs de Saint-Joseph de Cluny.

Les missionnaires de la congrégation du Saint-Esprit et du Saint-Cœur de Marie tiennent en outre des écoles à Dakar et à Joal.

De plus, grâce au Conseil général, la colonie paye des bourses dans les lycées ou institutions diverses de France, à 70 jeunes gens et à 59 jeunes filles; elle entretient en outre 24 jeunes gens dans les Écoles préparatoires des Arts et Métiers.

Lorsque la traite des nègres fut interdite, celle des gommes se trouva insuffisante pour occuper toute la population et tous les capitaux du Sénégal.

Le gouvernement, qui l'avait parfaitement compris, voulut faire de cette colonie une colonie agricole. Les essais portèrent principalement sur le coton et l'indigo.

L'échec fut complet.

Ici nous laissons la parole à M. Raffenel, officier intelli-

ESCLAVAGE. — COMPAGNIES PRIVILÉGIÉES.

gent, laborieux et consciencieux qui était dans le commissariat de la marine au Sénégal, en 1843, 1844, 1846 et 1848.

Il nous a laissé sur cette colonie un ouvrage intitulé : *Nouveau Voyage dans le pays des nègres, suivi d'études sur la colonie du Sénégal.*

C'est à cet ouvrage que nous empruntons des renseignements sur la période des essais de cultures industrielles.

Après avoir consciencieusement examiné les divers modes d'application proposés pour la culture et fait un choix judicieux, le gouvernement colonial prit toutes les dispositions qui pouvaient déterminer les Européens et les indigènes à concourir aux essais de la colonisation. Le gouvernement accorda des primes, tant pour la production des denrées que pour leur exportation; il distribua des instruments aratoires, des vivres pour les travailleurs, des grains pour le bétail; il fonda un jardin pour la naturalisation des plantes exotiques, et particulièrement de celles qui sont nécessaires à l'alimentation; enfin, il participa avec une grande libéralité à tous les frais de premier établissement.

Il y eut bientôt une cinquantaine de plantations, notamment à Dagana, Koïlel, Richard-Toll, Faf, Lamsar, et dans les environs de l'île de Saint-Louis.

La culture du cotonnier dut être la première à laquelle se livrèrent les colons. Cet arbuste, qui croît spontanément au Sénégal, donne aux habitants des produits assez considérables pour servir à la fois à confectionner leurs vêtements et à faciliter leurs échanges. Les cultivateurs européens crurent pouvoir espérer, en s'adonnant avec intelligence à cette culture, des récoltes aussi belles que celles qu'obtenaient sous leurs yeux les indigènes. Le seul soin que prenaient ceux-ci consistait à élever une haie d'épines autour des arbustes pour les protéger contre les attaques des troupeaux; leur seul labeur était la récolte.

On conviendra qu'en présence de ces faits, il était bien permis de considérer la culture du cotonnier comme l'élément le plus

puissant du succès de la colonisation. Y eut-il là de folles et ambitieuses prétentions? L'entreprise fut-elle de celles qui méritent un blâme sévère parce qu'elle était impossible? Questions graves, qui contiennent toute une condamnation, et que nous ne devons ni ne voulons résoudre. Le produit des récoltes ne répondit pas aux espérances conçues; voilà le fait, malheureusement trop réel, que le gouvernement eut à enregistrer au bout de quatre années de sacrifices onéreux.

En 1825, on recensa, sur les établissements particuliers, la quantité considérable de. . . . .   3 449 000 pieds de cotonniers
Et sur les établissements de Koïlel, Richard-Toll, Faf et Dagana, appartenant au gouvernement . . . .   1 124 000   id.

Total. . . . . .   4 573 000   id.

Dans cette même année (1825) la quantité de coton égrené, exporté du Sénégal, ne fut que de . . . .   14 877 kilogr.
Dans les années précédentes, l'exportation avait donné : pour l'année 1822. . . . .   6 734 id.
— 1823. . . . .   6 257 id.
— 1824. . . . .   21 752 id.

Total du coton exporté pendant quatre ans.   49 620 kilogr.

Ce chiffre est éloquent. Les résultats de l'entreprise étaient déplorables; le coton revenait à un prix fou. Le gouvernement, en face de ces pitoyables opérations, ne perdit pas néanmoins courage; il se borna à modifier les combinaisons qu'il avait suivies jusqu'alors dans l'allocation des primes. Une raison puissante dictait d'ailleurs cette mesure dont le tort était d'être tardive; il s'agissait d'arrêter l'accomplissement d'actes criminels que nous allons citer, car ils sont au Sénégal de notoriété publique, et personne ne les a démentis.

Voici ces actes : Dans le but d'activer les plantations, le gouvernement avait accordé une prime pour chaque arbuste de cotonnier. S'il n'avait eu affaire qu'à des hommes honorables entrant consciencieusement dans ses vues, nul doute que ce procédé, tout de confiance et d'intérêt, eût eu un plein succès ; mais parmi les nouveaux colons, le plus grand nombre ne vit dans les sacrifices de la France pour assurer un meilleur avenir à sa colonie du Sénégal, qu'une occasion de réaliser, sans aucun risque, des bénéfices pour eux-mêmes. La distribution des primes entraînait obligatoirement un recensement qui s'opérait par des agents officiels; ceux-ci accomplissaient leur tâche sans montrer ce rigorisme défiant que le gouvernement paraissait avoir voulu repousser : la cause ne semblait-elle pas, en effet, celle de tous ?

Comment répondit-on à cette courtoisie ? Par la fraude, par d'odieuses supercheries : on fichait en terre, pendant la nuit qui précédait les inspections, des branches de cotonnier, que les trop confiants inspecteurs comptaient pour des arbustes vivants. Outre cette insigne tromperie, la soif du lucre inventa d'autres énormités : les plants de cotonniers étaient entassés sans discernement, pour en offrir aux yeux un plus grand nombre ; dans un but semblable, on les plaçait à des endroits mal choisis ; on inscrivait de faux noms sur la liste des travailleurs, et l'on percevait ainsi un salaire indu ; on bénéficiait aussi sur le prix alloué pour la nourriture des nègres attachés à ces établissements.

Ainsi l'intelligence d'une grande partie des planteurs était détournée de l'œuvre honorable à laquelle ils avaient solennellement et spontanément offert leur concours, pour être mise au service d'une autre œuvre, œuvre de honte, œuvre de félonie. Et qu'on s'étonne, après cela, que les cultures n'aient pas eu de succès !

Après quatre années d'essais, le gouvernement modifia donc les conditions dans lesquelles il accordait ses primes ; elles furent retirées à la culture et réservées à l'exportation du produit. L'effet était facile à prévoir : les fraudes disparurent, mais la production n'augmenta pas ; l'habitude avait fait loi. On négligea l'entretien des plantations ; et, dans la même année, par ce fait seul de la suppression d'une prime qui avait particulièrement encouragé la mauvaise foi, les essais pour la culture en grand du cotonnier furent considérés comme impraticables.

L'autre culture, sur laquelle on croyait pouvoir compter,

était celle de l'indigo, qui, lui aussi, pousse spontanément au Sénégal. Il s'agissait de faire concurrence à l'Inde, mais une amère déception succéda bientôt à l'espoir qu'on avait fondé sur cette culture. La qualité des produits égalait bien celle des indigos du Bengale, mais une expérience de cinq années démontra que le prix de revient était trop élevé pour lutter sur les marchés d'Europe avec les indigos indiens.

La population renonça donc à ces essais de cultures industrielles et se rejeta en masse sur le commerce des gommes, qui devint ruineux par suite d'une concurrence insensée.

Bientôt arriva, en 1848, une nouvelle cause de ruine pour les Sénégalais : l'émancipation des esclaves dans les colonies françaises. Mais, presque en même temps, une nouvelle branche de commerce allait prendre un grand développement; c'était la culture des arachides, dont jusqu'alors les noirs s'étaient contentés de faire un de leurs aliments, et dont l'industrie réussit à extraire en grand, à des conditions avantageuses, une huile de très bonne qualité.

La plante, l'*Arachis hypogæa*, pousse à l'état sauvage à la côte d'Afrique. La culture en est excessivement simple et peu pénible.

A l'approche de la saison des pluies, les indigènes font des trous en enfonçant un bâton dans le sable, et ils y jettent des graines qui sont les arachides mêmes. Grâce aux pluies, cette légumineuse germe et s'irradie sur le sol dans toutes les directions, comme les fraisiers.

Les fleurs qui poussent sur ces branches rampantes s'ensablent d'elles-mêmes et se transforment en une petite gousse qui renferme une ou deux graines riches en huile, et d'un goût agréable quand on les fait griller.

Pour récolter, après avoir ameubli la terre, par un ou deux coups d'une sorte de bêche, autour de la plante, on peut saisir celle-ci par son milieu, et l'enlever de terre avec toutes ses petites branches et les fruits qui y pendent.

On voit que ce travail n'est pas pénible.

Le fourrage donné par cette plante est excellent pour les chevaux.

L'instrument dont on se sert au Sénégal pour couper l'herbe dans un terrain sablonneux s'appelle un hilaire, parce que c'est M. Hilaire Maurel qui en eut l'idée. C'est une sorte de lame tranchante fixée par son milieu, perpendiculairement à l'extrémité d'un manche, et qu'on pousse devant soi. On peut, de la sorte, travailler sans se courber.

A partir de 1840 on avait expédié de petites quantités d'arachides du Sénégal en France, pour en extraire l'huile.

Le premier navire ayant une cargaison complète de cette graine oléagineuse fut envoyé de Rufisque par M. Rousseau, en 1850.

La culture s'étendit depuis le Sénégal jusqu'à Sierra-Leone.

A partir de 1870, grâce à l'ouverture du canal de Suez, la concurrence de l'Inde et de l'Afrique orientale fit baisser de moitié les prix de ce produit.

Aujourd'hui, à la côte occidentale, au-dessous de la Gambie, la culture de cette graine n'est plus rémunératrice, et elle est abandonnée.

Au contraire, en raison de leur qualité supérieure qui permet de les employer, seules, à certains usages, les arachides du Cayor et du Sénégal peuvent supporter toute concurrence.

Le colonel Frey, à la suite de l'expédition qu'il dirigea dans le Haut-Sénégal, en 1885-1886, a publié une relation de cette campagne, où se trouvent des considérations générales sur le pays et sur la politique qu'on y suit.

Sa conclusion est que le Soudan n'a aucune valeur, n'a pas d'avenir, et que notre entreprise de nous y établir est ruineuse. C'est une opinion personnelle, émise sans doute de bonne foi, mais elle est contraire à celle du plus grand nombre.

D'abord, M. Frey n'a vu le haut pays que pendant quelques mois, qu'il a employés à réprimer impitoyablement l'insurrection des Soninké en razziant et brûlant tous les villages entre Médine et Bakel.

Cette courte durée de séjour dans le haut du fleuve et dans de pareilles circonstances est la cause des nombreuses erreurs d'appréciation qu'il a commises.

Citant l'opinion d'un officier qui a exercé le commandement de Khayes pendant plusieurs années, et qu'il dit partagée par neuf officiers sur dix (ce qui est loin d'être la réalité), il constate que le seul commerce lucratif qui existe aujourd'hui dans les contrées situées entre le Sénégal et le Niger, est celui des esclaves et des munitions de guerre. Cette assertion-là du moins est à peu près vraie, et cet état de choses n'a rien d'étonnant puisque de 1880 à 1888 les opérations de guerre se sont poursuivies sans discontinuité.

Cependant les commerçants de Saint-Louis ont constaté que depuis que nous nous étions avancés vers l'est, on leur demandait certaines marchandises qu'on ne leur demandait pas autrefois, et qu'on leur apportait des gommes d'une variété différente de celles qu'ils connaissaient jusqu'alors.

A propos de gommes, M. Frey tombe dans une erreur difficile à comprendre, qu'un enfant de dix ans ne commettrait pas à Saint-Louis. Il dit que, de tout temps, les gommes sont surtout arrivées à Médine et à Bakel. Bakel a certainement toujours été un marché de gomme assez important, mais les deux principaux points d'arrivée de cette denrée, depuis trois siècles, ont toujours été dans le bas du fleuve, chez les Trarza et les Brakna.

Quant à Médine, ce n'est que depuis très peu d'années qu'il y arrive des gommes, et l'on croit que c'est une partie de celles qui auraient été destinées à Khartoum, si les relations commerciales n'avaient pas été complètement interrompues de ce côté par la guerre.

Le colonel dit encore que les autres productions du pays : coton, indigo, caoutchouc, huile de palme, peaux, essences forestières, café, etc., sont généralement, au Sénégal, de qualité inférieure. C'est là encore une erreur complète.

Le coton et l'indigo, si abondants dans ce pays, sont d'excellente qualité; nous ne les exploitons pas, mais les indigènes en tirent le meilleur parti en tissant d'excellentes étoffes auxquelles ils donnent une couleur indigo du plus grand éclat.

Pourquoi est-il impossible d'exploiter ces produits? C'est parce que l'indigo, dans l'Inde, et le coton, dans l'Amérique du Nord, sont produits à si bon marché qu'il n'est pas possible de leur faire concurrence pour l'exportation.

Quant au caoutchouc, il y a peu de temps que nous en demandons au Sénégal proprement dit, et, sur beaucoup de points, on en est encore à des tâtonnements pour trouver les meilleures qualités et les meilleurs moyens de le préparer.

On a lieu d'espérer de très bons résultats.

Le café, qu'on se procure à l'état sauvage dans le rio Pongo, est certainement le meilleur café du monde; c'est de lui que provient le moka.

Les arachides, dont le colonel semble faire fi, et que nous exportons du Sénégal en quantités considérables (jusqu'à 60 000 tonnes par an), sont, comme nous l'avons dit, de qualité supérieure, dans le fleuve, et dans le Cayor. Ces dernières nous sont achetées à des prix très élevés par la Hollande, qui en fait du beurre de margarine.

Les autres principaux produits du Sénégal et dépendances sont : les bestiaux, les objets d'histoire naturelle, des peaux de bœufs et de panthères, des plumes de parure, du miel et de la cire, du mil (sorgho), du riz, des amandes de palme, du sésame, de la gomme copale, de l'huile de palme, des tourteaux d'arachides, etc., etc.

Le chiffre total du commerce en 1887 a été de plus de 40 millions de francs (importations et exportations réunies), dont plus de la moitié avec la France. Le commerce n'avait guère que la moitié de cette importance il y a trente ans.

Le tonnage, en 1884, a été de 651 060 tonnes.

Il dépassait celui de nos autres colonies.

M. Frey s'étend beaucoup sur les pertes considérables que l'on fait dans chaque expédition de ravitaillement des postes du Soudan. Cela n'est malheureusement que trop réel. Il n'est pas possible à des Européens de faire de pareilles expéditions, à pied, et exposés souvent comme alimentation aux plus rudes privations : de là, une mortalité regrettable. Cela prouve tout simplement qu'il faut n'employer dans ces expéditions que le plus petit nombre d'Européens possible, et en les mettant dans des conditions de bien-être qui puissent leur faire supporter les fatigues.

Le colonel Frey critique avec raison ceux qui accordent 50 millions, 100 millions même d'habitants au Soudan. Ce sont là, en effet, des exagérations ridicules, mais il n'exagère pas moins, en sens contraire, en disant que ces pays sont à peu près déserts. La vérité est que les bords des fleuves et les plaines bien arrosées sont très fertiles et très peuplés, sauf dans les circonstances exceptionnelles où une population vient d'être à moitié détruite par la guerre, et où le reste est en fuite.

Il dépeint sous les couleurs les plus sombres les souffrances de ses soldats; cependant ce sont généralement des hommes de bonne volonté que l'on prend pour les expéditions dans l'intérieur, et l'on n'en manque jamais. Quant à ce qu'il dit de l'impossibilité, pour les Européens sans distinction, de résister plus de deux ou trois ans à ce terrible climat sénégalais, nous allons opposer à son opinion celle d'un négociant du Sénégal, qui y a passé vingt-six ans, et auprès de qui nous nous sommes renseigné sur cette question.

Voici des extraits de la réponse que nous avons obtenue :

. . . . Le Sénégal est loin de mériter sa réputation d'insalubrité. La mortalité, dans les villes de Saint-Louis, Dakar, Gorée, est très faible, du moins dans le commerce. La côte, ainsi que le fleuve, sont plus malsains, mais il faut surtout en attribuer les causes au manque de confortable. Le séjour des villes est plus supportable, grâce à la culture maraîchère qu'on y trouve aujourd'hui en abondance. . . . . Depuis quinze ans, malgré les épidémies, notre maison de Saint-Louis a perdu quatre employés, sur plus de quatre-vingts qui y sont passés. . . . . Nous avons vu au Sénégal des employés européens qui ont des quinze, vingt et vingt-cinq ans de séjour. Ils existent encore et sont tous en parfaite santé..........

Le meilleur exemple qu'on puisse citer comme Européens ayant fourni une longue carrière au Sénégal, est celui des deux vétérans actuels, MM. Auguste M... et Henri M...., ce dernier ayant suffisamment habité le fleuve et la côte, puisque pendant plus de vingt ans il a été commandant des cercles de Bakel, Podor, Dagana, Rio Nunez et Rio Pongo, Carabane, etc......

On ne peut pas, pour ces deux vétérans, les accuser d'être venus souvent se retremper en France, puisque, pendant un séjour de plus de cinquante ans au Sénégal, ils ne sont pas venus, l'un et l'autre, plus de cinq ou six fois en France. . . .
.... Enfin, l'exemple de nombreux Européens qui ont passé la majeure partie de leur existence au Sénégal, et qui sont actuellement retirés en France, dont on peut citer les noms, est le meilleur argument pour prouver que le Sénégal n'est pas aussi malsain qu'on veut bien le faire croire.

On peut, sans crainte, se faire suivre de sa famille au Sénégal. La femme est moins sujette que l'homme aux maladies, n'ayant pas à s'exposer à l'ardeur du soleil........

De nombreux officiers et fonctionnaires viennent au Sénégal avec leurs femmes, et, à part les épidémies de fièvre jaune, je ne me souviens pas d'exemples de mortalité chez la femme. Les enfants, également, y vivent très bien..........

Si la mortalité est plus grande parmi les troupes, les employés du chemin de fer, etc., que dans le commerce, il faut l'attribuer à l'inaction des uns, et surtout aux imprudences de toutes sortes : chasse, excès de table, etc........

Dans le commerce, les jeunes gens sont occupés toute la journée, et le soir ils ont la vie en commun, la vie d'intérieur, car, dans toutes les maisons, les employés mangent avec l'agent et sa famille.

Il est certain qu'avec de la conduite, du travail et une bonne hygiène, l'on peut vivre très longtemps au Sénégal.

Le colonel du génie Pinet-Laprade, gouverneur, qui fut enlevé par le choléra, le 17 août 1869, était au Sénégal depuis près de vingt ans. Il jouissait d'une bonne santé, sauf de légers accès d'hépatite, qu'il guérissait en allant passer quelques mois en France. Il lui arriva même, une fois qu'il s'était embarqué dans ce but, d'être obligé de relâcher à Madère, par suite d'avaries de bateau, et d'y rester quelques jours. Le séjour dans cette île lui fut si favorable, qu'au lieu de continuer son voyage pour la France, il revint au Sénégal, se trouvant suffisamment guéri.

Le colonel de spahis Canard, qui fut gouverneur en 1881, et qui est aujourd'hui en retraite à Lorient, était aussi depuis vingt ans au Sénégal, où il avait fait toute sa carrière.

Ces deux officiers avaient pris part à toutes les campagnes.

Les assertions du colonel Frey seraient donc tout au plus vraies pour les militaires en temps d'expédition, mais il est notoire que les personnes suffisamment aisées qui conduisent sagement leur vie, peuvent le plus souvent faire impunément un long séjour dans cette colonie.

On raconte à ce sujet l'anecdote suivante :

Vers 1860, l'empereur était à Vichy ; on s'occupait alors beaucoup du Sénégal et des pertes que nous faisions par suite de l'insalubrité du pays. L'empereur apprit que les trois principaux fonctionnaires de cette colonie (l'ordonnateur, le président de la cour d'appel et le contrôleur) étaient à Vichy. Comme on venait de s'apitoyer beaucoup sur les pauvres Sénégalais, l'empereur se les fit présenter, croyant qu'il allait se trouver devant trois malheureux émaciés par la maladie.

On ne put s'empêcher de rire quand on vit arriver trois personnages jouissant d'un embonpoint bien au-dessus de la moyenne, et ayant toutes les apparences de la santé la plus florissante.

Ils étaient au Sénégal depuis *trente ans en moyenne*, et leur saison de Vichy avait pour but de les débarrasser de légères atteintes d'hépatite.

Cependant avouons que l'auteur de la lettre citée plus haut nous paraît un peu optimiste, et que le climat du Sénégal laisse bien à désirer. La saison sèche est pénible, la saison des tornades, ou hivernage, est un peu dangereuse pour les Européens; mais, en somme, le Sénégal est une de nos colonies les moins insalubres.

Nous venons de parler de tornades, nous allons dire ce que c'est :

Supposons-nous au commencement de juin ; un aviso remonte le fleuve; l'équipage se repose après le repas; les passagers, qui ordinairement s'amusent à tirer sur les crocodiles endormis sur les berges, négligent cette distraction, tant l'atmosphère est lourde et la chaleur insupportable.

L'air est chargé d'électricité, et chacun préfère rester dans l'inaction, enfoncé dans les fauteuils d'osier américains, à l'ombre d'une toile tendue au-dessus du pont, et qu'on rafraîchit en y jetant continuellement de l'eau avec une pompe.

On éprouve quelque chose d'inaccoutumé, une sorte de prostration; on est plus nerveux qu'à l'ordinaire; un silence complet règne dans la nature.

Un laptot appelle ses camarades, et leur montre du doigt le sud-ouest; un point noir y apparaît à l'horizon dans un ciel parfaitement pur; c'est une tornade.

Le nuage noir grandit et se rapproche rapidement; toujours même silence absolu et sinistre.

Bientôt éclate comme un énorme coup de fouet, et, sans transition, un vent d'une violence inouïe s'élève, en même temps que tombe une pluie torrentielle. Le navire s'incline, l'eau du fleuve s'agite comme en mer ; on entend comme les modulations étranges d'un orgue gigantesque.

Le commandant, averti, a fait prendre toutes les mesures nécessaires ; il s'agit d'empêcher le léger bateau de tôle, qui ne pèse pas plus qu'une plume pour l'ouragan, d'être poussé à la rive, où les herbes se couchent, où les arbres s'inclinent et sont terriblement secoués ; les feuilles, les branches, des débris de toutes sortes volent de toutes parts ; les animaux, effrayés, cherchent des abris, dans leur effarement ; puis, après un quart d'heure ou une demi-heure, et aussi instantanément qu'il s'est levé, le vent tombe, et la pluie cesse bientôt ; le calme et le silence renaissent ; la surface de l'eau redevient unie. On croyait que le vent faisait le tour du compas, d'où le nom de tornade. La nature a changé d'aspect ; la température est rafraîchie ; l'air est transparent ; et ensuite la chaleur revient, et l'on attend une autre tornade, qui assez souvent éclate le lendemain vers la même heure, comme si la nature avait des accès de fièvre intermittente.

En ville, vous êtes chez vous, à vos affaires ; vous sentez bien que la chaleur est particulièrement insupportable, mais vous n'y faites pas autrement attention, absorbé que vous êtes par la besogne à laquelle vous vous livrez. Tout à coup vous entendez un grand bruit au dehors : sifflements du vent, détonations ; les portes et les fenêtres s'ouvrent, se ferment avec fracas, se brisent si elles ne sont pas solides. Vous courez à vos fenêtres pour les fermer ; vous entendez de grandes clameurs dans la rue, et vous voyez une population affolée : les uns courent pour arriver chez eux avant l'ondée qui suit presque immédiatement ; les garçons et les filles se débarrassent du peu de vêtements qu'ils portent, pour ne pas perdre une goutte d'eau, en allant se mettre sous les gargouilles par où tombe, en douches énormes, l'eau des terrasses des maisons; ils poussent des cris de joie. Certaines rues deviennent des rivières. Puis, le vent d'abord, et la pluie ensuite, cessent brusquement, comme ils ont commencé; mais vous ne reconnaissez plus ce que vous avez sous les yeux, surtout lors de la première tornade.

Tout était gris de poussière accumulée pendant sept mois; le sol, les maisons, les arbres qui semblaient être en zinc quand ils étaient immobiles, par les temps calmes, tout cela est lavé par la pluie torrentielle, et tout, bois, pierres, végétation, a repris sa couleur propre sous la lumière très vive qui suit une tornade. Les noirs, dont la peau était terne, redeviennent brillants comme du bronze; en un mot, la nature est tout à fait transformée.

En pleine mer, ces tornades ne sont pas dangereuses; le navire met à la cape, et fuit devant la tempête, mais il ne faut pas se laisser surprendre avec les voiles dehors.

En somme, comme on le voit, ces tornades sont plutôt une distraction qu'un danger; elles vous procurent un moment de fraîcheur très agréable.

DEUXIÈME PARTIE

ÉMANCIPATION — PÉNÉTRATION

Dans cette deuxième partie, qui commence à l'abolition de l'esclavage en 1848, nous faisons un récit complet et suivi des événements qui se passent au Sénégal, surtout en ce qui concerne les opérations de guerre et les annexions successives de territoires à la colonie.

Grâce à M. Schœlcher, membre du gouvernement provisoire, l'abolition de l'esclavage dans les colonies françaises fut un des premiers actes de la République de 1848.

Cette mesure causa au Sénégal un bouleversement moindre que dans les colonies à grandes cultures.

Les habitants du Sénégal ne possédaient que quelques esclaves. Ils louaient par mois ceux dont ils n'avaient pas besoin, aux commerçants, aux fonctionnaires, etc.; leur émancipation ruina plusieurs familles, malgré l'indemnité payée par le gouvernement.

Il se présenta alors un fait très touchant : beaucoup de ces esclaves libérés, continuant leur métier d'ouvriers ou de domestiques, apportaient volontairement à leurs anciens maîtres la plus grande partie de leurs gages. Cela fait honneur aussi bien aux maîtres qu'aux esclaves.

Dans cette colonie française du Sénégal, datant de près de trois cents ans, les Français, chose singulière, n'avaient pas le droit, avant 1848, d'aller diriger leur commerce dans le fleuve; c'était là un privilège de ceux qu'on appelle les habitants, c'est-à-dire les sang-mêlé nés dans cette colonie et les noirs. Depuis les décrets de 1848, la liberté d'aller dans toute la contrée existe pour tout le monde; mais il est bien difficile aux blancs de se passer du concours des indigènes pour commercer dans l'intérieur.

En 1848, le capitaine de vaisseau Baudin était gouverneur du Sénégal. On changea son titre en celui de Commissaire de la République, le 25 novembre.

M. Baudin ne put pas laisser beaucoup de traces de son passage, dans les circonstances où se trouvait alors le pays; le commerce n'allait pas, et on cherchait en vain toute espèce de remèdes pour améliorer la situation. Le 10 octobre 1850, il fut remplacé par le capitaine de vaisseau Protet, qui reprit le titre de gouverneur du Sénégal et dépendances. Les affaires commerciales allaient au plus mal; la crise était à son maximum d'intensité; aussi, en 1851, les commerçants de la colonie adressèrent-ils au gouverneur une pétition pour se plaindre de la situation intolérable qui leur était faite par les exactions et les brigandages des indigènes Wolof, Maures et Toucouleurs; ils demandaient que par un vigoureux effort il fût mis un terme à cet état de choses, dût le commerce en souffrir pendant quelques années. Ils demandaient spécialement :

La suppression des escales, sorte de foires annuelles où se faisait la traite des gommes, sous la surveillance des chefs maures et dans des conditions humiliantes et onéreuses pour nous, et leur remplacement par des établissements de commerce permanents et fortifiés : l'un à Dagana, où nous avions déjà un petit fort, l'autre à Podor, où nous en avions eu un autrefois.

Le ministre ayant approuvé ce programme, le gouverneur du Sénégal reçut en bâtiments, troupes et approvisionnements ce qui était nécessaire pour en assurer l'exécution.

En conséquence, le 18 mars 1854, le capitaine de vaisseau Protet quitta Saint-Louis et se transporta avec tout son monde et tous ses moyens à Podor, où l'on s'attendait à une grande résistance de la part des Toucouleurs, mais que l'on trouva, au contraire, abandonné. Les travaux du poste fortifié, dirigés par le capitaine du génie Faidherbe, commencèrent le 27 mars; le 1ᵉʳ mai, le fort était achevé.

On avait à se venger d'agressions commises par les Toucouleurs du Dimar, et particulièrement par ceux de Dialmatch. Pendant la construction du poste de Podor, ils vinrent enlever un enseigne de vaisseau qui chassait à une petite distance du camp français. Ils s'étaient figuré, par ce moyen, nous empêcher de les attaquer, ayant écrit au gouverneur que s'il marchait sur Dialmatch, ils tueraient cet officier, ce que du reste ils ne firent pas.

Naturellement on ne tint aucun compte de leurs menaces, et le gouverneur se porta avec toutes ses forces devant Dialmatch.

La colonne débarqua à Fanaye le 6 mai, sans rencontrer de résistance. Après une marche longue et pénible, elle n'arriva qu'à onze heures du matin en vue de Dialmatch, qui dans le pays était réputé imprenable. Les femmes et les enfants l'avaient évacué, et 2 000 défenseurs, armés de fusils, garnissaient les créneaux de l'enceinte, qui était en outre armée de deux pièces de canon de traite.

Pendant que les colonnes d'assaut se formaient, l'artillerie ouvrit le feu contre la ville. Les obus allumèrent quelques incendies, mais ne purent faire brèche dans le tata ni en déloger les défenseurs, qui continuaient bravement à tirer, principalement contre les volontaires de Saint-Louis, qui, poussant des cris, lançant leurs fusils en l'air, s'étaient portés en avant et tiraillaient inutilement contre un ennemi bien abrité. À ce jeu, ils perdirent une cinquantaine des leurs et se retirèrent. Cependant les troupes régulières, massées à 200 mètres de l'enceinte, s'élancent à l'assaut en trois colonnes, sous un feu très vif. Arrivées à 100 mètres, elles hésitent, puis s'arrêtent. Une vingtaine de soldats d'infanterie de la colonne du centre, avec quatre officiers, et le détachement des sapeurs du génie, dont il ne restait plus que cinq hommes debout sur dix (le lieutenant du génie Guichard était resté à terre, blessé d'une balle au pied), continuent seuls, bravement, leur mouvement en avant, et atteignent le tata, qu'ils cherchent à escalader ou dont ils embouchent les créneaux; avec eux se trouvait le lieutenant du génie Joris. Bientôt les autres troupes, électrisées par cet exemple et entraînées par quelques officiers, reprennent le mouvement offensif, et se rendent enfin maîtresses de Dialmatch, dont les défenseurs s'enfuient par l'extrémité opposée.

Nos pertes furent de 175 hommes tués ou blessés, sur un effectif de 600 combattants.

Malgré ce fait d'armes, les commerçants du Sénégal adressèrent au gouverneur de la colonie une nouvelle pétition. Reprenant et développant le programme énoncé dans la première, ils concluaient en disant qu'il était indispensable, dans l'intérêt de la colonie, d'avoir des gouverneurs y séjournant un temps assez long pour acquérir une connaissance suffisante du pays et une expérience sans laquelle rien de sérieux ne pouvait être fondé.

Voici quelle était la fin, au moins singulière, de cette pétition :

. . . . Lorsque votre mission sera accomplie, vous retournerez sans doute en France pour y jouir d'un repos dont vous aurez besoin et recevoir la récompense due à vos éminents services. Convaincus que vous ne cesserez de vous intéresser à la prospérité d'une colonie que vous aurez pour ainsi dire fondée, et que vous tiendrez à honneur de voir continuer dignement votre œuvre, vous nous permettrez, monsieur le Gouverneur, de vous charger d'une mission dont vous seul pouvez assurer le succès. Vous avez vu par vous-même, monsieur le Gouverneur, combien le Sénégal est difficile à gouverner; des difficultés de toute nature surgissent sous les pas de l'officier qui se charge de la direction de cette colonie, car le Sénégal n'est pas un comptoir, comme on affecte dédaigneusement de le dire, mais bien une véritable colonie; non pas une colonie comme la Martinique, la Guadeloupe et la Réunion, où l'on n'a qu'une administration intérieure d'une importance limitée, mais une colonie qui commande à un vaste continent. Le Sénégal est tout un État à gouverner, où, indépendamment des difficultés administratives, on a encore toute une politique extérieure à diriger, à conduire. Vous savez cela, monsieur le Gouverneur; vous savez le temps qu'il vous a fallu pour étudier les affaires de ce pays, et vous savez aussi qu'en général, les gouverneurs ne restent pas, en moyenne, plus d'un an et demi à deux ans à la tête de l'administration : comment peut-il être possible de gouverner avec des changements aussi fréquents dans la direction administrative et politique? Peu de gouverneurs veulent s'astreindre à suivre le système de leurs prédécesseurs; cela leur est même difficile, car ils ne peuvent s'en faire une idée en quelques mois; de sorte qu'à défaut d'un plan traditionnel et, par suite, d'une expérience qui ne s'acquiert qu'à la longue, ils sont contraints, par la force des choses, de tout créer à nouveau, et même quelquefois de se laisser entrainer par les événements, n'ayant eu ni le temps nécessaire pour les conduire, ni celui de les voir venir assez tôt pour y résister; dès lors, tout souffre de l'indécision apportée dans la direction des affaires.

Vous avez été à même d'apprécier les inconvénients de cette situation pendant le cours de votre administration, monsieur le Gouverneur; afin d'empêcher le retour, à l'avenir, d'un état de choses aussi préjudiciable aux intérêts du pays, nous vous supplions de vouloir bien nous appuyer de tout le poids de votre influence auprès de M. le Ministre de la marine, pour qu'après votre rentrée en France, il nous donne des gouverneurs qui puissent rester au moins sept ans à la tête de la colonie. Nous savons bien, monsieur le Gouverneur, que les officiers de la marine impériale ne pourront guère accepter de pareilles fonctions à cause de leur durée; mais, dans ce cas, nous vous prions de demander un homme ayant déjà été à la tête d'un département ou ayant rempli quelque fonction diplomatique ou administrative.

Nous sommes avec un profond respect, monsieur le Gouverneur, vos très humbles et très obéissants serviteurs.

P. Bancal,	Granges et Cie,	J.-P. Domecq,
A. Teisseire,	G. Chaumet,	J. Senger,
H. Martin,	V. Senger et Cie,	E. de Coutures,
F. Merle,	E. Besson,	V. Lallement,
L. Gros,	Gaillard aîné,	P. Avril,
D. Bernard,	Lazare Avril,	G. Lafargue,
L. Brachet,	Marquis,	G. Pellen,
Larrieu,	Ch. Bourcard,	E. de Chatrète,
B. Dumont,	Correz,	Radit père,
Ch. Boucaline,	L. Gras,	R. Tressol,
A. Destigny,	G. Clofullia,	A. Moriac,
Wagner,	Massalve,	Lenormand,
Montlezun,	E. Destigny,	Lovely-Seignac,
Bourceret,	Jules Juge,	Bréghot de Polignac.
Beccaria,	M. Maurel,	

ÉMANCIPATION. — PÉNÉTRATION.

En même temps que cette pétition était remise au gouverneur du Sénégal, des démarches étaient faites par quelques négociants auprès de M. Ducos, alors ministre de la marine, pour que M. Faidherbe fût nommé chef de bataillon et gouverneur de la colonie. Le ministre de la guerre, maréchal Vaillant, ayant consenti à la nomination au grade de chef de bataillon, le ministre de la marine nomma le commandant Faidherbe gouverneur du Sénégal.

Le nouveau gouverneur présentait l'avantage d'avoir étudié le monde musulman pendant six ans en Algérie, d'avoir été en contact avec les noirs pendant deux ans à la Guadeloupe, où il avait assisté à la proclamation de la liberté, et, depuis deux ans qu'il était au Sénégal, d'avoir parcouru toute la colonie, d'avoir fait partie de l'expédition du commandant Baudin à Grand-Bassam, et enfin de s'être tenu au courant des questions alors pendantes.

La suppression des escales nous mettait nécessairement aux prises avec les Maures[1].

Mohammed el-Habib, roi des Trarza, à qui, en 1850, une députation d'habitants et de négociants de Saint-Louis avait été envoyée pour demander la paix, avait pris l'habitude de dire, depuis cette démarche, qui avait redoublé son arrogance, qu'à la première rupture avec les blancs il viendrait faire son salam dans l'église de Saint-Louis, et

1. Ce qui concerne la guerre avec les Maures et avec el-hadj Omar, ainsi que les expéditions diverses, est tiré en grande partie des *Annales sénégalaises* (général Faidherbe). Maisonneuve et Leclerc, éditeurs.

le chef des Azouna, Mohammed Ali, se vantait de prendre la ville avec les seuls guerriers de sa tribu.

Certes les Européens faisaient bonne justice de ces propos extravagants, mais pour beaucoup d'habitants de Saint-Louis ils exprimaient une vérité incontestable.

Quoi qu'il en soit, voici les ordres qui furent donnés par le ministère au gouverneur en différentes dépêches de l'année 1854, pour changer les choses de fond en comble :

Nous devons *dicter nos volontés aux chefs maures, pour le commerce des gommes*. Il faut *supprimer les escales en* 1854, *employer la force* si l'on ne peut rien obtenir par la persuasion. Il faut *supprimer tout tribut* payé par nous aux États du fleuve, sauf à donner, quand il nous plaira, quelques preuves de notre munificence aux chefs dont nous serons contents. Nous devons être les *suzerains du fleuve*. Il faut *émanciper complètement le Walo* en l'arrachant aux Trarza et *protéger en général les populations agricoles de la rive gauche contre les Maures*. Enfin, il faut entreprendre l'exécution de ce programme avec *conviction et résolution*.

Après une vigoureuse leçon, donnée le 15 janvier 1855, au village de Bokol qui faisait déserter nos soldats noirs, et à la suite de laquelle le Dimar nous accorda une satisfaction complète sur tous les points en litige, le nouveau gouverneur du Sénégal dut procéder à l'exécution des ordres ministériels; il s'occupa d'abord de la question du Walo, le moment des escales n'étant pas encore venu.

Comme les autres années, les tribus Trarza, nommées el-Guebla (les Méridionales), c'est-à-dire les Takharedjent, les Dagbadji, les Ouled-Akchar el-Ouled-Béniouk (Azouna) et les Ouled-bou-Ali, avaient passé sur la rive gauche avec leurs tentes et leurs troupeaux et commençaient, malgré les anciens traités, à exercer leurs ravages ordinaires sur les contrées voisines. Comme ces tribus étaient encore sur les bords mêmes du fleuve, il était facile de les enlever toutes à la fois, au moyen de la garnison de Saint-Louis et des bateaux à vapeur de la flottille.

Attendre l'arrivée du roi des Trarza, qui était encore dans l'intérieur, et lui demander l'évacuation du Walo, cela eût été pris pour une plaisanterie par ce chef orgueilleux et tout-puissant qui, non seulement était maître du Walo, mais faisait tout ce qu'il voulait dans le Dimar, dans le Djiolof, dans le Cayor et chez les Brakna.

La reine du Walo elle-même, quoiqu'elle ne fût que la très humble servante de Mohammed el-Habib et de son fils Eli (son neveu à elle), avait osé écrire au gouverneur, dans les premiers jours de 1855, pour lui intimer l'ordre d'évacuer les îles de Roup, de Diombor, de Thionq, etc., qui entourent Saint-Louis à une portée de canon.

C'est pourquoi, décidé à employer les moyens propres à assurer sérieusement l'exécution du programme tracé, le gouverneur voulut aller droit au but en attaquant immédiatement les Maures du Walo. Ce n'était du reste que faire respecter les traités. Malheureusement, Chems, chef des Aïdou el-Hadj (Darmancour), étant venu à Saint-Louis et s'y étant assuré qu'on voulait enfin sérieusement les réformes dont il était question depuis nombre d'années, jeta l'alarme chez les el-Guebla, fit battre le tam-tam de guerre dans le Walo et avertit les tribus de se mettre en lieu sûr, parce que, indubitablement, les blancs allaient tomber sur elles, comme ils l'avaient fait sur Bokol. Cela dérangea les combinaisons arrêtées, car les tribus suivirent ses conseils, les unes en s'enfonçant un peu dans le Walo, les autres en repassant promptement sur la rive droite. Une seule ne bougea pas, celle des Azouna. Cette tribu de brigands, dont le nom seul faisait trembler le

Walo, le Cayor et le Djiolof, était tellement habituée à inspirer l'effroi, qu'elle ne supposait même pas qu'on osât l'attaquer. Elle resta campée entre Diekten et Tiaggar. On dut donc se contenter de faire une tentative sur les Azouna et on organisa une razzia contre eux.

15 février 1855. — Une petite colonne, composée de 50 hommes de la garnison de Podor et des compagnies de débarquement du *Galibi*, du *Grand-Bassam*, du *Marabout* et du *Rubis*, commandée par M. Desmarais, lieutenant de vaisseau, descendit de Dagana, sur le *Rubis*, dans la nuit du 14 au 15 février, et débarqua, à deux heures du matin, à deux lieues au-dessus de Tiaggar. 50 spahis, partis de Dagana la veille au soir, sous le commandement de M. le capitaine Bilhau, avaient passé la Taoucy à minuit, étaient venus reconnaître M. Desmarais au lieu de son débarquement et descendaient avec lui vers Tiaggar. De son côté, le gouverneur partit de Saint-Louis avec les troupes de la garnison le 14, à une heure de l'après-midi, sur l'*Épervier*, l'*Anacréon* et les deux bateaux-écuries. Sous prétexte d'un vol imaginaire, on avait fait bloquer l'île depuis le matin par la police et par les douaniers, pour que les préparatifs du départ ne pussent pas être signalés au dehors.

Le 15, à cinq heures du matin, la colonne débarquait à 200 mètres au-dessous de Diekten, avec un obusier de montagne, et s'avançait dans l'obscurité pour chercher le camp des Azouna. A la pointe du jour, on arrivait sur le camp, composé de 150 tentes environ, mais les Maures, éveillés par les femmes qui pilaient le mil, et qui nous avaient entendu venir, étaient déjà en pleine fuite devant nous avec leurs troupeaux, abandonnant leurs tentes, tous leurs effets, leurs vivres, leurs marchandises et une centaine de têtes de bétail, de chevaux et d'ânes. Comme

ÉMANCIPATION. — PÉNÉTRATION.

cela était prévu, ils tombèrent dans la colonne qui arrivait au même moment par le haut du fleuve, et le capitaine des spahis Bilhau les chargea à fond, leur tua 6 ou 7 hommes et leur enleva 700 bœufs et 69 prisonniers, la plupart femmes et enfants. L'infanterie appuya le mouvement et contribua par tous ses moyens à cette brillante affaire.

Le camp des Azouna fut pillé par les volontaires de Saint-Louis, qui y firent un très riche butin, et les tentes furent livrées aux flammes, de sorte qu'en deux heures il ne restait plus une trace du camp de cette tribu tant redoutée.

Après avoir pris un moment de repos et avoir relâché environ 60 individus du village de Tiaggar qui avaient été pris en même temps que les 69 Azouna, la colonne se mit en route pour Richard-Toll, où elle arriva dans l'après-midi. Les hommes, quoique fatigués, étaient gais et bien portants. Les spahis étaient restés vingt-deux heures à cheval.

Une des grandes inquiétudes de la population de Saint-Louis était de manquer de lait et de beurre pendant la guerre avec les Maures, comme cela était arrivé dans des circonstances analogues. Pour éviter cet inconvénient, en même temps que le gouverneur partait pour la razzia des Azouna, il envoya M. le lieutenant de vaisseau Butel avec le bateau à vapeur le *Serpent* et une flottille d'embarcations armées, pour enlever et amener dans l'île de Roup, auprès de Saint-Louis, les troupeaux de la tribu des Tendra, marabouts qui approvisionnent la ville et qui se trouvaient près de Mbéray. M. Butel dirigea parfaitement l'opération, qui eut un succès complet, en ce sens qu'il ramena 600 vaches, à la grande satisfaction des habitants de Saint-Louis, assurés de ne pas manquer de sanglé pendant toute la durée de la guerre.

La reine du Walo, Ndété-Yalla, et ses gens, stupéfaits en apprenant la destruction du camp des Azouna et la razzia faite sur les Tendra, furent bien embarrassés sur le parti qu'ils avaient à prendre. Il paraît même que, dans le premier moment, ils refusèrent d'accueillir quelques Azouna fugitifs; mais bientôt l'ascendant, l'intimidation exercés de longue date par les Maures, et les mauvaises dispositions à notre égard des captifs de la couronne, l'emportèrent sur les sympathies ou les craintes que nous pouvions inspirer, et ces malheureux Wolof prirent la fatale résolution de se mettre avec leurs oppresseurs contre nous qui voulions cette fois sérieusement les en délivrer.

Le gouverneur avait cependant écrit aux chefs du pays qu'il allait prochainement achever d'en chasser les Maures: bonnes paroles, cadeaux, promesses, il n'avait rien négligé pour que Ndété-Yalla et son peuple, comprenant leurs intérêts, se joignissent à nous dans l'œuvre d'affranchissement de la rive gauche. Tout cela fut inutile, et le Walo commença le premier les hostilités contre nous, comme on va le voir, par une insigne trahison.

20 février 1855. — Décidé à marcher directement sur la capitale du Walo en pénétrant dans ce pays par le pont de Leybar, Lampsar et Ross, le gouverneur voulait rejeter les tribus qu'il s'attendait à y trouver et à voir fuir devant lui, sur une petite colonne auxiliaire partant de Richard-Toll, sous le commandement de M. Desmarais, et longeant la Taouey et le lac jusqu'à Nder. A cet effet, le capitaine Bilhau avait reçu l'ordre de se rendre, le 23, de Dagana à Richard-Toll, avec un peloton de spahis, pendant que l'aviso à vapeur le *Grand-Bassam* devait y amener plusieurs compagnies de débarquement. Parti à six heures du matin, M. Bilhau s'étonna de trouver les habitants en armes dans

les premiers villages près desquels il passa, mais, sur leurs
protestations qu'ils ne feraient pas la guerre aux Français,
tant que ceux-ci ne leur feraient pas de mal, il continua
sa route. Arrivé à la hauteur de Mbilor et de Keurmbay,
il reconnut, à n'en plus douter, qu'il était tombé dans un
guet-apens et se vit bientôt en présence d'un grand nombre
de fantassins et de cavaliers, qui, se promettant d'avoir
bon marché de la poignée de spahis qu'il commandait,
commencèrent à l'entourer de toutes parts. M. Bilhau,
dans cette circonstance critique, chercha de quel côté il
avait le plus de chance d'opérer sa retraite. Il fit demi-tour,
et, retournant rapidement sur ses pas, il parvint à
distancer un instant la nuée d'ennemis qui le poursuivaient
avec acharnement; mais, un marigot lui barrant
le passage, il se vit bientôt acculé dans l'angle de ce marigot
sur les bords mêmes du fleuve. Décidé à vendre chèrement
sa vie, il fit mettre pied à terre à ses spahis, plaça
ses chevaux à l'abri sous la berge, et par un feu de mousqueterie
bien nourri il chercha à retarder le moment
fatal inévitable où, écrasé par le nombre, il serait enlevé
ou massacré. Déjà deux spahis étaient blessés et un cheval
enlevé, lorsque l'apparition du bateau à vapeur le *Grand-Bassam*,
qui avait reçu l'ordre de naviguer de manière à
protéger au besoin l'escadron, vint le sauver d'une perte
certaine. M. l'enseigne de vaisseau Méron mit à terre les
compagnies de débarquement, sous les ordres de M. l'enseigne
de vaisseau Fougères; au moyen de ce renfort et
avec l'aide de l'artillerie du bateau, on repoussa vigoureusement
l'ennemi en lui faisant éprouver quelques
pertes, et le bateau transporta les spahis à Richard-Toll.

En présence de ces faits et du soulèvement général du
Walo, la petite colonne de M. Desmarais, sans moyens de
transport pour son artillerie, ne put s'engager dans le

pays et se borna, après un engagement avec les gens de Ndombo, d'une rive à l'autre de la Taouey, à contenir les populations voisines et à brûler les villages de Khouma et de Mbilor.

Pendant que cela se passait à Richard-Toll, le gouverneur était en route avec la colonne principale, composée d'environ 400 hommes de troupes de toutes armes, et d'autant de volontaires, avec deux obusiers et un peloton de spahis.

Ces volontaires étaient des gens de Saint-Louis qui avaient l'habitude d'aider les gouverneurs dans les expéditions. Pour la guerre sérieuse qu'on entreprenait alors, on leur fit comprendre qu'ils ne pourraient plus, comme autrefois, marchander leur concours, et qu'on ne leur permettrait plus de discuter, en pleine expédition, s'ils continueraient ou non à marcher. Une fois bien avertis, ils montrèrent toute l'obéissance qui convient à des troupes, firent preuve de courage et de dévouement dans bien des circonstances, et rendirent de très bons services, surtout dans les razzias.

Partie de Bouëtville le 21, la colonne avait passé le pont de Leybar, nouvellement construit, et bivouaqué près de ce village. Nos moyens de transport organisés avec des ânes et des bœufs porteurs auxquels on avait eu le tort de mettre des croupières dont ils n'avaient pas l'habitude, nous avaient déjà beaucoup retardés et nous avaient causé mille désagréments.

Le second jour, on se rendit à Lampsar, en passant le marigot des fours à chaux, en face de Diaoudoun, point important où depuis il a été construit un pont qui nous donne accès de plain-pied dans le Walo, comme celui de Leybar nous donne accès dans le Cayor. Dans cette seconde journée de marche, nos transports nous avaient donné tant de mal qu'il n'y avait pas moyen de continuer à s'en servir pour s'engager dans le cœur du pays. Cependant, renoncer à l'expédition après avoir annoncé au Walo une marche sur Nder, cela eût produit un effet désastreux : il fallut donc prendre un parti extrême.

On décida qu'on laisserait là tous les bagages, les sacs et couvertures des soldats, qui les chargeaient trop. C'étaient des couvertures très lourdes, des couvertures d'hôpital, la colonie n'ayant pas alors de petites couvertures de campement. On distribua à chacun douze biscuits pour six jours. Les hommes mirent leurs cartouches et leurs biscuits dans leurs sacs de campement, et la colonne ainsi allégée se mit en marche, avec un troupeau de bœufs à abattre.

On trouva les villages de Killen et de Ross abandonnés, malgré les lettres rassurantes que le gouverneur avait envoyées à Béquio, chef de cette province. On respecta ces villages. La colonne eut à traverser de nombreux marigots, où les hommes avaient de l'eau au-dessus de la ceinture, et où les obusiers de montagne traînés disparaissaient complètement sous l'eau ; on se tira gaiement de ces difficultés qui avaient étonné les troupes au premier abord.

25 février 1855. — Le 25 au matin, dans les environs de Dioubouldou, on se trouva en présence de l'armée des Maures et de celle du Walo réunies ; elles nous offraient le combat à l'entrée d'un bois qu'il faut traverser pour aller à Nder. L'ennemi était sur la lisière et en dehors du bois, la cavalerie au centre et deux corps de fantassins aux ailes. Entre ces groupes et nous, se trouvait une plaine couverte d'herbes touffues et hautes de six pieds. Un grand nombre d'hommes y étaient embusqués. Un autre corps composé de cavalerie et d'infanterie maure, principalement des

Dakhalifa, cherchait à nous tourner par notre gauche pour nous envelopper.

On déploya en avant une ligne de tirailleurs composée de la compagnie des carabiniers du capitaine Benoît et de volontaires; les spahis furent avertis de se préparer à charger; on tira deux coups d'obusier; les tirailleurs prirent le pas de course, débusquèrent presque à bout portant les noirs cachés dans l'herbe ou dans les buissons, et les spahis, s'élançant alors au galop sous le commandement de M. le capitaine de Latouloubre, complétèrent la déroute de l'ennemi à grands coups de sabre sur la tête des fuyards.

Une trentaine de cadavres restèrent sur le champ de bataille, et les fuyards firent quatre lieues sans se retourner avec leurs nombreux blessés. Pendant que cela se passait, notre arrière-garde, renforcée d'une compagnie et commandée par M. le capitaine Bruyas, repoussait vigoureusement les Maures et les forçait à la retraite.

Nous n'eûmes dans cette brillante affaire que trois hommes tués : un sergent d'infanterie, un spahi et un volontaire, et trois hommes blessés : deux volontaires et le canonnier Couderc, qui reçut une balle dans l'œil en pointant son obusier à portée de pistolet de l'ennemi.

La colonne, sans s'arrêter sur le champ de bataille, continua sa marche et arriva à Nder, après avoir brûlé les villages de Dakhalifa et de Naéré, que nous trouvâmes abandonnés.

Cette marche sur Nder fut excessivement pénible. Le manque d'eau fit beaucoup souffrir les hommes; Nder fut pillé et brûlé par les volontaires, ainsi que le village de Témey, où l'on avait dit que l'ennemi nous attendrait, ce qu'il n'osa pas faire.

Les guerriers du Walo, qui étaient partis le matin de

Nder pleins de confiance et emportant des cordes pour attacher les nombreux captifs qu'ils devaient faire dans la bataille, étaient revenus, après leur défaite, abrutis par la peur, prendre la reine et les femmes qui étaient restées dans le village. Ils disaient : « Ce ne sont pas des hommes que nous venons de combattre, mais des démons ». Ils se dispersèrent de tous côtés dans les bois.

Les volontaires de Saint-Louis s'étaient bravement conduits pendant le combat. Amadou Sar, porte-drapeau des volontaires du Sud, les avait guidés au feu avec beaucoup d'entrain.

Le sérigne de Nder et son taliba, qui étaient venus rôder le soir autour de notre bivouac, furent tués par une patrouille qu'ils avaient provoquée les premiers.

Le 26, la colonne se dirigea de Nder sur Diekten ; dans la route et au moment de la grand'halte, on enleva un troupeau de bœufs, et les spahis eurent un engagement avec un parti de cavalerie qu'ils surprirent dans un bois et qui accompagnait Marosso, le mari de la reine, et quelques chefs du Walo. Cinq de ces cavaliers furent tués, et leurs chevaux, parmi lesquels celui de Marosso lui-même, restèrent entre nos mains. Le volontaire Alioun Sal se distingua dans cette journée, où l'on fit encore une vingtaine de prisonniers de la tribu maure des Ouled-Dahman.

De Diekten on alla, le 27, à Richard-Toll, où l'on passa la Taouey.

Le 1ᵉʳ mars, pour tirer vengeance de la trahison dont s'étaient rendus coupables les riverains de la Taouey, nous brûlâmes les grands villages de Ndombo, Ntiago, Keurmbay, etc. Nous faillîmes prendre en bloc la population fugitive de ces villages : malheureusement, le hasard nous fit suivre un sentier qu'elle venait de quitter pour se jeter dans les broussailles et nous ne fîmes qu'une quinzaine de prisonniers; mais rien ne peut donner une idée de la terreur que notre poursuite inspira à ces malheureuses populations, entraînées dans cette guerre par quelques chefs vendus aux Maures.

En somme, en dix jours on avait pris 2 000 bœufs, 30 chevaux, 50 ânes, un très grand nombre de moutons, 150 prisonniers, on avait tué environ 100 hommes à l'ennemi, fait un butin considérable et brûlé 25 villages. Tout cela ne nous avait coûté que 3 hommes tués, 8 blessés et 3 chevaux perdus. La reine du Walo se réfugia dans le Cayor avec ses gens et quelques Maures.

Un parti du Walo, celui des Djios, qui peuple les villages du bord du fleuve, vint faire sa soumission. On s'empara définitivement du village de Dagana, et les habitants qui l'avaient abandonné pour se joindre à nos ennemis, n'y rentrèrent qu'en jurant de ne reconnaître, à l'avenir, d'autres maîtres que les Français.

Pendant ces opérations, tous les bâtiments de la flottille surveillaient les deux rives du fleuve, de Saint-Louis à Podor, et M. Rebell, enseigne de vaisseau, commandant de l'*Anacréon*, faisait une razzia de bœufs.

Mars. — Quelques semaines après, le 15 mars, une petite colonne d'observation laissée à Richard-Toll, sous les ordres de M. le capitaine d'infanterie Chirat, s'étant rendue à Ntiago pour détruire les barrages qui interceptaient la navigation de la Taouey, trouva des gens du Walo qui étaient revenus dans ce village pour prendre du mil. Ces gens ayant fait feu sur nous, le capitaine Chirat les fit attaquer par les spahis, qui en tuèrent 8 et en prirent 4, parmi lesquels se trouvaient deux personnages assez importants. Un spahi fut blessé d'un coup de lance.

La reine étant toujours réfugiée dans le Cayor, les débris

de l'armée du Walo s'étaient réunis à Diagan, village de l'intérieur, situé à quelques lieues de Mérinaghen. Les chefs annonçaient qu'ils étaient décidés cette fois à se faire tous tuer plutôt que d'abandonner ce dernier refuge. Ils l'avaient juré par *le nez* de leurs mères, serment le plus respecté des Wolof. Il était donc nécessaire d'aller les attaquer.

A cet effet, le gouverneur réunit une colonne qui s'embarqua le 14 mars sur l'*Épervier*, remorquant les deux bateaux-écuries. Le 15, nous débarquâmes à Richard-Toll; le 17, après avoir passé par Nder, nous allâmes brûler Sanent, où l'on avait assassiné un traitant de Saint-Louis, le lendemain de la razzia des Azouna. Le 18, après avoir brûlé les villages de Nit et de Foss qui avaient trempé dans cette affaire, nous arrivâmes à Diagan. L'armée ennemie s'était empressée de l'évacuer à notre approche et était en pleine fuite dans le Cayor.

Nous continuâmes notre marche en brûlant Binier-Ndiak-Aram, Diaran, Ndiadier et quelques autres petits villages; nous respectâmes le village d'Ibba, habité par des gens inoffensifs, et campâmes à Mbrar, sur les bords du lac de Guier.

Le 19, nous arrivâmes à Mérinaghen. Le village de Lambay, qui s'était mal conduit envers le poste, fut saccagé.

On ménagea, au contraire, les villages de Diokoul, Moui et Mérina, qui n'avaient encore donné aucun sujet de plaintes.

Le 20, la colonne partit de Mérinaghen pour effectuer son retour, et le 22, à sept heures du matin, elle arrivait à Richard-Toll, ayant fait dix-huit lieues en deux jours et deux heures, sans avoir un traînard et sans avoir un seul homme aux cacolets, résultat dû, en grande partie, au chef de bataillon Colomb, commandant de l'infanterie, et à l'excellent esprit des troupes et des officiers de toutes armes.

Une petite flottille d'embarcations, commandée par M. Fougères, enseigne de vaisseau, avait suivi dans le lac de Guier les mouvements de la colonne, pour laquelle elle portait des approvisionnements.

En vingt jours nous avions donc parcouru deux fois le Walo, passé trois fois par la capitale de cet État et fait cent lieues de marche à terre; l'état sanitaire était excellent; les noirs déclaraient qu'ils ne reconnaissaient plus les *toubab* (blancs) et qu'ils pouvaient à peine les suivre.

C'est pendant cette expédition que le gouverneur, voulant chercher à reconstituer le malheureux Walo, offrit à Yoro-Diao, homme de bonne famille, qui s'était déclaré pour nous et nous avait servi de guide, de l'en nommer chef. Yoro-Diao déclina ce rôle pour lui-même, et proposa à sa place son frère Fara-Penda, réfugié dans le Cayor, et qui du temps de M. Kernel, gouverneur du Sénégal, en 1835, avait déjà combattu dans nos rangs avec beaucoup de dévouement. Fara-Penda accepta, et, à partir de ce moment, il nous rendit les plus grands services en ralliant petit à petit les gens du Walo et rétablissant les villages, tout en soutenant une lutte acharnée contre les Maures.

Le Walo, dont la reine était toujours réfugiée dans le Cayor, se trouvait donc conquis de fait; les guerriers de ce pays, naguère si fiers et si méprisants envers les blancs et les gens de Saint-Louis, ne nous avaient pas opposé une bien grande résistance : les Diambour (hommes libres), désignés sous le nom de Sib et Baor, servaient à contre-cœur un gouvernement qui les avait écartés de toutes les places; les Badolo (simples particuliers), pillés continuellement par les Maures et par les chefs du pays, étaient découragés depuis longtemps et avaient perdu toute espèce d'énergie; les Diam-Gallo (captifs de la couronne), seuls intéressés avec les Maures à défendre le gouvernement de Ndété-Yalla, n'étaient que de grands bandits abrutis par une ivresse continuelle, à laquelle ils se livraient en compagnie de la reine; habitués au brigandage à main armée, ils étaient susceptibles de montrer du courage dans certaines circonstances, surtout après boire; mais l'élan de nos tirailleurs et la charge des spahis à Dioubouldou les avaient démoralisés pour toujours. Quant à leur manière de combattre, elle n'avait rien présenté de particulier; à Dioubouldou, ils avaient parfaitement choisi leur terrain, nous ayant laissé passer un large marigot pour nous attaquer entre ce marigot et un bois qu'ils occupaient, et nous faisant en même temps tourner pour nous interdire le passage du marigot en cas de retraite; mais les cavaliers n'avaient pas tenu un seul instant : les fantassins seuls, embusqués dans l'herbe, nous avaient attendus presque à bout portant.

Leurs armes étaient des fusils de six pieds, et d'un très fort calibre, chargés outre mesure avec un grand nombre de balles, et leurs grands corps étaient ridiculement couverts et même chargés de gris-gris, ou amulettes enveloppées dans des sachets de cuir de toute forme.

Décembre 1855. — L'intention du gouvernement n'était pas d'abord d'annexer le Walo à notre territoire; on ne cherchait qu'à le reconstituer en lui laissant ses anciennes institutions, à la seule condition qu'il se mît en opposition avec les Maures.

Ce fut seulement en décembre 1855, qu'en présence de l'obstination des anciens chefs du pays à se considérer comme sujets du roi des Trarza, le Walo fut déclaré pays français et divisé en cinq cercles, sous des chefs nommés par nous : ces cercles étaient ceux de Khouma, de Nguiangué, de Nder, de Foss et de Ross.

Les insoumis du Walo prirent encore part à la lutte des Trarza contre nous jusqu'à la conclusion de la paix avec cette tribu, en 1858.

La reine Ndété-Yalla ne tarda pas à mourir dans son exil, et Sidia, son fils, qu'elle avait eu de Béquio, et qui, Eli écarté, eût été l'héritier du royaume du Walo, reçut le commandement du cercle de Nder, tout en restant à l'école des otages pendant quelques années.

Une révolte du village de Brenn contre son chef de cercle, Fara-Coumbodj, en septembre 1858, fut sévèrement réprimée par le gouverneur par intérim, M. le capitaine de frégate Robin; les trois chefs de la révolte furent fusillés, et tout rentra dans l'ordre.

Le Walo devint un pays tout français, parfaitement soumis aux chefs que nous lui avions donnés, et qui se livra avec ardeur à la culture et au commerce pour rétablir sa prospérité et oublier ses longues souffrances.

Mars 1855. — Vers le milieu du mois de mars 1855, Mohammed el-Habib se rapprocha du fleuve avec ses tribus, comme tous les ans à la même époque. Les nouvelles qu'il connaissait déjà de la razzia des Azouna et de la conquête du Walo, l'avaient beaucoup affecté; il ne pouvait évidemment se dispenser de nous faire la guerre, et il avait toujours beaucoup redouté d'être obligé d'en venir à cette extrémité. Heureux dans toutes ses entreprises pendant un règne de plus de vingt-cinq ans, devenu le véritable et seul maître des deux rives du bas Sénégal, nous ayant abaissés plus qu'aucun de ses prédécesseurs, il sentait, par une espèce d'intuition, et malgré l'attitude assez craintive que nous avions prise devant lui, que notre réveil, un jour ou l'autre, pouvait lui devenir fatal ; en outre, il y avait division chez les Trarza : une partie des princes de la famille royale était réfugiée dans l'Adrar, chez Ould Aïda, cheikh des Ouled-Yahia-Ben-Othman, en hostilité avec le roi des Trarza ; aussi Mohammed el-Habib disait-il, dans son intimité : « Pas de guerre avec les blancs ; ils tueraient mon fils aîné Seidi que je ne leur ferais pas la guerre ! »

Cependant, dans les circonstances présentes, il ne pouvait abandonner tout d'un coup le ton superbe dont il avait l'habitude envers nous ; il était obligé de montrer de l'assurance, ne fût-ce que pour en donner à ses peuples. Aussi, à une lettre que lui écrivit le gouverneur pour lui dire que la paix ne se rétablirait qu'aux conditions suivantes : suppression des escales, — suppression des coutumes, — renonciation au Walo, — cessation de pillages sur la rive droite, il répondit :

> J'ai reçu tes conditions, voici les miennes : Augmentation des coutumes des Trarza, des Brakna et du Walo, — destruction immédiate de tous les forts bâtis dans le pays par les Français, — défense à tout bâtiment de guerre d'entrer dans le fleuve, — établissement de coutumes nouvelles pour prendre de l'eau et du bois à Guet-N'dar et à Bop-Nkior, — enfin, préalablement à tout pourparler, le Gouverneur Faidherbe sera renvoyé ignominieusement en France.

Ainsi, notre programme lui paraissait aussi peu sérieux que l'étaient pour lui-même ces conditions dérisoires. La question était donc carrément posée de part et d'autre ; c'était à la force de décider.

L'ennemi qui entrait en ligne contre nous était plus nombreux, plus redoutable et surtout plus difficile à saisir que les tiédo du Walo.

Les Maures guerriers, qui forment à peu près la moitié

de la population des Trarza (les autres étant marabouts et sans armes), sont armés de fusils à deux coups et à pierre, qu'ils achètent à nos comptoirs. Beaucoup d'entre eux sont estropiés aux mains et aux bras par suite de l'explosion de quelqu'une de ces armes ; en effet, ces fusils ne sont pas très solides et ils sont souvent beaucoup trop chargés, avec deux, trois et quatre balles ; ils sont du reste parfaitement entretenus, et leur poignée est généralement renforcée par les forgerons du pays au moyen d'une gaine ou d'une simple bande de fer poli. Enfin, ils sont toujours renfermés avec soin dans un étui en cuir, d'où on ne les sort qu'au moment de s'en servir pour combattre.

Les Maures ne sont vêtus que d'une culotte courte et d'une espèce de gandoura qu'ils relèvent latéralement au-dessus de leurs épaules, de manière à laisser les bras entièrement libres, et qu'ils serrent à la taille par une ceinture ; avec ces vêtements noirs, la tête nue, et leurs longs cheveux bouclés et flottant au vent, ils ont un air excessivement sauvage.

Leurs selles sont petites et ne pèsent, toutes garnies, que quatre kilogrammes au plus, de sorte que, comme les cavaliers eux-mêmes sont généralement maigres, leurs petits chevaux n'ont pas une grande charge à porter et sont susceptibles de fournir de longues courses.

Quant à leur manière de faire la guerre, les Maures n'attaquent que pour enlever du butin ou des captifs ; s'il n'y a rien à gagner, ils refusent généralement le combat ; ils montrent même moins de vigueur pour défendre leur propre bien que pour enlever celui des autres.

S'ils veulent attaquer une caravane en route, ils s'embusquent dans l'herbe, et, au moment où la caravane arrive sur eux, ils tuent à bout portant quelques hommes, se lèvent en poussant des cris, et, si les conducteurs fuient, ils s'emparent du butin; si les conducteurs se défendent, les agresseurs se sauvent généralement eux-mêmes.

Pour enlever un troupeau, ils le font observer au pâturage pendant quelques jours par des espions; puis, à un moment propice, ils assassinent les bergers, qui sont souvent des enfants, et se sauvent avec le troupeau. S'ils ont à craindre d'être poursuivis, ce sont des cavaliers qui enlèvent le troupeau et le font courir à toute vitesse, et, dans ce cas, une bande de fantassins s'embusque dans l'herbe, sur le chemin que doit suivre la razzia; les maîtres du troupeau, en cherchant à rattraper leur bien, tombent dans l'embuscade, perdent quelques hommes, et cessent généralement la poursuite.

S'agit-il d'enlever un village de noirs, les Maures l'entourent pendant la nuit; à un signal donné, ils tirent des coups de fusil et poussent des cris qui, pour les habitants, sont plus effrayants que les rugissements du lion; les hommes du village se sauvent presque toujours, et les Maures emmènent femmes, enfants et bestiaux.

Les seuls cas où les Maures se battent avec acharnement, c'est dans leurs querelles intestines, suscitées par des haines de famille ou de tribus; alors ils se livrent des combats sérieux, des luttes à mort; mais contre les blancs et contre les noirs, que leurs chefs méprisaient presque également, le point d'honneur consistait pour eux à faire du mal à l'ennemi sans en éprouver. Si un noble Trarza était tué par les blancs ou par les noirs, c'était un déshonneur pour sa famille.

Du reste, ces espèces d'hommes de proie sont infatigables et pleins d'énergie pour supporter les souffrances et les privations; ils montrent en outre une grande cruauté envers les vaincus et les prisonniers; de là, l'immense terreur qu'ils inspiraient.

D'après le portrait qui vient d'en être fait, on voit qu'il n'est pas tout à fait exact de dire, comme on l'a répété souvent, que les Maures sont aussi lâches que cruels, qu'ils manquent complètement de cette qualité, assez mal définie du reste, que nous nommons courage : le Maure a certainement du courage. Ce n'est pas la brillante valeur des héros de nos histoires et de nos romans; ce n'est pas non plus le courage du devoir, le courage sans faste et sans ostentation du soldat, qui, à toute heure du jour et de la nuit, est prêt à courir à la mort sur un mot de ses chefs, parce que ce sont les conditions de son noble métier; c'est encore bien moins le courage spontané du dévouement, apanage des âmes d'élite sous toutes les latitudes et dans toutes les classes de la société ; mais c'est le courage de l'homme qui vit de rapines à main armée. Puisqu'il tire ses ressources journalières de ces violences, il ne faut pas qu'il en meure. La première condition est qu'il rapporte du butin sans être tué ni blessé, aussi fuit-il devant la résistance; tout cela est conséquent; mais ne faut-il pas à une bande de ces brigands un grand courage pour traverser le fleuve à la nage, par une nuit noire, malgré les croisières et les crocodiles, pour s'engager dans un pays où ils sont détestés, pour passer entre des villages populeux, se cacher pendant des jours et des nuits en pays ennemis, attaquer hardiment un village qui a quelquefois plus de fusils qu'eux, faire des prises considérables et les ramener, malgré la poursuite des populations, à travers les forêts, les marigots, les bras du fleuve, où ils peuvent à chaque pas tomber dans des embuscades?

Avril. — Au mois d'avril 1855, le gouverneur résolut de faire une diversion sur le propre territoire des Trarza. Il pensait forcer ainsi les Maures qui étaient restés dans le Walo à le quitter; il voulait aussi observer Mohammed el-Habib, qui avait rassemblé des forces considérables.

Quinze cents hommes furent réunis, embarqués sur les vapeurs de la colonie et transportés vis-à-vis de Gaé, en amont de Dagana. On débarqua le 15 avril sur la rive droite, on surprit quelques petits camps de tribus maures, on fit quelques prisonniers, on prit des troupeaux, mais on ne trouva pas Mohammed el-Habib, qui pendant ce temps marchait sur Saint-Louis. Sans s'inquiéter de ce mouvement de l'ennemi, contre lequel il avait pris des mesures en faisant construire une tour à Leybar, le gouverneur continua à parcourir le territoire de la rive droite. Le 22 avril la colonne s'emparait, au nord de Ronk, d'un troupeau de trois mille bœufs, dont on ramenait le plus grand nombre à Saint-Louis.

Pendant ces événements, le pont de Leybar était le théâtre d'un fait d'armes très remarquable.

Mohammed el-Habib, qui se vantait depuis dix ans qu'il irait faire son salam dans l'église de Saint-Louis, et qui, dans toutes ses guerres avec nous, était toujours venu nous braver à Guet-N'dar ou dans l'île de Sor, voulut y pénétrer cette fois par le pont de Leybar. Il y était surtout poussé par Éli, qui avait eu l'impudence de lui raconter qu'il avait battu, poursuivi les blancs, tué le gouverneur et jeté à la mer le reste de la colonne.

Le roi des Trarza vint donc, avec toute son armée, attaquer la tour, défendue par le sergent d'infanterie de marine Brunier, avec onze hommes de son corps et deux canonniers. A l'étage de cette tour hexagonale se trouvait un obusier de montagne tirant par les fenêtres en guise d'embrasures. Le rez-de-chaussée était percé de huit créneaux.

Le 21 avril, de sept heures du matin à midi, les Maures se ruèrent sur la tour avec un acharnement incroyable. Les cavaliers venaient emboucher les créneaux du rez-de-chaussée, d'autres cherchaient à démolir la maçonnerie avec leurs poignards. Une case en paille qui était près de la tour et servait de cuisine, fut brûlée par les assiégeants, ainsi qu'une femme qui, voulant sauver ses effets, n'en sortit pas assez vite.

La fumée et les étincelles remplissaient la tour, et les défenseurs craignaient à chaque instant de voir sauter leurs munitions.

Dans des circonstances aussi critiques, malgré les cris furieux d'un millier d'ennemis dont les pertes ne faisaient qu'augmenter la rage, ces braves soldats ne perdirent pas un seul instant le sang-froid qui leur était si nécessaire. Ils avaient décidé qu'ils se feraient sauter avec leurs dernières munitions si les Maures parvenaient à escalader la tour.

Enfin leur courage reçut sa récompense. Après cinq heures de lutte, les Maures, très maltraités par un dernier obus qui éclata près du roi, prirent la fuite, abandonnant des armes et un certain nombre de morts.

Le lendemain, les défenseurs avaient déjà brûlé une trentaine de cadavres, qu'ils avaient trouvés dans un petit rayon autour de leur poste. Deux princes trarza et un ministre du roi étaient parmi les tués, et les Maures, en se retirant, traînaient avec eux un nombre considérable de blessés, parmi lesquels les fils de Béquio.

Le sergent Brunier avait été légèrement atteint, ainsi que deux de ses hommes.

Mohammed el-Habib, après cet affront, se retira précipitamment à Ross. Trois jours après, il apprenait notre grande razzia du 22, et en éprouvait d'autant plus d'épouvante, qu'il paraît que son propre camp, renfermant sa famille, n'était pas bien loin du lieu où nous avions fait cette razzia, ce que nous ne savions pas.

Mai. — Apprenant, en même temps, que le gouverneur était sorti de Saint-Louis, le 30 avril, par Leybar, pour marcher sur lui, il s'empressa de prétexter que Ould Aïda menaçait ses camps, du côté du nord, pour évacuer en toute hâte le Walo avec son armée. Il parvint à passer sans difficulté près de Mbagam, malgré le blocus, qui n'était pas complet. Les gens du Walo lui reprochèrent en vain l'abandon dans lequel il les laissait; Mohammed el-Habib leur dit de s'en tirer comme ils pourraient, et voulut même emmener avec lui son fils Éli. Mais ce jeune homme, qui se montrait plein d'énergie et de résolution, s'emporta contre son père et voulut continuer la lutte.

Aussi, malgré le départ de Mohammed el-Habib, les hostilités continuèrent-elles dans le Walo, où quelques villages, à l'instigation d'Éli, s'étaient ouvertement déclarés contre nous.

Pendant l'hivernage de 1855, le gouverneur se contenta d'organiser des croisières sur le fleuve et de faire pousser des pointes sur le territoire des Trarza, par des compagnies de débarquement et surtout par des volontaires. Ces opérations ne duraient guère plus d'un jour.

Cependant, comme le roi des Brakna, cédant aux sollicitations de Mohammed el-Habib, se tournait contre nous et avait en quelque sorte ouvert les hostilités en contrariant les arrivages des caravanes à Podor, le gouverneur, malgré la saison défavorable, voulut en finir avec le parti hostile du Walo.

Le 25 juin, il partit de Bouëtville avec une colonne de

1 100 hommes : 500 hommes de troupes de toutes armes et 600 volontaires, et il passa le pont de Leybar.

Pendant cinq jours il parcourut le Walo, brûlant les villages hostiles, y compris Ross, la résidence du chef Béquio, faisant les hommes prisonniers, mais relâchant les femmes et les enfants. Cette vigoureuse sortie eut un plein succès. Éli, le fils de Mohammed el-Habib, repassa sur la rive droite avec ses partisans; la reine du Walo et le chef Béquio se réfugièrent dans le Cayor. Tous les villages du bord du fleuve furent rétablis et peuplés par les indigènes de notre parti. Ces villages s'entourèrent de tata, et, protégés en outre par des stationnaires ou par des croiseurs, ils se mirent en hostilités ouvertes avec les Trarza, à ce point que les Azouna fugitifs, qui s'étaient enfoncés dans le Cayor et qui voulaient retourner sur la rive droite, n'osèrent s'engager dans le Walo. Ils gagnèrent le Dimar et franchirent le fleuve à Risga, non sans éprouver des pertes, qui leur furent infligées par une goélette en croisière.

Pendant les mois d'août, septembre et octobre, les Maures restèrent dans le désert.

Vers la fin d'octobre 1855, poussés par la famine, ils se rapprochèrent du fleuve, mais toutes leurs tentatives pour le franchir en force furent repoussées. Quelques petites bandes parvinrent bien à passer et se rendirent dans le Cayor pour y acheter du mil ou des munitions de guerre.

Poursuivies par les habitants, qui faisaient alors cause commune avec nous, elles perdirent du monde.

Bientôt les gens du Walo, du Toro, du Dimar s'enhardirent et allèrent à leur tour sur la rive droite guerroyer contre les Maures et les razzier.

Tant de pertes coup sur coup et sans compensations

étaient bien faites pour décourager les Trarza et les amener à composition ; mais, par l'effet de la longue erreur dans laquelle ils avaient vécu, ils ne pouvaient encore se mettre dans la tête que nous fussions plus forts qu'eux. Ils cherchaient à s'expliquer à leur manière les événements si étranges dont ils étaient témoins et victimes, et s'efforçaient encore de trouver les moyens de faire tourner la guerre à leur avantage.

Janvier 1856. — Il se passa, au commencement de l'année 1856, un événement grave chez les Maures. Il y eut auprès de Chikh-Sidia, grand marabout des Brakna, révéré dans toute cette partie du Sahara, une grande réunion des chefs de tribus pour aviser aux mesures à prendre au sujet de la guerre désastreuse que leur faisaient les Français.

Les bruits les plus variés coururent sur les résolutions prises dans cette assemblée. Ce qu'il y a de certain, c'est qu'on parvint à y réconcilier Mohammed el-Habib avec Ould Aïda. Le roi des Trarza fit aussi des concessions aux princes de sa famille réfugiés dans l'Adrar, et ils rentrèrent dans leur pays pour prendre part à la lutte contre nous. Sidi-Eli, roi d'une partie des Brakna et notre allié, ne fut pas appelé, ou bien ne voulut pas aller auprès de Chikh-Sidia avec les autres.

Feignant de reprendre courage, le roi des Trarza, bien que forcé de reconnaître, par ce qui s'était passé l'année précédente, qu'il ne pouvait nous disputer ni les pays de la rive gauche, ni le fleuve, proclamait bien haut qu'il nous exterminerait jusqu'au dernier, si nous osions encore pénétrer dans l'intérieur de son pays. Les noirs, de leur côté, attendaient cette dernière expérience pour croire à notre supériorité définitive sur les Maures.

Février 1856 à février 1857. — Ayant reçu quelques

renforts de France et quelques secours de M. le capitaine de vaisseau Mauléon, commandant la station des côtes occidentales d'Afrique, le gouverneur résolut de faire une course dans le Ganar, en y pénétrant par Podor, afin de s'interposer entre les Trarza et leurs alliés les Brakna, du parti de Mohammed-Sidi.

Dans l'ignorance où l'on était de leurs forces réelles, que les anciens documents faisaient monter à 6 000 combattants pour les Trarza seuls, et ne voulant pas, dans l'intérêt de la colonie, s'exposer au moindre échec, qui aurait été fatal dans un moment où tous les peuples de la Sénégambie avaient les yeux sur nous, on avait réuni des forces considérables : 1 000 hommes de troupe ou de marine et 1 500 volontaires, ce qui faisait une colonne de 2 500 hommes avec 200 chevaux, dont 100 de volontaires, et 4 obusiers. Nous péchions, comme toujours, par les moyens de transport. Ils se réduisaient à 6 chameaux et 40 chevaux ou mulets pour une colonne de 2 500 hommes, tous combattants. En Algérie, une colone de cette force aurait eu au moins un convoi de 300 mulets, et on lit dans l'ouvrage de M. le comte de Warren, sur l'Inde, qu'une colonne anglaise de 2 470 combattants, *après avoir laissé les deux tiers de son bagage en arrière*, avait encore 2 500 serviteurs non combattants, 8 éléphants, 200 chameaux, 150 chevaux et 700 bœufs, mulets et ânes.

On devait chercher à atteindre ce fameux lac Cayar, autour duquel se réunissent les tribus des Trarza, quand elles ne peuvent s'approcher du fleuve.

La colonne y parvint après trois jours de marche en plein désert, le 18 février, mais sans avoir pu joindre le gros des Trarza, qui s'étaient retirés vers le nord.

Le 27 février, une partie de la colonne rentrait à Saint-

Louis sur les vapeurs ; la cavalerie, l'artillerie, les laptots et les volontaires continuèrent leur route par terre avec les troupeaux pris aux Maures et rentrèrent à Saint-Louis après avoir fait, depuis Podor, une marche de 100 lieues, en comptant les pointes que nous avions poussées dans l'intérieur. Nous avions tué une dizaine d'hommes à l'ennemi, fait 600 prisonniers, enlevé 1600 moutons, 600 bœufs et 20 chameaux, mais cela n'était rien auprès de l'effet moral produit par notre expédition.

Nous apprîmes par les prisonniers que Mohammed el Habib, qui devait nous exterminer, s'était sauvé bien loin dans l'intérieur, avec sa famille, laissant à notre merci son pays, ses tribus et leurs biens.

A notre arrivée à Saint-Louis, il n'entra à l'hôpital qu'une quinzaine d'hommes, atteints de légères diarrhées.

Pendant les mois suivants, le gouverneur chercha à tirer parti des dissensions qui se manifestaient chez les Brakna pour les détacher de l'alliance des Trarza. Mohammed-Sidi, le roi des Brakna, était entièrement soumis à Mohammed el Habib et nous créait des difficultés le long du fleuve et devant Podor; mais son compétiteur Sidi-Eli était disposé à entrer en pourparlers avec nous.

Pour faciliter cette entente et en même temps pour protéger les travaux d'une route aux environs de Podor, le gouverneur installait à Koundy, à une lieue au nord de Podor, un camp auquel il donnait une garnison d'un bataillon d'infanterie et une section d'artillerie.

Ce camp de Koundy servit de base d'opérations pour les expéditions qui eurent lieu soit sur le territoire des Trarza, soit sur celui des Brakna; chez ces derniers, de concert avec Sidi-Eli.

A la fin de mars 1856, le gouverneur se rendit lui-même au camp de Koundy, où il eut une entrevue avec

Sidi-Eli, à la suite de laquelle les troupes du camp se joignirent aux Maures Brakna révoltés contre leur roi Mohammed-Sidi et pénétrèrent dans l'intérieur. Il s'ensuivit quelques engagements heureux pour nos armes, qui cimentèrent l'alliance avec Sidi-Eli et donnèrent à ce dernier une plus grande autorité sur ses partisans.

Mohammed el Habib, voyant avec crainte se former chez les Brakna ce parti dissident qui échappait à son influence, chercha par des diversions à faire revenir le gouverneur vers Saint-Louis. Mais ses tentatives furent partout repoussées, et, malgré ses fanfaronnades, il dut, en mai 1856, s'enfoncer dans le nord; son allié, Mohammed-Sidi, le roi des Brakna, en fit autant.

Cependant Fara-Penda, Charles Duprat et quelques chefs du Walo faisaient d'incessantes et fructueuses razzias sur la rive droite du Sénégal, chez les Trarza. Quant aux caravanes de Maures qui se hasardaient encore dans le Walo, elles étaient assurées d'avoir bientôt à leurs trousses tous les indigènes portant un fusil.

Les pertes journalières, conséquence de ces expéditions, amenaient la disette et jetaient chez les Maures le plus grand découragement. Les marabouts venaient à nos postes pour avoir à manger. Les captifs se rendaient en masse ou se laissaient prendre sans lutte. En novembre et décembre 1856, le nombre des prisonniers faits aux Trarza s'éleva à près de 1500.

A ce moment quelques tribus firent leur soumission, et en janvier 1857 le bruit courut que les Ouled-Dahman et leurs tributaires, une des principales fractions des Trarza, voulaient se séparer de ceux-ci.

On disait aussi que Mohammed el Habib désirait vivement la paix, mais que le respect humain l'empêchait seul de la demander. Les marabouts le suppliaient de faire cette démarche : ils n'obtinrent de lui que la permission de nous demander la paix pour eux-mêmes. Sur leur prière, une espèce de trêve leur fut accordée à la fin de janvier ; le roi et les guerriers ne s'en mêlèrent pas.

A la suite de cet arrangement, des rixes à coups de bâton avaient lieu aux abords de Dagana et de Podor, entre les marabouts qui venaient vendre leurs gommes et les guerriers qui voulaient les en empêcher ; il y eut même des marabouts massacrés ou mutilés par les guerriers.

Cette trêve des marabouts, qui avait paru à beaucoup de personnes être un acheminement vers la paix générale, tourna au contraire très mal, comme on le verra plus loin.

Février 1857. — Mohammed el Habib avait éprouvé un violent dépit en voyant que nous étions disposés à faire du commerce avec ses sujets sans sa participation, et surtout en apprenant que le gouvernement local, pour le punir de son obstination, avait l'intention de supprimer radicalement le droit prélevé au profit des rois maures sur le commerce des gommes.

Pour se venger, et en même temps pour prouver que le commerce ne pouvait pas se faire sans sa protection, ou encore, afin d'arriver à obtenir de meilleures conditions pour la paix, dont il prévoyait ne pouvoir reculer encore bien longtemps le moment, il voulut tenter un suprême effort contre nous. Il supplia ses princes et ses sujets de l'aider franchement et de montrer enfin un peu de courage et d'ensemble contre nous.

Mars. — Il commença par envoyer le roi des Brakna, Mohammed-Sidi, à l'almamy du Fouta, Mohamadou, pour l'engager à entrer dans une ligue contre les Français; mais l'almamy et le lam Toro, Ahmed, furent les seuls qui ne se montrèrent pas éloignés d'accepter cette proposition. Le Fouta tout entier refusa. En même temps le roi des Trarza faisait tous ses efforts pour lancer tous les el-Guebla sur le Walo, mais, les cercles de Fara-Penda et de Diadié-Coumba étant bien peuplés et bien décidés à se défendre, les el-Guebla hésitèrent quelque temps à passer le fleuve.

En présence des dangers qui menaçaient le Walo, la moitié des troupes de Koundy qui travaillaient à la route vis-à-vis de Podor et protégeaient l'arrivage des caravanes, fut appelée à la Taouey et y forma un camp d'observation.

Avril 1857 à mars 1858. — Bientôt, sur toute la ligne, les Maures reprirent l'offensive. Les gens de Brenn, ayant été pêcher sur la rive droite, furent attaqués par une bande, qu'ils parvinrent à mettre en fuite après un petit engagement.

En même temps, une colonne maure de 300 à 400 hommes traversait le fleuve entre Diaouar et Khan, et, n'osant s'attaquer aux parties du pays déjà réorganisées complètement, mettait encore une fois en déroute nos cercles de Mérinaghen et de Lampsar, où quelques habitants commençaient à rétablir leurs villages isolément et sans armes, malgré les avertissements que nous leur avions donnés.

Mais le fait le plus sérieux fut un échec très grave éprouvé à cette époque par les volontaires du Walo.

Fara-Penda voulut aller attaquer les Mradin, au nord du lac Cayar. Au lieu de 1000 volontaires qu'il espérait avoir, il ne put en réunir que 300, dont 160 cavaliers du Walo et une centaine de Toucouleurs de Saint-Louis. Ils commencèrent par enlever un camp considérable avec ses habitants; puis, au lieu de retourner sur leurs pas avec leurs prises, ils se laissèrent emporter par l'espoir d'en faire d'autres. Les Maures les amusèrent en tiraillant pour attendre leurs renforts. Des forces importantes arrivèrent en effet à cheval et à chameau. Les volontaires lâchèrent pied ; les gens du Walo et surtout les cavaliers parvinrent en grande partie à regagner le fleuve, mais les Toucouleurs furent exterminés pour la plupart après une belle résistance, sous les ordres d'un chef nommé Bolo. Les Maures en firent quelques-uns prisonniers, et s'amusèrent ensuite à les couper par morceaux dans leurs danses et leurs fêtes. C'est par ces cruautés qu'ils se font tant redouter des noirs.

La paix faite avec les marabouts fut considérée comme n'ayant pas été sans influence sur ces malheureux événements, en permettant aux Maures d'avoir une foule d'espions chez nous.

En raison du mauvais effet produit par ces affaires, il était indispensable d'aller avec les noirs eux-mêmes combattre les Maures, sur le théâtre de leur récente victoire, pour abattre l'ascendant qu'auraient repris ces derniers et pour rendre un peu de confiance à nos alliés.

Le gouverneur partit donc de Saint-Louis un mois après, le 7 mai, avec une colonne composée de 700 hommes de troupes régulières et de 1250 volontaires ou hommes des contingents du Walo avec leurs chefs.

Deux jours après, la colonne entière était réunie à Dagana et, le lendemain, passait sur la rive droite, puis marchait vers le nord-est dans la direction du lac Cayar.

Le 13 mai 1857, l'avant-garde fit prévenir qu'elle était en présence de l'ennemi, établi dans un bois épais, sur les bords du lac. Lorsque le gros fut arrivé, le gouverneur donna l'ordre d'attaquer le bois de front et de flanc. Nos troupes y pénétrèrent, en chassèrent l'ennemi à coups de baïonnette, lui tuant une trentaine d'hommes, en blessant un plus grand nombre.

On apprit que Sidi, le fils de Mohammed el Habib, avait avec lui 2 000 hommes environ dans cette affaire. Ceux-ci s'enfuirent dans le nord et ne se représentèrent plus.

Le lendemain de la rentrée de la colonne à Saint-Louis, les Trarza, qui n'avaient pas osé venir nous combattre sérieusement au lac Cayar, faisaient une diversion très hardie sur la rive gauche.

Mohammed el Habib, pendant que son fils Sidi commandait l'armée que nous avions battue, avait réuni une partie de ses fidèles, les princes de sa famille, et les avait envoyés, avec 300 ou 400 hommes, une cinquantaine de chevaux et autant de chameaux, passer le fleuve à Mékinak.

Ceux-ci traversèrent le Walo et parvinrent jusque dans la banlieue de Saint-Louis, où ils brûlèrent le village de Gandon, tuèrent une dizaine d'hommes et enlevèrent 80 femmes et enfants.

Le gouverneur, aussitôt prévenu, partit à la poursuite de ces pillards à la tête de 50 spahis qu'on avait réunis à la hâte. On ne put joindre les Maures.

Quelques jours après, on apprit à Saint-Louis que cette bande se trouvait sur les bords du lac de Guier, et le 26, au matin, au moment même où le gouverneur s'embarquait, avec 200 hommes, 50 chevaux et un obusier, pour aller lui fermer le chemin ou la poursuivre par Richard-Toll, le bruit courut qu'elle s'était rendue au village de Nder; en effet, le 25, elle avait attaqué le blockhaus placé sur ce point, essayant de le brûler; mais elle avait été repoussée vigoureusement. Le blockhaus avait pour garnison le caporal blanc Valette, un caporal noir, un soldat blanc et 6 soldats noirs. Ces braves gens ayant essayé à deux reprises de se servir de leur espingole, deux fois tous les madriers d'une des faces du blockhaus leur étaient tombés sur le dos, les laissant exposés, à découvert comme sur un théâtre, au feu de l'ennemi. Sans se décourager, ils avaient reconstruit leur blockhaus, tout en tenant en respect les assaillants, et avaient fini par les mettre en fuite après avoir tué ou blessé les plus audacieux qui s'étaient approchés pour apporter des bottes de paille enflammées, entre autres le nommé Yougo-Fally, notre ennemi le plus acharné parmi les gens du Walo. Dix morts restèrent au pied du blockhaus. La garnison n'avait eu qu'un homme tué.

Pendant cinq jours ces Maures, que commandait Eli, échappèrent aux détachements lancés à leur poursuite. Mais, le 31 mai, une partie d'entre eux furent rejoints par les spahis qui leur avaient donné la chasse, et exterminés à Langobé, près de Dialmatch.

Les Maures, qu'on accusait volontiers de lâcheté, se défendirent avec le plus grand courage. Un d'eux donna même un exemple de dévouement qui mérite d'être rapporté.

Il y avait, à ce combat de Langobé, trois frères, cousins du roi des Trarza : Mokhtar, Mohammed et Ibrahim ; avec eux se trouvait un jeune enfant, fils de Mokhtar. Ibrahim montait une jument du roi des Trarza, nommée el-Bouïda (Blanchette), jouissant d'une grande réputation de vitesse, et portait en croupe le jeune fils de Mokhtar. Il dit à celui-ci de monter, lui troisième, sur la jument pour se sauver. Mokhtar répondit : « Ce serait nous perdre tous trois, — sauve l'enfant ; Mohammed et moi, nous allons nous faire tuer ici pour protéger votre fuite. » Quelques spahis étaient déjà sur eux et les sabrèrent, mais la jument put mettre en sûreté ses cavaliers.

Malgré tout, la résistance des Maures faiblissait. Leurs incursions dans les pays de la rive gauche devenaient de plus en plus rares. Ces pillards, autrefois si entreprenants, n'avaient même pas su profiter de l'absence du gouverneur, qui, avec quelques troupes, s'était porté en juillet 1857 au secours de Médine attaqué par les Toucouleurs d'el hadj Omar.

Du reste, des dissensions se produisaient ouvertement au sein de la grande confédération des Trarza. De leur côté, les Brakna et les Douaïch se fatiguaient d'être engagés dans une guerre de laquelle ils ne tiraient aucun bénéfice et qui interrompait le commerce, source de profits pour tous.

A la fin de l'année 1857 les défections commencèrent ; en novembre, les Douaïch passèrent avec le gouvernement de la colonie un traité qu'on voulait faire adopter à tous les Maures de la rive droite.

Leur roi Bakar nous promit même de chercher à décider les rois des Trarza et des Brakna à accepter ces mêmes conditions. Chez les Trarza, deux partis se dessinaient de plus en plus : d'un côté, les Ouled-Ahmed-ben-Dahman, avec les princes de la famille royale, et de l'autre, les Ouled-Dahman et leurs tributaires, qui faisaient du commerce avec nous à Podor, malgré les premiers. Mohammed el Habib, pressentant qu'il ne pourrait plus continuer longtemps la guerre, voulut tâter le terrain pour arriver à un arrangement, et, le 24 décembre, le fils de son ministre et Mohammed-Éli, chef des Azouna, arrivèrent à Saint-Louis pour entrer en pourparlers avec nous. Ils ne se reconnaissaient pas comme les envoyés officiels du roi des Trarza, mais ils consentaient à servir d'intermédiaires pour les propositions qui pourraient être faites de part et d'autre. Quoique disposés à faire la paix, craignant que ces ouvertures ne fussent que des ruses, nous n'en continuâmes pas moins les hostilités.

En mars 1858, le roi des Trarza eut la velléité, sur la demande des gens de Niomré, de les secourir contre nous. Il espérait que tout le Cayor et le Ndiambour se réuniraient à ceux que nous menacions; mais il n'avait pas encore fait ses préparatifs, que l'affaire de Niomré était terminée, tout à notre honneur.

Cette occasion de prendre leur revanche et de former une coalition contre nous, s'étant encore une fois évanouie, le découragement des Trarza s'accrut et, par suite aussi, la discorde qui commençait à les diviser.

A la fin de mars, les Ouled-Dahman et leurs tributaires désobéirent formellement aux ordres du roi et des princes, et la tribu des Ouled-Ahmed des Brakna, qui faisait toute la force de Mohammed-Sidi, c'est-à-dire du parti allié des Trarza, se mit avec les Ouled-Dahman et abandonna Mohammed-Sidi.

Avril 1858. — Le 10 avril, nos Ouled-bou-Ali allèrent faire une razzia sur la rive droite. Au nombre de vingt-cinq seulement, ils surprirent près de Dara une grande quantité de pêcheurs, de toutes les tribus el-Guebla. Ils tuèrent quatre hommes et ramenèrent quinze prisonniers, des chameaux et des ânes.

Poussés à bout, les Ouled-Dahman et leur parti se réunirent à cette époque à Méchera el-Abiad et envoyèrent demander notre concours pour résister ouvertement au roi.

Mai. — Mohammed el Habib rassembla quelques forces au commencement de mai et alla trouver les Ouled-Dahman pour les punir et les rappeler à l'obéissance; ceux-ci firent quelques semblants de soumission, dont le roi, de son côté, parut se contenter; puis il passa outre et prit Mohammed-Sidi avec lui pour aller punir les

Ouled-Ahmed qui s'étaient retirés dans l'est, vers Aleybé. Mais les Ouled-Ahmed, qui sont les Maures les plus audacieux du désert, n'attendirent pas les deux rois; ils allèrent au-devant d'eux, et, dans une attaque de nuit, tuèrent le prince Mokhtar-Ould-Amar, proche parent de Mohammed-Sidi; ils firent aussi prisonnier un Trarza et le renvoyèrent après lui avoir arraché toutes les dents. A la suite de cette audacieuse surprise, les deux rois, épouvantés, s'empressèrent de faire demi-tour, et, en passant à Podor, ils nous envoyèrent dire qu'ils acceptaient toutes nos conditions pour la paix.

C'était donc la division sérieuse qu'ils voyaient s'introduire chez eux qui les décida à cette importante démarche. Mais, en attendant que la paix fût signée, les noirs et les Maures semblèrent vouloir profiter du peu de temps qui restait, pour se faire du mal les uns aux autres.

Il y eut donc encore des coups de main, des razzias sur les deux rives du Sénégal.

Enfin, en mai 1858, nous obtenions un premier résultat sérieux de nos efforts et de la guerre que nous avions soutenue avec tant de constance et d'activité depuis trois ans et demi contre les Maures. Le 15, le ministre du roi des Trarza, Mokhtar-Sidi, arrivait à Saint-Louis, muni de pleins pouvoirs, et, le 25 du même mois, son fils Sidi rapportait à Saint-Louis le traité avec les Trarza, signé par Mohammed el Habib.

Juin 1858 à juin 1859. — Le 10 juin suivant, Mohammed-Sidi, *roi d'une partie des Brakna*, signait un traité de paix analogue passé avec sa nation, et *son compétiteur*, Sidi-Eli, signait de son côté un double du même traité, pour le cas où il l'emporterait sur son rival, ce que nous désirions.

Le 15 décembre de la même année, ces deux princes se

trouvant réunis par une feinte réconciliation, tandis qu'il était tacitement entendu qu'ils devaient s'assassiner à la première occasion, ce fut Sidi-Eli qui tua son rival d'un coup de fusil à bout portant et qui resta seul maître des Brakna, chargé envers nous de l'exécution du traité et notre fidèle allié.

Seulement, au mois de juin 1859, ce roi des Brakna, n'ayant pas eu assez d'autorité sur ses tribus pour les empêcher de faire une razzia dans le Djiolof, pays auquel notre protection était acquise par les traités en question, une colonne de 650 hommes, commandée par M. le chef de bataillon Faron, des tirailleurs sénégalais, fut aussitôt chargée d'aller punir cette violation des traités. Le camp de Sidi-Eli, dont la position avait été reconnue et indiquée par M. Flize, directeur des affaires indigènes, chargé de donner au chef de la colonne les guides et les renseignements nécessaires, fut enlevé presque sans coup férir, grâce à la vigueur et à la rapidité de l'attaque. Cette sévère leçon eut pour résultat immédiat de faire rendre par le roi des Brakna tout ce qui avait été pillé, et de lui faire jurer, pour l'avenir, la rigoureuse exécution des conditions du traité.

Depuis cette époque, il n'a été commis aucune infraction à ces traités, et les rois des Trarza et des Brakna se sont efforcés, par tous les moyens en leur pouvoir, de maintenir leurs sujets dans les limites que nous leur avons assignées; cette tâche a été quelquefois assez difficile, à cause des habitudes invétérées de pillage de ces peuples. Cependant, grâce à la bonne volonté des chefs et à l'appui que nous leur prêtions, nous sommes parvenus à mettre la rive gauche à l'abri des brigandages des Maures, même au-dessus de Podor.

La civilisation n'a fait de grands progrès dans le monde qu'à la suite de la formation de vastes empires par des conquérants; ces derniers sont de leur vivant de véritables fléaux; mais bientôt, au milieu des ruines qu'ils ont amoncelées, se manifestent d'heureuses conséquences de leur passage sur la terre. C'est qu'ils ont créé entre les hommes des facilités de communication qui n'existaient pas dans l'état de fractionnement où se trouvent les pays sauvages, facilités grâce auxquelles les échanges matériels et intellectuels deviennent possibles, au grand profit du progrès.

C'est d'une de ces phases de l'histoire de l'humanité que nous allons être témoins dans le nord-ouest de l'Afrique centrale.

Il nous faut, pour cela, faire un retour en arrière de quelques années sur les événements que nous avons retracés ci-dessus.

En 1852, le nord-ouest de l'Afrique était encore divisé en un grand nombre d'États, les uns plus ou moins barbares, les autres presque sauvages; il en résultait qu'arrêtés à chaque pas par des frontières, le commerce et l'influence de nos établissements des côtes ne pouvaient pénétrer bien loin vers l'intérieur.

Les circonstances ont maintenant changé de telle sorte que la France a pu prendre pied sur le Haut Niger.

Les événements qui ont amené ce résultat méritent d'être racontés avec quelques détails, pour qu'on puisse en bien comprendre la signification et la portée.

Un immense effort fut fait alors par le cheikh el hadj Omar, marabout sénégalais, avec toutes les forces fanatisées de l'Islam, dans le Soudan occidental, pour détruire les États nègres encore idolâtres et jeter à la mer les Européens des côtes. Dans cette formidable lutte, il devait avoir un gouverneur du Sénégal pour adversaire et pour vainqueur.

Omar, marabout toucouleur (Poular) d'Aloar, près Podor, pèlerin de la Mecque, où il avait passé un certain nombre d'années, avait acquis depuis longtemps, dans les contrées que baigne le Sénégal, une grande réputation de savoir et de sainteté; il était naturellement désigné par l'opinion publique pour proclamer et commander, au moment venu, une de ces guerres saintes qui, depuis plusieurs siècles, se succèdent dans le Soudan, et le transforment successivement en États musulmans.

Cette guerre sainte pour laquelle, depuis 1848, il se préparait des compagnons dévoués dans ses nombreux taliba (élèves) de Dinguiray, à la frontière nord du Fouta-Djallon, devait naturellement être dirigée contre quelqu'un de ces États restés idolâtres, comme le Kaarta, le Ségou, le Cayor, le Baol, le Sine, le Saloum, etc.; mais nos prétentions à la domination du Sénégal, manifestées par un commencement d'exécution lors de la prise de Podor, en 1854, devaient bientôt nous mettre aux prises avec ce fanatique.

Lors de l'expédition de Podor, les musulmans du Fouta et même de Saint-Louis croyaient qu'el hadj Omar viendrait s'opposer à nous en appelant aux armes tous les croyants; mais, ou bien il n'osa pas, ou bien il n'était pas encore prêt. Cependant, tout en nous laissant prendre pied dans le Fouta, il proclama presque immédiatement la guerre sainte, réunit une armée, prit Tamba et d'autres provinces du Bambouk et arriva bientôt jusqu'à Farabana et Makhana, se signalant déjà par son audace, par le courage aveugle de ses gens et par des massacres impitoyables, mais proclamant bien haut qu'il ne voulait pas de guerre avec les blancs et osant même demander au gouverneur Protet des munitions de guerre, des canons et un officier pour l'aider à soumettre les idolâtres, demande qui fut naturellement rejetée.

Cet homme, à qui on s'accordait à reconnaître une grande éloquence, n'eut pas de peine à se faire passer aux yeux des noirs du Sénégal pour un être extraordinaire, doué d'un pouvoir surnaturel; on croyait toute espèce de miracle possible de sa part; on en racontait déjà. Quelques malheureuses fusées qu'il lançait sur les villages avaient fait dire qu'il disposait de la foudre. Il était reconnu comme prophète envoyé de Dieu et se permettait même d'imposer à ses adeptes une prière et des pratiques religieuses qu'ils ne connaissaient pas, celles de l'ordre des Tidjaniya.

C'est à la fin de 1854 que ce marabout, se sentant assez fort, partit, de Dinguiray, avec ses fidèles, dont on évaluait le nombre à 12000, et, envahissant le Bambouk, atteignait nos établissements du Haut Sénégal, dont le plus avancé était Bakel, à 200 lieues de l'embouchure, en suivant le fleuve.

Le gouverneur du Sénégal, Protet, qui avait été visiter ce poste en novembre, en était revenu avec les nouvelles les plus alarmantes. Il y fit faire un dernier voyage par le vapeur le *Basilic*, et le capitaine du génie Faidherbe obtint d'y prendre part pour constater l'état des postes du fleuve, au point de vue de son service spécial; à Bakel on trouva le commandant, jeune officier sortant de Saint-Cyr, malade et démoralisé; pas de chirurgien; une garnison indigène peu sûre; le poste hors d'état de se défendre, avec une enceinte dégradée et pas de flanquements; les affûts hors de service, le magasin à poudre dans le plus grand désordre, des approvisionnements insuffisants et les établissements du commerce en dehors du poste sans aucune protection.

La population était en proie à l'épouvante; en effet, el hadj Omar venait de massacrer les habitants du village de Makhana; les corps sans tête étaient charriés par le fleuve devant Bakel, et les bandes de Talibé parcouraient les rues du village sous le poste, la figure voilée du litham, le fusil sur l'épaule, psalmodiant les versets du Koran d'une voix sinistre.

L'eau du fleuve baissant rapidement, le commandant du bateau avertit le capitaine Faidherbe qu'il était obligé de partir de suite, sous peine de ne pouvoir franchir les passes.

Le capitaine, ayant réfléchi, lui dit :

Partir d'ici en ce moment serait, pour moi, quitter un champ de bataille lorsque la lutte va s'engager; nous ne serons pas partis de vingt-quatre heures que le poste sera enlevé et notre domination au Sénégal fortement compromise.

Je vais vous donner une lettre pour le gouverneur et je reste. Si vous pouvez remonter jusqu'ici et amener les renforts que je demande, je redescendrai avec vous à Saint-Louis, sinon je partagerai le sort de la garnison.

Le lieutenant Coquet, directeur des affaires indigènes, qui était aussi monté à bord du *Basilic*, prit la même résolution. Le bateau descendit à toute vapeur, et le capitaine du génie s'occupa de mettre immédiatement le poste en état de défense. Il répara l'enceinte, mit les pièces en batterie, le magasin à poudre en ordre. Il construisit trois redoutes extérieures, reliées par un retranchement, pour couvrir les établissements de commerce: hommes, femmes, enfants, tout le monde se mit à l'œuvre; les traitants et leurs agents furent organisés en milice.

Les bandes de Talibé devenaient de jour en jour plus insolentes et se permettaient d'enlever même des habitants du village de Bakel.

Le capitaine, comprenant combien sa situation était délicate vis-à-vis du gouverneur du Sénégal, évitait toute rupture ouverte avec eux. Cependant, un jour, une femme et sa fille étant venues frapper à la porte du fort, afin d'échapper à une bande qui les poursuivait pour les tuer, on les accueillit. C'était une princesse du Bondou, de la famille régnant dans ce pays et alliée aux Français. Les gens d'el hadj Omar prétendaient que c'étaient des sujettes rebelles de leur maître et demandaient qu'on les leur livrât.

Le capitaine, d'accord avec le lieutenant Coquet et le sous-lieutenant commandant du poste, décida que l'honneur ne permettait pas de refuser un asile, à l'ombre du pavillon français, à deux femmes poursuivies par des assassins. On répondit aux envoyés d'el hadj Omar que les deux fugitives étaient sous la protection de la France, et que la garnison s'ensevelirait sous les ruines du fort plutôt que de les rendre. La fermeté de cette réponse intimida les Talibé, et l'affaire n'eut pas de suite pour le moment.

Cependant les jours s'écoulaient et on regardait avec anxiété si on n'apercevait pas le vapeur remontant de Saint-Louis. La baisse des eaux s'était heureusement arrêtée un moment, et au bout de dix jours on eut la joie d'apercevoir au loin la fumée d'un bateau. Il apportait tout ce que le capitaine avait demandé : un nouveau commandant, un chirurgien, un renfort de soldats noirs, des vivres et des munitions de guerre.

Bakel était sauvé ! En effet, le bateau étant redescendu, el hadj Omar n'osa pas entreprendre d'attaquer un poste en bon état de défense, et il s'éloigna dans l'est, pillant tous les villages sur son passage, entre autres Médine.

M. Girardot, habitant du Sénégal, commandait alors Sénoudébou, et el hadj Omar lui envoya son fils pendant quelque temps comme gage de bonne amitié et peut-être comme espion. Sénoudébou était le lieu de passage de bandes considérables de Toucouleurs du Fouta qui partaient pour la guerre sainte et se rendaient dans le Bambouk, où s'organisait l'armée qui devait exterminer les infidèles, quels qu'ils fussent.

Le prophète, ayant traversé le Sénégal et envahi le Kaarta à la fin de 1854, laissa derrière lui les populations du Fouta, du Bondou, du Guoy, fanatisées et soulevées par ses émissaires et disposées à tout entreprendre à son premier ordre. Il ne tarda pas beaucoup à jeter le masque à notre égard. Dès les premiers mois de 1855, quand il vit que ses affaires allaient bien dans le Kaarta, il fit piller tous nos traitants du Haut Sénégal qui, malgré les conseils de l'autorité, n'avaient pas rallié Bakel ou Sénoudébou : vingt-deux villages du Khasso, du Kaméra, du Guoy, des Guidimakha et du Damga prirent part à ces pillages. C'est alors aussi qu'il adressa aux gens de Saint-Louis une lettre par laquelle il cherchait à séparer leur cause de la nôtre et à les entraîner dans son parti ; et, de fait, il avait beaucoup de chauds partisans dans Saint-Louis même ; il terminait ainsi cette épître adroite et perfide :

Maintenant je me sers de la force, et je ne cesserai que lorsque la paix me sera demandée par votre tyran (le gouverneur), qui devra se soumettre à moi, suivant ces paroles de notre maître : Fais la guerre aux gens qui ne croient ni en Dieu, ni au jugement dernier, ou qui ne se conforment pas aux ordres de Dieu et de son prophète, au sujet des choses défendues, ou qui, ayant reçu une révélation, ne suivent pas la vraie religion (les juifs et les chrétiens), jusqu'à ce qu'ils payent la Djézia (tribut religieux) par la force et qu'ils soient humiliés.

Quant à vous, enfants de Ndar (Saint-Louis), Dieu vous défend de vous réunir à eux; il vous a déclaré que celui qui se réunira à eux est un infidèle comme eux, en disant : Vous ne vivrez pas pêle-mêle avec les juifs et les chrétiens; celui qui le fera est lui-même un juif ou un chrétien. Salut!

Il envoyait en même temps l'ordre au Guoy, au Bondou et au Fouta de nous bloquer dans Bakel et dans Podor.

Sur ces entrefaites, le gouverneur Protet avait été rappelé en France et M. Faidherbe avait été nommé gouverneur. On comprend combien il se félicitait des mesures qu'il avait prises à son dernier voyage à Bakel.

Le nouveau gouverneur allait donc avoir une guerre sainte sur les bras, en même temps que la guerre avec les Maures : c'était trop à la fois, et ceux qui pendant six ans, avec des moyens bien bornés, ont fait face à ces deux besognes, passant la saison sèche à batailler contre les Maures, et la saison des hautes eaux à faire des expéditions dans le haut du fleuve, et qui ont, malgré cela, établi notre domination sur le Sénégal, peuvent avoir la conscience d'avoir rendu un grand service à leur pays; leurs noms seront enregistrés ici avec soin.

Les nouveaux ennemis que nous allions avoir à combattre étaient les plus redoutables de tous. Les guerres de religion sont impitoyables et le fanatisme inspire un courage qui ne recule devant rien, puisque, pour ceux qui en sont animés, la mort elle-même est regardée comme un bien.

Les gens d'el hadj Omar étaient en grande partie, comme nous l'avons déjà dit, des Toucouleurs et des Poul du Fouta-Djallon, du Bondou, du Damga, du Fouta sénégalais, du Toro et du Dimar: il y avait aussi des Sarakhollé du

Gadiaga et des Guidimakha, et, plus tard, des Bambara du Kaarta et des Khassonké.

Les Toucouleurs (noirs mêlés de Poul) sont une race intelligente et perfide; ils ont été viciés par l'islamisme, qui les a rendus aussi menteurs et aussi voleurs que les Maures. Ils combattent plutôt à pied qu'à cheval et à peu près comme les Maures; les chefs et les gens aisés ont comme ceux-ci des fusils à deux coups, mais les pauvres s'arment comme ils peuvent des mauvais fusils qu'ils parviennent à se procurer.

Les villages des Toucouleurs du Fouta ne sont pas fortifiés ; ceux des Sarakhollé le sont, mais faiblement. Il y a dans le Bondou quelques villages très forts, il y en a beaucoup chez les Malinké du Bambouk, dans le Khasso et dans le Kaarta.

Mars 1855. — En mars 1855, les villages des bords de la Falémé, au-dessus de Sénoudébou, subissant l'influence d'el hadj Omar, se rendirent sans aucune raison, sans la moindre discussion préalable, coupables d'un guet-apens contre M. Girardot, piqueur du génie et commandant de Sénoudébou, et contre les ouvriers qui extrayaient des coquilles d'huîtres dans la rivière pour faire de la chaux. Réunis en très grand nombre, ils firent feu sur nos gens, blessèrent M. Grégoire, piqueur, et firent prisonnier M. Girardot, qui parvint à se racheter pour 45 pièces de guinée. Les ouvriers se défendirent très bravement.

Dans le même mois, la garnison de Bakel fut obligée d'aller châtier les deux villages hostiles de Marsa et d'Oundounba. Nous eûmes un spahi tué et 5 laptots blessés. On tua 12 ennemis, on en blessa 25 et on ramena 4 prisonniers, 22 bœufs, des chèvres et des ânes.

Avril. — Cherchant à soulever tout le pays contre

nous, el hadj Omar s'efforçait de mettre les Maures dans son parti en écrivant à ceux d'entre eux qui vendent des gommes à Bakel, que les Français ne leur avaient jamais donné pour leurs produits que la moitié de leur valeur, mais que, dans quelques mois, il allait venir prendre Bakel et mettre bon ordre à tout cela. En même temps, les Sarakhollé du Guoy et des Guidimakha et les gens du Bondou se mirent à arrêter les caravanes de gomme des Douaïch; le roi Bakar envoya à Bakel son frère Ali, avec 60 cavaliers, pour les protéger de concert avec nous.

Le 3 avril, des bandes de Guidimakha enlevèrent à l'improviste le troupeau des habitants de Bakel; on les poursuivit, on leur reprit le troupeau et on leur tua quelques hommes. Nous perdîmes un laptot.

Le 14 du même mois, le prince Ali, avec ses cavaliers, partit de Bakel pour punir un village qui avait pillé un petit convoi de ravitaillement envoyé par notre fournisseur à Sénoudébou; il enleva le troupeau de ce village, mais quand il fut de retour au bord du fleuve, la partie de la population de Bakel hostile aux Français tomba sur lui, le cerna contre le fleuve et l'eût massacré, lui et les siens, si M. le sous-lieutenant Bargone ne fût accouru à son secours avec la garnison et la population de Guidi-Mpalé, quartier dévoué de Bakel.

On repoussa les Sarakhollé et, comme il n'y avait plus de ménagements à garder envers Bakel, M. Bargone fit canonner et raser le village. Déjà, depuis longtemps, les gens de Bakel avaient envoyé, dans les villages voisins, leurs femmes et leurs enfants. Ils obéissaient aveuglément aux ordres d'el hadj Omar et n'attendaient que l'occasion de nous jouer quelque mauvais tour. Une fois chassés, le poste se trouva bloqué, mais, au moins, il n'avait plus à craindre de trahison par les communications journalières de nos ennemis avec nos soldats noirs et nos laptots surtout, qui étaient musulmans et passablement entichés d'el hadj Omar. La détermination de M. Bargone fut fortement approuvée; un quartier du village fut épargné et nous resta toujours fidèle.

Mai. — Le 20 mai, le lam Toro Ahmed, cédant enfin aux ordres des émissaires du prophète arrivés jusqu'à Podor, se mit en campagne pour intercepter toute relation entre notre établissement et la rive gauche.

Juin. — Mais à l'approche des hautes eaux, en juin, l'alcati du Fouta, l'éliman Mbolo, nommé Abdoul-Tamsir, vint à Saint-Louis, demanda la paix au nom de l'almamy Rachid et d'el-Imam-Rindiao, le chef le plus puissant du pays. Cette démarche était inspirée par la peur, mais elle était un commencement d'indépendance, du moins simulée, du Fouta vis-à-vis d'el hadj Omar, qui, lui, n'approuvait pas tous ces ménagements.

Juillet. — Le 14 juillet, le gouverneur, voulant se rendre compte par lui-même de l'état des affaires dans le haut du fleuve, partit sur le *Serpent* pour Bakel. Jusqu'à Orndoli il trouva les villages du Fouta sur la défensive, mais sans mauvaises intentions. Arrivé à Orndoli, dans le Damga, on vit un grand nombre d'hommes armés sur la rive, et, suivant leur vieille habitude, quelques-uns d'entre eux se mirent à nous provoquer par gestes et même à nous mettre en joue. Le gouverneur fit immédiatement tirer sur ces insolents, bien décidé qu'il était à ne jamais supporter des populations riveraines les insultes qu'elles avaient l'habitude de nous prodiguer. La fusillade devint générale; les hommes d'Orndoli nous suivirent jusqu'à Bapalel, puis jusqu'à Gouriki, de sorte que l'engagement se continua avec trois villages, le bateau marchant toujours. Comme, à chaque village, on avait soin, d'abord, d'essuyer le feu des Toucouleurs avant de riposter, pour leur faire comprendre que nous ne faisions que répondre à leurs provocations; comme, d'un autre côté, le jeu commençait à leur déplaire, en raison des pertes qu'ils éprouvaient, des cavaliers partirent du village de Gouriki et allèrent prévenir les villages suivants de ne pas tirer, et, à partir de ce moment, nous ne fûmes plus inquiétés jusqu'à Bakel. Nous avions deux laptots légèrement blessés. Les Toucouleurs, ayant presque toujours combattu à découvert, avaient éprouvé des pertes considérables.

En arrivant à Bakel, le gouverneur apprit qu'el hadj Omar était presque cerné dans le Kaarta et dans une position très critique, mais son influence n'en avait nullement souffert dans le Haut Sénégal.

La garnison de Bakel avait fait plusieurs sorties heureuses dans les villages voisins; une seule fois, on avait été repoussé de Mannaël par des forces supérieures. Il n'y avait à cette affaire qu'une quarantaine d'hommes de Guidi-Mpalé, qui étaient sortis sans en avertir le commandant.

Au moment même où le *Serpent* mouillait devant le poste, les Bakiri du Bas Galam (Guoy), avec quelques Toucouleurs, enlevaient un troupeau de 50 bœufs au poste; ils avaient choisi le moment de l'arrivée du bateau, supposant que tout le monde serait alors occupé. On se mit aussitôt à leur poursuite, et le *Serpent* redescendit le fleuve pour soutenir les nôtres. Les volontaires Ndiaybé de Bakel, les soldats et laptots du poste et du *Serpent* se réunirent au nombre de 250 hommes environ. On courut jusqu'à Tuabo, capitale du pays, et là, le feu ayant été mis de tous côtés à ce grand village, il arriva malheureusement qu'un certain nombre des habitants furent brûlés.

Le vieux Tonka (roi) fut mis par les siens sur un cheval et parvint à s'échapper; une partie de sa famille fut prise.

Ayant laissé le commandement du poste au capitaine du génie Parent, le gouverneur redescendit à Saint-Louis pour prendre les mesures que nécessitaient les circonstances. Le *Serpent* eut, en passant, des engagements très vifs avec tous les villages du Bas Galam. Grâce à nos bastingages en tôle, nous n'eûmes qu'un laptot légèrement blessé; les Sarakhollé perdirent assez de monde, car ils s'exposaient très hardiment à notre fusillade et à notre mitraille. Les villages du Fouta ne tirèrent pas sur nous.

Le capitaine Parent, pour dégager les abords de Bakel, fit deux petites razzias et alla brûler le village de Counguel, le plus gros village du Guoy, après Tuabo.

Août. — L'état des choses dans le haut pays nécessitant la présence de forces plus considérables que celles qui s'y trouvaient, le gouverneur envoya dans le fleuve M. le commandant Morel, à bord de l'*Épervier*, avec 250 hommes d'infanterie. Il devait enlever, en passant, Ngana, dans le Damga, village d'Amadou-Amat, qui avait assassiné un traitant nommé Malivoire, et qui était l'homme le plus dangereux du Fouta. Après avoir accompli cette mission, M. Morel devait s'entendre, à Bakel, avec M. le capitaine Parent, pour faire quelque sortie dans les environs, si cela était nécessaire. A Ngana, on ne trouva personne. Arrivés à Bakel, d'après les renseignements que prirent MM. Morel et Parent, ils crurent pouvoir enlever un camp fortifié près de Mannaël, à une lieue de Tuabo, camp dans lequel s'étaient rassemblés la plupart des habitants des villages du Guoy.

Ayant réuni 450 hommes, ils se rendirent à la pointe du jour, par le fleuve, à Mannaël, débarquèrent et attaquèrent le village de l'intérieur après une marche de deux heures. Après un premier succès, ayant échoué contre les obstacles que présentèrent un réduit assez fort et plus d'un millier de défenseurs, ils battirent en retraite en bon ordre vers les bateaux à vapeur, suivis avec acharnement par l'ennemi jusqu'au fleuve même. Ils laissèrent 10 morts ou blessés sur le terrain et ramenèrent 54 blessés, parmi lesquels le capitaine d'infanterie Guéneau et le chirurgien-major de l'*Épervier*, Marec, dont la conduite avait été très belle pendant l'action. Les volontaires de Bakel, qui s'étaient retirés avant les troupes, avaient trouvé moyen d'emmener 40 prisonniers et du butin ; grâce au courage remarquable déployé par tous, commandant, officiers et soldats, et aux pertes très fortes qu'éprouva l'ennemi en tués et blessés, cette affaire ne produisit pas trop mauvais effet dans le pays ; les Sarakhollé, ne se croyant plus en sûreté dans leur camp, l'abandonnèrent.

Dès cette époque el hadj Omar avait anéanti notre commerce au-dessus de Bakel et fait tout son possible pour l'anéantir au-dessous. Il ne cachait plus ses projets à notre égard ; il disait : « Les blancs ne sont que des marchands ; qu'ils apportent des marchandises dans leurs bateaux, qu'ils me payent un fort tribut lorsque je serai maître des noirs, et je vivrai en paix avec eux. Mais je ne veux pas qu'ils forment des établissements à terre, ni qu'ils envoient des bâtiments de guerre dans le fleuve. » Nous ne pouvions accepter ces conditions ; car, faire le commerce sans protection avec des barbares est une chose reconnue impossible depuis longtemps. Aussi, bien loin d'abandonner et de démolir nos forts, nous crûmes nécessaire d'en créer un nouveau, plus avancé que tous les autres, à Médine, pour éloigner notre frontière de

Bakel et sauver, si c'était possible, l'important commerce de ce comptoir.

Dans ce but, le gouverneur se transporta, avec tout ce qu'il put réunir de forces, à Médine, dans le Khasso, à 250 lieues de Saint-Louis. C'était la première fois qu'une colonne française allait aussi loin, et cela fut jugé téméraire par beaucoup de personnes. En effet, il y a beaucoup de difficultés pour les blancs à faire la guerre dans ces contrées, pendant la seule saison où les bateaux peuvent y monter. Des inondations qui couvrent de marécages d'immenses étendues de pays, des pluies torrentielles accompagnées des plus violents coups de vent, des chaleurs insupportables, un soleil qui vous tue en quelques heures : voilà les obstacles à vaincre avant de combattre des populations nombreuses, bien armées et douées d'une grande bravoure.

Mais notre cause était perdue si nous ne cherchions pas à arrêter court les progrès du prophète et si nous attendions qu'il fût maître du haut du fleuve pour lui résister dans le bas.

L'état du bas fleuve, terrifié par nos campagnes du printemps, rendait possible l'éloignement de la garnison. Les bateaux à vapeur l'*Épervier*, le *Rubis*, le *Grand-Bassam*, le *Marabout*, le *Serpent* et le *Basilic*, sous le commandement de M. Desmarais, lieutenant de vaisseau, remorquant d'autres navires et nos deux bateaux-écuries, transportèrent, en quinze jours de pénible navigation, 300 hommes d'infanterie, 40 spahis montés, 30 canonniers avec 4 obusiers de montagne, 15 sapeurs du génie, 20 conducteurs du train avec 20 mulets, 600 volontaires noirs de Saint-Louis, 100 ouvriers noirs du génie armés, 2 blockhaus, des matériaux et des approvisionnements. Les bateaux mirent de plus, à terre, 150 laptots sous les ordres des officiers de marine. C'est à cela que se bornaient les forces de la colonie, que la fièvre et le feu de l'ennemi avaient considérablement réduites après l'expédition de Mannaël.

L'*Épervier*, bateau de 160 tonneaux, monta jusqu'à Khayes, à 2 lieues de Médine, c'est-à-dire à près de 1000 kilomètres de Saint-Louis.

Septembre. — La colonne débarquée à Khayes le 12 septembre se mit en marche le 15 à cinq heures trois quarts du matin, et à huit heures et demie nous arrivâmes devant Médine.

La veille, un détachement de l'armée d'el hadj Omar occupait encore Médine, mais il avait fui dans la nuit, et le roi Sambala nous attendait paisiblement à la tête de ses gens, au bas de la ville.

Le gouverneur lui dit :

« Je viens te demander compte du pillage de nos traitants.

— Ce pillage, c'est le marabout el hadj Omar qui l'a fait. Moi, qui ai toujours été l'ami des Français, j'ai cherché à l'empêcher. J'ai offert cent esclaves au marabout pour qu'il respectât vos biens ; il m'a répondu qu'il allait me couper le cou si je disais un mot de plus en votre faveur.

— Je te crois ; mais alors tu avoues que tu n'es plus maître chez toi et que tu es incapable de protéger toi-même et tes hôtes contre les Toucouleurs?

— C'est vrai.

— Eh bien, moi je vais me charger de le faire. Tu vas me vendre un terrain où je bâtirai un fort.

— Tu peux le prendre pour rien, puisque tu es le maître ici.

— Non : je n'agis pas comme le marabout et je ne dépouille pas les gens parce que je suis plus fort qu'eux : voici le prix que je t'offre du terrain que je vais te désigner : 5000 francs une fois payés et 1200 francs de cadeaux par an.

— J'accepte tes conditions. »

Le terrain concédé comprenait non seulement un vaste emplacement de 4 hectares pour le fort, dans la situation la plus favorable, mais encore toute la rive gauche du fleuve, depuis Médine jusqu'aux cataractes du Félou, c'est-à-dire sur 3 kilomètres de longueur.

Le 15, les travaux furent commencés par une chaleur excessive. Dès le premier jour, un fourrier qui faisait la distribution mourut en trois heures d'un coup de soleil, et beaucoup d'hommes contractèrent la fièvre.

Le même jour, ayant appris qu'il y avait à Gondiourou, à deux lieues de Médine, un dépôt de marchandises laissées par el hadj Omar, M. le sous-lieutenant Flize, directeur des affaires indigènes, fut envoyé avec un peloton de spahis, 200 volontaires et 150 guerriers de Sambala, pour les prendre. Les habitants du village s'enfuirent et les marchandises furent rapportées à Médine, où un tiers fut laissé aux capteurs et deux tiers rendus aux traitants. On avait aussi trouvé dans le village un très grand nombre de Korans.

Dans la nuit du 17 au 18, une tempête effroyable mit notre camp en déroute, et le lendemain nous avions un grand nombre de soldats blancs malades de la fièvre et de diarrhées.

Heureusement, les jours suivants le temps s'améliora, la chaleur fut moins insupportable, les troupes étaient mieux installées; des gourbis en feuillage protégeaient du soleil hommes et chevaux; de petites pluies qui tombaient la nuit rafraîchissaient la terre sans gêner nos travaux et sans mouiller les hommes abrités par leurs tentes. Les vivres distribués étaient abondants et de bonne qualité. Aussi l'état sanitaire s'améliora et cessa de donner des inquiétudes sérieuses. Nos chevaux et nos mulets, très malades les premiers jours, reprirent de l'appétit; on avait trouvé, à force de recherches, un fourrage qui leur convenait.

600 ouvriers travaillaient au fort neuf heures par jour.

Le 22, le gouverneur alla, avec une partie de la colonne, visiter les cataractes. On fit graver sur un rocher les noms de tous les officiers.

Le 30 septembre, le gouverneur signa un traité de paix, de commerce et d'alliance avec tous les chefs du Khasso, qui vinrent devant lui abjurer leurs haines et leurs rancunes pour s'entendre avec nous contre l'ennemi commun.

Octobre. — Comme il était nécessaire de faire un exemple avant de redescendre à Saint-Louis avec les troupes, on se décida, le 1er octobre, à sévir contre le grand village fortifié de Gagny (Guidi-Makha). Trois jours auparavant, on avait arrêté dans ce village des gens de Sambala, et on les avait maltraités, parce qu'ils étaient amis des Français et par conséquent ennemis du prophète.

En conséquence, le 4, les bateaux à vapeur le *Serpent*, le *Grand-Bassam*, le *Marabout* et le *Basilic*, sous le commandement de M. Butel, lieutenant de vaisseau, reçurent l'ordre de partir de Khayes à dix heures, pour arriver devant Gagny vers une heure du matin, mouiller dans l'ordre de marche, et commencer en même temps le feu de tous les obusiers.

L'opération fut bien menée; une centaine d'obus démantelèrent l'enceinte du village, éclatèrent dans les cases et infligèrent à la population une juste punition.

Le 1er octobre, les gens de Gagny venaient demander leur pardon et la paix, et on les leur accorda.

Le 5, au matin, le fort étant terminé, la colonne partit de Médine, n'y laissant que quelques maçons pour achever les maçonneries intérieures. Le gouverneur en donna le commandement à un vieux traitant mulâtre, nommé Paul Holl, homme énergique et intelligent, connaissant parfaitement le haut pays, et en qui il avait toute confiance.

Le fort, quadrilatère bastionné de 50 mètres de côté, avait une pièce de canon dans chaque bastion; la garnison se composait, outre le commandant, en fait de blancs, de 2 artilleurs, de 1 sergent et de 5 hommes d'infanterie de marine. Avec cela une vingtaine de soldats noirs et une vingtaine de matelots noirs.

Le même jour, nous nous embarquâmes à Khayes et nous arrivâmes à Bakel dans la nuit suivante.

Le 10 octobre, toute la colonne était rentrée à Saint-Louis; les hommes étaient très fatigués et pour la plupart malades. Il en mourut un grand nombre à l'hôpital, des suites de cette expédition.

Au moment même du départ de Médine, on vit venir Boubakar, le fils de feu l'almamy du Bondou, Saada, qui nous avait autrefois cédé le terrain de Sénoudébou. Boubakar venait de l'armée des Bambara, dans laquelle il servait contre el hadj Omar. Le gouverneur lui proposa de jouer, dans le Bondou, le rôle que Fara-Penda avait joué dans le Walo; il accepta, et tous nos efforts tendirent, dès lors, à le faire reconnaître comme almamy du Bondou; il en devint le maître et resta notre fidèle allié jusqu'à sa mort, survenue à la fin de 1885.

A cette époque, la nouvelle se confirma qu'après une bataille acharnée et décisive livrée entre les villages de Lakhmané et de Diangouté, les Bambara avaient été définitivement expulsés du Kaarta par el hadj Omar, qui était resté maître du pays.

Pendant l'année 1856, la région comprise entre Bakel, Médine et Sénoudébou fut le théâtre d'engagements continuels livrés aux partisans d'el hadj Omar, dont le nombre et l'audace allaient toujours croissant, par les petites garnisons des postes et les habitants du Khasso et du Bondou qui nous restaient fidèles.

Le *Galibi*, qui tenait le fleuve entre Bakel et Khayes, concourut à la répression des villages qui avaient épousé la cause d'el hadj Omar et dans lesquels on assassinait nos traitants et nos alliés. Son action fut si préjudiciable aux Toucouleurs, qu'elle excita leur colère et qu'à trois reprises différentes le *Galibi* fut attaqué avec acharnement par des bandes considérables de gens du Guidi-Makha. L'une d'elles avait un effectif de 2000 hommes environ.

Ces attaques furent repoussées et immédiatement suivies de la destruction des villages qui y avaient participé.

Boubakar-Saada, de son côté, avait fort à faire dans le Bondou, dont les indigènes étaient travaillés par les marabouts d'el hadj Omar qui cherchaient à les soulever contre leur nouvel almamy. En outre, des bandes de Toucouleurs, de Poul ou de Sarakhollé, allant rejoindre el hadj Omar dans le Kaarta, traversaient le Bondou et tentaient des attaques contre Sénoudébou. Pendant le mois de mai 1856 ce poste en repoussa deux, exécutées par des bandes de 2000 et de 4000 hommes.

Au mois d'août, le Bondou fit sa soumission à Boubakar-Saada. Celui-ci en profita pour s'emparer de Kéniéba, dans le Bambouk, et pour préparer une expédition dans le Ferlo. Il attendit au mois de février 1857 pour la faire ; mais il dut revenir rapidement dans le Bondou, dont plusieurs villages avaient émigré chez les Guidi-Makha, partisans déclarés et très actifs d'el hadj Omar, avec lesquels Sambala de Médine avait des démêlés continuels.

Croyant, à ce moment, les circonstances favorables, un compétiteur s'éleva même contre Boubakar-Saada, dans

D'après une photographie.

BOUBAKAR-SAADA, ROI DU BONDOU.

le Bondou; c'était un nommé Eli-Amady-Caba, partisan d'el hadj Omar. Il avait réuni autour de lui les populations d'Ourou-Amadou, Beldioudi, Sileng, Kipinguel, etc., c'est-à-dire environ 6000 personnes, avec lesquelles il était enfermé dans le village fortifié d'Amadhié.

Boubakar lui ayant envoyé demander le tribut dû à l'almamy, Eli répondit par un refus formel et annonça qu'il fusillerait le premier qui viendrait lui renouveler cette demande. Boubakar se fit aider par 260 Malinké du Bambouk et par 600 à 700 Maures Douaïch qui avaient passé le fleuve à Tuabo, après avoir promis au commandant de Bakel qu'ils ne feraient aucun tort aux villages du Guoy qui se disaient de notre parti.

Cette armée se présenta devant le tata d'Amadhié et en fut repoussée, après avoir eu une quinzaine d'hommes tués ou blessés; les Maures s'étaient contentés de faire caracoler leurs chevaux hors de la portée des créneaux du tata.

Boubakar se retira en désordre à Sileng. Comme cet échec eût pu produire un très mauvais effet pour nos affaires dans le Bondou, M. le capitaine Cornu, commandant de Bakel, et M. Girardot, commandant de Sénoudébou, se rendirent sur les lieux avec les forces qu'ils purent réunir, savoir : 6 spahis, 40 laptots de Sénoudébou, 60 volontaires de Bakel, 60 volontaires de Sénoudébou et un obusier de montagne. Arrivé à Sileng, M. le capitaine Cornu eut toutes les peines du monde à décider les Maures et les Malinké à retourner à Amadhié, qu'ils croyaient ne pouvoir enlever. Enfin, le lendemain 8 mars, ils y consentirent, et à deux heures toute la colonne débouchait dans la plaine d'Amadhié.

Les cavaliers entourèrent la ville pour arrêter les fuyards au besoin, et la pièce fut mise en batterie pour tirer sur le tata. On allait faire feu, quand un cavalier sortit à toute bride des murailles ; c'était le fils d'Eli qui apportait la soumission de son père. Le capitaine Cornu lui dit qu'il ne voulait avoir affaire qu'à Eli lui-même ; aussitôt celui-ci arriva, salua le commandant de Bakel, puis fit sa soumission à Boubakar-Saada en le priant avec beaucoup de noblesse de ne pas se laisser enivrer par le succès et de ne pas abuser de la victoire. On désarma les défenseurs, qui avaient environ 200 fusils, on renvoya chez eux les gens libres des villages qui s'étaient réunis à la voix d'Eli, et on prit les captifs, au nombre de 260, les chevaux et les bestiaux, pour les partager entre Boubakar-Saada et ses auxiliaires.

Le tata d'Amadhié avait 500 mètres de développement, 5 mètres de hauteur et 1 mètre d'épaisseur à sa base ; les créneaux, très évasés en dedans, étaient imperceptibles au dehors.

L'énergique résolution de M. le capitaine Cornu fut très utile, dans cette circonstance, à notre influence dans le Bondou.

Boubakar, profitant du prestige que lui donnait son succès contre Eli, repartit aussitôt avec ses alliés pour soumettre le Ferlo ; il prit et brûla Ndioum et deux autres villages, tua 150 hommes aux révoltés, dont 25 chefs ou fils de chefs, et prit 140 captifs et 650 bœufs ; il eut 28 hommes tués ou blessés, parmi lesquels son homme de confiance Bô. Les gens du Ferlo parurent enfin se soumettre en masse à Boubakar-Saada, qui se trouvait ainsi maître incontesté de tout le Bondou.

Les Maures Douaïch retournèrent avec leur part de butin sur la rive droite sans commettre aucun désordre.

Quoique en guerre avec les populations qui subissaient l'influence d'el hadj Omar et obéissaient à ses ordres, nous n'avions pas encore eu affaire personnellement à lui. Aussi ses partisans, quoique souvent battus par nous ou par nos alliés, conservaient toutes leurs illusions sur sa toute-puissance personnelle et ne doutaient pas qu'il n'eût, comme il s'en vantait, les clefs de Saint-Louis dans sa poche, et qu'il ne nous anéantît quand il jugerait à propos de venir lui-même nous attaquer. Ils ne devaient pas tarder à être détrompés, comme on va le voir.

Dès le commencement de 1857, on avait su qu'el hadj Omar — soit que ses affaires n'allassent pas à son gré dans le Kaarta, à la frontière duquel son lieutenant Abdoullaye-Haoussa venait d'être battu par une armée du Macina[1], soit qu'il crût le moment venu de nous attaquer en face, soit enfin qu'il voulût faire reconnaître son autorité dans le Fouta et conquérir le Cayor, comme ses partisans l'avaient déjà annoncé — revenait de l'est, vers les points du Haut Sénégal occupés par nos établissements, après avoir, depuis plusieurs mois, envoyé chercher des renforts dans le Fouta, le Bondou et le Gadiaga; il resta quelque temps dans le Tomoro (Khasso). Les effets de son approche ne tardèrent pas à se faire sentir. Le premier qui se déclara pour l'ennemi fut Dalla-Demba, chef de Dinguiray (Khasso), rive droite.

Mars 1857. — En mars, le chef khassonké Kartoum-Sambala, frère du roi de Médine, passa avec ses partisans sur la rive droite et prit aussi parti pour el hadj Omar.

Avril. — Le chef de Khoulou (rive droite), Mali-Mahmoudou, resté fidèle à notre cause, vit son village enlevé et détruit, et lui-même fut tué au commencement d'avril.

Quelques jours après, le 14, Niamodi, chef du Logo, ayant été trahi par une grande partie de ses sujets, el

1. État musulman créé, au commencement du XIX⁰ siècle, par Amadou-Labbo, et qui s'étend sur le haut Niger, de Djenné à Tombouctou.

hadj Omar s'empara de son pays et notamment de Sabouciré. Niamodi se réfugia à Médine avec ceux de ses gens qui lui étaient restés fidèles.

Sémounou, chef du Natiaga, par suite aussi de défection, fut obligé de se sauver dans le Bambouk.

Tout le Khasso se trouva donc au pouvoir d'el hadj Omar, sauf Médine, où s'étaient réfugiés ceux qui lui restaient hostiles. Le prophète se décida alors à attaquer ce point.

Le 19 avril, une femme déserta de Kounda et vint avertir le commandant Paul Holl à Médine qu'el hadj Omar, établi à Sabouciré, avait fait des échelles en grand nombre et allait attaquer la ville et le poste. On se prépara à la défense.

En effet, le 20, à cinq heures et demie du matin, l'armée ennemie arriva en trois corps : l'un suivait le bord du fleuve pour tourner le tata de Sambala; le second se dirigeait sur l'extrémité du tata, près de sa jonction avec le fort; le troisième cheminait dans le ravin de Mokho-Fakha-Kholé pour attaquer le front 3-4.

Les assaillants des deux premiers corps arrivèrent sur le fort et sur le tata, malgré les affreux ravages que la mitraille faisait dans leur colonne compacte qui s'avançait dans un sombre silence, resserrant les rangs à chaque décharge, et ils tentèrent l'assaut. Le troisième ne put parvenir jusqu'à la muraille, à cause de la vivacité du feu des défenseurs et surtout de la disposition des lieux. Les hommes qui le composaient s'embusquèrent à une centaine de mètres de distance et tiraillèrent pendant toute l'attaque. Les assaillants des deux premiers corps, s'efforçant d'escalader la muraille au moyen de leurs échelles en bambou et étant même parvenus, un instant, à y planter leur drapeau, restèrent très longtemps au pied de l'enceinte, y cherchant des abris, dans leur ignorance des effets du flanquement, et perdant beaucoup de monde par la fusillade et par la mitraille ; ils finirent pourtant par reculer, laissant le terrain couvert de cadavres. Il y en avait 67 au pied d'une courtine qui n'a pas vingt mètres de longueur. En tout, le long du fort et du tata de Sambala, jusqu'à une distance de deux cents mètres, on en compta plus de 300. Combien de mourants et de blessés durent-ils emporter !

Malgré ces pertes, les assiégeants restèrent encore en vue du fort jusqu'à dix heures et demie, essuyant le feu des canons et des obusiers. A onze heures, ils s'étaient éloignés jusqu'au Félou, et les assiégés purent sortir à portée de canon, trouvant partout des morts, des mourants et de nombreuses traces de sang.

Des déserteurs de l'ennemi assurèrent, quelques jours après, que la perte d'el hadj Omar, dans cette journée, montait à 600 hommes. Amadou-Amat, assassin du traitant Malivoire, fut tué sur le haut d'une échelle. Oumar-Sané, almamy du Bondou, nommé par el hadj Omar, périt aussi dans cet assaut ainsi que beaucoup d'autres chefs ; de notre côté, ayant combattu derrière des murailles contre un ennemi sans artillerie, nous n'eûmes que 6 hommes tués et 15 blessés.

La population du village se mit aussitôt à terminer et à renforcer son tata. Les quatre pièces du fort étaient hors d'état de servir ; on répara de suite un des quatre affûts.

Du 20 au 25 avril, on fut tranquille ; à partir du 25, les Toucouleurs reparurent en petit nombre et tiraillèrent dans les environs.

Mai. — Le 11 mai, à la suite d'un grand sermon fait le vendredi à son armée, el hadj Omar obtint d'elle un nouvel effort; il voulut attaquer du côté du fleuve et pendant la nuit. Tierno-Guibi commandait l'armée.

A une heure et demie du matin, l'îlot qui est en face de Médine, à cent cinquante mètres environ, fut enlevé par surprise; les 50 défenseurs qui l'occupaient se sauvèrent à la nage, après avoir jeté leurs fusils.

Le fort canonna jusqu'à neuf heures du matin les 200 Toucouleurs qui occupaient l'île; mais ceux-ci avaient soin de se mettre sur le versant opposé, où ils se trouvaient à l'abri. Pendant ce temps, toute l'armée ennemie, embusquée autour de la ville, tiraillait sur elle. A neuf heures, pour débusquer les Toucouleurs de l'île, le sergent d'infanterie de marine Desplat, avec 5 laptots et 8 hommes du village, monta sur un canot muni de bastingages en peaux de bœuf; nous eûmes 8 hommes tués ou blessés pour la seule mise à l'eau du canot. L'embarcation tourna l'île; ceux qui la montaient fusillèrent les Toucouleurs du côté du large en même temps que l'artillerie du fort les atteignait chaque fois qu'ils se montraient du côté de la terre. Alors ils se jetèrent tous à l'eau sous les feux croisés du canot, du village et du fort, et perdirent environ 100 hommes tués. A dix heures, voyant qu'il fallait renoncer à ses projets, l'ennemi avait disparu de toutes parts. Pendant les trois jours suivants, ce point du fleuve fut rempli de caïmans qui dévoraient les cadavres ennemis.

L'armée d'el hadj Omar était très courroucée contre lui en voyant ses impostures continuelles et ses promesses de miracles toujours sans effet; elle ne voulait plus même retourner à Sabouciré. El hadj fut obligé de venir la chercher lui-même.

Il fut convenu qu'on n'attaquerait plus de vive force, mais qu'on bloquerait étroitement la ville pour l'affamer. Il y avait à Médine 6000 âmes au moins et peu de vivres.

Du 11 mai au 4 juin, les Toucouleurs vinrent construire des embuscades tout autour de la place, de sorte que les malheureux habitants ne pouvaient plus sortir de la muraille. Les gens de Médine, entassés sans abri dans un espace dix fois trop petit, souffraient déjà beaucoup de la famine. Les munitions de guerre, réduites à rien, ne permettaient plus de refouler l'ennemi au loin.

Juin. — Dans les premiers jours de juin, el hadj Omar réunit ses gens et, dans un discours très pathétique, se mit à pleurer la perte de ses chefs favoris; il supplia ses fidèles de tenter un dernier effort pour les venger et voulut leur distribuer des pioches pour faire brèche au tata de Sambala. Il leur dit que les défenseurs n'avaient plus de poudre, qu'on n'attaquerait pas le poste, mais seulement le tata, et enfin, comme toujours, leur promit le paradis. Malgré toutes ses exhortations, personne ne voulut prendre ses pioches; mais, le lendemain, un renfort lui étant venu de Nioro, composé d'hommes décidés et qui n'avaient pas été témoins des désastres précédents, ceux-ci prirent les pioches et entraînèrent toute l'armée, qui se rendit à Médine le 4 juin et y arriva à quatre heures du matin.

Ils se ruèrent sur le tata dans une obscurité complète et commencèrent à faire brèche. Les gens de Sambala qui étaient sur leurs gardes et faisaient un feu très nourri, bouchaient les trous faits dans le mur avec les corps mêmes des assaillants; aidés par l'artillerie du fort, ils tuèrent 86 hommes restés au pied du mur et d'autres plus loin qu'on ne put aller compter. Avant le jour, les Toucouleurs étaient en pleine déroute.

Malgré ce nouvel échec, les ennemis resserrèrent de

jour en jour les embuscades, au point d'atteindre les défenseurs, même dans l'intérieur du village.

Sur ces entrefaites, M. Girardot, commandant de Sénoudébou, et M. Luzet, chirurgien de 2ᵉ classe, essayèrent d'aller porter des secours à Médine. Le 5 juin, ils arrivaient à Makhana, mais, leurs volontaires les ayant abandonnés, ils ne purent dépasser Diakhandapé, où était l'aviso le *Guet-N'dar*. On essaya d'envoyer des hommes isolés porter des munitions de guerre à Médine, mais quelques paquets de cartouches purent à peine y arriver.

Pendant les six semaines suivantes, la position de Médine devenait de jour en jour plus désespérée; on ne recevait aucune nouvelle du dehors et on ne pouvait en donner aucune. On eut 10 tués et 50 blessés dans les petites escarmouches qu'on était obligé d'engager pour chasser les assaillants qui s'approchaient trop. On tuait aussi du monde à l'ennemi, mais les renforts lui arrivaient librement de tous les côtés.

Le 18 juillet, les gens du village n'avaient plus de poudre, chacun des hommes de la garnison du fort n'avait plus qu'un ou deux coups de fusil à tirer, et chacune des quatre pièces avait encore deux gargousses. Les embuscades des assiégeants s'approchaient jusqu'à moins de 50 mètres de l'enceinte et jusqu'à moins de 25 mètres du tata de Sambala.

Heureusement l'eau avait monté dans le fleuve, et les secours arrivèrent ce jour-là même, 18 juillet, comme on le verra un peu plus loin.

Pendant que M. Paul Holl se couvrait ainsi de gloire, le commandant de Bakel ayant appris, le 1ᵉʳ mai, qu'une colonne de Toucouleurs du Fouta, de 400 hommes environ, dont 100 cavaliers, avec des femmes, des troupeaux, des captifs et une caravane, se trouvait à Dembankané pour se rendre à l'appel d'el hadj Omar, et comprenant qu'il était important d'empêcher tout renfort d'arriver à l'armée qui assiégeait Médine, envoya à leur rencontre, à Bordé, 40 hommes du poste et 260 volontaires commandés par les traitants Lorèt, Seidoudiop et Sidi-Fara-Biram. Le chirurgien du poste, M. Luzet, les accompagnait.

La rencontre eut lieu à huit heures du matin; les Toucouleurs, avantageusement placés sur un plateau assez escarpé, repoussèrent une première attaque, mais nos gens, ralliés par leurs chefs, enlevèrent la position dans un second assaut. Les Toucouleurs furent mis en déroute, laissant sur le terrain 30 morts, des femmes, des enfants, des captifs, 8 chevaux, et tous leurs bagages. Ils furent poursuivis vivement pendant une heure.

Le 12 du même mois, 300 hommes, en partie armés, qui avaient été en Gambie acheter de la poudre, passaient près de Makhana pour rallier aussi l'armée d'el hadj Omar; les laptots du *Galibi* et les gens de Makhana les assaillirent, leur enlevèrent la plus grande partie de leurs bagages et rapportèrent environ pour 5000 francs de marchandises et, entre autres, 65 kilogrammes de poudre; le laptot Lamine se distingua particulièrement.

De leur côté les Maures faisaient, pendant ce temps, une guerre d'extermination aux Guidimakha, tous ralliés à el hadj Omar.

Cependant, inquiet sur le sort de Médine, dont il n'avait plus de nouvelles directes depuis le 17 mai et de nouvelles même indirectes depuis le commencement de juin, le gouverneur avait pressé le départ du premier bateau.

Juillet. — Le *Basilic* partit le 2 juillet de Saint-Louis, le gouverneur le suivit, le 5, sur le *Podor*, avec 80 hommes de troupe; tous les autres bateaux étaient en réparation.

Le 13, le *Podor* arriva à Bakel et on nous y apprit les

nouvelles les plus graves. A Bakel, on faisait monter l'armée d'el hadj Omar à 15 000 hommes. Le *Basilic* n'avait pu arriver à Médine, trouvant trop peu d'eau aux petites cataractes; après avoir ravitaillé le *Guet-N'dar*, il était revenu à Bakel pour s'alléger un peu, sans avoir pu se procurer, quoique de si près, aucune nouvelle de la ville assiégée.

Le *Guet-N'dar* était de nouveau échoué sur les roches des petites cataractes, mais, cette fois, complètement crevé et déjà presque submergé. Son équipage était journellement attaqué. Enfin, au même moment, une nouvelle colonne de Toucouleurs traversait le Bondou pour aller renforcer el hadj.

Dans des circonstances aussi critiques, il fallait tout risquer et passer à tout prix; on envoya immédiatement le *Basilic* chercher à Matam, dont on construisait la tour, un renfort d'ouvriers noirs du génie et une quinzaine de soldats blancs, et, sans les attendre, le gouverneur partit sur le *Podor* pour Médine, après s'être renforcé d'une centaine de laptots ou volontaires de Bakel; mais le *Podor*, après avoir talonné plusieurs fois à Diakhandapé et à Khayes, fut obligé de mouiller vis-à-vis de Soutoukhollé, au milieu des petites cataractes, à trois lieues de Médine et à côté du *Guet-N'dar*; au delà, il n'avait plus son tirant d'eau.

Le commandant du *Guet-N'dar*, M. des Essarts, enseigne de vaisseau, fut apporté par un de ses canots à bord du *Podor*. Il était sans connaissance depuis dix heures, par suite d'un accès pernicieux, et mourut dans la nuit même.

Voici par suite de quels événements le *Guet-N'dar* se trouvait échoué aux petites cataractes : ce petit aviso, à son dernier voyage de Médine de 1856, avait été mis sur une roche pointue par son pilote à Diakhandapé. M. des

Essarts resta à son bord avec son équipage, composé d'un mécanicien et d'un chauffeur blancs et de 25 laptots noirs. Seulement il se mit à construire sur la rive un petit fortin en terre glaise qu'il occupa en même temps que son bâtiment.

Pendant sept mois, avec une poignée d'hommes, il maintint les villages voisins dans notre parti, même pendant le siège de Médine. Enfin, vers le milieu de juin, il eut l'inexprimable joie de voir son bateau réparé, à flot et marchant. Comme depuis quelque temps il connaissait la position désespérée de Médine par des lettres de M. Paul Holl, il n'hésita pas à tenter de remonter jusque-là pour ravitailler la garnison. Mais à peine avait-il fait 5 lieues, qu'arrivé aux petites cataractes, vis-à-vis de Soutoukhollé, il ne put, au milieu d'une fusillade des deux rives, franchir un courant de foudre, vint en travers et fut jeté violemment sur des roches qui pénétrèrent dans sa coque. Il fit des efforts inouïs pour se tirer de là ; ce fut en vain.

Capitaine et équipage montrèrent dans une aussi triste position une énergie admirable.

Ils étaient fusillés du matin au soir, mais leurs bastingages en tôle les garantissaient des balles. Vers le 15 juillet, M. des Essarts, pour ménager sa poudre, ayant donné l'ordre à ses laptots de ne pas riposter aux coups de fusil, les ennemis crurent que le bâtiment était abandonné, ou qu'il manquait de poudre ; ils voulurent en tenter l'assaut à la nage. Ils remplirent trois pirogues de leurs fusils et se mirent à la nage au nombre de 150. Pendant ce temps, 200 à 300 hommes sur chaque rive faisaient un feu continuel. M. des Essarts laissa les nageurs s'approcher à 25 mètres, et alors il fit feu de toutes ses armes, fusils et *périers* à mitraille. Les pirogues coulèrent, les Toucouleurs furent atteints en grand nombre, ceux qui ne furent pas tués au premier moment prirent pied sur le banc de roches, ayant la tête seule hors de l'eau, et, ne pouvant se remettre à la nage parce qu'ils étaient à bout de forces, ils furent tués en détail; enfin, 50 environ purent seulement regagner la rive. Une centaine d'hommes avaient été tués et emportés par le courant. Les jours suivants, la cavalerie ennemie parcourait les rives du fleuve pour rechercher et retirer leurs cadavres.

Reprenons maintenant le récit des opérations de la petite colonne qui allait secourir Médine. Le 17, le gouverneur fit débarquer sur la rive droite ses 80 hommes de troupe et ses 140 noirs, et il brûla le village abandonné de Soutoukhollé, village de Kartoum-Sambala, dans l'espoir que l'incendie serait vu de Médine et annoncerait notre approche aux assiégés.

Le même jour, vers le soir, le *Basilic* arriva de Matam, apportant 120 hommes de renfort, dont 20 blancs. Il mit son monde à terre et continua à remonter le fleuve. Arrivé à un endroit appelé les petites cataractes, le bateau fut arrêté par un courant de foudre. Il n'avait plus que 10 centimètres d'eau sous sa quille, et, chauffant à toute vapeur, il restait immobile contre le courant au milieu de rochers pointus. Le moment était solennel : le gouverneur, debout sur la passerelle du bateau avec M. le lieutenant de vaisseau Milet, commandant du *Basilic*, et MM. les lieutenants de vaisseau de Corbigny et de Butler, déclara au commandant du vapeur qu'il fallait chercher à passer à tout prix et que le devoir était de périr, ou de sauver Médine, s'il en était encore temps. On surchargea les soupapes de sûreté et on poussa les feux ; au bout de quelques instants le bateau réussit à avancer lentement et on eut le bonheur de franchir l'obstacle sans accident.

En descendant quelques jours après, le même bateau se

creva sur ces mêmes roches des petites cataractes et coula à fond un peu plus loin, sans perte d'hommes.

Le soir du 17, le *Basilic* mouilla devant Kéniou, village dont il éloigna des groupes ennemis par ses obus; il y passa la nuit.

Ayant reconnu que le passage si difficile des Kippes était défendu par de nombreux contingents couvrant les rochers à pic qui dominent le fleuve des deux côtés, le gouverneur se décida à forcer le passage en même temps par terre et par eau. Attendre de nouveaux renforts, c'était s'exposer à laisser prendre Médine, qui devait être à la dernière extrémité. Des personnes doutaient même qu'il fût encore en notre pouvoir.

A six heures, le *Basilic* s'embossa à portée d'obusier des Kippes et les canonna alternativement. En même temps, le gouverneur débarqua pour prendre le commandement des forces à terre, 500 hommes, dont 100 blancs, et un obusier. Il porta la colonne au pied de la position à enlever, fit lancer deux obus et sonner la charge; soldats, laptots, volontaires et ouvriers, officiers en tête, escaladèrent les rochers avec beaucoup d'entrain ; l'ennemi les abandonna sans résistance et on ne reçut des coups de fusil que des ennemis embusqués sur les rochers de la rive gauche. On prit position de manière à répondre à leur feu et à protéger le passage du *Basilic* ; l'ordre fut alors donné à celui-ci de franchir. Il le fit heureusement et mouilla à 500 mètres environ en amont des Kippes. M. Guay, volontaire, second à bord, reçut seul une balle morte à l'épaule.

La colonne descendit ensuite sur le bord du fleuve, vis-à-vis du *Basilic*, et de là on aperçut à travers une plaine de 3000 à 4000 mètres le fort de Médine. Le pavillon français flottait sur un des blockhaus, mais aucun bruit, aucun mouvement ne prouvaient que le fort fût occupé. Dans la plaine se trouvaient des Toucouleurs embusqués ou errant çà et là. L'ordre fut donné de passer immédiatement le fleuve sur les embarcations du *Basilic*. Les Toucouleurs défendirent le terrain; les premiers débarqués les repoussèrent assez loin de la rive pour protéger le passage des autres et de l'artillerie. Bientôt tout le monde se trouva réuni sur la rive gauche et on refoula les Toucouleurs de toutes parts, en se rapprochant de Médine. Le fort ne donnait pas encore signe de vie, et cela paraissait inexplicable quand on songeait que Médine contenait plus d'un millier de défenseurs armés de fusils.

Enfin, le gouverneur, ne pouvant contenir son impatience, mit son infanterie en position sur un petit mamelon pour y attendre l'artillerie qui achevait de passer, et se lança avec ses irréguliers, au pas de course, vers Médine, à travers les cases du village détruit de Komentara. Ce ne fut qu'au moment où il arrivait à 150 mètres du fort et traversait le dernier ravin, que l'on aperçut d'une part les Toucouleurs cachés dans une foule d'embuscades et bloquant le fort à le toucher, et, d'autre part, les défenseurs sortir de leurs murs en poussant des cris, pour les chasser de concert avec nous.

Voici ce qui s'était passé dans Médine, d'après l'ouvrage de M. F. Carrère[1] :

Pendant un certain temps, Paul Holl avait pensé que les détonations qu'il entendait provenaient du *Guet-N'dar*, qu'il croyait dégagé et cherchant à remonter jusqu'à lui.

Il fit cependant placer tout le monde au poste de combat et, ordonnant de hisser les couleurs nationales, attendit avec une vive émotion les événements qu'il pressentait.

---

1. *Siège, par Al-Aghi, du fort de Médine au pays de Kasson....* Saint-Louis, août 1857, p. 56.

JEUNE FILLE KHASSONKÉ. D'après une photographie.

Au moyen d'une lunette, il avait jusqu'à ce moment parfaitement distingué les hommes d'el hadj Omar de la rive gauche tirant dans la direction du fleuve;... tout à coup, il remarque un groupe placé sur la Kippe de ce côté, qui, au lieu de diriger ses coups sur le fleuve, les projette dans la plaine; étonné, ne pouvant se rendre compte de cette manœuvre, mais saisi d'un pressentiment, il se met à examiner avec une profonde attention le point d'où partent les coups; il croit reconnaître des hommes vêtus d'un costume européen;... mais, toujours dominé par la pensée que le *Guet-N'dar* tente le passage, il hésite;... cependant il redouble d'attention et, bientôt, aperçoit distinctement des combattants portant des bottes et coiffés de chapeaux de paille.... Plus de doute, ce sont les libérateurs..., le Gouverneur est là! Paul Holl court à la cloche, l'agite, appelle tout son monde... : Voilà les blancs!! voilà les hommes du Sénégal! voilà le Gouverneur!! courons aux Al-Aghistes....

Les Toucouleurs montrèrent jusqu'au dernier moment une audace incroyable; poursuivis, cernés, ils ne faisaient pas un pas plus vite que l'autre et se laissaient tuer plutôt que de fuir, tant était grande leur exaspération de voir leur échapper une proie qu'ils tenaient déjà si bien.

Les défenseurs, le commandant Paul Holl en tête, se jetèrent dans les bras de leurs libérateurs avec une joie qu'il est inutile de décrire.

Mais quel spectacle navrant pour ces derniers! Plus de 6 000 individus, en grande majorité femmes et enfants, entassés presque sans abri et au milieu des immondices dans un espace de moins de 5 000 mètres carrés;... le fort, qui a 30 mètres de côté, en contenait plus de 500. La faim se peignait sur tous les visages; depuis plus d'un mois on ne se nourrissait que de quelques arachides, et on n'avait pas de bois pour les faire cuire. Les maladies ravageaient cette multitude affamée, et, pour achever le tableau, 300 à 400 cadavres ennemis, dans un affreux état de putréfaction, au pied de l'enceinte, empestaient l'air environnant.

L'ennemi ayant été repoussé hors de vue de la place, la population sortit en toute hâte, n'ayant pas assez d'expressions ni de gestes pour témoigner sa reconnaissance au gouverneur, ainsi qu'à ses officiers et à ses troupes. Ceux qui ont assisté à un pareil spectacle ne l'oublieront jamais.

Les femmes se précipitaient sur les moindres morceaux de bois, comme si c'eût été des objets précieux, pour allumer un peu de feu et faire bouillir des racines; d'autres cueillaient et mangeaient de l'herbe crue.

Séance tenante, le gouverneur fit creuser d'immenses trous à trois ou quatre cents mètres du tata, où, avec des crochets en branches d'arbre, on traîna les cadavres en putréfaction des Toucouleurs. On fit évacuer le fort pour y installer les troupes.

Le même jour on enterrait une jeune et intéressante victime de ce long siège, Mlle Mary Duranton, qui s'était trouvée enfermée dans le fort. Nous allons raconter en quelques mots ce triste épisode.

Vers 1830, M. Duranton, employé du gouvernement à Saint-Louis, se rendit dans le haut du fleuve et alla jusqu'à Médine, point qui était alors tout à fait en dehors de l'influence de la colonie, et où résidait Awa-Demba, roi du Khasso. Duranton s'éprit d'une belle passion pour la vie de ces peuples; il se fixa dans le pays, dont il adopta complètement les usages, et rendit des services à Awa-Demba, qui lui donna sa fille Sadioba pour femme. De cette union naquirent deux enfants, qui, à la mort de Duranton, furent envoyés à Saint-Louis pour être élevés à l'européenne.

L'aîné, un garçon, alla faire ses études en France, fut

reçu à Saint-Cyr, puis à l'École d'État-major. Ce jeune homme avait une bonne conduite, mais sa tête était mal équilibrée par suite des conditions bizarres de son existence. D'un côté, il se savait petit-fils d'un roi d'Afrique qu'il croyait être un puissant monarque, possesseur de nombreux esclaves et de riches mines d'or, sans se rendre compte que ces rois demi-sauvages sont bien peu de chose vis-à-vis de la civilisation; un jour il avait demandé au garde des sceaux l'autorisation de prendre des armes avec des fleurs de lis, sous prétexte qu'il était de sang royal. D'un autre côté, et quoique cela fit un bel officier, sa couleur l'exposait quelquefois à des affronts immérités. Il avait fait quelques tentatives de mariage qui avaient échoué. Bref, perdant la tête, sans famille pour le rappeler à la réalité et le consoler de ses mécomptes, il se brûla la cervelle. Le gouverneur du Sénégal lui avait offert de le prendre avec lui dans la colonie à sa sortie de l'École d'État-major, lui faisant observer qu'il avait une jeune sœur à protéger, et lui donnant à espérer une belle carrière : mais malheureusement le jeune officier s'était obstiné à refuser ses offres.

Le second enfant de Duranton était, en 1854, une belle jeune fille de dix-sept ans, nommée Mary; elle avait été confiée à la famille du maire de Saint-Louis. Un fils de la maison abusa d'elle. L'enfant fruit de sa faute mourut bientôt, et Sadioba, qui vivait à Médine, auprès de son frère Sambala, successeur de son père Awa-Demba, comme roi du Khasso, apprenant les torts d'une famille de Saint-Louis envers sa fille, la redemanda pour la garder auprès d'elle. Mary se rendit donc à Médine, où était établi depuis un an le poste français. Elle y arriva juste au moment où el hadj Omar en commençait le siège. Paul Holl, qui avait très bon cœur, recueillit la pauvre fille dans le fort et lui donna pour logement un des blockhaus. Mary, déjà frappée par ses malheurs précoces, ne put résister à l'horrible existence qu'elle menait au milieu des massacres journaliers et du bruit incessant du canon et de la fusillade, soumise d'ailleurs, comme tous, aux plus grandes privations vers la fin du siège. Elle mourut la veille du jour où Médine était délivrée par le gouverneur.

Sadioba, qui n'avait jamais cessé de pleurer Duranton et qui s'était vue privée successivement de ses deux enfants, avait toujours montré pour les blancs des sentiments de sympathie et d'affection qui ont été signalés par Raffenel et les autres Européens qui ont eu l'occasion de la rencontrer dans le cours de leurs voyages en Sénégambie.

Les officiers qui prirent part à la belle journée de la délivrance de Médine étaient : MM. le chef de bataillon Sardou, commandant l'artillerie, le capitaine du génie Fulcrand et le lieutenant du génie Fajon, commandant les ouvriers noirs; M. le lieutenant de vaisseau Brossard de Corbigny, commandant les compagnies de débarquement du *Galibi*, du *Guet-N'dar* et quelques hommes de la *Couleuvrine*; M. de Butler, enseigne de vaisseau, commandant la compagnie de débarquement du *Podor*; MM. Bellanger et Chauvault, lieutenants d'infanterie de marine, et Guizery, sous-lieutenant; Alioun-Sal, sous-lieutenant indigène de spahis; M. le docteur Luzet, qui depuis six semaines avait partagé les dangers et les efforts du commandant du *Guet-N'dar* pour secourir Médine; M. Blin, chirurgien du *Podor*, et M. Descemet, sous-lieutenant d'état-major remplissant les fonctions d'officier d'ordonnance.

Tous avaient rivalisé de dévouement pour faire réussir une entreprise aussi difficile et aussi importante que la délivrance de Médine. Les contretemps arrivant les uns après les autres pendant quatre jours n'avaient pu abattre les courages; les esprits s'étaient mis à la hauteur de l'entreprise dont il fallait à tout prix venir à bout. M. Millet, enseigne de vaisseau, commandant le *Basilic*, avait de son côté concouru de toutes ses forces à l'œuvre commune. Il eut, le jour même, la satisfaction de mouiller devant le poste et d'y déposer ses approvisionnements.

Le lendemain matin, la colonne, avec les gens de Médine, poussa une reconnaissance au delà des cataractes du Félou, sur la route de Sabouciré, où se trouvait encore l'armée ennemie, et MM. Brossard de Corbigny et de Butler, avec leurs compagnies de débarquement, allèrent brûler le village ennemi de Kounda, abandonné à leur approche par les Toucouleurs.

Pendant ce temps on gravait une inscription sur les roches du Félou pour rappeler le souvenir de ces mémorables événements.

Le lendemain, le gouverneur, renvoyant les bateaux à Saint-Louis pour lui amener des forces qui lui permissent d'aller à son tour assiéger el hadj Omar dans Sabouciré, resta de sa personne à Médine pour soutenir le courage de ses défenseurs.

Cinq jours après, le 23, un brillant combat fut livré par la garnison aux gens d'el hadj réunis à une armée de secours qui lui arrivait du Fouta.

Ces Toucouleurs, venant du Fouta avec leurs familles et leurs troupeaux, avaient traversé le Bondou au commencement de juillet. Les gens de Bakel, ainsi que les Maures Douaïch, les attaquèrent au passage, mais, moins nombreux qu'eux, ils furent obligés d'aller chercher un refuge dans le tata de Gabou, après avoir perdu quelques hommes. Les Toucouleurs les y poursuivirent et essayèrent de les y forcer, mais ils furent repoussés à leur tour avec d'assez grandes pertes. Sur ces entrefaites, Boubakar Saada arriva avec les gens de Sénoudébou, tomba sur les Toucouleurs, leur tua une trentaine d'hommes, leur prit dix-neuf chevaux et les mit en déroute. El-Féki, chef de l'émigration, ainsi que d'autres guerriers marquants du Fouta, furent tués dans le combat.

A la suite de cette défaite, une partie de la bande était retournée dans le Fouta avec les blessés, et l'autre, beaucoup plus nombreuse, avait continué sa route par Boulébané, Cousam et Ndangan, où elle avait passé la Falémé. Elle était entrée le 20 dans Farabana, qu'elle avait trouvé abandonné, et le 22 elle arrivait à Gondiourou, à deux lieues de Médine. El hadj Omar, averti de sa venue, avait envoyé une partie de ses forces à sa rencontre le 22 au soir. Le lendemain matin, s'étant mis tous en marche, ils vinrent jusqu'au ravin qui est à trois quarts de lieue de Médine, sur la route de Gondiourou, pour se rendre à Sabouciré.

La nouvelle de leur approche était arrivée à Médine, comme nous l'avons dit ci-dessus, cinq jours après la délivrance de la ville. Le gouverneur sortit à la tête des forces peu nombreuses qu'il avait gardées avec lui et dont 120 hommes, des meilleurs, avaient encore été distraits la veille pour aller chercher un troupeau de bœufs à Makhana.

La sortie ne se composait donc que de 50 soldats blancs, un obusier avec quelques canonniers, 25 laptots, 100 ouvriers noirs du génie et environ 150 Khassonké ou Bambara de Médine.

La rencontre eut lieu au ravin même et les Toucouleurs défendirent vigoureusement la position. Mais ils ne purent résister à l'élan des nôtres, entraînés par l'exemple de leurs chefs. Nous coupâmes en deux la ligne de bataille de l'ennemi en la pénétrant; M. Brossard de Corbigny avec ses laptots et M. Fajon avec ses ouvriers en rejetèrent vivement une partie à gauche, sur les contreforts du mont Gondiourou, pendant que le gouverneur, avec les 50 soldats blancs, se heurtait au corps principal sur notre droite, et qu'un grand nombre rétrogradaient déjà vers le col où passe la route de Gondiourou.

Cependant l'ennemi était excessivement nombreux et son feu très vif. Au moment du choc et en quelques minutes, nous eûmes de nombreux blessés. M. Descemet, sous-lieutenant d'état-major, fut atteint mortellement au ventre d'une balle qui, en passant, avait contusionné la main du gouverneur; M. Guizeri, sous-lieutenant d'infanterie de marine, reçut une balle dans le ventre, et M. Luzet, une contusion à la tête par une balle qui traversa sa chachia. 3 sergents sur 5 furent atteints : Cruvelhier au bas-ventre, Daste en pleine poitrine, Desplats, le sergent du siège de Médine, à la cuisse. 2 soldats d'infanterie furent traversés de part en part et 6 autres blessés plus ou moins grièvement ; 2 laptots, 10 ouvriers du génie et 12 Khassonké ou Bambara furent atteints. En tout, 39 hommes touchés, dont 7 moururent peu de temps après. Mais l'ennemi fit des pertes bien plus considérables par notre fusillade, plus nourrie encore que la sienne, à trente pas de distance, et par la mitraille de notre obusier, très bien commandé par le sergent Soileau, et dont deux coups surtout furent très heureux.

Profitant de notre avantage, nous coupâmes une partie du convoi ennemi et on s'en empara. Quant au reste, il s'enfonça dans les gorges de la montagne avec toute l'émigration en désordre.

La colonne rentra lentement à Médine avec ses nombreux blessés et beaucoup de butin. L'ennemi laissait plus de 50 morts sur le champ de bataille au moment où nous en restâmes maîtres. Les blessés devaient être nombreux en proportion, et, les jours suivants, on remarquait des nuées de vautours le long de la ligne de collines qu'il avait suivie pour retourner à Sabouciré.

Dans l'après-midi, une partie du convoi des Toucouleurs (l'autre, dégoûtée, s'en retournait dans le Fouta), voyant tout le monde rentré à Médine, revint s'engager dans une vallée du mont Goudiourou qui va à Sabouciré; on lui envoya quelques obus et quelques fusées de guerre qui la mirent de nouveau en déroute.

Les Toucouleurs comprenaient que si le gouverneur était resté à Médine en faisant descendre les bateaux, c'était pour envoyer chercher des forces qui lui permissent d'aller les assiéger dans Sabouciré. Ils ne se sentaient pas trop disposés à l'attendre. El hadj Omar déclara que, n'espérant pas pouvoir résister aux blancs, il allait se retirer à Dinguiray, son village du Fouta-Djallon, avec tous ses fidèles et tous ses biens.

Les renforts demandés à Saint-Louis furent amenés à Bakel le 11 août, sur le *Podor*, le *Rubis*, le *Serpent* et le *Grand-Bassam*, par M. le commandant supérieur de la marine Duroc. Ils consistaient en 200 hommes d'infanterie européenne, 100 hommes d'infanterie indigène, 70 hommes d'artillerie, avec 40 mulets et 3 obusiers, et 100 volontaires de Saint-Louis.

A l'arrivée de ces forces, el hadj Omar venait de quitter Sabouciré après en avoir détruit le tata. Il s'éloignait de Médine pour éviter notre rencontre, en remontant le Sénégal sur la rive gauche.

Il n'y avait dès lors plus d'espoir de se mesurer avec lui; on se décida à aller enlever de suite Somsom-Tata, dans le Bondou, la ville la plus forte de tout le haut pays, devant laquelle le commandant de Sénoudébou et l'almamy Boubakar se trouvaient depuis douze jours, sans pouvoir la prendre, quoique ayant déjà lancé sur elle une centaine d'obus.

La forteresse de Somsom, placée sur le marigot de Balonkholé et au pied d'une chaîne de collines rocheuses, à moitié chemin entre Bakel et Sénoudébou, avait environ 300 mètres de tour. Le mur avait 5 mètres de hauteur et 1 m. 20 d'épaisseur en bas.

Il était construit en pierres, terre glaise et paille hachée; dix-huit tours à étage, faisant office de bastions, garnissaient l'enceinte. Dans certains endroits il y avait double ou triple enceinte. Dans l'intérieur se trouvait un réduit dont l'enceinte était garnie de quatre autres tours. Ce fort avait été construit vers 1850, par l'almamy Toumané, et il était tout à fait imprenable pour les indigènes. Les obusiers de montagne ne pouvaient y faire brèche; sa prise nécessitait l'emploi d'une artillerie plus puissante ou de la mine.

Il y avait un an qu'el hadj Omar avait mis aux fers et enfermé dans Somsom un prince de la famille des Sissibé, nommé Ala-Khassoum, parce qu'il le soupçonnait d'être du parti de notre almamy Boubakar.

L'investissement par Boubakar avait eu lieu le 31 juillet; il avait surpris dehors une partie du troupeau et enlevé quelques greniers de mil; mais la population s'était renfermée dans le fort, et Malik, le chef, à la sommation de Boubakar d'avoir à lui rendre le prince prisonnier, avait déclaré qu'Ala-Khassoum lui ayant été confié par el hadj, il se ferait tuer lui et les siens plutôt que de le rendre à un autre.

Août. — Le 1er août, les assiégeants, après avoir envoyé quelques obus contre l'enceinte, s'étaient précipités sur les portes, mais ils avaient été repoussés après avoir eu 11 hommes tués ou blessés. L'affût de l'obusier était brisé; on bloqua la place.

Le 3, ayant reçu un autre affût de Sénoudébou, on parvint à faire un petit trou à l'enceinte et on essaya de l'agrandir à la pioche, sous le feu des créneaux, et de pénétrer par là. 4 hommes parvinrent à entrer, à leur tête le gourmet des laptots de Sénoudébou, Massamba-Guèye; mais, celui-ci ayant été tué et les autres blessés, on battit en retraite avec une perte de 8 hommes. A ce moment, Malik, croyant que le tata allait être pris, s'empressa de tuer Ala-Khassoum, quoiqu'il fût son oncle.

Du 5 au 12 inclus, on se contenta de continuer à bloquer la place, échangeant quelques coups de fusil avec les tours et lançant quelques obus dans l'intérieur. Les assiégés se moquaient de Boubakar et lui disaient que jamais il n'entrerait dans Somsom-Tata. Il eût été du plus mauvais effet dans le pays de ne pas le prendre, après s'y être servi de l'artillerie. Aussi le gouverneur était-il décidé à le prendre à tout prix.

Le 13, la colonne débarqua à Iaféré; on voulut se mettre en route à 2 heures du matin, mais on se jeta dans un marais impraticable, et il fallut attendre le jour, à la pluie et au milieu d'une nuée de moustiques. A 6 heures on se remit en marche; à 7 heures on trouva un terrain détrempé par la pluie où les mulets s'abattirent. Il fallut les décharger, et, même haut le pied, ils passèrent avec la plus grande difficulté.

Traversant ensuite un pays magnifique, on arriva à 6 heures du soir à Somsom, et la vue de cette forteresse indigène ne rassura pas beaucoup les esprits. On campa à portée de fusil du fort, derrière un pli de terrain. On recommanda au commandant de Sénoudébou et à Boubakar de mettre tout leur monde à garder les deux portes pendant la nuit. Le lendemain on devait canonner le fort avec deux obusiers placés sur une hauteur qui le domine à environ 400 mètres, et d'où l'on voit dans l'intérieur; le soir on devait occuper de vive force une petite mosquée extérieure placée à 15 mètres de distance d'un des angles de l'enceinte, pratiquer pendant la nuit une mine sous cet angle de l'enceinte, la faire sauter et, le 15, à la pointe du jour, enlever Somsom d'assaut par la brèche.

Mais Malik et ses gens, effrayés par l'arrivée des troupes, comprirent qu'ils étaient perdus, et, vers minuit, dans une obscurité complète, ils sortirent avec tout leur monde. Ceux qui gardaient les portes les fusillèrent et coururent dessus. Une vingtaine de fuyards furent tués, 400 restèrent prisonniers entre nos mains, presque tous femmes et enfants, ainsi que les troupeaux. Malik, avec le quart de son monde, parvint à se sauver. Aussitôt après, on entra dans le tata, qu'on livra au pillage, et où l'on trouva quelques blessés abandonnés.

Le lendemain matin, au moyen de deux mines, on fit sauter les principales tours; on fit une autre grande brèche à la pioche et on brûla toutes les cases. La prise de Somsom nous avait coûté, en tout, 27 hommes tués ou blessés; la perte des assiégés, en tués ou blessés, n'avait pas été au delà de 40 ou 50 personnes, malgré la grande consommation d'obus faite avant l'arrivée des troupes.

Le 15, dans la journée, la colonne reprit le chemin du fleuve. On bivouaqua la nuit au village de Marsa, et, le 16 au matin, on arriva à Iaféré; tout le monde s'y embarqua pour Médine, où l'on arriva le 17 au soir, sans accident. Le *Rubis* resta mouillé en dessous des petites cataractes, tous les autres bâtiments mouillèrent devant Médine;

nous y apprîmes qu'el hadj Omar se dirigeait vers le Fouta-Djallon ; il était déjà à six jours de marche de distance.

Pour tirer parti des forces qu'il avait sous la main, et pour débarrasser Médine d'un voisinage gênant, le gouverneur résolut d'attaquer Kartoum-Sambala, qui était établi à Kana-Makhounou, avec les Khassonké du parti d'el hadj, à six lieues du fleuve, vers la frontière du Kaarta.

Le 17, les troupes furent mises à terre sur la rive droite, au nombre de 900 hommes. Pendant la nuit on passa les volontaires de Médine et les contingents alliés des Bambara du Kaarta et des Mandingues du Bambouk, au nombre de 1500 hommes environ. Nous essuyâmes une forte tornade pendant la nuit.

Le 18, à cinq heures et demie du matin, on partit par la route des cataractes et de Fatola ; mais, arrêtée par un marigot, la colonne fit un changement de direction à gauche pour marcher directement sur Kana-Makhounou. Entre le fleuve et Kana-Makhounou, on voyage dans une forêt qui ne finit qu'au village même ; celui-ci est sur la rive droite d'une des branches du marigot qui vient se réunir au fleuve par Khoulou, vis-à-vis de Kéniou.

Après avoir fait la grande halte, à moitié chemin, sur le bord d'une mare, on se remit en marche, à midi, en deux colonnes : une colonne légère, composée de tous les volontaires et alliés, des soldats noirs, des laptots et d'un obusier, commandée par M. le capitaine de frégate Duroc, et une colonne de réserve, composée de l'infanterie européenne, de l'artillerie et du convoi, aux ordres du commandant d'artillerie Sardou. A peine en marche, nous reçûmes une énorme averse qui eut bientôt converti toute la forêt en un vrai lac. Les volontaires avaient sur nous un immense avantage : ils se mettaient complètement nus et renfermaient leurs vêtements dans leurs peaux de bouc; ils les en tiraient secs après la pluie.

Le terrain, qui est de terre très grasse, se détrempa, se défonça par le passage de la première colonne, de sorte qu'il devenait impossible à la seconde d'aller plus loin, les mulets ne pouvant plus faire un pas sans tomber. M. le commandant Sardou choisit une position et bivouaqua.

Le gouverneur poursuivit sa route avec M. le commandant Duroc et sa colonne, et, à deux heures et demie, nous arrivâmes au bord du marigot, à portée de fusil du village. Quelques hommes qui étaient aux champs nous aperçurent et donnèrent l'alarme. Aussitôt 3 obus furent lancés sur le tata, et tout le monde se jeta à l'eau pour envahir le village. C'était un spectacle excessivement curieux que de voir près de 2 000 hommes passant, serrés les uns contre les autres, le torrent grossi par les pluies et écumant au milieu des roches.

Le bruit du canon ayant ôté à l'ennemi toute envie de résister, quoiqu'il y eût deux tata assez vastes et assez bien construits, ce ne fut bientôt qu'une poursuite générale et dans toutes les directions, chacun ramenant des prisonniers, des bœufs, des charges de butin. M. Duroc, avec ses compagnies de débarquement commandées par MM. Lebrun, Pottier et Gaillard, poursuivit vivement les fuyards. On enleva beaucoup de bijoux, d'effets et d'ustensiles de ménage, des provisions en grande quantité, 800 femmes ou enfants, 500 vaches, un grand nombre d'ânes, de chèvres, de moutons et quelques chevaux. On tua quelques hommes à l'ennemi, et, de notre côté, nous eûmes 2 hommes tués et 3 blessés. On mit le feu au village, on démolit les deux tata et l'on revint passer la nuit sur la rive gauche du marigot.

Le 19, à cinq heures du matin, la colonne d'avant-garde, après avoir passé une nuit très pénible dans son bivouac boueux, sans tentes et sans ses bagages, reprit le chemin de Médine. Ce ne fut qu'avec des peines inouïes qu'elle put faire passer son obusier dans le terrain détrempé de la forêt, où les chevaux et les mulets s'enfonçaient jusqu'au poitrail et tombaient à chaque pas. Après quatre heures d'efforts surhumains, on parvint à atteindre la colonne de réserve et on se reposa quelques heures, puis tout le monde se remit en marche pour Médine, et, après avoir encore passé quelques mauvais pas, on y arriva vers quatre heures du soir.

Le lendemain, toutes les troupes s'embarquèrent sur le *Podor*, le *Rubis* et les deux écuries, pour retourner à Saint-Louis, où elles arrivèrent le 27.

En somme, nous avions débarrassé le Bondou et le Khasso des bandes d'el hadj Omar, nos postes étaient dégagés, respiraient à l'aise, et le prophète était en pleine retraite, à la grande mortification de ceux qui lui croyaient un pouvoir surnaturel. La colonne ramenait beaucoup de malades. Nous n'avions eu que quelques morts à déplorer, outre celle du si regrettable Roger Descemet, entre autres celle de M. Bellanger, lieutenant d'infanterie de marine.

Le 28 août, M. le lieutenant de vaisseau Brossard de Corbigny, ayant réuni les forces de Boubakar-Saada du Bondou et de Bougoul de Farabana, les dirigea contre Ndangan et Sansanding, villages hostiles de la Falémé, qui avaient fait traverser les renforts du Fouta pendant le siège de Médine; à cet effet, il remonta la Falémé sur le *Grand-Bassam*, capitaine Marteville. 25 prisonniers furent faits à Ndangan et le village pillé, brûlé et rasé; la population se réfugia à Djenné. Les gens de Sansanding, qui venaient à leur secours au nombre de 500 fusils, tombèrent dans la colonne de nos alliés et furent battus et dispersés en laissant sur le champ de bataille 38 morts et des blessés. Deux heures après, nos alliés arrivaient devant Sansanding en même temps que le *Grand-Bassam*. Des obus mirent le feu au village, et les défenseurs, démoralisés, abandonnèrent le tata. On les poursuivit et on fit 464 prisonniers ; on prit 250 bœufs et beaucoup de chèvres ; de plus, nos alliés firent d'amples provisions de mil et de maïs ; ils n'eurent que quelques hommes blessés et 5 chevaux tués. Parmi les morts de l'ennemi étaient le chef de Samba-Yaya, 4 fils des chefs de Sansanding et le fils du chef de Djenné.

Profitant de l'humiliation d'el hadj Omar et de sa retraite dans le Bambouk après le siège de Médine, Sémounou réoccupa le Natiaga à la fin d'août.

Septembre. — Niamodi, en septembre, réoccupa le Logo, et le Bondou se soumit tout entier à Boubakar-Saada ; mais en même temps les Toucouleurs, revenant du Kaarta vers le Fouta, renforçaient les villages ennemis de Guémou et de Komendao et interceptaient ainsi la route des caravanes maures.

Le 12 septembre, le troupeau de Bakel fut enlevé par une de leurs bandes qui retournait dans le Fouta. Le maréchal des logis Larousse avec le brigadier Abdallah, 5 spahis et Malamine, fils de l'interprète du poste, les atteignirent à quatre lieues de Bakel, tuèrent cinq des voleurs et en ramenèrent deux, qui furent fusillés.

Les affaires d'el hadj Omar ne donnant plus d'inquiétude dans le haut du fleuve, on dut s'occuper de punir le Damga, qui, non content d'envoyer tous ses guerriers partout où el hadj cherchait à nous nuire, avait encore osé attaquer des embarcations de commerce dans le fleuve.

M. Escarfail, lieutenant de vaisseau, capitaine du *Podor*, fut chargé de cette opération en se rendant à Bakel. A Nguiguilon il chassa les habitants du village, au nombre de 250 fusils, avec 55 hommes de son équipage, renforcés par 40 ouvriers noirs du génie commandés par M. Guiol, conducteur des travaux; il brûla le village, et n'eut qu'un blessé. A Sadel, le village ne fut pas défendu, il fut brûlé par le capitaine de rivière Numa avec 20 hommes. Numa reçut une balle morte.

A Ondourou, le lieutenant du *Podor*, Arnaud, brûla le village, en n'ayant qu'un homme blessé. Koundel, Bemké, Ngaoudiou, Bédemké, Beldialo et Garly éprouvèrent le même sort.

A Tchiempen, les Toucouleurs, très nombreux, se défendirent vigoureusement contre le capitaine du *Podor* et tout son monde; le village fut enlevé et brûlé, l'ennemi fit des pertes notables, nous eûmes deux laptots grièvement blessés.

. 500 Toucouleurs suivirent le bâtiment à partir de Garly, ils furent décimés par la mitraille. Delol, Tiali, Ndiangan, Kanel-Sambasiré, Tinali, Barmatch, Orndoldé et Bapalel furent brûlés sans résistance. A Gouriki, le village fut défendu et brûlé après une lutte de dix minutes, pendant laquelle nous eûmes deux hommes tués. On canonna Garanguel, dont on ne put s'approcher à cause des basfonds; les obus firent des ravages dans les groupes; Séré, Badala, Badiki, Barkédji et Gourmel furent canonnés ou brûlés; les habitants de ces trois derniers villages suivirent le *Podor* et se firent mitrailler.

A Ouaouandé, le village fut défendu pied à pied, mais brûlé; nous eûmes deux hommes tués. A Guellé, l'ennemi étant trop fort pour que l'on pût débarquer, le bâtiment fut seulement accosté, et le nommé Ousmam, infirmier, sauta à terre et brûla un quartier du village. 300 à 400 hommes suivirent le bâtiment pendant deux milles, malgré la mitraille et les obus.

On brûla Bitel, Lobali, Adabéré, Verma et Dembacané, le dernier village du Fouta, sans trouver de résistance. Cette sévère leçon consterna les Toucouleurs.

Octobre. — Pour assurer à l'avenir la navigation de cette partie du fleuve contre les violences des Toucouleurs, on construisit la tour de Matam. Les populations voisines tentèrent de s'y opposer par des attaques réitérées.

Dans la nuit du 6 au 7, malgré la canonnière la *Stridente*, capitaine Ronin, mouillée à portée de pistolet, et le tata provisoire où couchaient les ouvriers à terre, les Toucouleurs s'emparèrent de la tour commencée, qui avait à peu près 2 mètres de haut; ils y restèrent toute la nuit, malgré le feu violent d'artillerie dirigé contre eux, et ne furent délogés que le matin par les ouvriers. Ils eurent plus de 50 hommes tués, dont 10 furent laissés par eux dans la tour même. Nous eûmes 1 homme tué et 3 blessés.

Le même jour, près de là, à Civé, où l'on extrayait les pierres, les travailleurs furent cernés et séparés du fleuve; le capitaine du *Serpent*, l'enseigne Bouillon, les dégagea avec sa compagnie de débarquement et repoussa vigoureusement l'ennemi. Le caporal du génie Toureille se fit remarquer par son intrépidité. Le gourmet Oursek fut tué et 5 ouvriers du génie blessés.

A la suite de ces deux affaires et grâce à une compagnie de tirailleurs sénégalais envoyée sous les ordres de M. le lieutenant Lemaire pour protéger le travail, il ne fut plus inquiété jusqu'à son achèvement.

Pendant ce temps, dans les environs de Bakel, les caravanes maures passaient en se battant avec les gens de

Guémou, et les Bambara réfugiés chez nous faisaient des razzias sur les Toucouleurs qui revenaient de l'armée d'el hadj Omar.

Une bande de ceux-ci enleva un chaland de traitant dans la Falémé; un homme fut tué et une femme fut prise, ainsi que les marchandises.

Novembre. — Les gens des environs de Matam, ne pouvant encore prendre leur parti au sujet de la tour, vinrent en assez grand nombre faire une dernière tentative et enlever le troupeau du poste pour attirer la garnison au dehors. Ils furent facilement repoussés et le troupeau leur fut repris immédiatement.

La *Bourrasque*, capitaine Ravel, fut mise en station pour l'année à Matam, dans le but de protéger au besoin ce nouveau poste.

Vers cette époque, une colonne de cavalerie des Ouled-Sidi-Mahmoud eut une affaire sérieuse avec le village de Guémou. Ils dirent avoir tué une trentaine d'hommes et enlevé 60 prisonniers et 200 bœufs. Les Guidimakha se trouvaient ainsi traqués de tous côtés, car Tierno-Guibi et Kartoum-Sambala attaquaient ceux de leurs villages qui n'étaient pas assez partisans d'el hadj Omar.

Dans le Bondou dépeuplé, Ndioum (Ferlo) s'était rétabli sous les ordres d'un Toucouleur partisan d'el hadj Omar, Mamadi-Dialo; Boubakar-Saada alla le bloquer, mais il fut incapable de le prendre, malgré toute l'importance qu'il attachait à cette opération. Voyant cela, le commandant de Bakel, capitaine Cornu, résolut de l'y aider. Il partit avec deux obusiers de montagne et une vingtaine de soldats ou laptots et se réunit à une armée de 2 000 hommes, Bondouké et Malinké, que Boubakar avait rassemblés.

Arrivés à Ndioum, ils brûlèrent le village au moyen

des obus; mais, les habitants défendant malgré cela leur enceinte avec beaucoup de vigueur, l'armée du Bondou se débanda après quelques assauts infructueux. M. Cornu et Boubakar, se trouvant réduits à quelques hommes, durent battre en retraite devant une sortie des assiégés, abandonnant les deux obusiers dont les affûts étaient cassés et qui tombèrent entre les mains d'el hadj Omar. A la suite de cette affaire, les gens de Ndioum quittèrent leur village et ce petit échec de nos armes, ou plutôt de notre allié, n'eut aucune influence fâcheuse sur l'heureuse situation où étaient alors nos affaires du haut pays. Mais, malheureusement, tout allait bientôt changer de face.

A la fin de 1857, comme nous venons de le voir, les États du Haut-Fleuve se reconstituaient grâce à l'absence d'el hadj Omar, retiré au fond du Bambouk et réduit, en apparence du moins, à un état d'impuissance complète à la suite de son affront de Médine; le Damga avait été sévèrement rappelé à l'ordre et châtié par nous; le fort de Matam était construit, et les Maures du haut pays, même les Ouled-Sidi-Mahmoud, tribu très fanatique, attaquaient vigoureusement les Guidi-Makha qui cherchaient à mettre des entraves au commerce de Bakel. Enfin, tout était en voie de pacification. Cette heureuse situation ne devait pas durer longtemps.

Mars 1858. — Dès le mois de mars 1858 on fit courir le bruit qu'el hadj Omar faisait des préparatifs pour sortir de sa retraite du Bambouk et se rapprocher de la Falémé. Ses émissaires parcouraient déjà le Bondou pour le soulever contre Boubakar-Saada, et l'almamy du Fouta, Mahmadou, se mettait, chose incroyable, à construire par son ordre un barrage sur le Sénégal, à Garly, pour nous interdire la navigation du Haut-Fleuve.

Pour punir quelques agressions, M. Girardot, commandant du poste de Médine, et Sambala réunirent leurs forces et enlevèrent Koniakari dans le Diombokho, pendant que les guerriers du village étaient en expédition contre les Maures qui leur avaient enlevé leurs troupeaux. Le chef, Tierno-Guibi, un des principaux lieutenants d'el hadj Omar, parvint à peine à se sauver; on fit un butin considérable en mil et en bestiaux.

Malheureusement, quelques semaines après, Tierno-Guibi, ayant rassemblé toutes ses forces, vint enlever à son tour et détruire, tout en essuyant des pertes considérables, le village de Tamboucané, avant qu'il ne pût être secouru de Médine. Presque au même moment, el hadj Omar entrait de sa personne dans le Bondou. Bougoul de Farabana et ses Malinké s'étaient déjà réfugiés sous les canons de Sénoudébou, ainsi que Boubakar-Saada avec ses partisans peu nombreux, car presque tout le Bondou l'avait encore une fois abandonné.

Le 20 mars, l'armée ennemie était à Gondiourou, près de Sambacolo, à cinq lieues de Sénoudébou, et nos postes faisaient en toute hâte leurs préparatifs de défense.

Avril. — Pendant le mois d'avril, les partisans d'el hadj Omar relevèrent partout la tête et reprirent l'offensive sur tous les points.

Une avant-garde de 20 de ses cavaliers traversa même le Fouta et arriva jusqu'à Aloar, près de Podor, pour disposer les esprits en sa faveur dans le Toro.

Le 15 avril, el hadj était à Boulébané, capitale du Bondou, où il resta un mois. Il fit tous ses efforts pour décider son armée à attaquer Sénoudébou, mais ce fut en vain; quelques cavaliers osèrent seuls s'en approcher et furent vivement poursuivis par Boubakar-Saada.

Mai. — Le prophète fit brûler tous les villages du Bondou, il en fit enlever toutes les populations qui ne s'étaient pas réfugiées à Sénoudébou ou à Bakel, pour les envoyer sur la rive droite du Sénégal et peupler ses États du Kaarta.

Le 15 mai il quitta Boulébané avec une armée de 2 000 hommes et une multitude de femmes et d'enfants; il passa la journée à Bordé, près de Bakel, et voulut en vain envoyer ses cavaliers contre cette ville; malheureusement le poste n'avait pas de forces suffisantes pour aller l'attaquer lui-même.

A la fin de mai, el hadj Omar pénétra enfin dans le Fouta et s'établit à Kanel, d'où il voulut forcer tous les habitants du pays à émigrer dans le Kaarta, comme ceux du Bondou; mais les Bosseyabé, les Irlabé et les Laonkobé (Fouta central) se montrèrent très peu disposés à lui obéir; le Toro commença à commettre des désordres autour de Podor à l'exemple du prophète, qui se mit à piller et même à massacrer les Maures qui lui tombèrent sous la main, sur la rive gauche et aussi sur la rive droite.

Lors du passage d'el hadj près de Bakel, le village de Diaguila lui-même, qui nous était toujours resté fidèle en apparence, alla s'établir à Samba-Kandié pour arrêter les caravanes; quelques hommes du poste et 800 volontaires de Bakel allèrent détruire ce village; puis, quelque temps après, on fit subir le même sort au village de Kounguel, où ces mêmes gens hostiles de Diaguila s'étaient réfugiés. Le spahi Mahmadou se distingua par sa bravoure et fut blessé dans cette affaire.

Juin. — Profitant de l'éloignement de leur nouveau maître, les Khassonké et les Diavara du Kaarta se révoltèrent contre lui, et Sémounou, chef de Natiaga, n'osant pas encore se maintenir dans son pays, alla du moins s'établir à Ndangan, port de Kéniéba, avec notre autorisation et en vue de notre prochaine arrivée dans ce pays.

Juillet. — En effet, l'occupation de Kéniéba (Bambouk) pour l'exploitation des mines d'or avait été décidée par le gouvernement, et, en conséquence, après avoir eu soin de faire transporter d'avance à Podor une quantité considérable de charbon et de matériel, le gouverneur partit dès le 4 juillet de Saint-Louis avec M. le commandant supérieur de la marine Robin et les avisos le *Basilic*, le *Serpent*, le *Grand-Bassam*, le *Crocodile*, le *Griffon* et la canonnière la *Stridente*. Le *Rubis* accompagnait cette flottille jusqu'à Mafou. On remarquait en outre les écuries le *Basilic* et le *Serpent*, le brick le *Mont-d'Or* et sept chalands.

Les circonstances avaient bien changé depuis qu'on avait décidé l'occupation de Kéniéba. Cette résolution avait été prise lorsqu'on croyait el hadj Omar anéanti au fond du Bambouk, et il était alors redevenu plus puissant que jamais et se trouvait établi dans le haut Fouta; c'était une raison de plus, du reste, pour remonter avec des forces et voir si l'on ne pourrait pas se mesurer avec lui.

Sauf le *Grand-Bassam* et le *Mont-d'Or*, qui, par leur tirant d'eau relativement considérable, furent arrêtés presque au début du voyage, tous les autres bâtiments arrivèrent successivement, à partir du 15, à Garly, après de nombreux échouages; mais là l'eau manqua tout à fait, par suite d'une baisse de quelques jours, et il fallut attendre. On acquérait la triste certitude que la crue du fleuve était décidément en retard sur les autres années, car, l'année précédente par exemple, le gouverneur arrivait à Médine avec le *Basilic* le 18 juillet, et pénétrait dans la Falémé jusqu'auprès de Sansanding le 4 août, avec le même aviso.

L'eau ne tarda pas cependant à remonter un peu, et, le 19, on put se remettre en route, le personnel étant déjà fatigué par de très fortes chaleurs, par les retards et les échouages, qui donnaient à tout le monde beaucoup de travail et de tracas.

Comme on le sait, un barrage avait été construit à Garly par les Toucouleurs du Fouta, d'après les ordres d'el hadj Omar et sous la direction de l'almamy. Il se composait de massifs de 10 mètres de largeur sur 55 mètres de longueur dans le sens du courant, séparés les uns des autres par des intervalles d'un à deux mètres, sans doute pour laisser passage à l'eau; 1 500 hommes y avaient travaillé du 25 février au 25 avril, et ils avaient accumulé au moins 20 000 mètres cubes de bois, de pierres, de terre et de broussailles. Ce travail était fait pour nous interdire le passage. Mais la première crue des eaux avait bouleversé cette construction peu solide, et, quand on arriva, il y avait un petit chenal déjà praticable pour nos bateaux légers. Les crues suivantes enlevèrent jusqu'aux dernières traces de ce travail.

El hadj Omar était resté jusqu'alors en observation sur le bord du fleuve à Orndoldé, à une douzaine de lieues plus haut, et nous ignorions ses intentions. Mais, en arrivant à Garly, nous apprîmes que, nous laissant passer tranquillement pour le haut pays, il venait de descendre en faisant un détour et de s'établir au centre du Fouta à Oréfondé, très grand village où se fait l'élection des almamys.

Cette manœuvre de notre ennemi nous étonna beaucoup; on avait toujours cru qu'il n'oserait pas s'aventurer dans le Fouta, au milieu de ces Toucouleurs si ombrageux, si jaloux de leur liberté et de leur indépendance; n'osant espérer qu'il nous attendrait pour nous combattre, on pensait que, comme les autres années, il se sauverait devant nous vers l'est.

Le gouverneur renvoya immédiatement à Saint-Louis M. le commandant Faron et une compagnie d'infanterie blanche qu'il avait emmenée, ne gardant avec lui que l'artillerie et deux compagnies de tirailleurs sénégalais. Le 20 on arriva à Bakel.

Après avoir envoyé de Bakel à Sénoudébou l'artillerie, le train et les deux compagnies de tirailleurs par terre, sous les ordres de M. de Pineau, le gouverneur se rendit en embarcation à Sénoudébou.

Il y trouva la petite colonne de M. de Pineau, qui avait eu de grandes difficultés à vaincre dans son voyage, des pluies abondantes, des chemins défoncés, des ravins escarpés à passer et une déroute générale occasionnée par des abeilles, accident très fréquent dans le Bondou et dans le Bambouk. M. de Pineau avait laissé en route une mule avec les reins cassés, deux autres étaient très malades, et un ouvrier noir du génie s'était cassé un bras au passage d'un ravin.

Nous traversâmes la Falémé à Sénoudébou; un cheval à la nage fut entraîné par un crocodile. Ces animaux sont très dangereux dans la Falémé, où ils atteignent des dimensions formidables.

On renvoya encore la compagnie de M. de Pineau à Saint-Louis, et, n'en gardant qu'une seule, on partit le 28, au matin, de Sénoudébou pour Kéniéba, directement par terre. Nous traversâmes un très beau pays; la pluie et l'état du chemin nous gênèrent un peu, néanmoins en deux petites marches (5 lieues et demie le premier jour, 4 lieues et demie le second) nous arrivâmes à Kéniéba, but de nos efforts, de nos espérances et de nos préoccupations depuis plusieurs années. Mais que de peines pour y arriver! Il y avait 25 jours que nous étions partis de Saint-Louis et nous avions tout laissé derrière nous, matériel et approvisionnements, et nous n'avions des vivres que pour quatre jours.

En attendant le matériel de campement, les hommes se construisirent des abris en paille contre la pluie qui tombait à verse.

La prise de possession avait donc lieu sans hostilités. Peu à peu les matériaux et les approvisionnements arrivèrent et les travaux furent menés avec la plus grande activité par M. le capitaine du génie Maritz.

Août. — Pendant son séjour à Kéniéba le gouverneur passa deux traités de paix : l'un avec Bougoul, chef de Farabana, pour le Bambouk, et l'autre avec Boubakar-Saada, almamy du Bondou; il retourna ensuite à Saint-Louis pour observer les mouvements d'el hadj Omar.

Septembre. — Dans le mois de septembre, el hadj, mal vu dans le Fouta central, descendit dans le Toro, qui lui était tout dévoué, et chercha en vain à soulever le Walo et le Cayor, où l'on avait déjà surpris plusieurs de ses émissaires, dont on avait fait prompte et sévère justice. Il écrivit au Bourba-Djiolof (roi du Djiolof) pour l'entraîner dans sa cause, mais celui-ci déchira sa lettre sans même vouloir la lire.

Octobre. — En octobre, le gouverneur par intérim, M. Robin, établit deux camps composés chacun d'une compagnie de tirailleurs sénégalais et de 25 soldats européens, avec de l'artillerie, l'un à Merinaghen, sous les ordres du capitaine de Pineau, l'autre à Dialakhar, sous ceux du capitaine Blondeau. L'établissement de ces deux camps d'observation avait pour but d'entretenir les pays voisins et surtout le Ndiambour dans leurs bonnes dispositions. De nouveaux envoyés du prophète furent chassés du Djiolof et même pillés, et le Bourba-Djiolof les eût volontiers mis à mort. D'autres furent moins mal reçus dans le Ndiambour, sans avoir obtenu cependant ce qu'ils demandaient. Nos troupes, en parcourant les villages de ces deux pays, y recevaient chaque jour un excellent accueil.

Un autre camp fut également établi à Fanaye, dans le Dimar, sous les ordres du capitaine de spahis Baussin, pour ôter aux gens d'el hadj Omar toute envie de pénétrer dans cette province. Une chose singulière, c'est que l'almamy du Fouta lui-même écrivit au gouverneur pour lui demander son appui contre el hadj, toujours établi avec quelques centaines d'hommes seulement à Oréfondé.

Pendant ce temps, le haut du fleuve tentait de se soustraire à l'obéissance du prophète. Les malheureuses populations qu'il avait violemment déplacées cherchaient à retourner dans leur pays. Le Bondou, le Damga, le Kaméra et le Guoy commençaient à se repeupler; mais une disette affreuse régnait dans tous ces pays, suite inévitable de la guerre et des déplacements, qui n'avaient pas permis de cultiver les terres.

Novembre. — En novembre, une bande de Toucouleurs, commandée par Ardo-Guédé et par le fils de Boubakar-Aly-Doundou, entra dans le Djiolof pour y exercer des pillages; elle fut repoussée avec perte par les gens du pays, qui, se sentant appuyés par la présence de nos deux petits camps, agirent avec une grande vigueur. Ardo-Guédé fut grièvement blessé; le fils de Boubakar, Aly-Doundou, et plusieurs des siens furent tués; le reste fut mis en déroute ou fait prisonnier.

Ainsi la guerre sainte ne gagnait pas dans l'ouest; malheureusement, dans le haut du fleuve, l'alliance des Ouled-Sidi-Mahmoud avec el hadj Omar portait un terrible préjudice à notre commerce de Bakel et pour bien longtemps.

El hadj Omar était toujours à Oréfondé, où sa position paraissait devenir de plus en plus difficile. Des habitants de quatre ou cinq villages du Toro se réunirent à ses guerriers et allèrent attaquer sur la rive droite, à une vingtaine de lieues au-dessus de Podor, une caravane de Maures du haut pays (Torkos et Tadjakant), qui étaient venus vendre leurs produits à notre comptoir. Ces malheureux marabouts, qui n'avaient pas d'armes, eurent 6 hommes tués et perdirent 500 pièces de guinée et 70 bœufs.

Décembre. — El hadj Omar quitta Oréfondé sans avoir pu réussir à faire émigrer la population du Fouta. Il n'eut pas plus de succès dans la demande qu'il adressa ensuite aux chefs du pays, de mettre à sa disposition une armée de 15 000 hommes pour marcher à la conquête du Cayor. Il se rendit à Boumba, où il reçut un très mauvais accueil de la part de l'ex-almamy Mohamadou, qui non seulement ne voulut pas aller au-devant de lui, mais refusa de lui donner l'hospitalité dans une de ses cases.

Janvier 1859. — Profitant de l'absence d'el hadj, les gens du Tomoro, province extrême de Khasso, à l'est, s'étaient révoltés contre lui. Ils appelèrent à leur aide Sambala de Médine, et ce dernier fut suivi par Boubakar, notre almamy du Bondou, à qui il venait de marier sa fille.

Arrivés dans le Tomoro avec leurs gens, ces deux chefs furent d'abord assez mal accueillis, et ce ne fut que grâce à l'opiniâtreté du vieux Sambala qu'on finit par s'entendre. En sa qualité de petit-fils d'Awa-Demba, qui avait été roi de tout le Khasso, il fut reconnu comme commandant de l'armée alliée.

Tierno-Guibi et ses Toucouleurs accoururent, sans se faire attendre, pour combattre les confédérés. Ceux-ci s'étaient séparés en deux camps, car Sambala et Boubakar craignaient d'être trahis par les Tomoro et se tenaient sur leurs gardes.

Tierno-Guibi aperçut donc, d'une part, les fantassins du Tomoro couverts de pagnes teints en jaune, à la manière du Khasso, et, de l'autre part, les deux rois avec leurs cavaliers et leur suite, richement vêtus des étoffes brillantes qu'ils achètent à nos comptoirs. Il laissa un des quatre corps de son armée pour surveiller les Tomoro, et avec les trois autres il s'élança contre l'armée des deux rois en s'écriant : « Voilà les toubab (les blancs), les infidèles ; voilà ceux qu'il faut exterminer d'abord ».

L'espoir du butin et le fanatisme enflammant leurs hommes, Sambala et Boubakar, quoique ayant combattu avec beaucoup de courage, furent obligés de battre en retraite. Arrivés à Tountaré, tous leurs fantassins, pour qui la retraite devenait de plus en plus dangereuse, se réfugièrent sur des hauteurs d'un accès difficile, et les cavaliers, qui ne purent faire comme eux, prirent dès lors franchement la fuite, Sambala et Boubakar en tête, et distancèrent ceux qui les poursuivaient. Alors Tierno-Guibi fit cerner la montagne par ses gens, et il s'établit de sa personne dans le village, pour faire une distribution de poudre et de balles.

Mais, pendant que tout cela se passait, les gens du Tomoro, qui avaient défait le corps qui leur était opposé, avaient suivi Tierno-Guibi poursuivant Sambala, et, au moment où l'on s'y attendait le moins, ils envahissaient le village de Tountaré. Tierno-Guibi eut la cuisse cassée par une balle en mettant le pied à l'étrier, et en un instant il fut massacré avec les principaux chefs de son armée.

En même temps les fantassins de Sambala descendaient de leurs rochers, tombaient sur les Toucouleurs, et pendant plusieurs jours de poursuite acharnée on en détruisit un grand nombre.

Les deux rois, continuant leur course, n'apprirent que le surlendemain qu'ils étaient vainqueurs, et osèrent à peine revenir à Tountaré visiter le champ de bataille et les cadavres de leurs ennemis tués. Du reste, quelque temps après, Alfa-Oumar, venu de Nioro avec une armée, les força à retourner chacun dans son pays.

Février. — Le gouverneur Faidherbe, revenu de France le 12 février 1859, se rendit avec les bateaux le *Basilic* et le *Griffon* à Mafou, pour reconnaître la position d'el hadj Omar, qui se trouvait depuis quelque temps à Ndioum (Toro); celui-ci s'empressa de quitter ce village après l'avoir détruit et commença sa retraite définitive vers l'est, emmenant avec lui une partie de la population du Toro. Il était impossible de le poursuivre, à cause des basses eaux, qui ne permettaient pas aux bateaux de passer Mafou, et du manque de moyens de transport pour une colonne opérant par terre. Les gens d'Édy, seuls dans la province, se mirent sur une défensive sérieuse et refusèrent de suivre le prophète. Le Fouta central, à son passage, prit vis-à-vis de lui la même attitude, sous l'almamy Moustapha-Tierno-Fondou; des Bosseyabé firent même une razzia sur ses gens à Mbagam.

Pendant ce temps, le commandant de Bakel attaquait, en face de Lanel, le dernier village qui n'eût pas fait sa soumission chez les Guidimakha, et forçait ses défenseurs à l'abandonner. M. Rey, lieutenant d'infanterie de marine, avait été légèrement blessé dans cette affaire.

Avril. — La marche d'el hadj Omar dans le Fouta s'effectua très lentement; parti de Ndioum dans le courant de février, il n'arriva à hauteur de Matam que le 9 avril. Il ne voulut pas passer devant ce poste, commandé par M. Paul Holl, son adversaire de Médine en 1857, sans essayer de se mesurer encore avec lui et chercher à enlever les quelques populations du Damga qui s'étaient réfugiées sous la protection de nos canons.

Après avoir ravagé tout le pays aux environs du fort, il se décida à l'attaquer le 15. A quatre heures et demie du matin, son armée, partagée en deux colonnes, commença son mouvement vers la tour. Une des colonnes se dirigea sur le village de Matam, l'autre sur celui des réfugiés. La tour et le *Galibi* ouvrirent leur feu sur les assaillants, et les colonnes ennemies furent repoussées. Elles laissèrent sur le terrain 24 hommes, parmi lesquels un chef poul du Toro et un parent d'el hadj Omar. Les pertes, de notre côté, furent de 5 hommes, tués dans le village. La tour, le *Galibi* et les établissements des traitants n'éprouvèrent aucune perte.

Le même jour, à huit heures du soir, le village fut de nouveau attaqué; un quart d'heure après, l'ennemi était encore obligé de se retirer; enfin, le 16, el hadj Omar se décida à partir. Les canons et les carabines de la tour et du *Galibi* jetèrent la confusion dans sa colonne, qui se débanda, ce qui permit aux gens du village de faire de nombreux prisonniers sur son arrière-garde. Ainsi se termina cette seconde tentative du prophète pour s'emparer d'un de nos postes.

El hadj Omar continua sa marche vers l'est, détruisant tout sur son passage et emmenant avec lui les populations. Dans les premiers jours de mai il arriva près de Bakel. Aussitôt qu'on sut son approche, presque tous les villages du Guoy vinrent se réfugier sous la protection du brick le *Pilote*, stationné à Arondou.

ÉMANCIPATION. — PÉNÉTRATION.

Le prophète ne jugea pas prudent, bien qu'il fût suivi de 10 à 12 000 personnes, d'attaquer Bakel. Le 9 il passa à une assez grande distance du poste. M. Cornu envoya dans la plaine, à sa rencontre, un obusier sous les ordres du lieutenant Rey, soutenu par des soldats et par les volontaires de Bakel. Quelques coups bien pointés mirent le désordre dans la longue colonne du prophète et permirent aux volontaires de tomber sur sa gauche et de lui faire un mal considérable.

Pendant que le gros des forces ennemies passait ainsi derrière le fort de Bakel, une colonne d'environ 5000 Toucouleurs, détachée de l'armée principale, attaquait le village d'Arondou, protégé par le *Pilote*. L'ennemi pénétra trois fois dans le village, et trois fois les feux du *Pilote* et du village l'en chassèrent. L'attaque, commencée à six heures du matin, dura jusqu'à trois heures du soir, avec le plus grand acharnement : 220 Toucouleurs restèrent sur le terrain. Le village perdit 14 hommes et eut 28 blessés ; le *Pilote*, un seul blessé, mort le surlendemain. Le caporal d'infanterie de marine Gourou, commandant le *Pilote*, fut admirable de courage et de sang-froid dans cette affaire.

Une huitaine de jours avant l'attaque d'Arondou, la même armée de Toucouleurs avait enlevé par surprise les villages de Makhana et de Dramané. Les Bakiri, ayant à leur tête Sliman, plus tard chef de Makhana, s'étaient défendus vaillamment ; mais, accablés par le nombre, ils avaient dû chercher leur salut dans la fuite et vinrent se réfugier à Bakel, où ils restèrent jusqu'au commencement de 1860.

A la suite de ce passage d'el hadj Omar, la disette fit des ravages épouvantables dans tous les pays qu'il avait traversés ; les sentiers étaient couverts de gens morts de faim : comme toujours, les femmes et les enfants étaient en majorité parmi les victimes.

Se préoccupant très peu des calamités qu'il traînait à sa suite, et ne pouvant plus rester dans un pays complètement ruiné et dévasté, le prophète mit le Diombokho sous les ordres de Tierno-Moussa, laissa une solide garnison à Guémou, et se dirigea ensuite vers Nioro, d'où il ne tarda pas à partir pour le Ségou, qu'il se décidait à attaquer.

Octobre. — On sait déjà que Guémou avait été construit quelques années auparavant, à une petite distance du fleuve, presque vis-à-vis de Bakel, pour intercepter le commerce de cet important comptoir et en même temps assurer les communications des partisans d'el hadj Omar entre le Kaarta et le Fouta. Sur les sollicitations pressantes des négociants de la colonie, déclarant qu'ils seraient forcés d'abandonner le commerce du haut fleuve si l'on ne détruisait pas Guémou, une flottille de 6 avisos, commandée par M. le capitaine de frégate Desmarais, y fut envoyée par le gouverneur, le 17 et 18 octobre, portant les troupes de la garnison. Le 24 au soir, la colonne était mise à terre à Diogountouro, à trois lieues de Guémou, sous les ordres de M. le chef de bataillon Faron, des tirailleurs sénégalais. M. le lieutenant d'état-major Vincent faisait les fonctions de chef d'état-major ; M. le chirurgien de 2ᵉ classe Mahé était chef d'ambulance ; M. le capitaine d'infanterie de marine Flize, directeur des affaires indigènes, commandait les goums ; le garde du génie Sart faisait le levé du terrain.

Les troupes consistaient en : 250 hommes du 4ᵉ régiment d'infanterie de marine, commandés par M. le capitaine Millet ; 256 hommes des compagnies de débarquement, presque tous matelots indigènes, commandés par

M. le lieutenant de vaisseau Aube, capitaine de l'*Étoile*; 490 hommes du bataillon de tirailleurs sénégalais, commandés par le capitaine de Pineau; 30 spahis à pied, sous les ordres du sous-lieutenant de Casal; 400 volontaires du haut pays, avec l'almamy du Bondou, Boubakar-Saada; 44 hommes d'artillerie de marine, avec 4 obusiers de montagne, sous les ordres du capitaine Vincent; 5 chevaux d'artillerie traînant les pièces et 8 mulets portant des cacolets; les caisses de munitions étaient portées à bras.

Les troupes emportèrent, en débarquant, 2 jours de vivres, 60 cartouches par homme et 50 coups par obusier.

Le village, de forme rectangulaire, ayant 500 mètres de longueur sur 200 de largeur, était entouré d'un mur de terre en crémaillère, de 3 mètres de hauteur sur 80 centimètres d'épaisseur à la base et de 60 au sommet, dans lequel étaient noyés des troncs d'arbres pour plus de solidité.

Des embuscades avec un petit parapet extérieur étaient creusées dans le sol, en avant des fronts d'attaque, à 20 ou 30 mètres de distance. Dans l'intérieur de l'enceinte, une foule de cases en terre, avec toits en paille, étaient réunies en groupes par famille, et chaque groupe, entouré d'un mur en terre, était encore susceptible de défense après l'enlèvement du mur extérieur.

Enfin, contre la longue face ouest, devant laquelle on arrive en venant de Diogountouro, et au milieu de sa longueur, se trouvait le réduit du village, servant en même temps de mosquée et de logement au neveu d'el hadj Omar, Siré-Adama, gouverneur de la province. Ce réduit était très fortement organisé et se composait de trois enceintes concentriques : la première, en terre, comme celle dont nous avons déjà parlé; la seconde, en troncs d'arbres, avait 4 mètres de hauteur et 4 troncs d'épaisseur; la troisième enfin était encore en terre, très élevée, et renfermait, outre quelques cases ordinaires, la mosquée et une case carrée à terrasse, très solidement bâtie, pour le chef.

Entre la première enceinte et la palissade en troncs d'arbres, devant la porte de celle-ci, se trouvait un redan en maçonnerie de 1 m. 20 d'épaisseur sur 1 m. 50 de hauteur, et, à quelque distance de ce redan, pour le flanquer, 2 cases rondes aussi en maçonnerie très épaisse. Enfin, un puits était creusé dans le réduit pour assurer de l'eau à ses défenseurs.

La population du village devait être de 4 à 5 000 âmes; sa garnison avait été renforcée des contingents des villages voisins, aussi créés par el hadj Omar.

L'arrivée d'une colonne française était connue. Siré-Adama et ses Toucouleurs avaient empêché qu'on ne prît aucune disposition pour la fuite, même des femmes et des enfants. Ils étaient décidés à repousser l'attaque dont ils étaient menacés ou à périr.

On trouva heureusement, en avant du village, des mares d'eau potable, et les assiégeants purent se désaltérer pendant l'action.

La position ayant été examinée par le commandant en chef, M. le capitaine d'artillerie Vincent reçut l'ordre d'aller se mettre en batterie, avec une section d'obusiers et des fuséens, à 500 mètres, devant la face ouest qu'on avait devant soi. Les premières fusées firent sortir quelques défenseurs placés dans les embuscades, en avant de la face attaquée. On les vit rentrer par des brèches existant à la face sud; on supposa qu'il devait également y en avoir à la face nord. La deuxième section d'artillerie vint joindre son feu à la première, et 2 pelotons de 50 carabiniers du 4ᵉ de marine furent envoyés en tirailleurs vers les extrémités de la face d'attaque pour surveiller les faces nord et sud.

Le commandant Faron, décidé à faire enlever l'enceinte sur ces deux dernières faces, par les passages qui avaient servi aux défenseurs pour rentrer dans le village, forma deux colonnes d'attaque. Celle de gauche (face N.), sous les ordres du lieutenant de vaisseau Aube, se composait de 2 pelotons d'infanterie et de 2 pelotons de laptots; celle de droite (face S.), du peloton de spahis à pied et de 4 pelotons de tirailleurs sénégalais, le tout sous les ordres du capitaine de Pineau. Les volontaires reçurent l'ordre de se rendre à l'extrême gauche et à l'extrême droite de la colonne. En même temps l'artillerie se rapprocha à 200 mètres et continua son tir d'une manière plus efficace. On vit encore des défenseurs embusqués en dehors rentrer en courant par les brèches déjà mentionnées.

Le tir de l'artillerie détermina même la fuite d'une partie des habitants ou des défenseurs du village, que l'on vit s'éloigner par derrière, dans la direction de quelques monticules boisés. Les carabiniers en tirailleurs et les volontaires reçurent, en conséquence, l'ordre de contourner tout à fait l'enceinte pour tuer ou capturer tout ce qui tenterait de s'échapper.

Le moment d'agir était venu; deux pelotons de laptots allèrent renforcer la colonne de Pineau, pendant que la réserve, composée de l'artillerie et de 4 pelotons de tirailleurs sénégalais, s'organisait au fur et à mesure de l'arrivée des retardataires, sous la direction du chef d'état-major Vincent. L'artillerie devait cesser son feu dès que les colonnes d'assaut seraient dans la place. Au signal du commandant en chef, celles-ci se mirent en marche avec l'ordre de se servir surtout de la baïonnette.

La colonne de droite, rendue la première devant son point d'attaque, fut reçue presque à bout portant par des décharges parties d'embuscades encore garnies, et en même temps une vive fusillade fut dirigée sur elle par les créneaux de l'enceinte et des tata intérieurs. Plusieurs des nôtres furent atteints, entre autres M. de Casal, qui eut la cuisse traversée sans fracture, Soulé, sergent de tirailleurs indigènes, etc. Suivant leurs habitudes de combat, qu'ils n'avaient pu perdre encore après un an ou deux de service, les tirailleurs se couchèrent pour tirer dans cette position, malgré les exhortations et l'exemple des officiers.

Cependant la colonne de gauche allait atteindre l'enceinte, il importait que celle de droite reprît son mouvement en avant. M. Faron s'y porta au galop et en prit le commandement. A sa voix, tous se relevèrent, et spahis, tirailleurs et laptots se précipitèrent, la baïonnette en avant, par la brèche, derrière le commandant, qui entra le premier à cheval dans le village et reçut une balle qui lui fit une légère blessure.

Les défenseurs furent partout refoulés, et la colonne, en les poursuivant et en incendiant les cases, arriva, officiers en tête, à un mur, en apparence de même nature que les enceintes des groupes de cases. Mais on s'aperçut immédiatement qu'on était devant un réduit et qu'on devait s'y attendre à une forte résistance et à de grandes difficultés. Déjà de nombreux blessés, parmi lesquels M. Deleutre, lieutenant de tirailleurs sénégalais, Bourrel, enseigne de vaisseau, Lambert, sous-lieutenant aux tirailleurs, et d'autres, étaient mis hors de combat.

Le commandant Faron, voyant sa tête de colonne trop

compromise, et comprenant qu'il fallait prendre des mesures sérieuses pour attaquer ces retranchements, donna l'ordre de se replier, et reçut deux nouvelles balles, dont l'une lui traversa la joue.

En ce moment arrivait aussi la tête de colonne de gauche, qui avait trouvé moins de résistance que l'autre à l'enceinte extérieure et qui avait repoussé tout ce qui tentait de s'opposer à sa marche dans le village.

A peine le commandant avait-il annoncé à M. Aube l'existence du réduit, qu'il recevait une quatrième blessure : une balle lui traversait le haut de la poitrine et lui enlevait complètement l'usage du bras droit; déjà affaibli par la perte de son sang, il glissa de cheval, laissa la direction de l'attaque à M. Aube, le plus ancien capitaine présent sur les lieux, et se fit conduire à 400 mètres, en dehors du village, d'où il continua à envoyer ses instructions.

On fit venir la section d'artillerie de Cintré, qui battit en brèche le réduit à 25 mètres, ce jeune officier donnant à ses hommes l'exemple de l'intrépidité. Après une dépense assez considérable de munitions d'artillerie, la brèche n'était pas praticable. Il était déjà dix heures et demie, la chaleur était excessive (45°) et les troupes très fatiguées; à l'exception du réduit, le village était en notre pouvoir et en partie incendié. On donna un moment de repos à la colonne.

Pendant ce temps, M. Aube, qui fit preuve d'aptitudes militaires et d'un courage très remarquables, gardait et étudiait la position à enlever, aidé par M. Vincent, lieutenant d'état-major. M. Mage, enseigne de vaisseau, adjudant-major des compagnies de débarquement et très brillant officier, et M. Lecreurer, sous-lieutenant de tirailleurs, avaient rallié autour d'eux quelques hommes de divers corps; à eux s'étaient bientôt joints les lieutenants Mouquin et Jacquet, à la tête de deux pelotons d'infanterie blanche et de tirailleurs, et tous ensemble bloquaient étroitement le réduit, afin que personne ne pût s'en échapper.

M. le capitaine Flize fut chargé d'informer de la situation M. le commandant supérieur de la marine, et de le prier d'envoyer un renfort de munitions de guerre; en même temps M. le lieutenant de tirailleurs Bénech reçut l'ordre d'aller enlever les blessés qui restaient à proximité du réduit depuis la première attaque, et qui étaient assez mal abrités par des arbres contre les balles; le spahi Gangel leur avait porté plusieurs fois à boire sous le feu de l'ennemi. Cette mission fut remplie, mais le brave lieutenant Bénech, qui s'était fait une belle réputation au Sénégal, y fut tué d'une balle au front. Il est, du reste, à remarquer que presque tous nos morts furent frappés à la tête.

Vers midi le commandant Faron donna à M. Aube l'ordre de faire une nouvelle tentative, avec la section du capitaine d'artillerie Vincent et un renfort de 50 hommes choisis, commandés par le capitaine Millet, officier plein de bravoure et de sang-froid; on battit en brèche en deux endroits; à une heure un quart, on tenta un assaut, qui fut repoussé, la brèche n'étant pas suffisante.

On eut encore recours aux obusiers; un quart d'heure après, toutes les munitions d'artillerie étaient épuisées; un nouvel assaut fut donné; le sous-lieutenant Jacquet, suivi de deux ou trois hommes d'infanterie de marine, entra le premier dans le réduit; M. le lieutenant Mouquin, le capitaine Millet et l'enseigne de vaisseau Mage y pénétrèrent presque en même temps avec des Européens et des indigènes pêle-mêle; les 40 ou 50 défenseurs encore vivants furent aussitôt tués à la baïonnette ; ils eurent encore le temps de blesser quelques-uns des nôtres, notamment le lieutenant Mouquin.

Siré-Adama et les chefs qui l'entouraient périrent sans montrer le moindre signe de faiblesse.

De notre côté, s'étaient distingués à la prise du réduit, outre ceux que nous avons déjà cités, le sergent-major Cazeneuve de l'infanterie de marine, le second maître de timonerie de première classe Pasco et le canonnier Carton.

Tout était fini, le succès avait récompensé tant de courage, et pendant que les volontaires pillaient le village, les troupes allèrent se reposer en n'emportant que leurs morts. Nos pertes consistèrent, en comptant les volontaires, en 39 tués, dont 1 officier, et 97 blessés, dont 6 officiers.

Les blessés reçurent les soins les plus dévoués des chirurgiens attachés à l'ambulance, MM. Mahé, Delpeuch, Joubert, ainsi que de M. Loupy, chirurgien-major des tirailleurs sénégalais, et de M. Moreau, aide-major des compagnies de débarquement. Les pertes de l'ennemi s'élevèrent à 250 tués et 1500 prisonniers. Quant aux blessés qui purent s'échapper, on n'en connut pas le nombre.

Vers quatre heures, le commandant Faron fit former régulièrement le camp et on commença à diriger les convois de blessés vers Diogountouro. Le garde du génie Sart, qui avait fait preuve d'une grande énergie en toutes circonstances, fut chargé de faire sauter les enceintes du réduit au moyen de la poudre trouvée dans le village ; les champs de mil, presque mûr, furent brûlés sur pied par les volontaires. Cette opération était malheureusement nécessaire, parce que, comme nous l'avons dit, ces approvisionnements étaient destinés à el hadj Omar, dans le cas où il renverrait une armée vers nos établissements.

MM. Cornu et Flize dirigèrent une colonne de volontaires sur Komendao, dépendance de Guémou, et ce village fut enlevé, pillé et brûlé, sous la direction du capitaine de rivière Detié-Massouda.

Le soir même, M. le commandant supérieur de la marine arriva avec tous les hommes qu'il s'était empressé de réunir à la réception du courrier qu'on lui avait envoyé dans la journée. Il amenait 70 hommes et des munitions; il ne put que s'associer à la joie des vainqueurs, mêlée des regrets occasionnés par nos pertes.

Le lendemain matin, des convois successifs partirent pour Diogountouro; on rendit les derniers devoirs aux morts, on compléta la destruction du village, et, le soir, tout le monde était rendu à bord de la flottille.

Le 29, c'est-à-dire douze jours seulement après leur départ de Saint-Louis, la flottille et la colonne y étaient de retour.

La prise de Guémou nous avait donc coûté 156 tués ou blessés. Six ans auparavant, celle de Dialmatch, dans le Dimar, nous en avait coûté 175. Ces deux opérations présentent des analogies et des différences bonnes à noter : dans les deux cas, il s'agissait d'enlever un grand village fortifié et défendu par de nombreux combattants; mais à Guémou, de notre côté comme du côté de l'ennemi, chefs et combattants étaient bien plus aguerris qu'à Dialmatch, grâce à six ans de luttes incessantes. Guémou était plus fortifié que Dialmatch et mieux défendu, mais les assiégeants étaient 1500 hommes bien portants. A Dialmatch, où l'on ne parvint qu'après une marche pleine de lenteurs, à la plus forte chaleur du jour, il n'y avait plus que 600 hommes en état de combattre lorsqu'on se trouva devant le village. Enfin, la prise de Guémou exigea six heures de lutte acharnée; Dialmatch fut heureusement enlevé en une heure, car un effort plus long eût été impossible.

On se demandera peut-être pourquoi, au lieu de sacrifier 175 hommes dans une attaque de vive force, on n'assiège pas ces villages au moyen de tranchées ou gabionnades, en y consacrant plusieurs jours si c'était nécessaire ; c'est que le climat ne permet pas généralement cette manière de faire. La maladie ravagerait la colonne, exposée, sans repos, à l'action d'un soleil brûlant; les approvisionnements seraient très difficiles à assurer; enfin, le moindre retard enhardirait les défenseurs et leur attirerait peut-être des alliés qui, venant inquiéter les assiégeants par l'extérieur, couperaient les convois et augmenteraient les difficultés, de sorte qu'au lieu d'éviter des pertes considérables on arriverait peut-être à un résultat tout opposé.

Novembre-décembre. — A la suite de la destruction de Guémou, le 14 décembre, le commandant Cornu organisa à Makhana une colonne de volontaires chargée d'aller détruire le village de Melga, dernier refuge des Toucouleurs d'el hadj Omar dans le Gangari (pays des Guidi-Makha). Cette opération réussit d'une manière complète. Le village fut détruit et nos hommes ramenèrent 400 prisonniers et un assez riche butin.

Janvier-février-mars 1860. — Pour assurer l'exécution du traité passé avec le Damga, M. Cornu, dans le courant de mars, parcourut toute cette province et une partie du Fouta, de Bakel à Saldé, avec une compagnie de tirailleurs sénégalais; il fit reconnaître dans le Damga l'autorité du chef El-Feki, nommé par nous, et fut partout reçu avec respect et empressement.

Avril. — Pendant que le commandant de Bakel rétablissait ainsi notre influence dans les pays récemment dévastés par el hadj Omar, Sambala, ayant sous ses ordres des Guidi-Makha et les guerriers de Makhana, alla, contrairement à nos avis, faire une expédition dans le Diombokho. Après avoir d'abord obtenu quelques succès, ses gens furent surpris par des forces supérieures et essuyèrent une défaite complète. Bakar, chef de Makhana, et un assez grand nombre de nos alliés périrent dans cette malheureuse affaire, qui n'eut pas, du reste, d'autres conséquences.

Mai-juin. — On a vu qu'après être resté peu de temps à Nioro, el hadj Omar s'était dirigé vers le Ségou pour en faire la conquête; en mai et en juin on eut plusieurs fois de ses nouvelles. Entremêlée de succès et de revers, cette grande entreprise parut lui coûter beaucoup de peines, exiger l'emploi de toutes ses forces et, par suite, le disposer à un rapprochement avec nous.

Août. — Pendant le mois d'août, des préliminaires de paix avaient eu lieu entre son parti et le commandant de Bakel, par l'intermédiaire de Tierno-Moussa, commandant au nom du prophète la province de Diombokho. Le gouverneur se rendit à Médine pour voir jusqu'à quel point ces démarches étaient sérieuses et quel parti on pouvait en tirer. Il y trouva, en effet, des envoyés de Tierno-Moussa, et ils lui firent, au nom d'el hadj Omar, de nouvelles ouvertures d'arrangement, auxquelles il fut répondu par les propositions suivantes :

La paix entre el hadj Omar et les Français sera conclue aux conditions ci-après :

La limite entre les États d'el hadj Omar et les pays placés sous la protection de la France sera marquée par le Sénégal, de Médine à Bafoulabé, puis par le Bafing. Les hostilités cesseront des deux côtés. Le commerce se fera librement entre les deux pays, qui garderont leurs sujets et leurs captifs comme ils l'entendront. On ne rendra ni sujets ni captifs qui se sauveraient d'un pays dans l'autre.

Ayant reçu communication de ces propositions, Tierno-Moussa déclara, dans une lettre du 10 septembre, se soumettre, au nom d'el hadj Omar, à toutes les conditions qu'elles renfermaient. Le gouverneur lui ayant fait espérer qu'il enverrait un officier à el hadj Omar dans le Ségou, des ordres furent partout donnés par celui-ci, pour que notre ambassadeur fût bien reçu et ne manquât de rien; mais on ne jugea pas à propos de mettre de suite ce projet à exécution. Ce fut seulement plus tard que M. Mage fut envoyé à Ségou.

On peut rattacher à la relation que nous venons de faire de la guerre contre el hadj Omar, le récit des expéditions que la situation troublée du Fouta central nécessita à différentes reprises.

Le prophète avait en effet résidé assez longtemps dans cet État peuplé de Toucouleurs, et s'y était fait de nombreux partisans. Ceux-ci, quoique el hadj Omar eût été chassé du Sénégal, n'en continuaient pas moins à susciter des troubles dans les provinces annexées du Toro et du Damga et à exciter les populations : en 1862 ils amenaient la plus grande partie du Fouta à se déclarer ouvertement contre nous.

Un chef, autrefois désigné par el hadj Omar comme capable de diriger une guerre sainte contre les Français, Alpha-Amadou-Tierno-Demba, fut élu almamy, et mis à la tête du mouvement.

Par ses ordres plusieurs villages du Damga furent pillés.

Le gouverneur, M. le capitaine de vaisseau Jauréguiberry, ayant demandé à ce chef une satisfaction des outrages dont nos nationaux avaient été les victimes, et la répression des pillages commis sur nos traitants, un message insolent fut la réponse faite à cette démarche.

Il n'y avait plus à hésiter, une certaine fermentation régnait déjà dans le Toro, et, sous peine de voir l'incendie s'étendre rapidement, il fallait avoir recours aux armes.

Le gouverneur résolut donc de monter dans le fleuve avec des forces suffisantes pour obtenir réparation des torts dont on avait à se plaindre.

Un millier d'hommes, dont 500 volontaires, furent réunis à Saldé le 28 juillet 1862, puis embarqués pour être transportés vis-à-vis des villages de Mbolo, où l'on savait que s'étaient concentrés les Toucouleurs du Fouta, commandés par le nouvel almamy et Abdoul-Boubakar, chef des Bosséiabé.

Les Toucouleurs avaient couronné la berge d'embuscades garnies de défenseurs, mais un mouvement tournant, exécuté par l'infanterie débarquée un peu plus bas, dégagea la position, et la mise à terre de la colonne entière s'effectua rapidement. Comme il était trop tard pour marcher en avant le même jour, on campa auprès des navires, en se contentant de chasser à coups de canon les groupes qui vinrent inquiéter la colonne.

L'ennemi avait choisi pour champ de bataille la plaine de Mbirboyan, qui sépare les villages de Mbolo du marigot de Saldé, et qui a environ 4000 mètres d'étendue. Son armée s'était formée en deux corps, dont l'un devait attaquer de front nos forces, et l'autre les tourner à un moment donné. L'almamy commandait en personne ce dernier. Une quantité considérable de tirailleurs embusqués dans les herbes et les broussailles étaient en outre répandus çà et là dans la campagne. Les dispositions de marche ayant été prises en conséquence de ces renseignements, le corps expéditionnaire s'ébranla le 29 au point du jour, en se dirigeant sur le village de Mbolo-Aly-Sidy, situé, par rapport au point de débarquement, à l'extrême droite de la ligne parallèle au marigot que forment les trois villages de Mbolo; il avait à peine marché depuis trois quarts d'heure, que le feu s'engagea à la droite, où était déployée une compagnie de tirailleurs, appuyée d'une section d'obusiers. Après une fusillade de quelques instants, l'escadron de spahis fut lancé sur l'ennemi, qui l'attendit avec beaucoup de fermeté, mais ne put cependant résister à l'entrain de nos cavaliers et fut poursuivi l'espace de 2 kilomètres, laissant plus de 40 cadavres sur la route.

Pendant que cette belle charge avait lieu et que les tirailleurs brûlaient le village de Mbolo-Aly-Sidy, l'almamy, croyant sans doute nos forces suffisamment occupées par sa colonne de gauche, commença son mouvement sur leurs derrières, se plaçant ainsi entre elles et les bâtiments. Aussitôt ces derniers prirent part au combat, et quelques obus lancés à propos par le *Podor*, commandé par le lieutenant de vaisseau Aube, obligèrent l'almamy à se rabattre sur notre flanc gauche. Deux pelotons d'infanterie de marine et les volontaires, appuyés de deux obusiers, furent conduits au-devant de cette nouvelle attaque. Un feu meurtrier engagé à 40 mètres obligea bientôt l'ennemi à battre en retraite. Vivement poursuivis par les volontaires pendant plus d'une demi-heure, et éprouvant encore à grande distance les effets de l'artillerie, les Toucouleurs ne tardèrent pas à être en complète déroute, et le terrain se trouva entièrement dégagé tout autour du champ de bataille.

En même temps qu'avait lieu cette seconde attaque, la compagnie de débarquement brûlait le village de Mbolo-Alcaty.

La colonne, ayant pris quelques instants de repos, se dirigea alors sur le village de Diaba-Maoundou, capitale de l'almamy nommé nouvellement. Résignés sans doute à considérer comme définitive une défaite à Mbirboyan, les Toucouleurs n'avaient préparé aucun moyen de défense dans ce grand village, qui fut pris sans coup férir et immédiatement livré aux flammes. Il était abondamment pourvu de vivres et de munitions.

Après avoir campé de 10 heures et demie du matin à 4 heures du soir, pour laisser passer la forte chaleur du milieu de la journée, la colonne se remit en marche et s'empara d'Oréfondé, capitale des Bosséiabé et ancienne résidence d'el hadj, à l'époque où il était maître du Fouta. Ce village et un autre, voisin, furent immédiatement brûlés.

Le lendemain, les troupes furent ramenées à bord des bâtiments, laissant partout des traces durables de leur passage sur les terres de ces Toucouleurs qui s'étaient considérés jusqu'alors comme invulnérables chez eux.

Les pertes de l'ennemi furent considérables. D'après les renseignements recueillis sur les lieux, 27 chefs, dont 16 tués, avaient été atteints. On compta plus de 60 cadavres sur le champ de bataille.

De notre côté, nous eûmes 7 blessés.

La rude leçon que venait de subir le Fouta fut cependant insuffisante, et ses bandes réorganisées vinrent bientôt troubler de nouveau le repos de la colonie.

Combat de Loumbel. — Dans le courant du mois de septembre suivant, une armée de Toucouleurs, sous les ordres de l'almamy Alpha-Amadou-Tierno-Demba, composée des bandes un moment battues et dispersées à Mbirboyan, qu'étaient venus grossir les rebelles du Toro, soulevés contre l'autorité de la France, et les mécontents de

Saint-Louis vu de N'Dar-Tout. — Pont de Guet-N'Dar.

D'après une photographie.

la province du Dimar où la fermentation commençait à se manifester, osa s'avancer jusqu'au village de Bokol, situé à peu de distance du comptoir fortifié de Dagana.

Pleins de confiance dans une saison qu'ils savaient mortelle pour les troupes blanches en mouvement, dans leur nombre, qu'ils voyaient augmenté par la révolte du Toro, enfin dans l'état d'agitation que leurs émissaires développaient chaque jour davantage dans les villages restés fidèles, les chefs du mouvement se promettaient d'avoir facilement raison des résistances que pouvaient leur opposer les derniers partisans de l'influence française.

Il devenait urgent d'arrêter les progrès de la révolte, et de repousser immédiatement une invasion menaçante pour les intérêts de notre commerce, alors sans défense dans cette partie du fleuve voisine de Saint-Louis, et même pour notre influence sur le Walo et les Maures de la rive droite.

Les troupes furent aussitôt rassemblées sur les avisos disponibles, et le gouverneur se porta, à leur tête, au-devant de l'almamy; la rencontre eut lieu dans la soirée du 22 septembre 1862, à la suite d'une marche sous un soleil meurtrier. Après une heure d'engagement dans la plaine de Loumbel, l'armée ennemie fut mise dans une déroute complète.

L'almamy profita de la nuit pour se soustraire à un plus grand désastre, et échapper à une poursuite que la saison empêchait de prolonger par terre. Il ne s'arrêta découragé qu'à 22 lieues du champ de bataille, sur lequel il avait abandonné ses morts, ses blessés et une partie de ses approvisionnements. Les troupeaux qui avaient été enlevés dans le Dimar furent presque tous repris, et cette province rentra dans la soumission.

Nous avions payé cher ce nouveau succès; plusieurs

de nos soldats avaient été victimes d'insolations sur le champ de bataille même, et la colonne, rentrée à Saint-Louis, expia par des fièvres violentes la gloire qu'on ne peut acquérir pendant l'hivernage sans compter avec de cruelles maladies bien plus meurtrières que le feu de l'ennemi.

Une flottille, composée de trois bâtiments à vapeur et portant une petite colonne, poursuivit, dans les marigots de Doué et de Balel, les groupes de fuyards, en essayant de les rejoindre sur tous les points où l'inondation permit de débarquer.

On canonna les villages qui se trouvaient séparés du fleuve par des plaines inondées ; les troupes enlevèrent ou détruisirent les villages rebelles dont on put s'approcher par terre.

Malgré ces défaites répétées, l'ennemi ne se découragea pas, et employa le reste de l'hivernage à se préparer pour une nouvelle campagne, tout à fait décidé à entraver notre commerce, qui, pour descendre de Bakel, était obligé de passer sous le feu de ses villages. Il fut donc résolu qu'une grande expédition, devenue indispensable, irait, aussitôt que la saison le permettrait, châtier les coupables au cœur même des forêts réputées inaccessibles où ils s'étaient réfugiés et où ils nous attendaient, disaient-ils, pour détruire à jamais notre influence dans le fleuve.

Expédition du Fouta. — La révolte du Toro était devenue générale. Seuls quelques villages autour du fort de Podor restaient encore fidèles; le Lam-Toro, nommé par le gouverneur, avait été chassé et remplacé par un jeune homme, Samba-Oumané, connu pour ses sentiments hostiles à l'influence française; Ardo-Isma et Ardo-Ély, chefs des Poul qui habitent l'île à Morphil et la rive gauche du marigot de Doué, s'étaient immédiatement ralliés à la révolte les Toucouleurs. Abdoul-Boubakar, électeur des Bosséiabe, jeune fanatique plein d'ardeur, était l'âme de cette ligue, à laquelle la tribu maure des Ouled-Eyba était venue ajouter ses contingents dans l'espoir de piller aussi bien ses alliés que l'ennemi lui-même. L'almamy ne conservait qu'un semblant d'autorité parmi tous les chefs qui composaient son conseil, et qui, en réalité, conduisaient la révolte.

Le bruit s'était faussement répandu qu'el hadj devait quitter le Macina et se diriger sur le Sénégal pour en chasser les Français, à la tête de ses vieilles bandes.

Les Maures observaient ce mouvement général, prêts à tomber sur le vaincu, mais surtout impatients de se voir autorisés à passer sur la rive gauche, objet constant de leur convoitise, d'abord peut-être comme auxiliaires, mais bientôt comme ennemis.

Tant de sang a coulé pour refouler ces hordes meurtrières dans les plaines d'où il leur est aujourd'hui défendu de sortir, qu'il eût été désastreux de renoncer, pour l'intérêt du moment, à une politique traditionnelle qui est la base de la sécurité et du développement de la colonie; aucun appel ne fut heureusement fait à leurs contingents de pillards.

La situation était une des plus fâcheuses qu'eût traversées la colonie. Le commerce au-dessus de Podor se trouvait absolument interrompu; un convoi de bateaux du commerce, descendant de Bakel chargé de produits, était bloqué entre les Ouled-Eyba et les Toucouleurs, au-dessus du village de Gaoul, retenu par la baisse rapide des eaux sur le barrage d'Orénata qu'il n'avait pu dépasser pour venir se mettre en sûreté sous la tour de Saldé.

Il fallait attendre, pour conduire une colonne dans le Fouta, que les terrains qui avaient été couverts par l'inondation fussent suffisamment desséchés et raffermis. Il y avait, d'un autre côté, à craindre que les eaux du fleuve, devenues trop basses, rendissent trop laborieux le passage des chalands destinés à porter les approvisionnements du corps expéditionnaire.

Dès le mois de décembre 1862, le gouverneur, M. le capitaine de vaisseau Jauréguiberry, donna des ordres à tous les chefs de corps afin que chacun d'eux organisât, pour le 8 janvier suivant, tout son personnel disponible, et préparât le matériel nécessaire pour une absence de 45 jours.

1 200 hommes de toutes armes de la garnison composèrent le corps expéditionnaire, auquel vinrent se joindre 400 volontaires, indigènes de Saint-Louis et du Cayor.

Le 12 janvier 1863, cette colonne, embarquée sur les avisos de la station locale, quitta Saint-Louis et fut transportée dans le marigot de Doué, à Guédé. Là elle fut divisée en deux détachements qui devaient remonter les deux rives du marigot pendant qu'une flottille, naviguant à leur hauteur, assureraient leur ravitaillement et leur liaison. Cette combinaison permettait de visiter tous les villages du Toro, en ôtant à l'ennemi la possibilité de se réfugier sur le côté opposé.

La marche en avant commença le 15 janvier. La colonne qui remontait la rive droite se trouva de suite en présence de l'ennemi; elle le refoula jusqu'aux villages d'Édy et de Touldégal, entourés de forêts réputées inexpugnables. Les villages furent pris et rasés et l'ennemi repoussé au delà. Mais, les obstacles croissant sur la rive droite et rendant la marche presque impossible, le gouverneur fit revenir sur la rive gauche les troupes qui y opéraient.

La colonne parcourut sans se presser, sans éprouver de résistance et en détruisant sur son passage les centres de population dont on avait à se plaindre, les provinces du Lao, des Irlabé, des Ébiabé et des Bosséiabé. Le 31 janvier, elle atteignait Matam, où elle était rejointe par une partie de la garnison de Bakel.

Pendant ce temps la flottille, retardée depuis Mbirboyan par des difficultés de navigation, était continuellement fusillée des deux rives du fleuve, mais sans dommage, par les Toucouleurs. Aussitôt que quelques laptots étaient mis à terre, les assaillants s'enfuyaient.

Le gouverneur ayant appris qu'el hadj Omar n'avait pas quitté le Macina et ne manifestait plus l'intention de se diriger sur le Sénégal, jugea inutile de pousser l'expédition au delà de Matam.

Il se décida à revenir sur ses pas en parcourant, cette fois, les villages du bord du fleuve. Le 4 février il prit la route de Gaoul, capitale du Damga.

Plusieurs villages furent détruits le long du fleuve, mais l'ennemi ne voulait pas encore se montrer.

Le 7, la colonne expéditionnaire venait de quitter Gaoul, et de s'engager dans un bois qui sépare ce village de plaines inondées pendant l'hivernage, quand, au point du jour, elle fut vivement attaquée sur les deux flancs et par derrière. L'ennemi, employant une tactique habile, avait, sans se découvrir, laissé passer la tête de la colonne; mais l'arrière-garde, où se trouvaient les volontaires indigènes et le troupeau, couverte seulement par le peloton d'infanterie de marine du lieutenant Masclary, fut bientôt enveloppée; il en résulta une mêlée confuse où Toucouleurs et auxiliaires ne parvenaient plus à se reconnaître au milieu des bonds et des mugissements de plusieurs centaines de bœufs. Les tirailleurs ayant repoussé l'attaque sur les flancs de la colonne, celle-ci se dégagea sans trop de difficultés, et gagna une plaine voisine d'où le bois fut balayé à coups de canon; le bataillon du 4ᵉ régiment de marine, commandant de Barolet, fut ensuite lancé contre les Toucouleurs, qu'il chassa devant lui en leur faisant éprouver des pertes considérables; il ramena du bois quelques traînards auxiliaires, chargés du butin de la campagne, qui n'avaient trouvé, dans le premier moment, d'autres ressources que de se disperser dans l'obscurité au milieu des ennemis. Le lieutenant Masclary et la poignée d'hommes qui l'environnaient au moment de l'attaque avaient glorieusement payé de leur vie une héroïque résistance au milieu d'un cercle d'ennemis à travers lequel ils n'avaient pu se frayer un passage.

À dater de ce combat l'ennemi ne se montra plus que rarement au corps d'expédition principal et par groupes isolés, ou pour venir la nuit tirer quelques coups de fusil sur les grand'gardes, en essayant de provoquer la fuite du troupeau.

Il n'en fut pas de même pour la flottille, transportant de nombreux blessés et malades, que le gouverneur avait dirigée sur Podor par le grand bras du fleuve. Elle fut poursuivie sur les deux rives par des indigènes, qui criblaient de balles les chalands et les objets de tout genre dont leurs braves défenseurs s'étaient fait un abri provisoire.

Le lieutenant de vaisseau Regnault de Premesnil, qui commandait cette flottille, fit preuve d'une grande énergie pendant ce périlleux voyage.

Arrêté au barrage de Fondé Eliman et entouré de nombreux Toucouleurs qui s'étaient mis à l'eau pour s'emparer des chalands échoués, il les tint en respect assez longtemps pour permettre à une petite colonne qui traversa l'île à Morphil de venir le dégager.

Quant au convoi flottant qui suivait la colonne principale par le marigot de Doué, il fut également attaqué par des forces considérables au passage d'Aram et dut, pour contenir l'ennemi, mettre à terre tout son monde, y compris les malades encore capables de tenir un fusil.

Enfin les différentes fractions de la colonne atteignirent le point où les attendaient les avisos pour les ramener à Saint-Louis, où elles rentrèrent le 25 février, après 41 jours d'absence.

Cette expédition, remarquable par ce fait que c'était la première fois que les troupes françaises traversaient le Fouta central et l'île à Morphil, coûta des pertes assez nombreuses, surtout par suite de maladies. Mais elle eut pour résultat d'amener la soumission complète du Toro, avec lequel fut passé un traité au mois de mars suivant.

Cette rude leçon ne suffit cependant pas à réfréner les instincts pillards des Toucouleurs du Bosséa.

Au mois de juin 1864 des chalands de commerce s'étant échoués près de Saldé furent attaqués et pillés par les Maures Ouled-Eyba de concert avec les Bosséiabé. Le gouverneur Faidherbe, revenu dans la colonie le 14 juillet 1863, envoya sur les lieux une colonne commandée par le colonel Despallières. Les villages du Bosséa furent brûlés, en particulier ceux de Doualel et de Kaédi. Les Toucouleurs eurent une centaine d'hommes tués. On fit un butin énorme sur la tribu des Ouled-Eyba, qui perdit toutes ses tentes.

A la suite de cette expédition, qui prouva aux populations du Sénégal qu'on n'assassinait et ne volait pas impunément les sujets français, les Bosséiabé firent leur soumission, et Abdoul-Boubakar, leur chef et l'instigateur de tous ces méfaits, quitta le Fouta.

Mais cette province, qui semble toujours en fermentation et d'où sont sortis la plupart des fondateurs d'empires musulmans du Soudan, n'était pas définitivement domptée et nous verrons encore nos troupes obligées d'y faire campagne.

Nous avons raconté avec détails les deux guerres principales dont le Sénégal fut le théâtre à partir de 1854, celle contre les Maures, et celle contre el hadj Omar.

Nous allons maintenant faire un court résumé des expéditions qui, pendant cette même période, n'étaient occasionnées que par des actes de brigandage, des agressions de la part des populations voisines encore plongées dans un état de barbarie, et habituées à tout se permettre à notre égard.

La plupart de nos récits sont extraits de rapports officiels.

Les tiédo du Cayor, du Djiolof, du Baol, du Sine et du Saloum ne sont pas, en général, très redoutables; ils ont le physique, le caractère, les vices, le costume et la manière de combattre des tiédo du Walo. Les chefs et leurs affidés montent de petits chevaux qui ont à peine la force de les porter, mais qui sont cependant quelquefois pleins d'ardeur. La foule combat à pied; leurs armes sont des lances, des poignards et de grands et lourds fusils qu'ils chargent d'un grand nombre de balles. Capables par moments d'un courage brutal, ils se démoralisent assez facilement. Les populations wolof musulmanes, comme celles du Ndiambour, quoique ayant un caractère différent parce qu'elles ne sont pas abruties par l'eau-de-vie, font la guerre à peu près de la même façon que les tiédo.

Certains villages du Ndiambour, province musulmane du Cayor, en particulier les villages de Nguik et de Niomré, servaient d'asile aux réfugiés du Walo. Ceux-ci en sortaient fréquemment pour aller faire des incursions dans le Walo. Le gouverneur résolut de supprimer ces foyers de constante agitation. En décembre 1856 il détruisit sans lutte le village de Nguik. En mars 1858, après un combat dans lequel les gens du Ndiambour perdirent une cinquantaine d'hommes, il s'empara du village de Niomré et le brûla.

Pendant cette dernière expédition la colonne, après avoir fait une reconnaissance, revenait au bivouac de Nguik; l'escadron s'était arrêté à Mbirama, où il avait trouvé du fourrage et un puits. Comme il tardait à rejoindre le gros, le gouverneur fit subitement demi-tour et retourna au galop en arrière, en donnant à tout le monde l'ordre de le suivre au pas de course. Il était temps, car il trouva l'escadron en pleine déroute, dans un terrain de sable où les ennemis à pied couraient plus vite que les chevaux des spahis. Voici ce qui était arrivé : les spahis avaient fait boire et manger leurs chevaux, et, ceux-ci étant débridés, ils avaient été surpris par l'ennemi, dont l'approche était dissimulée par les dunes.

Le gouverneur et son escorte rallièrent quelques spahis et poussèrent une charge à fond. Ce fut bientôt autour d'eux une mêlée furieuse; l'aide de camp du gouverneur fut terrassé d'un coup de crosse; plusieurs spahis qui l'entouraient furent tués à bout portant. Mais, les renforts arrivant, l'ennemi fut enfin repoussé et mis en fuite, laissant sur la place 21 cadavres, dont celui du fils du chef de Niomré. Nous avions perdu 8 hommes tués, 2 blessés; 7 chevaux avaient été tués ou blessés et plusieurs enlevés. Le maréchal des logis Fauque, le brigadier Fanjon, le spahis noir Lamine s'étaient admirablement conduits dans cette affaire.

Par traités passés en 1679 avec M. Ducasse, les rois du Cayor, du Sine et du Saloum avaient cédé à la France une bande de six lieues de profondeur depuis la presqu'île du Cap-Vert jusqu'à la rivière de Saloum. Si l'occupation de ce terrain n'avait pas été effective, nous n'avions pas moins des traitants établis à Rufisque, Portudal, Joal, etc.

Mais ces traitants se trouvaient en butte aux mauvais traitements, aux pillages des chefs des petits États avoisinants. Pour mettre fin à ces désordres, le gouverneur se décida, en mai 1859, à diriger une expédition sur ce territoire.

Il prit en passant le chef de bataillon du génie Pinet-Laprade[1], commandant particulier de Gorée, avec sa gar-

---

1. M. Pinet-Laprade était arrivé dans la colonie du Sénégal comme jeune capitaine vers 1849. Il mourut à Saint-Louis en 1869, comme nous l'avons déjà dit, enlevé en quelques heures par une attaque de choléra.

Pendant ces vingt années de séjour il rendit les plus grands services à l'œuvre de la colonisation, d'abord comme officier du génie, puis comme commandant particulier, enfin comme gouverneur, poste qui lui fut confié en 1865.

C'est sous sa direction et d'après les ordres du gouverneur Faidherbe que

nison, et alla recruter dans la presqu'île du Cap-Vert des volontaires, ce qui éleva l'effectif de la colonne à 800 hommes.

Elle se mit en route en longeant la côte, visitant successivement Rufisque, Portudal et Joal. Le gouverneur écouta les réclamations des traitants, rassura les populations, mais punit les chefs qui s'étaient rendus coupables d'exactions; du reste, beaucoup de ceux-ci, à son approche, s'étaient enfuis dans l'intérieur.

De Joal, le gouverneur envoya prévenir le roi du Sine qu'il se rendait dans la rivière de Saloum, à Fatik, et qu'il lui donnait rendez-vous en ce point, où il ferait avec lui la paix ou la guerre, suivant que les réparations et les garanties qu'on avait à lui demander seraient accordées ou refusées.

La colonne, diminuée de la garnison qu'il avait fallu laisser à Joal, se trouva rassemblée à Fatik le 18 mai, jour fixé pour le rendez-vous. Le roi du Sine n'y manqua pas non plus.

En effet, à 9 heures du matin, au moment où l'on ne s'y attendait guère, les sentinelles avancées n'ayant pas donné l'alarme, l'armée du Sine déboucha d'un bois, la cavalerie en tête, et nous eûmes un homme blessé aux faisceaux avant d'avoir eu le temps de prendre les armes.

Nous étions alors 600 hommes en tout, parmi lesquels 50 blancs seulement et 325 volontaires.

Les compagnies de débarquement commandées par M. Pi et les volontaires de Dakar se jetèrent dans le bois que nous avions devant notre droite et maintinrent

---

furent faits les appontements et les digues, ainsi que tous les travaux d'aménagement qui rendent Dakar le port le plus sûr de la côte occidentale d'Afrique et qui l'ont fait choisir comme point de relâche pour les bateaux des Messageries Maritimes faisant le service de Bordeaux au Brésil.

vigoureusement pendant toute l'affaire l'infanterie ennemie qu'ils avaient devant eux.

Les tirailleurs sénégalais et les volontaires de Gorée, ces derniers commandés par M. Dumont, se portèrent à la rencontre des cavaliers qui envahissaient déjà notre bivouac. Le peloton d'infanterie blanche, 55 hommes, resta en réserve par l'ordre du gouverneur, auprès de notre obusier.

La cavalerie du Sine, très renommée dans le pays, tint bon pendant un moment dans la position avancée qu'elle avait prise, malgré une fusillade excessivement vive de notre part et à 80 ou 100 pas de distance. Trois coups d'obusier, dont un à mitraille, lui furent envoyés, mais l'affût cassa et nous nous trouvâmes sans artillerie.

Enfin, au bout de vingt minutes, avançant en pivotant autour de notre droite, nous repoussâmes l'ennemi, qui pivotait en reculant, autour de sa gauche, jusqu'aux bois qui se trouvaient derrière lui. On ne laissa pas nos tirailleurs s'y engager à sa suite, de peur qu'ils ne tombassent sur des masses de fantassins embusqués. On fit sonner la retraite et reformer les pelotons.

Au bout de quelques moments, les ennemis, ramenés par leurs chefs, et reprenant courage, revinrent franchement dans la plaine. Le gouverneur lança de nouveau nos tirailleurs, qui les forcèrent pour la seconde fois à rentrer dans le bois. Quelques coups heureux de nos carabiniers commençaient à les étonner.

Nous nous reformâmes de nouveau en laissant encore le champ libre. La cavalerie du Sine en profita une troisième fois pour revenir à la charge et faire un dernier effort; les tirailleurs se jetèrent sur elle avec plus d'ardeur encore, et le gouverneur engagea complètement le peloton de carabiniers pour en finir. Cette fois l'armée du

Sine, commençant à compter ses pertes et ayant ses chefs tués ou blessés, tourna vivement le dos, prit définitivement la fuite et nous laissa maîtres du champ de bataille.

Les ennemis eurent dans cette affaire 150 hommes tués ou blessés. De notre côté, nous n'eûmes que cinq blessures, excessivement légères. Ce résultat singulier, après une fusillade de plus d'une heure, à très petite distance, était dû à ce que le tir de cavaliers armés de fusils de six pieds de long est naturellement très incertain, à la mauvaise qualité de leur poudre, à la difficulté énorme qu'ils ont à recharger leurs armes et, enfin, à leur manière de les charger : ils y mettent jusqu'à 12 et 15 balles de traite, espèces de grosses chevrotines, suivant, comme ils le disent, *le degré de colère qu'ils éprouvent*. On conçoit que, s'il est très désagréable d'être atteint par un coup de fusil ainsi chargé à quelques pas, en revanche on n'a rien à en craindre à 60 pas.

Après ce brillant combat, le roi du Sine et les débris de son armée se retirèrent vers l'est; la colonne reprit la route de Saint-Louis. Le gouverneur se rendit à Kaolakh pour s'aboucher avec le ministre du Saloum et convenir des bases du traité à conclure avec le roi de ce pays. Des traités analogues furent passés avec les rois du Baol et du Sine.

Ces traités reconnaissaient notre droit exclusif d'établissement sur la rive droite de la rivière de Saloum; ils nous autorisaient à y construire un poste fortifié — on choisit à cet effet Kaolakh, — et réglementaient la perception, à la sortie du Saloum, des droits au profit du roi, sur les produits du pays.

Deux ans plus tard il fallut rappeler à l'exécution de ces traités les rois du Sine et du Saloum. Le commandant Pinet-Laprade, à la tête d'une colonne qui venait de faire dans la Basse-Casamance une expédition dont nous parlons plus loin, se porta à Kaolakh. Grâce à la rapidité de ses mouvements, à des surprises de nuit habilement préparées et vigoureusement exécutées, le commandant Pinet-Laprade s'empara, sans combat, des principaux notables de ces deux pays. Les rois du Sine et du Saloum n'osèrent pas engager la lutte et acceptèrent toutes les conditions qui leur furent imposées.

Certaines peuplades de la Casamance se livraient également envers nos nationaux et nos alliés à des exactions qu'on ne pouvait tolérer plus longtemps.

Le commandant Pinet-Laprade fut chargé au mois de mars 1860 de marcher contre les Djola, qui habitent le territoire voisin des bouches de la Casamance et dont les villages principaux, Caronne et Thionq, étaient de véritables repaires de pirates.

Ces villages étaient protégés par les marigots qui coupent en tous sens les plaines qui les environnent. Cette configuration du terrain avait déjà fait échouer une première expédition en 1859.

Le commandant Pinet-Laprade fit préparer avec le plus grand soin celle dont il avait la direction.

L'attaque de Hilor, le premier village de Caronne, fut un véritable débarquement en présence de l'ennemi; mais, malgré le grand nombre d'adversaires et les difficultés du terrain, la colonne parvint, grâce à son artillerie, à gagner sur la rive l'espace nécessaire pour se déployer et à s'emparer du village, qu'on livra aux flammes.

Trois jours après, le 11 mars, les villages de Thionq subirent le même sort, et les Djola consentirent à signer les traités que le gouvernement de la colonie leur imposa.

Au mois de novembre de la même année, on infligea

une rude leçon aux Balantes, peuplade presque sauvage du cours moyen de la rivière, en détruisant avec une poignée d'hommes et après une lutte longue et acharnée leur principal village, Couniara.

Il restait à venger dans la Haute-Casamance, contre les grands villages mandingues musulmans du Souna, dix années d'outrages et de violences.

Le commandant Pinet-Laprade, avec la garnison de Gorée renforcée de trois compagnies de tirailleurs algériens, momentanément dans la colonie, reçut l'ordre d'aller régler nos affaires sur ce point, éloigné au moins de deux cents lieues du chef-lieu.

Au mois de février 1861 il débarqua sur la rive gauche de la Casamance, en face du poste actuel de Sedhiou, avec 700 hommes, et marcha de suite sur Sandiniéri. Ce village ainsi que ceux de Diouboudiou, Bombadiou et Niagabar se défendirent énergiquement, mais nos troupes s'en emparèrent.

Le lendemain de la prise de Bombadiou, les chefs du Souna, du Pakao et du Yacine venaient protester de la plus entière soumission et demander la paix.

Enfin, en 1865, il fallut encore procéder à une exécution contre les habitants du village de Guimbéring, dans la Basse-Casamance, qui avaient pillé un navire de commerce français et ne voulaient accorder aucune réparation.

Le colonel Pinet-Laprade, avec environ 500 hommes, débusqua les indigènes qui s'étaient établis sur une forte position en avant de Guimbéring, et s'empara du village, qui dut payer une forte amende.

Le Cayor, qui s'étend entre Saint-Louis et Gorée-Dakar, nos deux principaux établissements de la côte occidentale d'Afrique, jouit aujourd'hui d'une tranquillité absolue, et ses habitants se livrent avec ardeur à la culture des arachides, une des sources de richesses de la colonie. Mais cette tranquillité ne règne que depuis peu d'années. Pendant près de vingt-cinq ans le Cayor a été le théâtre des luttes répétées que nous avons eu à soutenir pour y assurer la sécurité du commerce et y établir notre autorité.

Au commencement de 1861 le Cayor était le seul État du Bas-Sénégal avec lequel nous n'eussions pas de traité de paix.

Nos traitants qui allaient dans l'intérieur du Cayor avec des marchandises étaient exposés à être pillés ou rançonnés par les tiédo, satellites armés des chefs de ce pays. Mais le plus grand reproche qu'on ait toujours eu à faire au gouvernement du Cayor, c'est que le roi ou damel, quand ses revenus ordinaires ne suffisaient pas pour subvenir à ses besoins, et qu'il voulait se procurer des chevaux, de l'eau-de-vie, de la poudre, des fusils ou toute autre chose, s'arrogeait le droit de faire enlever par ses tiédo, non seulement les troupeaux de bœufs et les biens de ses sujets, mais ses sujets eux-mêmes, libres ou captifs, pour les vendre, soit dans le pays, soit aux Maures, soit dans le Fouta.

De là, une effrayante dépopulation et un manque de sécurité pour les producteurs, également nuisibles à notre commerce.

On s'était résigné à subir cet état de choses à proximité du chef-lieu de la colonie parce que toutes les forces disponibles étaient absorbées pour faire face à des dangers plus pressants.

VUE DE GORÉE.

Cependant le désir d'établir une ligne télégraphique entre Saint-Louis et Gorée, d'y avoir des relais de courriers à cheval et des caravansérails pour rendre commodes les voyages par terre entre les deux villes, nous amena à proposer, en 1859, au damel Biraïma un traité dans lequel il nous faisait toutes ces concessions. A peine l'avait-il signé qu'il mourut, et son père et successeur Macodou, malgré les promesses qu'il nous avait faites pour nous rendre favorables à son élection, déclara formellement, une fois au pouvoir, que nous ne ferions aucun établissement sur son territoire, parce qu'il n'y en avait jamais eu du temps de ses pères.

Après qu'on eut patienté un an, le ministre des colonies donna l'ordre d'exiger l'exécution du traité conclu avec Biraïma.

Une lutte avec le Cayor passant, dans les idées reçues, pour sérieuse, tant à cause des forces qu'on supposait au damel qu'à cause des difficultés d'un pays où nul cours d'eau ne peut servir au ravitaillement des colonnes, quelques renforts, trois compagnies de tirailleurs algériens, furent envoyés d'Algérie au gouverneur, à la fin de décembre 1860.

Afin de les conserver le moins longtemps possible dans la colonie, on commença immédiatement les opérations.

La colonne du Sénégal partit de Gandiole le 2 janvier 1861 et suivit la ligne des Niayes, bas-fonds formant des lacs doux ou saumâtres entourés de palmiers et s'étendant parallèlement à la côte à quelques kilomètres vers l'intérieur. Elle rejoignit à Benou-Mboro la colonne de Gorée, placée sous les ordres du commandant Pinet-Laprade. Le gouverneur Faidherbe prit le commandement général des troupes, dont l'effectif s'élevait à 2200 hommes.

Mais le damel Macodou, qui avait réuni ses guerriers à Mékhey, sa résidence habituelle, abandonna précipitamment ce village en apprenant l'arrivée de la colonne. Il s'enfonça dans l'est et écrivit au gouverneur qu'il lui accorderait tout ce qu'il voudrait, mais qu'il le priait de ne pas aller plus loin dans le pays et d'attendre ses envoyés à Mékhey ou à Mboro. Quelques jours après, un traité était signé avec Macodou, traité dans lequel nous obtenions satisfaction sur tous les points.

La présence des troupes de la colonie dans le Cayor avait été utilisée par le gouverneur, qui fit construire sur la route des Niayes trois postes, ceux de Mbidgen, Mboro et Lompoul, destinés à protéger les courriers et détachements qui allaient de Saint-Louis à Gorée, à surveiller le Cayor et à fournir une bonne base d'opérations si les hostilités éclataient de nouveau dans ce pays. Cela ne devait pas tarder à arriver.

Le damel Macodou, qui avait reçu le prix de certaines concessions d'après le traité, le violait presque immédiatement de la façon la plus indigne, et faisait piller partout nos sujets qui commerçaient dans le pays.

Après ces brigandages et les bravades et provocations qu'il nous avait adressées, il ne restait plus qu'à aller immédiatement le châtier.

Le gouverneur partit de Saint-Louis le 5 mars 1861, avec toutes les troupes disponibles, au total 1200 hommes, et se dirigea sur le poste de Lompoul, puis de là sur Nguignis, la capitale du Cayor, où le damel avait dit qu'il attendrait les Français. Quand on arriva en vue de ce village, ni Macodou ni son armée ne s'y trouvaient; ils s'étaient retirés dans le sud-est. On brûla Nguignis et tous les villages des tiédo coupables de pillages, puis on prit la route du poste de Mboro en passant par Mékhey, village que les volontaires pillèrent, y compris les habitations du damel.

Le soir, au campement de Diati, une reconnaissance de cavaliers ennemis vint rôder autour du camp, mais fut repoussée. Le gouverneur, pensant que cette reconnaissance annonçait l'arrivée de l'ennemi, l'attendit, au lieu de continuer sa route. En effet, le lendemain soir eut lieu l'attaque sérieuse du camp par l'armée du damel. Les feux de mousqueterie et des coups de mitraille arrêtèrent l'ennemi à distance. Il se dispersa après une longue résistance, puis s'enfuit, ses principaux chefs étant tués ou blessés. A cause de l'arrivée de la nuit nous ne pûmes pas le poursuivre.

L'état de nos approvisionnements et la fatigue des troupes ne permettant malheureusement pas de faire un retour offensif vers l'intérieur du Cayor, le gouverneur, croyant du reste suffisante la leçon donnée aux tiédo, ordonna le départ le lendemain matin de très bonne heure, suivant notre habitude, pour Mboro, où nous n'arrivâmes qu'à onze heures, après huit heures de marche.

La colonne, après s'être reposée un jour à Mboro, revint à Saint-Louis par Lompoul.

Après cette expédition, qui avait coûté si cher au Cayor, nous espérions qu'on s'en tiendrait là de part et d'autre, et le gouverneur était décidé, d'accord avec la majorité du conseil d'administration de la colonie, à ne plus rien entreprendre contre ce pays sans nouvelles provocations de sa part.

Malheureusement cette inaction ne fit qu'enhardir le damel et son parti. Établi à Ndiakher, qui est à moins de vingt lieues de Gandiole, il proclama qu'il y réunissait son armée pour nous combattre si nous entrions de nouveau dans son pays, et pour venir détruire Gandiole dans le cas contraire. Malgré une forte garnison mise à Gandiole, ces menaces influençaient d'une manière déplorable nos sujets et nos alliés.

De plus les demandes d'alliance avec le Cayor que formulaient les Trarza donnaient à la situation une certaine gravité.

Le 5 avril, les tiédo s'enhardirent au point de venir faire une razzia à Gandiole même. Il n'y avait plus à hésiter.

Le gouverneur se mit de nouveau à la tête d'une colonne, pénétra dans le Cayor, rejoignit la bande coupable et lui tua une vingtaine d'hommes. Mais, arrivé à Guéoul, au centre du Cayor, il renonça à se lancer plus avant, le damel se dérobant constamment devant lui. On profita de cette expédition pour commencer immédiatement la construction d'un poste à Potou, à cinq lieues de Gandiole.

Les renseignements venus postérieurement du Cayor nous annonçaient que la discorde était parmi les chefs de ce pays. Le damel reprocha aux chefs des hommes libres de ne pas défendre leur pays. Ceux-ci reprochèrent au damel de ne pas se mettre à leur tête, de même que le gouverneur marchait toujours à la tête de sa colonne. Le damel répondit que ce n'était pas l'usage, que les rois du Cayor devaient toujours être loin du champ de bataille, et que, s'ils lui disaient de marcher à leur tête, c'était pour le trahir, l'abandonner et se débarrasser de lui; il est de fait qu'il était bien détesté. Les envoyés des chefs des hommes libres arrivèrent bientôt à Saint-Louis, et il sembla résulter de tout cela qu'une solution ne pouvait pas tarder beaucoup.

Le Cayor comprenait enfin qu'il était impuissant contre nous, il n'eut donc qu'un parti à prendre, celui de faire la paix. L'entêtement de Macodou était le seul obstacle à ce résultat. Il fallait amener le pays à nommer un autre damel; un nommé Madiodio, de la famille des anciens damels, avait été désigné par le gouvernement, mais Macodou, appuyé par un assez grand nombre de partisans, dont le noyau se composait de 200 cavaliers dévoués et aguerris, était décidé à n'abandonner le pays que par la force.

De notre côté, Madiodio, entouré d'un nombre au moins égal d'hommes armés, se tenait à Lompoul, n'attendant que notre appui pour se mettre en marche contre son compétiteur.

Les habitants du Cayor, comprenant cette situation, demandaient de tous côtés l'envoi d'une colonne à Mboul, capitale politique du pays.

Le conseil d'administration, réuni à ce sujet, déclara à l'unanimité qu'espérant que notre damel, une fois conduit par nous jusqu'à Mboul et reconnu par les chefs du Cayor, pourrait s'y maintenir même après le rappel de nos troupes, que Macodou serait forcé de quitter définitivement le Cayor, il fallait faire encore cet effort pour arriver à une solution satisfaisante des affaires.

Le lieutenant-colonel Faron fut donc envoyé à Mboul à la tête d'une colonne d'environ 1200 hommes, dont 100 de milice mobile.

Partie de Gandiole le 24 mai, cette colonne fut rejointe par Madiodio; elle poussa jusqu'auprès de Mboul, où, d'après les nouvelles, se trouvaient Macodou et son armée.

Le 28 mai eut lieu une rencontre rapidement terminée par la fuite de l'ennemi; la désertion se mit dans l'armée de Macodou, dont beaucoup de chefs et de soldats vinrent faire acte de soumission à Madiodio.

On poursuivit jusqu'à la frontière Macodou, qui s'enfuit dans le Saloum avec quelques hommes seulement.

Madiodio fut donc installé à Mboul comme damel du Cayor; les chefs de provinces, y compris Lat-Dior, prince de la famille royale, vinrent le reconnaître.

Telle était la situation de cette province lorsque le capitaine de vaisseau Jauréguiberry prit le gouvernement de la colonie, en décembre 1861.

En janvier 1862, le Beurguet Lat-Dior, malgré sa soumission à Madiodio, en présence de nos troupes, ralliait autour de lui d'anciens partisans de sa famille qui ne manquaient pas de lui rappeler souvent les droits que sa naissance lui donnait au titre de chef du Cayor. Il était en effet descendant de dix anciens damels. Réunissant ses partisans, il battit Madiodio dans une rencontre à Coki. Celui-ci vint se réfugier près de notre poste de Lompoul.

Une colonne de 550 hommes, sortie de Saint-Louis le 28 janvier, sous le commandement du gouverneur Jauréguiberry, alla à Mboul rétablir le damel Madiodio.

Devant notre puissante intervention, Lat-Dior et ses partisans déposèrent les armes au milieu des chefs réunis et firent de nouveaux serments de soumission au gouvernement français et à l'autorité de Madiodio.

Du reste, pour nous permettre de surveiller plus facilement nos intérêts et pour ouvrir au commerce une nouvelle voie de communication avec l'intérieur, le gouverneur conclut avec le damel un traité par lequel ce dernier s'engageait à faire ouvrir entre Ndande et Potou une route de trente mètres de largeur, et à céder à la France, en toute propriété, près du puits de Ndande, un carré de cinq cents mètres de côté pour y construire les établissements jugés nécessaires par l'administration de la colonie (2 février 1862).

Dans cette dernière sortie, le gouverneur jugea que le

damel n'avait pas toutes les qualités nécessaires à un chef de populations aussi turbulentes. Son manque d'autorité, son intempérance faisaient craindre déjà qu'on ne pût avoir en lui une confiance bien durable. Il montrait un manque d'énergie très préjudiciable à notre influence; deux de ses chefs venaient encore de lui refuser impunément l'obéissance et l'avaient menacé de l'abandonner bientôt. Ce commencement de rébellion avait pris en mai des proportions assez grandes pour qu'il fût nécessaire de préparer une colonne forte de 600 hommes et soutenue par une réserve de 250 tirailleurs et spahis. Le pays était en même temps prévenu par des circulaires que nous n'interviendrions pas dans le choix d'un damel, mais que nous voulions le maintien des traités et que nous étions résolus au besoin à l'exiger par la force. Privé de notre appui, Madiodio se trouva en présence de tous les partis tiédo qui constituaient la véritable force du pays et qui avaient vu d'un mauvais œil notre intervention, puisqu'elle avait pour but de mettre un terme à leurs pillages. Aussi tous ces mécontents s'empressèrent-ils de rallier Lat-Dior, et, quelques jours après, ce dernier fut proclamé damel à Mboul et protestait une fois de plus de sa soumission aux Français.

Madiodio, chassé de Mboul, se retirait à Ker avec un petit nombre de parents.

Quant à Macodou, rallié à Maba, marabout de la Gambie, il envahissait le Saloum et faisait pressentir des projets sur le Baol.

Lat-Dior, dont le premier devoir était, d'après ses promesses, de protéger les cultivateurs contre les pillages des tiédo, l'oubliait au point que nous fûmes obligés de lui rappeler quelquefois à quelles conditions nous le laisserions sans contrôle gouverner ses sujets. Tenant peu de compte de ces observations, et non content de laisser subsister ce brigandage, dont lui-même recueillait en partie les bénéfices, il noua des intrigues avec quelques chefs de la province du Diander, détachée du Cayor et annexée à la colonie en vertu des traités de 1861, pour provoquer une révolte qui replacerait cette province sous son autorité.

Cette révolte fut promptement réprimée par le commandant supérieur de Gorée, qui marcha sur le principal village des révoltés et s'en empara. Le chef Diogo-Maye, son fils et ses partisans furent tués dans cette affaire. On épargna les indigènes qui n'étaient coupables que de s'être laissé entraîner. Cet exemple de justice et de fermeté rendit confiance aux populations du Cayor, et la minorité factieuse renonça, pour un certain temps, à ses projets.

Mais à ce moment des difficultés surgirent à la frontière sud du Cayor, précisément du côté de la province de Diander; les Serrères qui peuplaient les villages voisins, dans le Baol, se livraient souvent à des vols de troupeaux chez nos alliés.

Au mois de mai 1862, le commandant de Gorée alla brûler le village de Thiès, qui servait de repaire à ces voleurs.

L'année suivante, pour empêcher le retour de pareils faits, il fit construire un blockhaus à Pout, village situé à mi-chemin entre Rufisque et Thiès, et commencer une route entre ces localités.

Le 15 juillet, la petite garnison du blockhaus, qui comprenait 15 hommes, s'abandonnant à une confiance aveugle, se laissa surprendre par les rôdeurs qu'elle était chargée de surveiller; 8 hommes furent massacrés.

Ce ne fut qu'au mois d'avril 1864 qu'on put tirer vengeance de ce guet-apens; les villages qui y avaient pris part furent incendiés. En même temps le colonel Pinet-Laprade faisait établir un nouveau poste à Thiès.

Sur ces entrefaites, le général Faidherbe avait repris le gouvernement de la colonie en juillet 1863. Dès son arrivée il s'occupa de la question du Cayor, question urgente à cause des intrigues dangereuses de Lat-Dior, qui cherchait à violer les traités et se livrait sans frein à ses instincts pillards.

Il était nécessaire d'apporter un remède radical à cette situation.

Le ministère de la marine était d'ailleurs disposé à entrer dans cette voie, car il avait accordé en 1863 un crédit de 50 000 francs, destiné à la construction du poste de Thiès, et un autre de 70 000 francs pour occuper trois autres points dans l'intérieur du Cayor. Le gouverneur pensa que, pour établir l'ordre, il fallait nommer et réinstaller un damel, quel qu'il fût, dans la partie centrale de cette province, et détacher du Cayor le Ndiambour, le Mbaouar, du côté de Saint-Louis, et le Sagnokhor, du côté de Gorée, pour les ajouter à nos possessions; il pensa aussi que, pour soutenir et surveiller le damel dans le gouvernement du Cayor central, il importait d'établir un poste solide au cœur même de cette province, à Nguiguis, dans une contrée fertile.

L'exécution de ces projets fut immédiatement entreprise.

Le gouverneur, à la tête des troupes de la colonie, partit pour Nguiguis, où l'on voulait construire le poste fortifié qu'on devait, d'après les traités, établir d'abord à Ndande. Nguiguis avait été préféré à ce dernier point comme étant plus central. C'était d'ailleurs la résidence du damel Maciodio.

Le damel Lat-Dior, coupable de tant de violations des traités, n'attendit pas le gouverneur; quoique ayant réuni toutes ses forces, il battit en retraite devant la colonne, qui le suivit jusqu'à la frontière du Cayor, d'où il se réfugia dans le Baol.

Une redoute avait été construite le jour même de l'arrivée de la colonne à Nguiguis, capitale du Cayor, où il y a des puits abondants.

Revenu à Nguiguis et croyant que Lat-Dior renonçait au pouvoir qu'il avait usurpé par sa révolte de 1862, le gouverneur reconnut pour roi du Cayor notre ancien allié Madiodio, et fit avec lui un traité qui nous abandonnait le Ndiambour, le Mbaouar, l'Andal et le Sagnokhor.

Le général Faidherbe partit alors pour Saint-Louis, afin de pouvoir s'occuper des Maures, chez lesquels il y avait une certaine agitation.

Il laissa au colonel Pinet-Laprade le soin de poursuivre Lat-Dior avec une colonne de 800 hommes environ. Mais le colonel, malgré la rapidité de sa marche, ne put atteindre que l'arrière-garde de Lat-Dior, à Ndary, dans le Baol; il lui infligea des pertes sérieuses.

Lat-Dior avait disparu, son armée était dispersée; on pouvait donc considérer la campagne comme terminée; aussi, le 20 décembre, toutes les troupes étaient rentrées dans leurs garnisons, sauf le détachement laissé à Nguiguis.

Contre notre attente, Lat-Dior rentra aussitôt, à la tête de ses forces, dans le Guet, province extrême du Cayor, vers l'est, et le 24 il était à Ndiagne, venant chercher à Coki, grand village de la province du Ndiambour, un appui à sa cause, comme il l'avait trouvé dans sa révolte de 1862; mais cette province, qui avait sollicité son annexion complète à la colonie, lui refusa son concours, et le gouverneur envoya à Coki, pour appuyer la résistance de ce village, une petite colonne commandée par le capitaine d'infanterie de marine Flize.

Lat-Dior s'éloigna aussitôt du Ndiambour, mais il se dirigea vers Nguiguis, annonçant qu'il allait y attaquer son rival Madiodio. La colonne de Gorée reçut l'ordre de rentrer immédiatement dans le Cayor, sous les ordres du lieutenant-colonel Laprade; et le chef de bataillon d'infanterie de marine de Barolet partit aussi avec des troupes de Saint-Louis. De son côté, le capitaine Flize marcha également sur Nguiguis avec sa colonne.

Pendant ce temps, le capitaine du génie Lorans, chargé de la direction des travaux à Nguiguis et commandant la garnison, persuadé par Madiodio et Samba-Maram-Khay que, s'il les appuyait avec une partie de sa garnison, ils seraient assez forts pour battre l'ennemi commun, sortit le 29 décembre, dans la nuit, avec une compagnie de tirailleurs, un obusier et 8 canonniers, vingt-cinq spahis, vingt ouvriers du génie, et, suivi des forces de Madiodio, il alla attaquer Lat-Dior à Ngolgol, à trois lieues de distance. La rencontre eut lieu à la pointe du jour.

L'ennemi se trouva plus nombreux qu'on ne le croyait. L'armée alliée, composée de gens peu aguerris, fit une molle résistance en perdant du terrain, de sorte que la petite troupe du capitaine Lorans eut sur les bras tous les hommes à pied de l'ennemi, en même temps qu'une nombreuse cavalerie, débordant les deux ailes, l'entourait complètement.

Tout le monde comprit qu'il n'y avait plus qu'à mourir dignement. Le capitaine Lorans et le capitaine des tirailleurs Chevrel, démontés tous deux, et celui-ci blessé, assistèrent stoïquement, jusqu'à ce qu'ils fussent tués eux-mêmes, à la destruction de leurs hommes, tirailleurs et ouvriers, qui combattaient jusqu'au dernier soupir. Les sept canonniers et l'adjudant Guichard se firent hacher sur leur pièce. Le peloton de spahis, perdu au milieu d'une affreuse bagarre où il ne reconnaissait plus ni amis ni ennemis, dégagea notre damel Madiodio, et, tout en perdant son chef, le sous-lieutenant Duport de Saint-Victor, et quatre spahis, il parvint à atteindre Nguiguis, ramenant le damel et huit spahis blessés. Les vainqueurs poursuivirent les fuyards jusqu'à la redoute, d'où ils se firent repousser en faisant des pertes sensibles. (30 décembre 1865.)

En somme, de 140 hommes environ dont se composait la colonne, il ne revint que 20 spahis dont 8 blessés, 2 officiers, 1 docteur et 6 tirailleurs dont 5 blessés; nos alliés perdirent en outre beaucoup de monde.

Après ce désastre, où l'honneur de nos armes était seul resté sauf, Lat-Dior, sachant que trois colonnes convergeaient vers lui, se retira de nouveau sur la frontière du Baol.

Immédiatement l'ordre fut envoyé aux troupes de faire leur jonction à Nguiguis, sous le commandement du lieutenant-colonel du génie Laprade, et de se mettre à poursuivre à outrance Lat-Dior, même dans le Baol.

On se porta donc à la frontière; mais Lat-Dior, faisant un détour, nous évita, rentra de nouveau dans le Cayor, et se porta à Ngol, dans le Guet, canton où il est né et sur lequel il savait pouvoir compter.

Le lieutenant-colonel Laprade passa quatre jours à punir les villages où il trouva les dépouilles de nos soldats, et à intimider le roi du Baol pour qu'il ne permît plus à nos ennemis de se réfugier chez lui, d'y laisser leurs biens et leurs familles pour venir commettre des agressions dans le Cayor.

C'est dans ce but que la colonne, au lieu de se porter directement sur Lat-Dior, se dirigea d'abord vers le Baol. Cette pointe eut pour résultat d'intimider les chefs de ce pays et de les détacher complètement de la cause de Lat-Dior, ce qui évita de porter la guerre dans cette région qui fournit des éléments considérables à notre commerce.

Le 9 janvier 1864 on se remit en marche directement à la recherche de Lat-Dior.

Partie de Khaoulou le 9 au soir, la colonne arrivait le 10 à Ngaye, le 11 à Mbasine.

Là on apprit que l'ennemi n'était qu'à une lieue de nous et bien disposé à nous attendre. Dans ces conditions, et afin de tirer le meilleur parti possible de l'affaire qui devait avoir lieu, le lieutenant-colonel Laprade fit bivouaquer les troupes jusqu'au lendemain. On évitait ainsi d'arriver devant l'ennemi à une heure trop avancée de la journée avec des troupes fatiguées et sans eau, ce qui aurait eu lieu si l'on avait continué le jour même.

Le 12 janvier, au matin, la colonne se mit en marche.

Nous trouvâmes, en approchant de Loro, l'armée ennemie en bataille sur un mamelon et nous attendant. Nous comptions un millier d'hommes de troupes régulières et 5 000 volontaires. L'ennemi avait beaucoup plus de cavalerie que nous.

Nous arrivâmes en présence de ses positions à 7 heures du matin. Le choix de ces positions était judicieusement fait : il n'aurait pas été désavoué par un militaire expérimenté.

Les fantassins étaient à couvert derrière une haie d'euphorbes qui couronnait les bords les plus avancés d'un plateau au centre duquel se tenait Lat-Dior avec une forte réserve, de telle sorte que le vallon que nous avions à franchir était admirablement battu par la mousqueterie de l'ennemi; sur les ailes de cette position se tenait une nombreuse cavalerie.

Avant d'engager sérieusement les troupes, M. le lieutenant-colonel Laprade voulut tirer parti de la grande portée de nos armes. En conséquence, il arrêta la colonne à 400 mètres environ de l'ennemi, fit replier les éclaireurs, les tirailleurs et la section du génie, et commença le feu par l'artillerie appuyée de trois pelotons d'infanterie déployés.

L'ennemi ripostait, mais sans nous atteindre. Bientôt sa cavalerie s'ébranla et menaça nos flancs et nos derrières, mais de ces côtés elle fut contenue par le feu de la compagnie disciplinaire et par celui des deux obusiers placés à la gauche de la colonne.

Lorsque l'ennemi parut suffisamment ébranlé par notre feu, les clairons sonnèrent la charge et la colonne s'avança dans l'ordre le plus imposant jusqu'à deux cents mètres des positions qu'il occupait. Alors les trois pelotons d'infanterie de marine, qui marchaient déployés en tête, prirent le pas de course, sous les ordres du chef de bataillon d'infanterie de marine de Barolet, et enfoncèrent le centre de l'armée de Lat-Dior.

Le capitaine Baussin, commandant l'escadron de spahis, reçut l'ordre de charger à fond par la trouée qu'avait pratiquée l'infanterie; à sa suite s'élancèrent avec un élan indicible nos 3 000 auxiliaires.

L'ennemi, terrifié, fuyait dans toutes les directions; son infanterie fut écrasée, et sa cavalerie ne dut son salut qu'à la rapidité de ses chevaux.

La poursuite fut poussée jusqu'à quatre lieues du champ de bataille. L'horizon était embrasé par l'incendie de tous les villages de la contrée. A trois heures du soir, nos auxiliaires rentraient encore au camp chargés de butin.

A la suite de ce combat, où l'ennemi laissa plus de 500 cadavres sur le terrain, Lat-Dior s'enfuit avec ses cavaliers vers le sud. La colonne, en rentrant à Nguiguis, ne trouva sur sa route que des villages abandonnés, et les volontaires, répandus à plusieurs lieues à la ronde, parcoururent en maîtres cette contrée qui, quelques jours auparavant, était le foyer d'un vaste complot formé contre l'influence française.

Nos pertes, comparées à celles de l'ennemi, furent insignifiantes : elles se réduisirent à 5 volontaires tués. Le capitaine d'infanterie Decheverry, 25 soldats et 26 volontaires furent blessés, presque tous légèrement.

Après le brillant fait d'armes du 12 janvier, il restait à la colonne expéditionnaire un dernier et pieux devoir à remplir. Le lieutenant-colonel Laprade la conduisit sur le champ de bataille du 29 décembre, pour rendre les derniers honneurs aux victimes de cette triste journée. Cette cérémonie touchante eut lieu le 15 janvier, à 5 heures du soir, au bruit du canon.

Lat-Dior chercha un refuge dans le Baol, puis dans le Sine ; mais les chefs de ces États, craignant de se compromettre, le repoussèrent; il se retira dans le Rip, État riverain de la Gambie, et se rallia au chef Maba, contre lequel la colonie allait avoir bientôt à se défendre.

Nous avions donc, à cette époque, réalisé nos projets et mis le Cayor à l'abri de ces brigandages incessants dont souffraient nos comptoirs.

Un commissaire du gouvernement près le damel était nommé à Nguiguis, et le Cayor entrait dans une ère de paix qui allait lui permettre de réparer les désastres commis par les bandes de tiédo, et de reprendre les cultures ravagées presque entièrement par les sauterelles pendant deux années consécutives.

Mais Madiodio, désormais protégé contre ses ennemis extérieurs, ne tarda pas à se livrer de nouveau à tous les vices qui caractérisent le tiédo. Retombé dans ses anciennes erreurs, malgré la présence de notre représentant, il était redevenu incapable de faire respecter notre autorité. Le gouvernement résolut alors de le révoquer définitivement. L'ancien poste de Potou devint une habitation pour lui et sa famille, et une pension viagère de 6 000 francs lui fut servie par la colonie.

En même temps que le damel était révoqué, on évacuait le poste de Nguignis et nous nommions directement les chefs dans tout le Cayor, divisé en cantons.

Bientôt après, le commandant supérieur de Gorée parcourut tout ce pays, investissant du manteau vert les chefs de notre choix, chargés désormais, sous l'autorité du gouverneur, de commander les cantons dont les limites furent déterminées.

L'administration de la colonie, secondée par le commerce, facilitait encore le rétablissement de cette province en faisant aux habitants pressés par la famine de larges avances pour leurs semailles.

Cet acte de bienveillance fut d'un excellent effet sur l'esprit des habitants : il leur prouvait que si nous savions protéger leurs travaux contre les pillages des tiédo, nous pouvions aussi réparer les ravages bien plus terribles encore d'un insaisissable ennemi : le fléau des sauterelles.

Mais cette tranquillité réparatrice et féconde que le gouvernement de la colonie cherchait, par une sage administration, à assurer aux habitants du Cayor, devait encore être troublée, à intervalles de plus en plus éloignés, d'abord par des ennemis extérieurs, Maba et Ahmadou-Cheikhou, puis de nouveau par l'incorrigible Lat-Dior.

Comme el hadj Omar et tous les prêcheurs de guerre sainte, Maba était originaire du Fouta. Comme eux encore, par des pratiques religieuses faites avec ostentation, par des prédications violentes, il avait su réunir autour de lui une petite armée de fanatiques, avec laquelle, en 1861, il s'empara du Rip, province du Saloum.

Il s'était allié avec Macodou, l'ancien damel du Cayor chassé par nous, qui cherchait à conquérir le Saloum sur son fils Samba-Laobé. Celui-ci vint se réfugier auprès du poste de Kaolakh, défendu par douze soldats d'infanterie de marine commandés par le sergent Burg.

Maba et Macodou, avec des forces considérables, attaquèrent le poste le 3 octobre 1862. La petite garnison résista héroïquement pendant vingt-quatre heures à tous les assauts. L'ennemi, repoussé, fit des pertes considérables; il laissa plus de 500 cadavres sur le terrain.

Macodou étant mort en 1863, Maba poursuivit seul la lutte contre le roi Samba-Laobé, qui mourut à son tour en 1864. Maba devint ainsi le véritable maître du Saloum et à la fin de 1864 il consentit à signer un traité dans lequel, reconnu comme almamy du Badibou et du Saloum, par le gouvernement français et par les rois du Cayor, du Baol, du Djiolof et du Sine, il s'engagea à respecter les territoires de ses voisins et à accepter, ainsi que les autres parties contractantes, la médiation de la France pour les difficultés qui pourraient s'élever entre eux.

Malgré ces engagements, qu'il n'avait pris, ainsi que les événements l'ont prouvé depuis, que pour gagner du temps, Maba, dont les projets sur le Cayor et sur le Djiolof étaient déjà formés, ne tarda pas à en préparer l'exécution en détruisant le pays de Mbaké, province orientale du Baol, qui se trouve sur la route entre le Rip et le Djiolof. Les habitants furent dispersés ou emmenés dans le Rip, et c'est ce qui permit plus tard à Maba de tomber à l'improviste sur le Djiolof.

A part ce pillage de Mbaké, dont Maba s'empressa de décliner la responsabilité, tout alla bien jusqu'à la fin du mois de juin 1865. A cette époque, cédant aux sollicitations de son entourage, principalement à celles de Lat-Dior, ex-damel du Cayor, il envahit tout à coup le Djiolof et le détruisit presque complètement; de là il menaçait le Cayor et surtout le Ndiambour, où ses bandes s'étaient déjà montrées, lorsqu'il fut arrêté dans ses projets par les mesures que prit immédiatement le gouverneur.

Ces mesures consistaient à envoyer des colonnes légères dans le Cayor, à réoccuper le poste de Mérinaghen, à construire une redoute en terre à Coki et un blockhaus à Nguiguis. Elles eurent pour effet d'arrêter momentanément les tentatives de Maba sur le Cayor et permirent d'attendre la fin de l'hivernage pour agir vigoureusement contre ce perturbateur.

Maba s'était retiré dans le Rip, où il organisait une attaque plus sérieuse et mieux combinée contre le Cayor.

A la fin d'octobre 1865 toutes les troupes de la colonie se mettaient en marche pour leur concentration d'abord sur Dakar, puis sur Kaolakh, qui avait été choisi pour servir de base d'opérations contre le Rip.

Le colonel Pinet-Laprade, devenu gouverneur du Sénégal depuis le mois de juillet de la même année, prit le commandement de l'expédition.

Le prestige qu'exerçait Maba sur les populations ignorantes et superstitieuses du Cayor, du Baol et du Sine que nous voulions protéger contre ses attaques, était considérable. Pour les entraîner à s'unir franchement à nous dans la lutte que nous soutenions contre l'ennemi commun, il fallait frapper leur imagination par la vue de nos

Rufisque

D'après une photographie.

colonnes traversant leur pays. Aussi, malgré le surcroît de fatigue qui devait en résulter, le gouverneur n'hésita pas à faire parcourir à ses troupes, et par différents itinéraires, les 150 lieues qui séparaient Saint-Louis de Kaolakh. L'effet produit dépassa les espérances, puisque, arrivée en ce dernier point, la colonne comptait 6 000 volontaires : 4 000 fantassins et 2 000 cavaliers.

Les troupes allèrent d'abord détruire Maka, dont Maba avait fait sa ville forte dans le Saloum et qu'il avait annoncé devoir défendre vigoureusement ; mais au dernier moment il changea d'avis et nous abandonna la place sans combat.

Il s'était retiré à Nioro, capitale du Rip ; le gouverneur décida de l'y suivre, quoique, pour y arriver, il fallût traverser une forêt de dix lieues de longueur.

Le 29 novembre, à trois heures de l'après-midi, la colonne se mit en marche. Pendant la nuit elle fit une halte de cinq heures près du petit village de Ngapakh et repartit au point du jour, le 30 novembre.

Vers les huit heures du matin, l'avant-garde, composée de la compagnie indigène du génie, signala des vedettes qui se repliaient devant elle. Les guides commençaient à montrer de l'hésitation : tout annonçait que l'ennemi était proche.

A huit heures et demie, un coup de fusil tiré sur l'avant-garde fut le signal de la bataille.

Maba avait établi toutes ses forces dans la forêt même : les contingents les plus importants et les plus solides, perpendiculairement au sentier sur lequel défilait la colonne, pour le lui barrer ; les autres formaient une ligne oblique pour attaquer le flanc gauche et tenter un mouvement tournant.

Le gouverneur, de son côté, avait décidé de ne prendre

ses dispositions de combat qu'au moment où l'on rencontrerait l'ennemi, vu la nature du terrain et l'épaisseur des bois, qui n'auraient permis de marcher en bataille qu'avec des difficultés inouïes et une excessive lenteur. Or il n'y avait pas de temps à perdre pour arriver au point où l'on devait trouver l'eau.

A huit heures et demie, la compagnie indigène du génie, qui arrivait à hauteur des premières embuscades, fut accueillie par une fusillade extrêmement vive. Ces braves soldats n'en furent point ébranlés. Le gouverneur, qui était en tête de la colonne, lança aussitôt les laptots, commandés par M. le lieutenant de vaisseau Duplessis, à l'appui de la compagnie du génie, et ordonna au commandant Ringot de déployer deux pelotons d'infanterie sur la gauche du sentier. Ces dispositions prises, il fit sonner la charge. Ce fut le signal d'un combat terrible dans lequel officiers et soldats déployèrent la plus brillante bravoure. L'ennemi défendait ses positions avec une ténacité sans exemple, mais il fut forcé de reculer devant nos baïonnettes. L'escadron de spahis, à qui le chef de la colonne avait envoyé l'ordre de presser l'allure pour arriver à hauteur de la droite, prit une part importante à ce combat. Porté sur l'aile gauche de la partie déployée des troupes pour charger l'ennemi dès qu'on déboucherait de la forêt, il eut à s'ouvrir le chemin à coups de sabre et s'en acquitta à son honneur.

On peut se faire une idée de l'énergie de la lutte par les pertes que nous avons éprouvées. Le capitaine Croizier, commandant le premier peloton de l'infanterie de marine, fut blessé mortellement. Le chirurgien de 2ᵉ classe Moustey-Charbounié fut tué; le lieutenant de vaisseau Duplessis reçut quatre coups de feu presque à bout portant; le sergent-major de la compagnie du génie, trois; le capitaine Canard, commandant l'escadron, eut le bras traversé. Un quart de l'effectif des compagnies de débarquement fut tué ou blessé. La compagnie du génie eut 6 hommes tués et 10 blessés. Le gouverneur, lui-même, reçut un coup de feu à l'épaule gauche dès le commencement de l'action, ce qui ne l'empêcha pas, heureusement, de conserver le commandement. M. l'enseigne de vaisseau Des Portes, attaché à l'état-major, fut contusionné, et plusieurs hommes de l'escorte furent blessés ou eurent leurs chevaux tués. Mais ces pertes furent le prix de la plus éclatante victoire. Les forces ennemies qui défendaient le sentier et la moitié de la ligne oblique qui opérait sur la gauche de la colonne furent écrasées, et leurs débris culbutés hors des bois, la baïonnette dans les reins.

Pendant que la tête de la colonne accomplissait si glorieusement sa tâche, la droite de l'ennemi, qui était coupée du reste de ses forces, se trouva accidentellement à hauteur du train d'artillerie; elle y jeta un moment de désordre, tua une dizaine de mulets, dont elle enleva les charges; mais elle fut bientôt assaillie et ramenée par les tirailleurs sénégalais qui formaient la gauche de la colonne. Le capitaine Bargone et le sous-lieutenant indigène Koly-Soriba furent blessés sur ce point.

A neuf heures, la colonne entière débouchait dans la petite éclaircie qui précède le village de Soukhoto, où s'étaient réfugiés quelques ennemis. Mais ils furent promptement délogés par l'artillerie qui, au milieu de difficultés de toute nature, était parvenue à sortir du bois en même temps que la tête de colonne.

Il restait encore deux lieues à faire pour arriver à Nioro. Après un moment de repos, la colonne se remit en marche, mais on ne tarda pas à s'apercevoir que les guides suivaient une route incertaine. Pressés de s'expliquer, ils avouèrent que la peur les avait empêchés de marcher en droite ligne sur Nioro, et à dix heures et demie on se retrouva au village de Soukhoto.

Cet incident n'inspira aucune crainte au commandant en chef, certain qu'il était d'arriver dans la journée à Nioro. Mais les soldats, qui ne pouvaient juger comme leur chef de la vraie situation, auraient pu concevoir quelques appréhensions. Ils conservèrent la plus grande confiance.

On distribua aux troupes européennes un millier de litres d'eau que le gouverneur avait eu la précaution de faire charger sur les chameaux, et le sous-lieutenant de spahis Lasmolles, à qui avait été confié le commandement des volontaires, reçut l'ordre de pousser une reconnaissance dans la direction connue de Nioro pour trouver les fontaines. Cette opération fut appuyée par un peloton de tirailleurs, capitaine Maurial, et par les laptots, commandés par M. Véron, lieutenant de vaisseau, remplaçant M. Duplessis, blessé dans l'affaire de la matinée. Recevant l'avis de M. Lasmolles que les volontaires étaient en présence de l'ennemi et que l'escadron pourrait rendre de bons services, le gouverneur l'expédia aussitôt. Appuyés par ces forces, les 5000 volontaires, jaloux d'avoir leur part de gloire, chargèrent vivement l'ennemi, qui avait perdu une grande partie de sa confiance, et le poursuivirent jusqu'au delà de Nioro, où toute l'armée se trouva ralliée à six heures du soir.

L'ennemi était vaincu, dispersé, démoralisé. Les flammes des beaux villages de Diamagam, commandés par Lat-Dior, et de Nioro, capitale du Rip, éclairèrent la fin de cette belle journée et annoncèrent nos succès à toute la contrée. A partir de ce moment on ne rencontra plus de résistance, et pendant les journées des 1er et 2 décembre les volontaires purent à leur gré détruire toutes les richesses de ces brigands qui faisaient déjà trembler toute la Sénégambie. Plus de trente beaux villages regorgeant des récoltes de l'année furent livrés aux flammes. La vallée de *Paouos* et la forêt qui furent le théâtre du glorieux combat du 30 novembre connu sous le nom de combat de Paouos, étaient jonchées des cadavres de l'armée de Maba. Nos volontaires firent plus de 1000 prisonniers.

Le 2 décembre, au soir, la colonne reprit la route de Kaolakh, où elle arriva le 6. Quant aux volontaires, ils se dirigèrent sur le Signi pour détruire cette petite province qui servit d'étape aux bandes de Maba quand elles traversaient le désert qui sépare le Saloum du Djiolof. Le roi du Djiolof, qui avait rejoint l'armée du gouverneur, alla reprendre possession de ses États.

L'expédition du Rip eut pour effet principal de rompre l'alliance déjà arrêtée entre Maba et les chefs maures et toucouleurs des bords du Sénégal, et d'intimider ces derniers à ce point qu'ils n'eurent plus d'autre préoccupation que d'éviter tout sujet de guerre avec nous.

D'un autre côté, les pertes sensibles éprouvées par Maba pendant cette expédition le mirent dans l'impossibilité de rien entreprendre de sérieux contre la colonie pendant les dix-huit mois qui suivirent; la seule présence de nos troupes sur les frontières suffit pour faire rentrer ses bandes dans le Rip toutes les fois qu'elles voulaient tenter des incursions sur notre territoire.

Aussi dirigea-t-il pendant ce temps ses principaux efforts sur les provinces riveraines de la Gambie, et ce n'est qu'aux succès qu'il obtint de ce côté qu'on put attribuer le réveil de sa puissance, qu'il ne paraissait pas d'ailleurs disposé à vouloir compromettre de nouveau en s'attaquant directement à nos possessions, mais qu'il eût voulu augmenter en ravageant les pays de nos alliés, le Sine et le Baol, comme il avait ravagé le Saloum, le Mbaké et le Djiolof.

Le gouvernement de la colonie ne pouvait laisser s'accomplir cette œuvre de destruction. C'eût été méconnaître nos véritables intérêts, c'eût été commettre une action déloyale, puisque nous eussions laissé sans appui des populations qui avaient mis en nous toute leur confiance, et cimenté notre traité d'alliance avec elles en mêlant leur sang à celui de nos soldats dans les plaines du Rip; le drapeau français se fût replié devant les excès de la barbarie. Or, dans l'œuvre de civilisation entreprise au Sénégal depuis 1854, ce drapeau n'avait jamais reculé, et ce n'était qu'en le portant constamment d'une main ferme qu'on pouvait consolider les résultats obtenus.

Au commencement de l'année 1867, les partisans de Maba, qui occupaient le delta compris entre les embouchures du Saloum et de la Gambie, se livraient à la piraterie, enlevaient les pirogues des traitants de Joal et pillaient les villages du bas Saloum placés sous notre protectorat. De plus le bruit courait que Maba se préparait à envahir le Sine et le Baol.

Le gouverneur Pinet-Laprade envoya une colonne dans le Sine et le Saloum, et pour donner au roi du Sine un appui matériel et moral, il prescrivit de laisser à Kaolakh un poste d'observation, détaché de la colonne expéditionnaire.

Le 20 avril 1867, les bandes de Maba étant signalées aux environs de Kaolakh, le capitaine Le Creurer, avec la petite garnison forte de 160 hommes, se porta en avant pour chercher à les joindre.

A midi, comme la petite colonne, harassée de fatigue, s'était arrêtée dans une clairière, près de l'ancien village de Tioffat, et creusait des puits pour avoir de l'eau, elle fut soudainement entourée par plus de 2 000 hommes. C'était l'armée de Maba tout entière, alors en marche sur le Sine, que ces 160 hommes allaient avoir à combattre. Pendant plus de deux heures ils résistèrent en terrain découvert à cette multitude d'ennemis. Enfin, les munitions étant épuisées, 60 hommes tués dont 4 officiers, le capitaine Le Creurer un des premiers, les survivants, au nombre d'une centaine dont 30 blessés, résolurent de s'ouvrir un passage à la baïonnette et de rejoindre le poste de Kaolakh, dont ils étaient éloignés de 10 kilomètres. Poursuivis, harcelés par les fanatiques de Maba, que cette longue résistance avait exaspérés, ils atteignirent cependant Kaolakh, à travers des difficultés inouïes et sans se laisser entamer une seule fois. L'ennemi ne cessa sa poursuite qu'à la portée des canons du poste. Il avait eu 200 hommes tués.

Ce fait d'armes retarda la marche de l'envahisseur et permit au roi du Sine de réunir des contingents assez nombreux pour que Maba n'osât l'attaquer. Ce dernier se retira dans le Rip.

Au mois de juillet suivant, Maba renouvela ses tentatives. Il pénétra dans le Sine à la tête de tous ses partisans. Mais le roi du Sine, prévenu, avait pu réunir des forces capables de lutter contre celles de son ennemi. Il avait reçu en outre du gouvernement de la colonie les secours en munitions qu'il lui avait demandés.

Un grand combat eut lieu, le 18 juillet 1867, à Somb, village situé entre Diakhao et Marout. A l'issue de ce combat, qui dura de cinq heures du matin à six heures du soir, l'armée de Maba fut mise en pleine déroute. Lat-Dior, qui assistait à la bataille, avait fait défection vers le milieu de la journée et s'était enfui vers le Rip.

Maba, son fils, son neveu, ses principaux lieutenants furent tués. Ainsi finit l'ère d'agitation dont les provinces du Sine et du Saloum avaient été le théâtre pendant six années.

Maba venait à peine de disparaître qu'un autre prêcheur de guerre sainte allait, de concert avec Lat-Dior, susciter de nouvelles difficultés au gouvernement de la colonie, et cela presque aux portes mêmes de Saint-Louis.

La famine et le choléra, qui s'était déclaré dans la colonie en novembre 1868, avaient produit une grande exaltation religieuse parmi les indigènes du Cayor, du Walo et des États riverains du Bas-Sénégal. Un marabout du Toro, nommé Ahmadou-Cheikhou, affilié à la secte de Tidjani, exploita habilement ces dispositions. Il annonça que ceux-là seuls qui embrasseraient sa cause seraient protégés contre le redoutable fléau. Le nombre de ses prosélytes devint bientôt assez considérable pour qu'il crût pouvoir entreprendre une guerre sainte et soulever les populations.

Ce fut dans le Cayor qu'il tenta de porter ses premiers coups. Ce pays, annexé à la colonie depuis 1865, souffrait encore d'une famine provenant de l'invasion des sauterelles et d'épizooties sur les troupeaux. De plus il était travaillé par les intrigues des partisans de Lat-Dior. Les difficultés d'administration y étaient donc considérables; aussi le gouverneur Pinet-Laprade s'était-il décidé, au commencement de 1869, à permettre à Lat-Dior de rentrer dans le Cayor. Il l'avait même nommé chef de son canton natal, celui de Guet. Il espérait ainsi calmer les esprits et ramener la confiance au sein de ces populations si éprouvées.

Mais Lat-Dior, à peine rentré, oublia les engagements

pris vis-à-vis du gouverneur et chercha à rallier à son parti tous les chefs de canton.

Il saisit avec empressement l'offre qui lui était faite par le chef toucouleur de se joindre à lui contre les Français.

Le gouverneur, averti des menées de Lat-Dior et des projets d'Ahmadou-Cheikhou, prit de suite des dispositions militaires en conséquence.

C'était d'Ouoro-Madiou, son village natal, situé sur le marigot de Doué, qu'Ahmadou-Cheikhou était parti avec ses partisans, se dirigeant vers le Cayor. Le gouverneur envoya, le 27 juin 1869, 200 hommes, sous le commandement de M. le capitaine de frégate Vallon, avec ordre de détruire ce village. Il voulait, par cet acte, effrayer les populations turbulentes du Fouta et les empêcher de se soulever. L'opération fut effectuée dans la nuit du 28 au 29 juin.

Au même moment Ibrahima-Penda, lieutenant d'Ahmadou, pénétrait dans le Cayor, battait le chef de Coki et faisait assassiner le chef du canton de Nguéoul. Une colonne expéditionnaire sous les ordres de M. le chef de bataillon du génie Brunon, gouverneur par intérim, fut immédiatement dirigée sur N'diagne. Cette colonne, outre l'escadron de spahis, en position d'observation à N'diagne depuis quelques jours, comprenait 500 hommes d'infanterie et 2 000 volontaires de la province de Ndiambour.

Combat de Mékhey. — La colonne quitta N'diagne le 5 juillet et se dirigea vers le sud, où Ibrahima-Penda et Lat-Dior avaient fait leur jonction. Le 9 elle s'arrêta à Khisso, et le commandant Brunon envoya l'escadron de spahis et les volontaires en reconnaissance vers Mékhey, où les bandes de Lat-Dior étaient signalées.

Arrivés devant les tapades du village, les volontaires

ouvrirent un feu désordonné contre les défenseurs bien abrités, puis, saisis de panique, s'enfuirent en désordre à travers la brousse. L'escadron, ainsi abandonné, fut entouré par les cavaliers de Lat-Dior. Les spahis les chargèrent vigoureusement à plusieurs reprises, mais, chaque fois qu'ils arrivaient contre les cases du village, ils étaient criblés de balles. M. Audibert, capitaine en second, est tué; le sous-lieutenant Couloumy est blessé; un grand nombre d'hommes sont mortellement atteints. Le capitaine Canard, commandant de l'escadron, jugeant la place intenable pour ses cavaliers devant des ennemis embusqués dans des cases, se résout à battre en retraite. Pendant que les survivants de l'escadron rentraient au camp sous la conduite du sous-lieutenant Couloumy, une quinzaine de spahis avec le capitaine Canard, les sous-lieutenants Bancal et Faidherbe, le vétérinaire Sorbière, protégeaient la retraite et luttaient pied à pied contre les cavaliers de Lat-Dior. Poursuivis sans relâche par ceux-ci, ces officiers voyaient leurs hommes tomber un à un; bientôt ils furent réduits à six, égarés dans la brousse, démontés, séparés les uns des autres, épuisés de fatigue et mourant de soif. Le capitaine Canard et une partie de ses compagnons purent néanmoins rejoindre, dans la soirée, la colonne à son camp de Khaoulou.

En résumé l'escadron, qui comptait 75 hommes, eut dans cette affaire de Mékhey 24 hommes tués, dont 1 officier et 3 sous-officiers, 13 blessés, 3 prisonniers et 42 chevaux tués.

Après la destruction de l'escadron et la fuite des volontaires, le commandant de la colonne, ne se croyant plus assez fort, rentra à Saint-Louis.

A la suite du combat de Mékhey, Lat-Dior s'était retiré vers l'est, mais il rentrait bientôt dans le Cayor à la tête de forces plus nombreuses. A la fin du mois d'août il était signalé aux environs de Louga et de N'diagne, où nous avions un poste, bloqué alors par les indigènes insurgés.

Une colonne sous les ordres du lieutenant-colonel Le Camus fut chargée de dégager ce poste et de le ravitailler. Elle se composait de 550 hommes d'infanterie, 62 spahis, 2 pièces d'artillerie, et d'un convoi de 200 chameaux et 100 mulets chargés de vivres et de munitions de guerre.

Combats de Louga. — Partie de Saint-Louis le 11 septembre 1869, la colonne arriva le 15 près de Louga, où l'ennemi semblait vouloir lui disputer le passage. Pendant que les hommes établissaient le camp et dégageaient les puits obstrués par l'ennemi, le lieutenant-colonel Le Camus envoya 150 hommes sous le commandement du capitaine d'état-major Bois pour reconnaître les positions occupées par les guerriers de Lat-Dior. Le village de Louga avait été traversé sans qu'un seul coup de fusil révélât la présence de l'ennemi, lorsque, longeant une haie épaisse, au delà du village, sans s'être éclairés, les tirailleurs furent assaillis à bout portant par un feu si violent, que 30 des leurs furent tués, y compris le capitaine Salmont qui les commandait. La reconnaissance dut battre en retraite et rejoindre le camp, où l'on prit des dispositions pour résister aux attaques que Lat-Dior, enhardi par ce succès, ne manquerait pas de tenter. En effet, aussitôt le jour tombé et pendant une partie de la nuit, les noirs vinrent tirailler contre le camp, mais du reste sans succès.

Le lendemain, à six heures du matin, le lieutenant-colonel Le Camus forma sa troupe en carré autour du convoi et se dirigea sur Louga. Le carré, bientôt entouré par près de 7000 ennemis, continua sa marche tout en faisant feu des quatre faces. Pendant trois heures et demie il résista à toutes les charges des cavaliers de Lat-Dior, aux assauts furieux de ses fantassins qui venaient se faire tuer jusque sur la pointe des baïonnettes. Enfin on atteignit Louga, dont on s'empara. Lat-Dior s'enfuit, abandonnant plus de 700 cadavres sur le terrain et emmenant un plus grand nombre de blessés. La colonne n'avait eu que 25 hommes mis hors de combat.

Le 18 elle atteignait le poste de N'diagne et le ravitaillait. Le 26, sa mission accomplie, elle rentrait à Saint-Louis sans avoir été inquiétée depuis les brillants combats de Louga.

Malgré ces défaites successives et les pertes considérables qu'il avait subies, et quoique Ahmadou-Cheikhou eût rappelé à lui ses partisans pour combattre dans le Toro, Lat-Dior tenait toujours dans le Cayor.

Une colonne expéditionnaire, sous les ordres du capitaine Canard, fut lancée contre lui au mois de décembre 1869. Elle l'atteignit le 17 à Salen, petit village situé près de Mékhey, lui tua 90 hommes et l'obligea à battre en retraite. Lat-Dior se retira dans le Rip.

Enfin, en 1871, le gouvernement de la colonie, espérant clore l'ère des hostilités, le reconnut comme damel et lui rendit le Cayor, sauf les banlieues de Saint-Louis et de Dakar et la province de Diander.

Pendant que les luttes dans le Cayor absorbaient toutes les forces de la colonie, Ahmadou-Cheikhou, libre de ses mouvements, avait employé les derniers mois de 1869 à révolutionner le Toro et le Dimar. Un seul chef, le Lam Toro Samba-Oumané, était resté fidèle à notre cause et subissait dans Guédé les assauts répétés des partisans d'Ahmadou.

Après le combat de Salen et la retraite de Lat-Dior dans

le Rip, qui en fut la conséquence, le gouverneur rappela toutes les troupes du Cayor et les dirigea sur le Toro. Le 31 janvier 1870, 500 hommes, sous le commandement du lieutenant-colonel Trève, s'embarquèrent à Saint-Louis. Le 6 février ils débarquèrent sur la rive gauche du marigot de Doué, près de Diawara.

Ralliée par les gens de Samba-Oumané, la colonne rencontrait, le jour même de son débarquement, à Mbantoul, un parti d'insurgés, qu'elle mit en fuite presque sans combat.

Le lendemain 7, à Fanao, la lutte fut chaude; Ahmadou-Cheikhou, qui disposait d'environ 1500 hommes, en perdit une centaine.

Le 8 février, les tirailleurs et les volontaires s'emparent, près de Saéré, de 150 bœufs et de 2000 moutons. Le 9, Ahmadou-Cheikhou, à la tête de 2000 hommes, tente, près de Diawara, une attaque infructueuse contre la colonne pour reprendre ses troupeaux. Il laisse 200 cadavres sur le terrain.

Pendant ce temps, les gens de Podor opéraient de leur côté une razzia de 2500 moutons.

Le 12, la colonne, qui s'était reposée quelques jours à Diawara, reprend sa marche en avant à la poursuite du marabout; le 15 elle aperçoit les forces ennemies massées près de N'dioum. La bataille allait s'engager, déjà quelques coups de fusil avaient été échangés, quand un grand mouvement se produisit dans les rangs ennemis; le drapeau parlementaire fut hissé, et Ahmadou-Cheikhou, abandonné par les siens, s'enfuit, suivi seulement de quelques cavaliers.

Les jours suivants furent employés par les troupes de la colonne à brûler les villages les plus compromis dans les troubles et à dissiper les derniers groupes d'insurgés qui s'étaient retirés dans l'île à Morphil. Le 7, tout étant rentré dans l'ordre, la colonne se rembarquait pour Saint-Louis, laissant Samba-Oumané comme chef du Toro.

Ahmadou-Cheikhou s'était réfugié dans le Fouta ; mais bientôt il pénétra dans le Djiolof, où il avait de nombreux partisans. En peu de temps il s'y rendit assez puissant pour en chasser le roi et prendre sa place. Tous les ans, à la tête de ses bandes, Ahmadou-Cheikhou faisait des incursions dans le Toro, pillant les villages et razziant les troupeaux. Il n'osait s'aventurer dans le Cayor, dont le damel Lat-Dior, devenu notre allié, avait cessé tout rapport avec lui et lui interdisait l'entrée de ses États. Cependant, par des émissaires habiles il recrutait dans les provinces environnantes et jusque dans Saint-Louis des adhérents à la confrérie de Tidjani, dont il s'était proclamé le chef pour le Soudan. Le nombre de ces adhérents allait toujours en croissant, et en 1875 Ahmadou-Cheikhou se crut assez fort pour exécuter ses desseins sur le Cayor.

Le gouvernement de la colonie ne se laissa pas surprendre. Apprenant qu'Ahmadou-Cheikhou avait fait irruption dans le Cayor et s'y livrait aux violences, pillages et incendies qui signalaient d'ordinaire sa présence, il y envoya aussitôt une forte colonne de 580 combattants avec deux pièces d'artillerie, pour y agir de concert avec Lat-Dior. Le lieutenant-colonel Bégin en reçut le commandement.

Le 4 février 1875, la colonne expéditionnaire quittait Saint-Louis. Elle ralliait bientôt l'armée de Lat-Dior, et, dans la nuit du 10 au 11, elle campait à Pété, village situé à 11 kilomètres au nord de Coki. C'est sur ce point qu'Ahmadou-Cheikhou se trouvait en ce moment avec toutes ses forces. Des renseignements précis représentaient les ennemis comme très nombreux et très décidés ; on devait s'attendre à une résistance sérieuse.

Combat de Boumdou. — Le 11 au matin, la colonne, éclairée par toute sa cavalerie, s'ébranla, marchant sur Coki.

Le convoi, fortement massé (train, bagages, ambulances, chameaux), était encadré par les pelotons d'infanterie de marine et de tirailleurs, habilement disposés ; les troupes de Lat-Dior flanquaient la queue de la colonne à gauche. On s'avançait ainsi dans le plus grand ordre, sur un terrain couvert de broussailles, lorsque l'ennemi fut signalé sur le flanc gauche par la cavalerie.

L'ordre est aussitôt donné de former le carré autour du convoi, l'armée de Lat-Dior marchant derrière nos troupes. Bien qu'exécuté avec la plus grande célérité, le mouvement est à peine terminé que le combat s'engage de très près. Le nombre des assaillants augmente dans une proportion considérable ; les ennemis, cachés dans les herbes, se rapprochant rapidement, visant bien, gagnent du terrain et dessinent un mouvement tournant vers la gauche, dans le double but de nous couper de la ligne de retraite, et, en évitant la première face du carré occupée par l'infanterie de marine, de s'attaquer aux tirailleurs et aux volontaires pour atteindre plus facilement le convoi.

Malgré un feu très nourri de notre part, les gens d'Ahmadou, protégés par un pli de terrain, continuent leur mouvement, et bientôt ils ne se trouvent qu'à 40 ou 50 pas. Le feu si terrible de nos chassepots et de nos canons semble impuissant à les arrêter. Beaucoup d'hommes sont tués ou blessés, et parmi eux plusieurs officiers.

Les assaillants se montrent de plus en plus audacieux ;

ils ont complètement tourné une des faces du carré, et le feu s'est engagé depuis quelques minutes entre les gens d'Ahmadou et ceux de Lat-Dior. Il est à craindre que ceux-ci, repoussés, ne viennent se jeter sur nous et porter dans nos rangs un désordre compromettant pour la sécurité générale.

Dès lors il est évident qu'un mouvement offensif seul peut nous dégager. Le commandant de la colonne donne l'ordre à l'escadron de spahis commandé par le capitaine Lasmolles et le lieutenant Faidherbe de charger, et alors toute l'armée de Lat-Dior, entraînée par l'exemple, se précipite sur l'ennemi, qui est mis en complète déroute et poursuivi avec acharnement, à travers la brousse, par les partisans de Lat-Dior, qui massacrent sans pitié tous ceux qu'ils rejoignent.

Après s'être assuré qu'il n'y avait pas de retour offensif à redouter de la part de l'ennemi, M. le lieutenant-colonel Bégin fit reformer la colonne dans l'ordre primitif pour marcher sur Coki, distant de 5 kilomètres.

Des dispositions avaient été rapidement prises pour l'attaque du Sagné, sorte de petite redoute qu'Ahmadou avait fait établir en avant du village, lorsque les éclaireurs vinrent annoncer qu'il était abandonné. Nos troupes purent donc, sans coup férir, y pénétrer et l'occuper militairement.

Cependant la poursuite du marabout se continuait par l'armée de Lat-Dior sur la route du Djiolof.

Des nouvelles apportées successivement purent faire apprécier à la colonne l'étendue de sa victoire. Ahmadou-Cheikhou était tué, son armée anéantie. Le nombre des ennemis trouvés morts sur le champ de bataille s'élevait à 450; tous les principaux lieutenants du prophète avaient succombé.

Ainsi notre succès était complet; la question grosse de menaces de la domination du marabout dans le Cayor était vidée en trois quarts d'heure. Nos pertes, il est vrai, étaient considérables : nous comptions 88 hommes blessés dont 9 officiers, et 14 tués dont 1 officier indigène.

Le damel Lat-Dior nous avait prêté dans cette campagne un concours absolu; mais il ne faut pas oublier que son intérêt était en jeu.

Pendant quelques années encore après le combat de Boumdou, sa conduite envers le gouvernement de la colonie fut correcte; puis brusquement il changea d'attitude et se déclara en état d'insurrection. Nous verrons, à leurs dates, les événements qui amenèrent sa défaite et sa mort.

Les guerres longues et pénibles, les expéditions répétées dont on vient de lire le récit, avaient eu pour résultat de modifier complètement les situations respectives des Français et des indigènes au Sénégal.

Notre puissance y était solidement assise, nous étions devenus possesseurs d'une partie du sol; humbles et méprisés auparavant, nous pouvions alors parler en maîtres et faire respecter nos décisions; le commerce, libre d'entraves, disposait déjà d'un vaste champ d'action.

Pendant la période de 1855 à 1865 le gouvernement de la colonie s'était occupé activement de travaux pacifiques. Nous avons déjà signalé les grandes améliorations qui furent apportées dans la viabilité et la salubrité à Saint-Louis et dans la banlieue par la construction de routes et de plusieurs ponts sur les différents bras du Sénégal, et par les plantations des promenades.

Pour compléter cette énumération, nous citerons encore l'établissement de lignes télégraphiques, la construction à Saint-Louis d'écoles, d'hôpitaux, de casernes, la création de la banque, d'un musée, de l'imprimerie, de l'école des otages; la publication d'un journal, le *Moniteur officiel du Sénégal et dépendances*, qui ne se bornait pas à donner les actes officiels et administratifs, mais qui propageait, parmi les colons et les indigènes, des connaissances utiles.

En résumé, Saint-Louis, la principale ville de la colonie, avait été transformée et le séjour y était devenu très supportable, même pour des Européens habitués à un certain bien-être.

Enfin, en 1859, après la conclusion des traités de paix avec les Maures et l'éloignement d'el hadj Omar, l'état politique des régions avoisinant le Sénégal parut assez tranquille pour que le gouverneur résolût de faire explorer les régions encore inconnues du Soudan occidental, afin de compléter les notions fort peu étendues que nous possédions sur la géographie, l'ethnographie, les ressources commerciales de cette partie de l'Afrique.

Le capitaine d'état-major Vincent fut envoyé dans l'Adrar; Bou-el-Moghdad de Saint-Louis à Mogador; Bourrel, enseigne de vaisseau, dans le pays des Brakna; Mage, enseigne de vaisseau, dans l'oasis de Tagant, chez les Douaïch; Alioun-Sal, sous-lieutenant indigène de spahis, à Tombouctou, d'où il devait chercher à gagner l'Algérie; les circonstances l'empêchèrent d'aller à Tombouctou; il parvint à Araouan en laissant Tombouctou à l'est, mais, ayant été reconnu, il dut rebrousser chemin; Pascal et Lambert, tous deux sous-lieutenants d'infanterie de marine, explorèrent, le premier le Bambouk, le second le Fouta-Djallon.

Mais le voyage le plus intéressant, le plus fécond en résultats, fut celui du lieutenant de vaisseau Mage et du docteur Quintin, envoyés comme ambassadeurs auprès d'el hadj Omar[1].

En 1861 el hadj Omar s'était emparé de l'empire de Ségou et de ses États tributaires; en 1862, du Macina et de Tombouctou : en sorte que, du Fouta-Djallon à Tombouctou, ses possessions s'étendaient, des deux côtés du Niger, sur une longueur de 500 lieues.

Cependant le gouverneur Faidherbe, lorsqu'il avait vu qu'el hadj Omar, tout-puissant dans l'intérieur, n'était plus un danger pour le Sénégal, avait voulu lier avec lui des relations commerciales en lui proposant la création de comptoirs entre Médine et le Niger. C'est dans ce but qu'il lui envoyait MM. Mage et Quintin.

Ces officiers furent reçus à Ségou, non par el hadj Omar, mais par son fils et successeur Ahmadou.

L'heure des revers était venue pour le prophète toucouleur; les Poul du Macina s'étaient révoltés en 1864, l'avaient assiégé dans la ville d'El-Hamdou-Lillahi, et comme el hadj Omar avait cherché à s'enfuir, ils l'avaient poursuivi, rejoint et tué.

Mage et Quintin étaient arrivés à Ségou justement à l'époque de cette mort. Ahmadou faisait tous ses efforts pour cacher cet événement, dont la connaissance eût amené le soulèvement de la plus grande partie du nouvel empire.

1. Les personnes qui désireraient avoir des détails sur ces explorations ainsi que sur toutes celles qui ont eu lieu dans le Soudan occidental, les trouveront dans l'ouvrage de M. le capitaine Ancelle : *les Explorations au Sénégal et dans les contrées voisines depuis l'antiquité jusqu'à nos jours*. Maisonneuve et Ch. Leclerc, éditeurs, 25, quai Voltaire. 1886.

Mage resta deux ans à Ségou, toujours bercé par l'espoir qu'on lui donnait de voir bientôt le prophète. En attendant, les provinces se révoltaient, les routes n'étaient plus sûres et ce ne fut que sur de pressantes instances du gouverneur du Sénégal qu'Ahmadou, en 1866, dirigea vers le Kaarta une troupe de cavaliers assez nombreuse sous la protection de laquelle MM. Mage et Quintin pussent regagner Médine.

Le gouverneur Faidherbe avait quitté la colonie en 1865, recommandant bien qu'on ne perdît pas de vue son projet de relier le Sénégal au Niger par des postes dont il indiquait les emplacements : à Bafoulabé, Kita (Makadiambougou), Mourgoula ou Bangassi et Bammakou.

Après lui, le gouverneur Pinet-Laprade, colonel du génie, s'occupa surtout, de 1865 à 1869, des affaires du Cayor et des comptoirs du sud jusqu'à la Malicourie.

Le gouverneur Vallière, colonel d'infanterie de marine, qui lui succéda, maintint la colonie dans le *statu quo*. Nous avons raconté plus haut les luttes qu'ils eurent à soutenir contre Maba, contre Ahmadou-Cheikhou, dans le Cayor et dans le Fouta.

En 1878, après une période d'inaction au Sénégal, M. l'amiral ministre de la marine Jauréguiberry, qui avait été gouverneur de la colonie en 1862, avait fait comme tel une glorieuse expédition dans le Fouta — que nous avons également racontée — et avait apprécié l'importance des projets d'extension jusqu'au Niger, donna des ordres pour l'exécution de ces projets. M. le colonel d'infanterie de marine Brière de l'Isle, qui était alors gouverneur du Sénégal, prit tout à fait à cœur la mission qu'on lui confiait, et M. l'inspecteur général des travaux maritimes fut chargé de la direction des travaux préparatoires relatifs à cette importante question.

Profitant de notre indifférence pour ce qui se passait dans le Haut-Sénégal depuis une dizaine d'années, le parti d'Ahmadou, roi de Ségou, avait repris son influence dans le Khasso, excepté à Médine, où nous occupions toujours notre poste et où vivait encore notre vieil allié Sambala. Mais le village de Sabouciré, à cinq lieues en amont de Médine, s'était mis entièrement à la dévotion des Talibé et commettait des hostilités contre Sambala. Nous supportions cet état de choses depuis plusieurs années, parce que ce village produisait beaucoup d'arachides et commerçait avec nos traitants. Mais les circonstances devinrent telles qu'il fut nécessaire d'agir, sous peine de perdre tout espoir de progrès vers l'intérieur.

Une colonne commandée par le colonel Reybaud, alla enlever d'assaut le village de Sabouciré, au mois de novembre 1878. Cette expédition ne fut pas approuvée par le commerce du Sénégal. Il en est ainsi chaque fois qu'une mesure prise dans le but d'obtenir des résultats avantageux pour l'avenir trouble momentanément sur un point les opérations commerciales. Les commerçants voient surtout leur intérêt du moment ; qu'ils fassent fortune en quelques années au Sénégal pour rentrer alors en France, il n'en faut généralement pas davantage pour les contenter.

Le gouvernement doit, lui, se préoccuper de l'avenir de la colonie. Dans un moment où toutes les puissances de l'Europe jetaient leur dévolu sur l'Afrique, comme un nouvel et immense marché à exploiter, il ne fallait pas que la France, qui avait l'avance sur elles toutes dans cette partie du monde, se laissât distancer par ses rivales.

Quoi qu'il en soit, l'acte de vigueur de Sabouciré ranima nos partisans et ébranla l'influence des Talibé d'Ahmadou sur toute la ligne de Médine à Bammakou. Ils n'avaient plus sur cette ligne que les deux postes fortifiés de Koundian et de Mourgoula. Ces postes ne recevaient plus, depuis longtemps, de renforts d'Ahmadou, qui était presque bloqué dans Ségou, et les populations qui les entouraient ne demandaient qu'un peu d'appui de notre part pour reconquérir leur indépendance.

C'est pourquoi le gouverneur du Sénégal, suivant les instructions du ministre de la marine, voulut mettre à profit ces circonstances favorables pour entreprendre enfin d'établir la communication entre le Sénégal et le Niger, afin d'arriver à exploiter par là le bassin de la partie supérieure et peut-être de la partie moyenne de ce magnifique fleuve.

Mais il est nécessaire d'entrer dans quelques développements sur cette importante question. Le Niger est un des grands fleuves du monde. En Afrique, il vient après le Nil et le Congo. Il présente une singularité remarquable, c'est que, ayant ses sources à une centaine de lieues de la mer, il tourne le dos à celle-ci pour s'enfoncer dans le continent et ne vient se jeter au fond du golfe de Guinée qu'après un cours de mille lieues, pendant lesquelles il arrose des pays en général fertiles, populeux et très sains, excepté vers son embouchure, qui est, par son insalubrité, inhabitable pour les Européens. Nous pensons que cet immense bassin trouvera son débouché le plus avantageux vers la mer par la partie supérieure, contrairement à ce qui a généralement lieu pour les autres fleuves.

En effet, outre l'insalubrité de son delta, sa navigation est interrompue aux rapides de Boussa, à 150 lieues de son embouchure. D'un autre côté, vers le nord, sur la rive gauche, il est séparé de la Berbérie par le Sahara, désert de 500 lieues de largeur minima, et vers le sud, entre sa rive droite et le golfe de Guinée, se trouve une chaîne de montagnes à peine explorées, et habitées par des peuples chez lesquels il n'est pas facile de pénétrer.

Il est vrai qu'on a proposé de le relier à l'Algérie par un chemin de fer transsaharien, mais nous croyons que la voie du Sénégal est plus avantageuse. Un chemin de fer transsaharien de 625 lieues de longueur, dont plus de 500 dans un désert, sans eau, se trouverait dans de bien mauvaises conditions.

On a cité l'exemple du Transcontinental, de 1 200 lieues de long, aux États-Unis; mais le cas n'est pas le même. Le Transcontinental traverse des pays fertiles ; à chacune de ses stations se forme immédiatement un village qui devient bientôt une ville, et le pays voisin se peuple et produit. Dans le Sahara, au contraire, il faudrait tout porter, même l'eau à boire, au personnel de chaque station.

Mais, le Transsaharien écarté ou non, il fallait agir sans désemparer par le Haut-Sénégal. Les Anglais venaient de s'établir en face des Canaries, au cap Juby[1]. Nous aurions dû depuis longtemps, à moins que des considérations politiques ne rendissent la chose dangereuse, nous établir près de là, à l'Oued-Noun, où le chef de Glimim, Ould Beyrouk, nous avait maintes fois appelés. A Juby les Anglais interceptaient les caravanes du Soudan dont auparavant ils achetaient les marchandises qu'à Mogador, après qu'elles avaient payé des droits à l'empereur du Maroc, à l'entrée dans ses États. En s'établissant sur ce point ils devaient avoir des projets ultérieurs.

Dans le Haut-Sénégal, le gouvernement français ne songeait nullement à faire la conquête du pays et à

1. Cet établissement a été détruit en 1888 par les Marocains.

s'établir par la force brutale, système condamné avec raison par l'opinion publique.

Comme nous l'avons dit dans l'avant-propos, ses projets consistaient simplement à construire, avec l'assentiment des chefs du pays, des postes-comptoirs sur la ligne qui va du Haut-Sénégal au Haut-Niger : postérieurement les circonstances avaient amené le gouverneur Brière de l'Isle à proposer l'établissement d'un chemin de fer, comme le seul moyen d'exploiter par le Haut-Sénégal les produits du Soudan.

Entre les Toucouleurs, musulmans fanatiques, et les Bambara et Malinké, idolâtres, qui, depuis vingt-cinq ans, se faisaient dans cette partie de l'Afrique une guerre d'extermination, notre intérêt n'était pas de prendre parti.

D'un côté nous n'avions aucune raison pour nous poser en adversaires du roi de Ségou, dont nous n'avions jamais eu à nous plaindre depuis l'ambassade de MM. Mage et Quintin et qui avait bien reçu M. Soleillet lorsque celui-ci, en 1879, refit le voyage de Mage ; d'un autre côté nous voulions aussi vivre en paix avec les Bambara et les Malinké.

Les circonstances nous étaient alors favorables pour marcher à notre but en restant dans la neutralité, car, sur la ligne que nous voulions suivre, aucun des deux partis belligérants n'était assez fort pour s'opposer aux vœux du pays en faveur de la paix et du rétablissement du commerce sous notre protection.

On a prétendu que c'était plus au sud, vers le Manding et le Bouré, que nous aurions dû tourner nos efforts ; mais en allant par la ligne la plus courte et la plus commode du Haut-Sénégal au Niger, nous prenions le meilleur moyen — les événements l'ont bien prouvé — pour exploiter le Manding et le Bouré, qui se trouvent en amont de notre point d'arrivée, aussi bien que les pays de Ségou, de Macina et de Tombouctou, qui se trouvent en aval.

Ce qu'on voulait, c'était avoir un port sur le Niger et quelques bateaux à vapeur français sillonnant ce fleuve pour donner de la sécurité aux relations commerciales, et pouvoir exploiter les productions de ses rives en le remontant comme en le descendant aussi loin que le permettraient sa navigabilité et l'esprit d'entreprise de nos commerçants.

C'est dans cet ordre d'idées que le gouverneur du Sénégal, Brière de l'Isle, faisait construire en 1879 à trente lieues au-dessus de Médine, le poste de Bafoulabé et qu'il envoyait en 1880 une mission à Ségou.

Cette mission, sous les ordres du capitaine Galliéni, portait à Ahmadou des présents considérables. Sur sa route elle fit des arrangements avec les gens du groupe de villages de Kita, qu'on savait d'avance bien disposés pour nous. De Kita, M. Galliéni, au lieu d'aller directement sur Bammakou, inclina un peu vers le nord pour reconnaître le meilleur tracé de chemin de fer en se rapprochant de la plaine.

Mais cela le faisait passer par la province de Bélédougou, pays livré à l'anarchie et où s'étaient réfugiés tous les Bambara chassés du Kaarta et du Ségou par les Talibé.

Ces Bambara faisaient une guerre acharnée à Ahmadou, à qui ils avaient enlevé, en dernier lieu, l'importante position de Guigné, isolant presque ainsi Ségou du Kaarta. Quand ils surent qu'un convoi considérable de plus de 200 bêtes de somme traversait leur pays, chargé de présents pour leur ennemi mortel, sous l'escorte d'une trentaine d'hommes armés, ils ne purent résister au désir de l'enlever, ce qu'ils firent à Dio, village situé à une dizaine de lieues au nord-ouest de Bammakou (11 mai 1880).

M. Galliéni, après avoir vu tomber la moitié de ses hommes armés, malgré les pertes terribles que nos fusils perfectionnés infligeaient aux assaillants, prit le sage parti de leur abandonner son convoi, et, tout en combattant, il se mit en retraite sur Bammakou, où il croyait trouver un bon accueil.

On pensait en effet que les habitants de Bammakou nous étaient acquis : des pourparlers antérieurs avaient eu lieu, et la mission avait avec elle le neveu d'un des chefs du village. Bien plus, M. le docteur Bayol, qui faisait partie de la mission, devait y être laissé comme représentant de la France. Mais la partie guerrière de la population de Bammakou s'était laissé entraîner dans la prise d'armes pour l'enlèvement du convoi ; aussi, quand M. Galliéni se présenta devant le village, on lui cria de l'intérieur qu'il eût à s'éloigner, ou qu'on lui couperait la tête ainsi qu'à ses hommes.

Cet officier remonta alors la rive gauche, et à dix lieues plus haut, renvoyant le docteur Bayol à Saint-Louis pour faire connaître tous ces événements au gouverneur, il prit la résolution hardie de continuer sa route. Sachant que les populations de la rive droite obéissaient à Ahmadou, il traversa le Niger au village de Dioliba, et au bout de cinq jours il parvint, le 15 mai, à Nango, situé à quarante kilomètres de Ségou, avec deux officiers, un médecin et une trentaine d'hommes qui lui restaient.

Ahmadou, le voyant arriver les mains vides, et probablement offusqué des traités passés avec des populations qu'il regardait comme faisant partie de son empire, accueillit néanmoins la mission, mais, en attendant qu'il fût suffisamment renseigné sur nos intentions, il lui assigna le village de Nango comme résidence, en chargeant les populations voisines de lui fournir ce dont elle aurait besoin.

Le Ministre de la Marine, M. l'amiral Cloué, ayant obtenu un crédit pour l'étude du tracé du chemin de fer de Médine au Niger, M. le gouverneur Brière de l'Isle organisa une expédition composée de six compagnies de tirailleurs sénégalais et d'une compagnie auxiliaire d'ouvriers d'artillerie, le tout sous les ordres du lieutenant-colonel d'artillerie de marine Borgnis-Desbordes, pour aller créer les nouveaux postes au delà de Bafoulabé, et principalement s'établir à Kita, où l'on nous attendait avec impatience.

En même temps une brigade d'officiers du service d'état-major, prêtés par le département de la guerre et placés sous la direction du chef d'escadron Derrien, accompagnait le colonel pour faire la carte du pays et étudier le tracé du chemin de fer. Les officiers de la mission étaient :

MM. Derrien, chef d'escadron d'état-major, chef de la mission ;
Sever, capitaine breveté du génie ;
de Saillenfest de Sourdeval, capitaine breveté d'infanterie ;
Delanneau, capitaine de cavalerie ;
Rivals, lieutenant d'artillerie ;
Delcroix, sous-lieutenant de la légion étrangère ;
Brossard, sous-lieutenant d'infanterie ;

auxquels furent adjoints le lieutenant de vaisseau de Kersabiec et les lieutenants d'infanterie de marine Sorin et Huc.

En décembre 1880 ils étaient tous rendus à Médine, et

prenaient leurs dispositions pour remplir la mission dont ils étaient chargés.

Au commencement de février 1881, le lieutenant-colonel Borgnis-Desbordes arriva à Kita avec une compagnie d'ouvriers d'artillerie, trois compagnies de tirailleurs sénégalais, une compagnie d'ouvriers indigènes et quatre obusiers de montagne. Il s'y établissait immédiatement.

Les rapports tant avec la population des villages de Kita qu'avec le commandant de Mourgoula, place forte d'Ahmadou, étaient satisfaisants.

De leur côté, les Bambara du Bélédougou témoignaient du regret d'avoir attaqué la mission Galliéni et paraissaient disposés à accorder des satisfactions. Mais à deux heures de marche de Kita, vers le sud, le village de Goubanko, peuplé d'un ramassis de Poul du Birgo, de Malinké et de Bambara, se livrait au brigandage, coupait les routes et empêchait les caravanes du Manding d'arriver à Kita. Il fallait, dans l'intérêt de notre nouvel établissement, réprimer ces désordres. On ne pouvait, d'autre part, laisser subsister à proximité du fort de Kita et de sa petite garnison un village fortifié et hostile. Aussi, malgré les difficultés de l'entreprise, en raison de l'absolue nécessité, le lieutenant-colonel Borgnis-Desbordes se décida à enlever Goubanko. L'attaque eut lieu le 12 février 1881. Elle fut conduite avec la plus grande énergie. Ce furent les derniers obus de l'approvisionnement qui déterminèrent dans le tata une brèche assez large pour permettre à la colonne d'assaut de pénétrer dans le village. Les noirs se défendirent avec acharnement. La lutte avait duré plusieurs heures, et nous eûmes un officier et cinq hommes tués, et vingt-quatre blessés. L'officier, M. le lieutenant d'artillerie Pol, venait d'être nommé capitaine et ignorait sa nomination.

La position de Kita, au carrefour des routes du Kaarta au Manding et du Sénégal au Niger, est de la plus grande importance.

Kita est le nom d'une montagne isolée, de 250 mètres d'élévation au-dessus de la plaine, et qu'entourent seize villages, dont le chef-lieu est Makandiambougou et qui sont habités par des Malinké. Ces villages sont entourés de champs, où les indigènes cultivent le coton, le tabac, les pastèques, les giraumons, les tomates. On y trouve aussi le beurre végétal et le riz de bambou. Le mil, les arachides, le riz se cultivent dans la partie nord. On y fabrique du savon noir et il s'y trouve beaucoup de tisserands. Les puits ont 4 mètres de profondeur.

Le pays est sain, riche en terre végétale et en bois de construction, tels que le cailcédra (acajou d'Afrique). Les caravanes du Kaarta passent à Kita pour conduire au Bouré des bestiaux et y porter du sel venant du Sahara, et en rapportent de l'or et des esclaves.

M. Mage, en 1868, dans la relation de son voyage, disait : « Si jamais la France, réalisant le projet du général Faidherbe, s'avançait vers le Niger pour y prendre pied, Kita serait une des étapes naturelles les mieux indiquées ».

Depuis 1881 notre drapeau flotte à Kita.

A la suite et comme conséquence de l'occupation de Kita et de l'enlèvement de Goubanko, Ahmadou se décidait à laisser partir immédiatement M. Galliéni avec tous ses compagnons, après que l'on eut bâclé de part et d'autre des espèces de traités.

De retour à Saint-Louis, on examina ces documents, et le gouverneur colonel Canard, reconnut qu'ils ne renfermaient rien de sérieux.

Dans le traité Galliéni nous acceptions d'Ahmadou le protectorat de la France sur le Niger, *depuis ses sources jusqu'à Tombouctou*, tandis qu'Ahmadou ne dominait que de Yamina à Sansanding. Ce traité accordait à Ahmadou quatre pièces d'artillerie et un tribut annuel d'argent et de munitions de guerre. De son côté Ahmadou nous traitait sans ménagements, comme de simples tributaires, ainsi du reste que le Koran l'exige des musulmans.

Comme il était impossible de s'entendre sur de pareilles bases, on ne donna aucune suite à ces tentatives d'arrangement. Évidemment M. Galliéni n'avait fait son projet de traité que pour se tirer des mains d'Ahmadou.

M. Brière de l'Isle, qui, par suite de sa promotion au grade de général, était relevé de son gouvernement au mois d'avril 1881, rentrait en France pour y rapporter ces excellentes nouvelles que la route du Niger nous était définitivement ouverte, grâce à l'intelligence et à la vigueur des mesures prises par ce gouverneur pendant les quatre ans qu'il avait exercé son commandement.

Le 18 avril, le nouveau gouverneur du Sénégal, M. le capitaine de vaisseau de Lanneau, arrivait à Saint-Louis. C'est à lui qu'incombait la tâche de tirer parti de l'excellente situation dans laquelle se trouvait la colonie. Il pacifia le Fouta, ce qui permit de compléter la ligne de télégraphie électrique de Saint-Louis à Kita. Malheureusement il fut enlevé par la fièvre jaune au bout de quelques mois.

La contrée parcourue par nos officiers entre le Haut-Sénégal et le Haut-Niger se trouvait avoir alors une population très réduite par une guerre d'extermination de vingt-cinq années; mais la population se rétablit vite dans ce pays quand cessent la guerre et les brigandages. Or ce sera là le résultat de notre occupation.

Revenant en quelques mots sur la question du Soudan, nous ferons observer de nouveau que la plus grande partie de cette contrée fertile comme l'Inde et bien peuplée n'a pas, avec le reste du monde, de moyens de communication suffisants pour être excitée à produire et à exporter ses produits dans l'intérêt de l'humanité tout entière. Ces moyens se réduisent, vers le nord, à quelques caravanes qui traversent péniblement le Sahara, et, vers le sud, à un commencement de relations commerciales avec la côte du golfe de Guinée. Aussi chaque famille soudanienne se borne-t-elle à cultiver, dans son petit jardin, du mil pour se nourrir, du coton et de l'indigo pour se vêtir.

Les seuls gens intéressés à maintenir ce fâcheux état de choses sont les commerçants musulmans du nord de l'Afrique qui ont converti la majeure partie du Soudan à leur religion et le maintiennent dans une demi-barbarie. C'est entre leurs mains qu'est tout le commerce qui se fait par caravanes à travers le Sahara. Le Soudan est pour eux ce que sont les colonies pour les nations européennes : ils vont généralement y passer un certain nombre d'années pour s'y enrichir, et tout naturellement ils désirent conserver le monopole de ce marché. C'est pour cela qu'ils excitent contre nous, par tous les moyens, le fanatisme des Soudaniens et des Sahariens, témoin le massacre de la mission Flatters.

Dans ces conditions le Soudan ne produit pas la dixième partie de ce qu'il pourrait produire.

Les nations civilisées de l'Europe ont jeté les yeux sur cette contrée, et la France, par sa position géographique, qui l'a amenée à s'emparer de l'Algérie, par son ancienne colonie du Sénégal, est celle qui est la mieux placée pour arriver à l'exploitation du Soudan occidental.

L'Angleterre par la Gambie, par Sierra-Leone, par les bouches du Niger, par le Maroc, par son établissement du cap Juby, par l'Égypte, par Zanzibar, poursuit le même but. L'Italie envoie également beaucoup de ses enfants en Égypte, en Tunisie, en Algérie; elle a occupé un point sur la côte orientale, Massaouah. L'Espagne possède des villes sur le littoral marocain. Le Portugal a sa Guinée. Voici que l'Allemagne se met à son tour sur les rangs, et une puissance aussi formidable voudra obtenir des résultats considérables, ce qui la mettra certainement en rivalité avec l'Angleterre. De là, une source de conflits et d'événements imprévus.

En présence de tous ces efforts et de ces éventualités, la France ne doit pas laisser amoindrir sa situation.

———

Après la prise de Goubanko (12 février 1881), les troupes de la colonne avaient été employées pendant deux mois et demi aux travaux de construction du fort de Kita.

Dès les premiers jours de mai, le lieutenant-colonel Borgnis-Desbordes ramenait ses troupes à Saint-Louis, laissant dans le fort de Kita, presque terminé, bien armé et bien approvisionné, une petite garnison qui pouvait braver toutes les attaques.

Cette première campagne dans le Haut-Sénégal avait donné des résultats que l'on pouvait à peine espérer. Kita occupé, notre influence établie sur les contrées voisines, la marche vers l'est assurée pour l'avenir par cette solide base d'opérations, c'était beaucoup, mais ce qui était plus encore, c'était d'avoir démontré la possibilité de pareilles expéditions. Le but avait été atteint, malgré les indécisions, les retards, les fatigues du début, causes des cruelles maladies qui décimèrent nos troupes, malgré les difficultés de transport dans des régions où les sentiers sont à peine frayés par le passage des caravanes, et où les bêtes de somme font presque complètement défaut.

En effet, les chameaux, si utiles aux Maures, ne vivent pas dans cette partie du Soudan; les ânes sont excellents, mais en raison de leur petite taille ils sont insuffisants dans la plupart des cas; les chevaux sont rares, l'industrie mulassière n'existe pas dans le pays, et il n'est pas encore prouvé que les mulets puissent y prospérer.

Mais puisque nous sommes là en plein pays d'éléphants, on peut se demander pourquoi on ne les utilise pas en les privant, comme on le fait en Asie de toute antiquité. L'éléphant d'Afrique n'est pas identique à celui d'Asie; les différences consistent dans la couleur, plus noire, et les immenses oreilles du premier, qui, de plus, a des défenses plus grandes (la femelle comme le mâle, tandis que la femelle de l'éléphant d'Asie n'en a point). Enfin l'éléphant d'Afrique a en moins que son congénère d'Asie : une molaire et un ongle au pied de derrière.

Nous savons bien que les Carthaginois se servirent d'éléphants dans leurs guerres contre les Romains, mais il résulte des renseignements donnés par Hérodote, Hannon, Strabon, Polybe, Solin, Pomponius Mela, Plutarque, que ces éléphants provenaient de la Libye même et non du Soudan[1].

On les trouvait dans tout le nord de la Libye, probablement sur toute l'étendue de la ligne marquée par le chott El Kébir de la Tunisie, le lac Melghir, Tuggurt, Ouargla, le Djebel Amour, Figuig, le Tafilelt, l'oued

1. *Mémoire sur les éléphants des armées carthaginoises*, par M. le général Faidherbe. Bône, 1867. Imprimerie Dagand.

Draa, l'oued Tensift et l'oued Azmour. Ils ont peut-être même existé antérieurement dans les lieux plus rapprochés encore du littoral de la Méditerranée. En tout cas, il est certain que la race en a été détruite; au commencement du septième siècle, Isidore déclare qu'il n'y a plus d'éléphants en Maurétanie.

L'éléphant de Libye était probablement de même race que celui du Soudan; mais il résulte du passage suivant d'Appien : *De bello Mithridatico*, que les éléphants de Libye n'étaient pas de grande taille.

Τῶν δ'ἐλεφάντων, οὓς εἶχεν ἐκ Λιβύης, οὐδένα νομίζων ἔσεσθαι χρήσιμον, ὀλιγωτέρων τε ὄντων, καὶ βραχυτέρων, οἷα Λιβύων (δεδίασι δ'οἱ σμικρότεροι τοὺς μείζονας), ἔστησεν ὀπίσω πάντας.

Mais, jugeant que les éléphants, qu'il avait tirés de la Libye, ne lui serviraient de rien, parce qu'ils étaient en plus petit nombre et de plus petite taille, en leur qualité de libyens (or les plus petits craignent les plus grands), il les plaça derrière son armée.

L'éléphant du Soudan pourrait-il être apprivoisé, comme le fut l'éléphant libyen? L'expérience seule pourrait le démontrer. Mais il n'est pas probable que cette expérience se fasse d'ici à bien longtemps. La domestication de l'éléphant est un legs qu'ont laissé les antiques civilisations si remarquables de l'Asie, et les populations d'Afrique sont loin de montrer les mêmes aptitudes. Aussi pour les transports devons-nous compter surtout sur les voies fluviales et les futurs chemins de fer. En attendant que ce dernier moyen de communication rapide puisse fonctionner, on devrait, à notre avis, faire venir de nos colonies des Indes ou de la Cochinchine quelques éléphants apprivoisés avec leurs cornacs ; ils rendraient d'énormes services dans les opérations militaires et surtout pour le transport des lourds fardeaux, tels que les pièces d'une canonnière démontable à transporter jusqu'au Niger. Les Anglais, dans la campagne d'Abyssinie, se servirent d'éléphants amenés des Indes.

Au mois de février 1881, les Chambres avaient voté un premier crédit de 8 552 751 francs pour la construction du chemin de fer de Khayes (à 12 kilomètres en aval de Médine) à Bafoulabé. En raison de ce vote, et engagé par les résultats de la première campagne, le Ministre de la Marine était décidé à confier au lieutenant-colonel Borgnis-Desbordes le commandement d'une colonne expéditionnaire d'un millier d'hommes, tirés en grande partie de France, avec mission de consolider notre influence dans les pays traversés l'année précédente, de pousser aussi loin que possible au delà de Kita, jusqu'au Niger, et de construire un poste solide sur les bords de ce fleuve. Les travaux du chemin de fer devaient également être entrepris sur une grande échelle.

On était en pleins préparatifs quand éclata à Saint-Louis, en juin 1881, une terrible épidémie de fièvre jaune qui, frappant surtout les fonctionnaires européens, désorganisa tous les services et empêcha de mettre à exécution le programme du Ministre.

M. de Lanneau, le gouverneur de la colonie, avait été une des premières victimes du fléau. Il fut remplacé par le colonel Canard, qui avait fait presque toute sa carrière au Sénégal.

Le lieutenant-colonel Borgnis-Desbordes reçut pour instructions de se borner, avec les faibles forces qu'il put trouver dans la colonie, trois cent cinquante combattants environ, à terminer les forts de Bafoulabé et de Kita, à ravitailler ces postes, à construire un nouveau poste entre Bafoulabé et Kita.

Il était surtout nécessaire de montrer nos troupes dans le Haut-Sénégal, afin de rassurer les populations amies, s'inquiétant déjà aux bruits malveillants que tous les Français étaient morts de la fièvre jaune.

Le 8 novembre, la colonne expéditionnaire était réunie à Khayes. Avec l'aide des ouvriers chinois et marocains, de quelques indigènes du pays et du petit personnel européen chargé des travaux du chemin de fer, sous la direction de M. l'ingénieur Arnaudeau, nos soldats construisirent les maisons d'habitation, les magasins, les écuries, etc., tous établissements indispensables avant de commencer la voie ferrée.

Ces premiers travaux terminés, la colonne, après s'être fait précéder de convois qui devaient constituer des dépôts d'approvisionnements sur la route à suivre, se dirigea vers Bafoulabé, où fut laissée une équipe de travailleurs chargée de réparer et de compléter les deux blockhaus du poste, puis vers Badoumbé, où furent posées les fondations d'un fort permanent destiné à combler la lacune entre Bafoulabé et Kita.

A partir de Badoumbé, au lieu de suivre la route parcourue l'année précédente, le colonel Borgnis-Desbordes se dirigea plus au sud, en passant par Fatafi. Son but était d'inspirer le respect aux Malinké du Gangaran qui avaient insulté et maltraité Mary Ciré, chef des Bambara, réfugié dans ce pays et qui était notre fidèle allié. Il voulait en outre s'assurer une deuxième voie de communication pour ses convois de ravitaillement, pour le cas où la route par le gué de Toukolo eût été coupée par les Toucouleurs de Kaarta.

Enfin, le 9 janvier 1882, la colonne atteignait Kita, et son chef prenait ses dispositions pour que les travaux de réparations nécessitées par les pluies de l'hivernage fussent immédiatement entrepris.

Un mois après, le lieutenant-colonel interrompait les travaux et formait une petite colonne très mobile et capable d'exécuter de longues marches; il choisissait à cet effet ses meilleurs soldats, au nombre de deux cents environ, et quinze officiers, prenait avec lui deux pièces de canon et quelques spahis, et se faisait suivre d'un grand convoi de mulets, destinés à porter les vivres et tous les bagages et sacs des hommes et même, au besoin, à leur servir de monture. Le 16 au matin, cette petite colonne sortait de Kita et se dirigeait vers le sud. Pour comprendre le but et la nécessité de la reconnaissance militaire que le lieutenant-colonel Borgnis-Desbordes allait entreprendre dans cette direction, il faut donner un aperçu de l'état politique des pays du Haut-Niger à cette époque.

Une puissance nouvelle s'y était fondée; comme dans le bassin du Sénégal, trente-cinq ans auparavant, un prophète avait surgi qui, entraînant avec lui une armée de nègres musulmans, fanatiques et cruels, voyait de jour en jour son pouvoir s'étendre par la terreur et les massacres qui signalaient son passage. Tous tremblaient à son seul nom, et s'il n'était arrêté dans son œuvre de destruction par les Français, comme le fut jadis el hadj Omar devant les murs de Médine, il faudrait bien des années pour effacer les traces de sa sanglante domination.

Le nom de ce nouveau prophète était Samory. Il est, dit-on, de basse origine, fils d'un dioula de Sanankoro, dans le Ouassoulou. Mais la légende s'est déjà emparée de l'histoire de ses jeunes années et il est bien difficile de savoir exactement la vérité sur ses débuts.

Ce qui est certain, c'est que déjà en 1880, à la suite de guerres continuelles et toujours heureuses, il possédait sur la rive droite du Niger un vaste empire, dont une partie du Ouassoulou formait le noyau.

D'une haute stature, maigre comme un ascète, la voix chaude et vibrante, jouissant d'un grand renom de sainteté, Samory a toutes les qualités physiques et morales pour entraîner, pour fanatiser des êtres aussi crédules et aussi superstitieux que les nègres. Il est intelligent, énergique, très brave et doué d'un certain esprit d'organisation qui lui donne sur ses congénères une supériorité incontestable. Pour augmenter son prestige vis-à-vis de ses fidèles, il se fait suivre de devins et d'augures qui chantent ses vertus et sa mission divine, annoncent les batailles et prophétisent les victoires.

Contre les peuplades qu'il veut soumettre et surtout piller, il emploie la terreur. Il ne se contente pas de faire massacrer, au milieu des incendies, les populations des villages dont il s'empare. Après la lutte, quand il a des prisonniers dont il ne peut trouver le débit, il invente des supplices avec des raffinements de cruauté qui lui ont valu dans tout le Soudan sa terrible réputation.

On a trouvé près d'un de ses camps deux cents prisonniers liés ensemble et brûlés vifs. Il est un supplice qu'il affectionne particulièrement : dans un trou profond on allume un grand feu et on y précipite un prisonnier qu'on recouvre de bois embrasé, puis c'est le tour d'une deuxième victime, et ainsi de suite jusqu'à ce que le trou soit comblé ; en un mot, il fait durer le plaisir.

Mais Samory, quoique arrivé à une grande puissance, n'est pas comparable à el hadj Omar, qui usait, il est vrai, comme lui, de la terreur, mais poursuivait du moins un projet non dépourvu de grandeur, celui de fonder un grand empire musulman dans le Soudan. Samory n'est qu'un marchand d'esclaves, le fournisseur des marchands maures du Sahara.

Il existe, en effet, longeant le cours supérieur du Niger,

une grande voie commerciale du nord au sud, du Sahara à une partie du Soudan, qui produit actuellement beaucoup d'esclaves. Les principales marchandises d'échange qui viennent du nord sont les chevaux et le sel ; celles qui viennent du sud sont les esclaves et l'or. Les caravanes d'esclaves remontent vers le Kaarta, où on les achète pour des chevaux que l'on se procure chez les Maures, en échange de ces mêmes esclaves. Un cheval qui vaudra quatre esclaves dans le Sahara en vaudra peut-être six dans le Kaarta, huit à Bammakou et un nombre encore plus grand sur le lieu de production et de capture, c'est-à-dire dans le Ouassoulou. Par contre, un esclave qui est presque sans valeur dans ce dernier pays, puisque l'on n'a que la peine de le prendre, vaut 400 ou 500 francs une fois arrivé dans le Maroc.

C'est la loi que subissent toutes les marchandises, dont le prix augmente en raison de l'éloignement du lieu de production.

On comprend que ce sont surtout des chevaux que les chasseurs d'esclaves cherchent à se procurer, car c'est au moyen des chevaux qu'ils peuvent atteindre et capturer les malheureux habitants des pays qu'ils envahissent. En revenant de leur razzia il leur arrive souvent de porter les jeunes enfants sur le devant de leur selle et d'attacher les mères à la queue de leurs chevaux pour les forcer à les suivre[1].

1. Les peuples du Soudan central et occidental ont reçu du dehors leurs animaux domestiques ; les bœufs à bosse et les moutons à poil, qui ne sont pas de même race que ceux des nomades sahariens, proviennent de l'Afrique orientale. Mais les chevaux leur sont incontestablement venus par le Sahara ; ils sont de race barbe, dégénérés sous le rapport de la taille, mais ayant conservé les belles formes et les précieuses qualités de cette race. Il y a des preuves linguistiques à l'appui de l'origine que nous donnons aux chevaux du Soudan.

En touareg, c'est-à-dire en libyen, le cheval se dit *is* ; les Libyens avaient

Grâce à notre ligne de postes de Médine à Bammakou, qui coupe cette voie commerciale, grâce à notre établissement sur le Niger, nous serons à même de mettre fin à cet épouvantable brigandage, comme nous l'avons fait dans le Sénégal depuis 1854; les Trarza, pour se procurer des esclaves qu'ils allaient jusqu'alors simplement voler sur la rive en face, sont depuis cette époque obligés de remonter dans l'est, vers le haut du fleuve, sur les marchés dont nous venons de parler.

C'est en allant ainsi détruire les foyers de production d'esclaves que nous porterons des coups sensibles à l'esclavage lui-même, bien plutôt qu'en cherchant à faire fuir, pour les libérer, les esclaves travailleurs des pays voisins de nos postes, ce qui nous suscite toujours de grandes difficultés politiques.

L'esclavage domestique, qui est général comme institution sociale en Afrique, n'y ressemble en rien à ce qu'il était dans nos colonies ou dans les États du sud de l'Union américaine. En Afrique, l'esclave, de même race que son maître, vivant et se nourrissant généralement comme lui, est simplement un serviteur ou un ouvrier à vie et héré-

reçu le cheval de monture des Égyptiens, qui l'appelaient *sous*, d'après M. Maspero.

Les Égyptiens eux-mêmes avaient reçu le cheval de monture des Assyriens, qui l'appelaient *sousou*, d'après M. Piétrement; mais on admet que ce nom n'est pas sémitique et que les Assyriens l'avaient eux-mêmes reçu des Mongols. Eh bien, ce même nom de cheval, *sousou*, *sous*, *is*, nous le trouvons, plus ou moins modifié, pour désigner le cheval, dans les langues des noirs : en bambara c'est *sou*, en soninké c'est *si*, en wolof et en serrère, où les noms des animaux sont généralement précédés d'une syllabe répondant au *bou* des Arabes, le cheval s'appelle *fa-s* et *pi-s*; on voit que c'est encore le même radical *s*.

Dans le dialecte zénaga, assez différent du touareg, la sifflante est souvent remplacée par la chuintante; aussi les Zénaga, au lieu d'appeler le cheval *is*, comme les Touareg, l'appellent *ichi*, et les Poul, qui ont reçu d'eux le cheval, l'appellent *poutchi*, *pou* étant un préfixe qui se met devant le nom d'un animal, comme nous l'avons vu pour le wolof et le serrère.

ditaire; c'est par la guerre que se perpétue l'esclavage, parce qu'on y fait esclaves des hommes libres. Sans la guerre, l'esclavage domestique, à force de s'adoucir, disparaîtrait de cette partie du monde comme il a disparu des autres.

Nous avons dit que le lieutenant-colonel Borgnis-Desbordes était sorti de Kita le 16 février et s'était dirigé vers le sud. Son but en prenant cette direction était d'abord de montrer nos troupes dans le Manding, le Niagassola, le Kangaba et sur les confins du Bouré. Ces États avaient conclu avec nous, l'année précédente, des traités de protection contre les Toucouleurs; inquiets de ne pas nous voir venir, craignant les représailles d'Ahmadou, ils étaient disposés, paraît-il, à demander à Samory de les protéger contre ceux qu'ils détestaient, nous croyant incapables de pouvoir le faire. Le colonel voulait ensuite chercher à joindre Samory pour tirer vengeance des mauvais traitements que celui-ci avait fait subir à un de nos officiers indigènes, envoyé auprès de lui par le commandant de Kita pour lui demander de ne pas détruire Kéniéra, qu'il assiégeait depuis six mois.

S'il arrivait à temps, il pouvait espérer sauver ce grand marché d'une destruction inévitable. Le prestige et l'influence du prophète malinké eussent été fort diminués par cet échec, et les peuplades hésitantes du Haut-Niger, nous voyant les plus forts, l'auraient certainement abandonné pour se ranger de notre côté.

Arrivé devant Mourgoula, le colonel fut sommé par un envoyé de l'almamy Abdoulaye de s'arrêter. Quelques instants d'entretien suffirent pour convaincre l'almamy qu'il serait inutile et imprudent de vouloir nous résister. La colonne continua sa marche; le 25 février elle traversait le Niger et se portait rapidement vers Kéniéra. Malheureusement, cinq jours auparavant, ce village était tombé au pouvoir de Samory qui, pour se venger de sa longue résistance, l'avait entièrement détruit. Nos soldats brûlèrent, en passant, trois des camps de Samory, envoyèrent quelques obus au milieu du quatrième, dans lequel s'étaient retirés les guerriers malinké et leurs chefs; ceux-ci prirent la fuite.

Le colonel fit reprendre à ses troupes la route du Niger, qu'il repassait le 27 février, suivi par quelques cavaliers de Samory, avec lesquels les spahis et les tirailleurs eurent un petit engagement d'arrière-garde.

La colonne rentra à Kita le 11 mars, ayant parcouru en vingt-deux jours 550 kilomètres; elle n'avait perdu qu'un homme tué et ne comptait pas un seul malade dans ses rangs.

Les soldats qui venaient de faire cette expédition se remirent aux travaux du fort, après quelques jours d'un repos bien nécessaire.

Le 1ᵉʳ mai, la colonne expéditionnaire reprenait la route de Saint-Louis.

Le programme restreint qui avait été donné à son chef était complètement rempli; les anciens postes étaient réparés, celui de Badoumbé construit, et la ligne télégraphique avait été poussée, pendant cette campagne, jusqu'à Kondou, au delà de Kita. Pendant ce temps un nouveau crédit, de 7 458 785 francs, voté par les Chambres au mois de mars 1882, permit au Ministre de la Marine de donner des ordres pour activer les travaux de construction de la voie ferrée. Les expéditions de matériel de Saint-Louis à Khayes ne discontinuèrent pas pendant toute la saison des hautes eaux. Au mois de juin, le lieutenant-colonel Bourdiaux fut envoyé à Khayes avec mission de construire dans cette localité une grande caserne maçonnée, à étages, et des magasins permanents destinés à recevoir le matériel épars jusqu'alors dans des magasins provisoires établis le long du fleuve.

Au mois d'octobre 1882, le lieutenant-colonel Borgnis-Desbordes, chargé pour la troisième fois de conduire la colonne expéditionnaire du Haut-Fleuve, recevait du Ministre de la Marine des instructions nettes et précises qui se résumaient ainsi : « Atteindre le Niger et construire un fort sur ses rives, à ou près de Bammakou ». Le choix de cette localité était justifié par plusieurs considérations; Bammakou était le point du Niger le plus rapproché de notre poste extrême, Kita. C'était encore un marché assez considérable du Soudan, quoiqu'il fût bien déchu de son ancienne importance et que les marchés de Yamina et de Ségou lui fissent une grande concurrence. Enfin, ce qui militait surtout en faveur de Bammakou, c'était sa situation à quelques kilomètres en amont des roches de Sotuba, qui barrent le fleuve dans toute sa largeur, et au delà desquelles le Niger est navigable, aux plus basses eaux, au moins jusqu'à Tombouctou et très probablement jusqu'à Boussa, pour des bateaux d'un tirant d'eau de 1 m. 20 environ.

Avant même que le chemin de fer fût poussé jusqu'à cet endroit, on devait chercher à faire de Bammakou un port de commerce d'où les embarcations pourraient remonter le fleuve et le descendre sous la protection de quelques chaloupes canonnières, jusqu'à Yamina, Ségou, Tombouctou, y portant nos marchandises et rapportant les produits de ces fertiles régions.

Dès 1863, dans mon travail intitulé *l'Avenir du Sahara et du Soudan*, je disais qu'en même temps que nous devions gagner le Niger, vers Bammakou, par le Sénégal, il ne fallait pas négliger de prendre pied dans le bas de ce fleuve pour maintenir nos droits à l'entrée et à la sortie, de manière à ne pas nous trouver enfermés dans le bassin supérieur. J'entendais par là indiquer seulement la nécessité de ne pas borner nos efforts à l'occupation de points sur le Haut-Niger, si nous voulions faire la conquête commerciale de tout le Soudan. Je ne crois pas que les comptoirs établis dans le Bas-Niger puissent prétendre à s'emparer du commerce dans le bassin entier du grand fleuve soudanien.

Il est en effet important d'établir que le commerce de la partie supérieure du Niger, au moins jusqu'à Tombouctou, trouvera de l'avantage à suivre notre voie du Sénégal plutôt que de descendre le Niger jusqu'à son embouchure.

Le transport des marchandises de France à Tombouctou par le Sénégal reviendrait par tonne à 150 francs au plus, se décomposant ainsi :

30 fr. de fret de Bordeaux à Saint-Louis;
30 fr. — de Saint-Louis à Bakel[1];
40 fr. — de Bakel à Bammakou (chemin de fer);
20 fr. — de Bammakou à Tombouctou par le fleuve;
30 fr. de frais divers, transbordements, emmagasinage, etc.

Il reviendrait par les bouches du Niger à 200 francs au moins :

60 fr. de fret de Bordeaux aux bouches du Niger;
50 fr. — des bouches du Niger à Boussa par le fleuve;
20 fr. — chemin de fer des cataractes (s'il se fait);
60 fr. — de Boussa à Tombouctou par le fleuve;
30 fr. de frais divers.

---

1. On suppose la tête de ligne du chemin de fer du Haut-Sénégal reportée de Khayes à Bakel.

Quant au transport des produits du Soudan en France, il faut que ces produits aient une valeur intrinsèque suffisante pour en supporter les frais. Si ces frais représentent la valeur presque totale de la marchandise sur les marchés de France, on ne peut offrir au producteur qu'un prix dérisoire et naturellement le producteur cesse de produire. Tel est le cas de l'arachide en coque, dont la valeur ne dépasse pas 150 francs la tonne.

Mais l'or, mais la cire d'abeille qui vaut en France 2 000 francs la tonne, le café 1 000 à 2 000 francs suivant la qualité, l'ivoire 10 000 à 15 000 francs, l'arachide décortiquée 350 francs, le beurre végétal (karité) 1 000 à 1 500 francs, la gomme 750 à 1 200 francs, le sésame 400 francs, etc., tous ces produits pourraient être payés dans les comptoirs du Haut-Niger à des prix très rémunérateurs aux indigènes, quoique ayant à supporter les frais de transport par la voie du Sénégal, frais qui ne dépasseront pas 170 francs par tonne.

Nous avons cité parmi les denrées d'exportation le beurre de karité; ce produit étant peu connu en Europe, nous en dirons quelques mots.

Le beurre végétal ou karité, produit du Haut-Sénégal et du Niger, provient du fruit d'un arbre de la famille des sapotées; on en trouve à partir de Boucaria, entre Médine et Bafoulabé, mais ils sont surtout abondants plus encore dans l'intérieur, où ils forment quelquefois l'essence dominante des forêts. Ses fruits sont mûrs en juillet-août; ils ressemblent à de petits marrons retirés de leur pulpe verte. Les indigènes enlèvent la coque qui entoure les amandes et ils broient celles-ci, de façon à former une sorte de pâte, qu'ils jettent dans une marmite pleine d'eau chaude. Le beurre vient à la surface, on le laisse refroidir et on le forme en pains, qu'on entoure de feuilles et de liens d'écorce. Il se conserve indéfiniment. Son point de fusion est beaucoup plus élevé que celui du beurre animal.

Ce produit, préparé en août et septembre, pourrait arriver dans le Haut-Sénégal assez à temps pour descendre le fleuve en octobre-novembre et être expédié pour l'Europe.

M. Borgnis-Desbordes, à sa rentrée en France après la campagne de 1881-1882, avait signalé au Ministre la nécessité d'agir avec vigueur et promptitude dans le Soudan et de ne pas retarder d'une année encore l'occupation de Bammakou.

L'adoption d'une politique ferme et hardie s'imposait encore plus au mois d'octobre, sous peine de perdre le fruit des campagnes précédentes.

La situation s'était en effet modifiée à notre désavantage. Samory avait franchi le Niger au mois de septembre et s'était porté jusqu'à Niagassola, dont les habitants s'étaient enfuis à son approche. N'osant pas attaquer Kita, qu'il savait en état de lui résister, il avait regagné le Ouassoulou. Mais pendant son séjour sur la rive gauche, et par d'habiles émissaires après son départ, il était parvenu à détacher de notre alliance le Bouré, qu'enrichissait le commerce d'esclaves, dont il était le pourvoyeur, et le haut Manding de Kangaba, qui trouvait profit à nourrir son armée.

Il s'était ménagé des intelligences avec Abdoulaye, l'almamy de Mourgoula, et avec Souleyman, son ministre ; il avait su se créer un parti dans Bammakou même, parmi les Maures acheteurs d'esclaves, qui avaient envoyé leurs fils servir dans son armée. Il était évident qu'il convoitait cette ville et qu'il ferait tout pour s'en emparer.

Quant aux intentions d'Ahmadou envers Samory, elles

étaient inconnues ; on ignorait s'il se déclarerait pour ou contre le nouveau prophète, qui semblait vouloir lui disputer la suprématie religieuse dans le Soudan ; mais ce dont on était certain, c'est qu'il n'était pas notre allié, qu'il cherchait même à nous nuire, à contrecarrer notre politique, en remplaçant par des gens dévoués à ses intérêts les chefs des petits États bordant au nord notre ligne de pénétration ; on savait qu'il voulait aussi s'emparer de Bammakou ; vers le mois de février on apprenait même que des troupes de Toucouleurs étaient réunies à Tadiana, à 55 kilomètres au sud-est de Bammakou ; on ignorait dans quel but

Par contre, les Bambara du Bélédougou, qui, en 1880, s'étaient rendus coupables de l'attaque et du pillage de la mission Galliéni, avaient déjà donné des preuves de repentir sincère, et un certain nombre de chefs de villages de ce pays avaient témoigné le désir de faire alliance avec les Français. On risquait de les voir échapper à notre influence si l'on tardait trop à pénétrer dans leur pays, et il y avait grand intérêt à nous les attacher. Les Bambara du Bélédougou se distinguent par leur caractère fier et indomptable ; ils ont su résister à Ahmadou et sont restés fétichistes. Ils sont industrieux, travailleurs et économes ; ils savent faire de la poudre ; ils tirent le fer du minerai répandu à profusion sur leur territoire et le forgent ; ils ont des métiers de tisserand plus perfectionnés que ceux des autres peuplades ; ils cultivent la terre, élèvent des troupeaux, amassent des provisions ; enfin ils sont braves, nous en avons eu la preuve.

On pouvait espérer que les Bambara du Bélédougou, ou Béléri, comme on les appelle encore, nous rendraient des services, soit en nous fournissant des travailleurs, soit en nous vendant des vivres, ce qui aurait permis de réduire les expéditions de ravitaillement des postes extrêmes, soit surtout en prêtant leur concours aux petites garnisons de ces postes contre les Toucouleurs, si ceux-ci se décidaient à nous attaquer, et contre Samory, pour lequel ils ressentaient la même haine que pour Ahmadou.

Les forces mises à la disposition du colonel pour l'exécution du plan que nous avons indiqué plus haut n'étaient pas beaucoup supérieures à celles dont il avait disposé les années précédentes.

Le 14 novembre 1882, la colonne était concentrée à Khayes; elle comptait à ce moment 515 combattants, dont 35 officiers, 300 conducteurs et 500 animaux, chevaux de selle ou bêtes de somme, en grande partie des ânes. Comme artillerie, elle avait une batterie de 4 pièces.

Le 21 elle quittait cette localité, et le 16 décembre elle était rendue à Kita, ayant parcouru 355 kilomètres sans incident. Elle y était depuis trois jours, lorsque le colonel donna l'ordre du départ. Emmenant avec lui 330 combattants et la batterie, il se dirigea vers Mourgoula. Les intrigues de l'almamy et surtout de son ministre Souleyman, les intelligences qu'ils s'étaient ménagées avec Samory, malgré leurs promesses de ne rien faire pour nuire à nos intérêts, l'appui que ce village fortifié pouvait fournir à un moment donné au chef malinké dans ses opérations contre nous, toutes ces raisons avaient décidé le colonel Borgnis-Desbordes à ne pas laisser subsister une telle source de dangers sur le flanc de sa ligne d'opérations et de communication. Son intention bien arrêtée était de s'emparer de ce village fortifié et de le raser. Il n'eut pas besoin d'en venir à l'emploi de la force. Ayant mandé devant lui l'almamy et Souleyman, il leur reprocha leur conduite et leur déclara qu'il ne voulait plus d'eux à Mourgoula, mais que, comme ils étaient venus librement à lui, ils pouvaient retourner librement aussi derrière leurs murailles et s'y défendre s'ils le voulaient.

Abdoulaye et Souleyman se soumirent et, accompagnés de leurs serviteurs, de leurs femmes, de leurs enfants, emportant leurs biens, ils suivirent la colonne jusqu'à Kita, d'où le colonel les fit diriger ensuite vers le Kaarta, où ils déclarèrent qu'ils désiraient se rendre. Quelques semaines après, les Toucouleurs, qui avaient vu partir leurs chefs sans protester, quittèrent à leur tour Mourgoula. C'en était fait de la domination d'Ahmadou dans cette partie du bassin du Sénégal.

Si la colonne était revenue à Kita, c'est que le colonel n'avait pas voulu poursuivre sa marche vers Bammakou par Niagassola et Koumakhana, au travers d'un territoire soumis aux incursions des cavaliers de Samory.

Il choisit la route du nord par le Bélédougou, route plus courte, mais traversant un terrain plus accidenté que la précédente. Il espérait, par cette voie, pouvoir atteindre rapidement Bammakou sans tirer un coup de fusil. Animé des dispositions les plus bienveillantes à l'égard des Béléri, il ne voulait exiger des chefs les plus compromis dans l'attaque de la mission Galliéni que le payement d'amendes légères, la restitution des objets provenant du pillage, et, de tous, des gages d'amitié pour l'avenir et de sécurité pour ses convois.

Le 7 janvier, la colonne s'engagea sur cette route. Dans le Fouladougou, dans le Bélédougou de l'ouest, les protestations amicales se renouvelèrent, à la traversée de chaque village ; tout semblait présager une marche pacifique, quand, un peu avant d'arriver au Ba-Oulé, le chef de l'avant-garde fit prévenir le colonel que les gens du village de Dala annonçaient qu'ils sauraient nous empêcher d'aller plus loin. Du reste, Naba, qui commandait dans ce village fortifié, capitale du petit Bélédougou, avait été l'instigateur principal du guet-apens dans lequel faillirent succomber Galliéni et ses compagnons.

Abandonné par quelques-uns des villages sur les contingents desquels il comptait, Naba se retira dans son tata et renouvela ses manifestations hostiles à notre égard. Le colonel Borgnis-Desbordes changea de route et marcha vers Daba, avec l'espérance qu'il pourrait encore éviter un conflit armé.

Promesses de pardon, demandes d'entrevue, rien ne put vaincre l'obstination du vieux chef bambara. Il fallut se résoudre à attaquer. La résistance des Bambara fut héroïque. Quoique, à dessein, le colonel n'eût pas cerné le village pour leur permettre de s'échapper, ils n'en profitèrent pas au début de l'action. Pendant que l'artillerie ouvrait, à coups de canon, une brèche praticable dans le tata, ils continuèrent un feu violent contre nos tirailleurs. La brèche franchie par nos troupes, ils ne reculèrent pas, luttant pied à pied, utilisant chaque case comme autant de petites forteresses et se faisant tuer à leur poste de combat. Enfin le feu cessa et nous pûmes compter nos pertes; elles étaient considérables : 5 officiers blessés, dont un, M. Picquart, mourut le soir; 5 hommes tués et 43 blessés.

Daba détruit, la colonne reprit sa marche vers le Niger. Chemin faisant, le colonel reçut la soumission des chefs de villages et leur infligea des amendes, que tous méritaient, car on approchait de Dio, théâtre du drame de 1880. Les chefs de Dio firent amende honorable et implorèrent le pardon des Français.

Enfin, le 1ᵉʳ février 1883, la colonne expéditionnaire débouchait dans la vallée du Niger. Les fatigues endurées, les souffrances subies étaient oubliées; on avait

Fort de Bammakou, construit en 1883, sur la rive gauche du Niger, a 800 lieues de l'embouchure, a 250 lieues en amont de Tombouctou.

ainsi atteint le but indiqué par le gouverneur Faidherbe dès 1863 et si péniblement poursuivi.

Guidées par le chef de Bammakou, qui était venu saluer la colonne et protester de son dévouement aux Français, nos troupes entrèrent dans le village; les marchands maures, hostiles mais résignés, se tinrent sur la réserve.

Cinq jours après son arrivée, M. Borgnis-Desbordes, entouré de ses officiers et de ses troupes, posait avec solennité la première pierre du fort, dont l'emplacement avait été choisi à 500 mètres au nord-ouest de Bammakou, de façon à commander la plaine, le village et le débouché de la route du Bélédougou. Comme à Kita, on avait abandonné l'idée de le placer sur les hauteurs, où les conditions sanitaires eussent été meilleures, mais d'où la petite garnison n'aurait eu qu'une bien faible action sur les événements qui se seraient passés dans la plaine.

Les travaux furent immédiatement entrepris; les indigènes bambara, après quelques hésitations, avaient fini par satisfaire aux demandes du colonel et se présentaient chaque jour sur les chantiers, au nombre de 150 à 200.

Pendant le mois de février et la première quinzaine de mars, rien ne vint distraire nos soldats de leurs travaux. Vers le 15 mars, des bruits alarmants se répandirent parmi les populations entourant notre poste. Samory avait repassé sur la rive gauche du fleuve, disait-on; il se préparait à marcher contre les Français; puis, coup sur coup, on apprenait d'une façon certaine qu'il s'était emparé de Sibi, village situé à 40 kilomètres au sud-ouest de Bammakou; que ses cavaliers venaient jeter le trouble sur notre ligne de ravitaillement, enlevaient des troupeaux et détruisaient des villages bambara. La brigade télégraphique qui opérait entre Kondou et Bammakou avait repoussé une attaque de ces cavaliers.

Le colonel forma immédiatement une petite colonne mobile de 80 hommes avec une pièce de canon, et en confia le commandement au capitaine Piétri, avec mission de rétablir l'ordre dans cette région et d'assurer la libre circulation de nos convois. Parti le 31 mars de Bammakou, Piétri parvint à joindre les pillards au nombre de 200 à 300 hommes et les battit complètement. Il leur tua une trentaine d'hommes, et ramena des prisonniers ainsi que les troupeaux volés.

Le lendemain du jour où le poste s'était dégarni d'une grande partie de ses forces, Samory, à la tête du gros de son armée, s'était brusquement avancé, en une seule marche, de Sibi à Bammakou. Les cavaliers s'approchèrent du fort et du village; quelques salves les forcèrent à s'éloigner.

Le 2 avril, le colonel, à la tête des troupes qui lui restaient, fit une reconnaissance offensive vers le camp ennemi. Il le traversa, y jeta le désordre, brûla quelques cases en paille et rentra à Bammakou.

Les jours suivants, les cavaliers malinké ne cessèrent de venir tirailler contre notre poste, où, malgré tout, on continua à travailler activement.

Enfin, le 12 avril, la colonne Piétri étant rentrée, tous les hommes disponibles furent lancés à l'attaque du camp ennemi; les cavaliers de Samory, ses meilleurs soldats s'enfuirent en désordre devant nos tirailleurs; quant aux fantassins, ils ne s'étaient jamais montrés, pas plus ce jour-là que les jours précédents. On trouva dans ce camp de grands approvisionnements de mil et de la poudre, qui furent transportés dans le fort.

Les spahis envoyés en reconnaissance au loin, le lendemain et le surlendemain, ne trouvèrent pas l'ennemi.

Cependant, quelques jours après, les habitants du pays

annonçaient que les cavaliers de Samory se rapprochaient de Bammakou, qu'ils avaient été vus à Nafadié, à 40 kilomètres dans le sud. Il fallait à tout prix purger le pays de ces coureurs dangereux qui, après le départ de la colonne, se seraient enhardis et seraient probablement venus, sinon attaquer, du moins harceler la petite garnison du poste.

Le 20 avril, avec le faible effectif dont il disposait encore après une si rude campagne, le colonel se lança à leur poursuite; mais, quoiqu'il fît diligence, il ne put les atteindre. Arrivé à Bankhoumana, à 65 kilomètres au sud de Bammakou, il arrêta la colonne et renonça à s'avancer plus loin; les troupes étaient harassées, les approvisionnements allaient faire défaut, les pluies de l'hivernage devenaient fréquentes et rendaient les marches pénibles et dangereuses pour la santé déjà bien compromise de ses hommes; du reste le but qu'il poursuivait était atteint, car il apprenait que Samory avait franchi le Niger et était rentré dans le Ouassoulou. D'autre part, des troupes de ce chef qui opéraient sur la rive droite avaient été battues par les Bambara à Badinga. Il pouvait donc espérer que les échecs subis par Samory au cours de ce dernier mois et la désorganisation de son armée, qui en était la conséquence, l'empêcheraient de rien tenter contre notre poste du Niger, pendant la saison d'hivernage.

Après avoir détruit les villages qui avaient fourni un appui au prophète malinké, la colonne rentra à Kita.

Le fort de Bammakou était achevé, armé et approvisionné. Le colonel y laissa comme garnison une compagnie de tirailleurs, quelques spahis, quelques ouvriers indigènes de la compagnie d'artillerie, le tout sous le commandement du capitaine d'artillerie de marine Ruault, et, le 29 avril, avec 250 hommes environ, il reprenait la route de Saint-Louis.

La campagne de 1882-1883 était terminée. Comme celles des deux années précédentes, elle figure avec honneur dans les fastes sénégalais.

Ces hardies expéditions faites à des distances moyennes d'au moins 400 lieues du point de départ Saint-Louis, ces luttes aventureuses, à la tête d'une poignée d'hommes, contre des armées relativement considérables, rappellent celles des illustres héros ou aventuriers du xvi° siècle : Fernand Cortez au Mexique, Pizarre au Pérou, Vasco de Gama à la côte occidentale d'Afrique et en Asie, et enfin les généraux marocains qui, à la tête d'une troupe composée de 174 pelotons de 20 hommes armés de mousquets, conquirent les rives du Niger en mettant en déroute les Soudaniens.

Alors comme aujourd'hui, c'était l'énorme supériorité des armes qui rendait possibles de pareils exploits; entre nos fusils à tir rapide et à portée considérable et les fusils à pierre dont se servent les Africains il y a autant de différence qu'entre les mousquets du xvi° siècle et les lances et flèches qu'on leur opposait.

Mais si, sous le rapport de l'audace, on peut comparer nos braves officiers du Sénégal et leur héroïque chef, le colonel Borgnis-Desbordes, à ces anciens conquérants de royaumes, quel contraste dans les mobiles qui les ont fait agir et dans leur conduite envers les populations. L'avidité, les cruautés, les perfidies ont souillé la gloire des Pizarre et des Cortez. Aujourd'hui c'est dans les intentions les plus généreuses que nous cherchons à pénétrer dans ces pays arriérés, c'est pour y faire régner la paix et la justice, afin que leurs habitants puissent jouir de leurs richesses naturelles, en faisant avec nous un commerce avantageux aux deux partis. C'est donc dans un but éminemment humanitaire, c'est pour mériter le suffrage de leurs con-

ÉMANCIPATION. — PÉNÉTRATION.

citoyens et l'estime de leurs chefs en accomplissant leur devoir, que nos officiers vont, sans murmurer, s'exposer aux fatigues, aux souffrances, aux dangers et à la mort qui n'éclaircit que trop leurs rangs. Honneur donc à eux!

Nous avons vu que depuis l'année 1880 le colonel Borgnis-Desbordes avait dirigé, du Sénégal au Niger, trois expéditions dont le glorieux résultat avait été l'établissement de notre ligne de postes de Médine à Bammakou.

En 1883 ce fut le lieutenant-colonel Boilève qui fut chargé de procéder au ravitaillement des postes et au relèvement des garnisons.

Cela put se faire de la manière la plus pacifique et sans qu'un seul coup de fusil fût tiré, grâce à l'excellente situation politique de la contrée au point de vue de nos intérêts, et grâce au bon esprit du commandant de la colonne.

Le lieutenant-colonel Boilève partit de Médine le 18 décembre 1883 avec une colonne composée de 576 combattants, 253 conducteurs, ouvriers, serviteurs, 94 chevaux et 118 mulets.

La colonne arriva à Bafoulabé le 25 décembre et y resta jusqu'au 13 janvier 1884. Pendant les séjours dans les postes, le commandant supérieur réglait toutes les affaires courantes.

La colonne arriva à Badoumbé le 19 janvier, elle en repartit le 6 février et arriva à Kita le 15 du même mois. Le colonel Boilève passa à Kita une grande revue où figuraient dix pièces de canon, pour faire montre de ses forces, persuadé qu'il était que des espions, aussi bien d'Ahmadou que de Samory, se trouvaient dans la foule des spectateurs.

Le 21 mars, laissant à Kita la compagnie d'infanterie de marine et la plus grande partie de la compagnie auxiliaire d'artillerie, il se rendit à Kondou, où il arriva en cinq jours. Il y resta deux jours et partit pour Bammakou, où il se trouvait rendu le 9 avril 1884.

Dans tous les postes, des gourbis avaient été préparés pour abriter les Européens de la colonne pendant leur séjour.

On avait mis 115 jours, dont 59 de marche, pour aller de Médine à Bammakou.

Les populations autour de Bafoulabé se disputaient le terrain de culture : le colonel le leur répartit et fit promettre aux villages de s'entourer de tata. Il organisa des dépôts de ravitaillement entre Bafoulabé et Badoumbé. Il autorisa Mary-Ciré, chef bambara réfugié chez nous, à quitter Fatafi pour venir s'établir dans les environs de Badoumbé.

A la suite de la grande revue qu'il avait passée à Kita, il apprit que Fabou, lieutenant de Samory, s'était retiré sur la rive droite du Niger avec ses guerriers qui étaient autour de Kangaba; enfin le colonel Boilève conclut des traités avec les villages du petit Bélédougou et avec plusieurs cantons du grand Bélédougou.

C'est alors qu'eurent lieu des événements importants sur le Niger. Ahmadou, sultan de Ségou, quitta cette ville et, traversant le Niger, alla s'établir à Yamina, sur la rive gauche, emportant tous ses trésors; il laissait le commandement de Ségou à un de ses fils.

Quels motifs lui firent prendre cette détermination? Il avait déjà préalablement fait augmenter les fortifications de Ségou, dès qu'il nous avait su établis à Bammakou. Sa crainte augmenta-t-elle quand il apprit que nous montions un bateau à vapeur sur le Niger, et crut-il que, dans le cas d'une lutte avec nous, il y avait plus de sécurité pour lui sur la rive gauche d'où il pût se réfugier dans le Kaarta?

Du reste, quoique établi à Yamina, il avait ses communications avec le Kaarta souvent interceptées par les habitants des cantons de Toubacoura et de Banamba révoltés contre lui.

A Yamina il était exposé aux hostilités du Bélédougou, qui nous pressait de venir nous joindre à lui pour en finir avec le sultan toucouleur. Naturellement le commandant de Bammakou, suivant ses instructions, résistait à ses appels. Mais malgré ses conseils le nommé N'Doo, captif de l'ancien roi bambara de Ségou, fit une tentative contre Yamina. Il parvint dans l'intérieur du camp retranché formé autour de Yamina par plusieurs villages fortifiés, mais il échoua contre le tata d'Ahmadou; N'Doo passa alors sur la rive droite du Niger, et, après avoir brûlé quelques villages, fut battu par la cavalerie d'Ahmadou qui avait passé le fleuve à sa poursuite.

Un fait très grave eut lieu encore à cette époque; une lutte sérieuse venait de s'engager entre les gens de Samory et ceux d'Ahmadou. Fabou, auquel, à ce qu'il paraît, Samory avait donné l'ordre de ne pas nous attaquer, avait envahi les États d'Ahmadou sur la rive droite et avait atteint, dans une première expédition, Baguinta.

Il parvint ensuite jusqu'à Dougassou, à proximité de Ségou, mais là il fut mis en déroute par la cavalerie d'Ahmadou qui avait passé le fleuve pour s'opposer à son incursion.

On voit donc que les trois puissances au milieu desquelles passe notre ligne de postes, c'est-à-dire les Bambara, les Toucouleurs d'Ahmadou et les Malinké de Samory, continuaient entre elles la guerre qui durait depuis trente ans. Notre intérêt était de persuader à tous que nous ne voulions pas nous mêler à leurs guerres, et que tout ce que nous désirions c'était de commercer pacifiquement avec chacun d'eux.

Il se passa cependant en 1884 un fait qui nous inquiéta pour un moment. Le 28 avril, un nommé Babaly-Aloar, venu du Kaarta à la tête d'une centaine de cavaliers toucouleurs, surprit et enleva, entre Badoumbé et Kita (le point le plus exposé de notre route) un petit convoi de trente ânes haut le pied, n'ayant pour escorte qu'un caporal de tirailleurs. Le caporal tua un des assaillants, et fut tué ensuite. Le même jour, la même bande rencontra un convoi de dix voitures chargées et escortées par dix tirailleurs que commandait le caporal indigène Assek-Sar.

Celui-ci envoya d'abord des feux de salve aux assaillants, qui se dispersèrent en tirailleurs; notre petite troupe se défendit avec le plus grand sang-froid et parvint à repousser les Toucouleurs. Les gens des villages voisins, au bruit de la fusillade, accoururent, achevèrent la déroute de l'ennemi et le poursuivirent jusqu'au Ba-Oulé. Les Toucouleurs perdirent dans cette rencontre dix-sept hommes.

On sut que Babaly-Aloar avait pour mission d'attaquer quelques villages qui s'étaient récemment soustraits à l'autorité du roi du Kaarta, mais qu'il avait la défense expresse de s'attaquer à nous. Aussi ce n'est que sur les instances des amis de Babaly que Mountaga consentit à lui pardonner sa désobéissance. Du reste l'insuccès de cette attaque nous rassura pour l'avenir contre de semblables tentatives.

Le lieutenant-colonel Boilève resta à Bammakou du 2 au 24 avril. Il revint à Kondou le 1er mai et y resta jusqu'au 11 pour permettre à tous les mulets de la colonne de faire un voyage de transport jusqu'à Bammakou.

Arrivé au gué de Toukolo le 21 mai, il y apprit qu'un incendie avait détruit à Khayes la grande caserne et les magasins du chemin de fer. Laissant le commandement de la colonne au chef de bataillon Monségur, il se dirigea de sa personne, en toute hâte, vers Khayes pour porter remède autant que possible à la situation. La colonne, continuant sa route, fut transportée par le chemin de fer de Dinguiray à Khayes, où elle arriva le 8 juin. Elle s'embarqua à Tambokhané le 12 et arriva à Saint-Louis dans les premiers jours de juillet.

Pendant les huit mois que dura l'expédition, les pertes des Européens furent de 18 pour 100 de l'effectif.

Durant cette campagne de 1883-1884 on construisit le poste de Kondou, entre Kita et Bammakou. On fit la route de Badoumbé à Toukolo et trois grands ponts en bois, sur le Keniéko, sur le Badingo et sur le Ba-Oulé; on exécuta en outre d'importants travaux topographiques.

Nous venons de dire qu'une chaloupe à vapeur naviguait sur le Niger. En effet, en septembre 1883 M. Dislère, alors directeur des Colonies, commanda au service des constructions navales une chaloupe canonnière destinée à être transportée par morceaux à Bammakou, que nous venions d'occuper.

Cette chaloupe démontable a 18 m. 60 de long, 2 m. 70 à sa plus grande largeur. La force nominale de sa machine est de sept chevaux et demi, la force effective de trente chevaux. Elle peut porter un équipage d'une douzaine de personnes avec une douzaine de jours de vivres. Chargée, elle cale environ 0 m. 70. Son poids total est de 7550 kilogrammes. Elle a coûté 67 000 francs, y compris son transport jusqu'à Saint-Louis. Les essais furent faits sur la Seine; on put monter la chaloupe en deux jours.

Elle arriva au Sénégal vers les premiers jours d'octobre 1883 et à Khayes dans le mois de novembre. Partie de Médine le 1er janvier 1884, elle ne fut rendue à Bammakou que le 30 avril. Il a donc fallu quatre mois pour la transporter par terre du Sénégal (Médine) au Niger, sur une distance de 150 lieues. Le prix de ce dernier transport s'est élevé à 116 000 francs.

Le 3 mai on commença les travaux de montage, qui durèrent près de trois mois. La canonnière, le *Niger*, fut lancée au commencement d'août; au mois de septembre elle franchit les passes de Sotuba et commença à descendre le fleuve; mais elle dut s'arrêter à Koulikoro, à seize lieues en aval de Bammakou. Quelques parties du tuyautage ayant été perdues pendant le transport par terre, la machine fonctionnait mal; de plus, M. Froger, enseigne auxiliaire de la marine, qui avait dirigé les opérations du transport et du montage et qui la commandait, était tombé gravement malade; son successeur, M. l'enseigne de vaisseau Davoust, n'était pas encore arrivé. On décida donc de remettre à l'année suivante le voyage à Tombouctou.

Le prix exorbitant du transport de la canonnière de Médine à Bammakou nous suggérait en 1884 quelques réflexions, que nous reproduisons ici, sous la forme où elles furent écrites, car, malgré les progrès accomplis dans les moyens de communication, elles nous semblent encore de saison :

On ne peut, disions-nous en parlant du prix de transport, songer à renouveler de semblables opérations ; et cependant, d'ici à quelques années, il sera indispensable d'avoir sur le Niger plusieurs bateaux à vapeur pour y faire la police. D'un autre côté, le commerce y aura besoin aussi de toute une flottille à vapeur ou à voile, chaloupes, chalands, etc. Il faut donc que Bammakou, port d'amont, et Manambougou ou Koulikoro, port d'aval, aient des chantiers de construction.

L'administration devrait donc, dès à présent, nommer un directeur du port et des constructions navales à Bammakou. Ce directeur chercherait dans les environs les essences forestières convenables pour les planches, les courbes, les mâts, les vergues, etc., et ferait un approvisionnement de ces matériaux de construction.

Il faudrait faire faire immédiatement, pour le service de l'État, un vapeur de dimensions plus grandes que celles de la chaloupe le *Niger*.

On ne peut songer à faire venir la coque de France, ni à fabriquer la machine à Bammakou. Il faut donc construire là-bas le navire en bois sur un modèle donné par le service des constructions du Ministère de la marine, qui fera faire en France la machine à y adapter, laquelle machine serait démontable pour être transportée comme l'a été la canonnière le *Niger*.

Il faudra qu'on envoie aussi à Bammakou un approvisionnement de ferrures, de cordages, de toiles à voile, etc.

Ces faits d'une importance capitale — l'occupation de Bammakou et le lancement d'une canonnière sur le Niger — nous amènent naturellement à donner encore des détails sur cet immense cours d'eau, dont l'embouchure attirait, depuis longtemps déjà, l'attention du commerce.

On connaissait depuis l'antiquité l'existence d'un grand fleuve au sud du Sahara et, depuis la fin du quatorzième siècle, l'existence d'une grande ville, Tombouctou, sur ce fleuve; mais on faisait les hypothèses les plus diverses au sujet de ce dernier; pour les uns il coulait vers l'est et n'était qu'un bras du Nil d'Égypte, pour les autres il coulait au contraire à l'ouest et n'était que le haut Sénégal. Personne ne pensait alors à ce delta si considérable qui se trouve au fond du golfe de Guinée et qui signalait cependant l'existence d'un bien grand fleuve.

Mungo-Park, le premier, au commencement de ce siècle, reconnut que le Niger, venant d'abord du sud au nord, coule vers l'est dans sa partie la plus septentrionale, puis qu'il s'incline vers le sud. Malheureusement son exploration ne put être complétée et se termina par sa mort, à Boussa, en 1805.

A Boussa se trouvent, à ce qu'il paraît, des obstacles infranchissables qui s'opposent à la navigation. Il en serait du Niger comme des autres grands fleuves de l'Afrique, le Nil, le Sénégal, le Congo, le Zambèze, sur le cours desquels des cataractes et des rapides signalent l'endroit où ces fleuves quittent les hauts plateaux de l'intérieur pour déboucher dans la contrée moins élevée qui se termine par les plaines d'alluvion.

Ce n'est qu'en 1824 que Clapperton et son serviteur Lander reconnurent définitivement la direction de la partie inférieure du Niger, et, après la mort de Clapperton, Lander eut la gloire de l'avoir descendu le premier depuis Yaurie jusqu'à son embouchure, où il trouva des navires anglais qui trafiquaient d'huile de palme avec les indigènes, sans se douter qu'ils étaient à l'embouchure du grand fleuve du Soudan.

En 1832 Lander remonta le Niger avec deux steamers fournis par le commerce de Liverpool. Il put atteindre Rabba et en outre explorer une trentaine de lieues du cours de la Benué, ce grand affluent du Niger. Mais les fièvres pernicieuses enlevèrent quarante Européens sur quarante-neuf qui montaient ses navires. Quant à Lander, attaqué sur une pirogue par des indigènes, à soixante-dix milles de la mer, il put leur échapper, après avoir été blessé, et alla mourir à Fernando Pô, en 1834.

Postérieurement, diverses expéditions remontèrent le Niger, essayant de nouer des relations amicales avec les indigènes, mais sans succès, tant ceux-ci et leurs chefs étaient sauvages et abrutis par les pratiques de la traite des esclaves et l'abus des liqueurs fortes.

En 1854 M. Liard, de Liverpool, remontait le Niger sur un vapeur, la *Pléiade*, de 260 tonneaux de jauge, de 60 chevaux-vapeur et calant six pieds d'eau. Il avait à bord le Révérend docteur Krowther, nègre de la nation Hiébou et missionnaire anglais.

La *Pléiade* entra par la rivière Noun, celui des bras de l'embouchure par lequel était sorti Lander en 1830.

La même année, Barth côtoya le Niger de Tombouctou à Say; en 1883 un explorateur italien, M. Buonfanti, prétendit l'avoir remonté de Say à Tombouctou; enfin, plus récemment, M. le lieutenant de vaisseau Caron, commandant la canonnière française le *Niger*, l'a descendu de Bammakou à Tombouctou. Nous reparlerons plus loin de ce dernier voyage.

D'après ces explorateurs, sur cet espace de plus de quatre cents lieues, le Niger présente des caractères bien différents, mais tous affirment cependant que, même aux basses eaux, la navigation y est possible pour des embarcations d'un faible tirant d'eau. Buonfanti l'aurait remonté de Say à Tombouctou avec une flottille composée de cinq pirogues de 12 mètres de long, 2 mètres de large et calant 1 mètre.

De Tombouctou à Bamba le fleuve s'étale dans une vaste plaine; il présente un fouillis de canaux, de bras morts, de marécages, coupés d'îles boisées, de dunes couvertes de buissons épineux, dont quelques-unes atteignent cinquante mètres de hauteur. Ses rives, où croissent des palmiers d'Égypte, le sol, qu'il couvre de ses inondations annuelles, deviennent, pendant la saison sèche, d'excellents pâturages où paissent d'innombrables troupeaux appartenant aux tribus touareg, aux Sonrhaï ou aux Poul.

En aval de Bamba, le Niger traverse un terrain rocailleux; ses berges s'élèvent, deviennent abruptes, se rapprochent, sa largeur diminue; à Tossaye elle n'est plus que de cent cinquante mètres. Au coude de Bourroum le fleuve s'épanouit de nouveau; il a plus de six kilomètres de large; aux basses eaux il est guéable.

Après Gogo, l'ancienne capitale du royaume sonrhaï, qui n'a rien conservé de sa splendeur passée, le Niger coule sur un sol rocheux. Divisé en plusieurs bras par l'île Ansongho, son cours devient torrentueux; de nombreux récifs, des blocs de granit obstruent son lit et rendent la navigation très pénible sur un parcours de vingt-cinq kilomètres environ. Ces difficultés doivent disparaître au moment des hautes eaux.

En approchant de Garou et Sinder, petites villes établies en face l'une de l'autre sur deux îles, le Niger prend un cours tranquille; sa largeur atteint deux kilomètres. En amont de Sinder se trouve l'île de Fetchili, dont les habitants sont réputés les meilleurs bateliers du Niger moyen.

De Tombouctou à Garou-Sinder les rives du fleuve, et surtout la rive gauche, sont parcourues par des tribus de Touareg. Les Sonrhaï et les Poul, fort disséminés, n'y ont que peu d'établissements fixes.

Garou et Sinder comptent ensemble environ 18 000 habitants. C'est le plus grand marché de céréales de cette région, et les voyageurs qui remontent le Niger doivent, en cet endroit, faire leurs approvisionnements.

Entre Sinder et Say le Niger traverse un pays magnifique,

légèrement accidenté. Des collines verdoyantes, d'une altitude moyenne de 250 mètres, dominent le fleuve. Des fermes, des habitations, de petits villages couvrent ses rives boisées. Dans son lit, débarrassé d'écueils et où se trouvent seulement quelques rares îles couvertes d'arbres et bien peuplées, le Niger coule lentement; sa largeur varie entre 1 700 et 2 000 mètres.

Sur le parcours de Say à Boussa les renseignements font défaut.

Quant à la partie du Niger comprise entre Bammakou et Tombouctou, la plus intéressante pour nous, elle nous est maintenant bien connue, grâce aux voyages de la canonnière le *Niger*. Antérieurement à ces voyages, Mage, pour la section entre Koulikoro et Sansanding, avait fourni des données très précises, et el hadj Abd-el-Kader ould Bakar, l'envoyé de Tombouctou, venu en France en 1884, des indications d'ensemble.

Des renseignements donnés par M. Caron et cet envoyé, il résulte que le Niger supérieur était autrefois, comme nous le savions du reste par René Caillié et Mungo-Park, la grande artère commerciale de cette partie du Soudan, entre Djenné, Sansanding et Tombouctou.

Les relations commerciales avec les villes du Macina étaient, il y a quelques années à peine, une source de richesses pour elles et Tombouctou; Tidjani, le chef toucouleur du Macina, les a interceptées en pillant les marchandises transportées par pirogues. Les Poul du Macina, avant d'être battus par Tidjani et de lui payer l'impôt, prélevaient simplement la dîme sur ces marchandises; celui-ci prélève le tout. Aussi c'est à grand'peine si 40 à 50 pirogues par an arrivent encore à descendre le Niger jusqu'à Tombouctou.

Quant à la navigabilité du Niger, des roches de Sotuba

à Tombouctou, elle est excellente. Même à la fin de la saison sèche, les grandes pirogues peuvent descendre le Niger sans le moindre embarras.

Aux roches de Sotuba, le passage est impraticable une partie de l'année et dangereux pendant les mois d'hivernage; c'est un chenal étroit, resserré entre des roches énormes, presque à sec pendant la saison sèche, mais produisant, dès que les pluies arrivent, un courant extrêmement rapide, au milieu duquel il est fort difficile de manœuvrer de façon à ne pas être brisé.

Le fleuve se sépare en deux branches au-dessus de Sansanding pour former l'île du Bourgou; les bateaux suivent celle qui passe près de Djenné et reçoit le Bakhoy; mais le bras occidental est également navigable. A partir de ce confluent, le fleuve prend, au-dessus du lac Déboë, une grande importance, car, même pendant la saison sèche, c'est à peine si avec une perche de 4 mètres de longueur, on peut, à cause de la profondeur des eaux, pousser les pirogues le long de la rive.

En arrivant près de Kabara (port de Tombouctou) on trouve un marigot qui, aux hautes eaux, amène devant Tombouctou même les embarcations ne calant que 0 m. 50 à 0 m. 60 au plus, mais qui est à sec à maints endroits pendant la saison des basses eaux.

Les pirogues restent environ trente jours en route pour se rendre des roches de Sotuba à Tombouctou.

En résumé, le Niger est le plus grand fleuve d'Afrique après le Nil et le Congo. Il a mille lieues de cours, et c'est sur ce magnifique cours d'eau, *à 800 lieues de son embouchure*, que se trouve notre poste de Bammakou.

Comme nous l'avons déjà dit et répété, nous sommes en position, par le Sénégal, d'exploiter sans concurrence le commerce de la riche vallée du haut Niger. Mais pour atteindre ce but il faut établir une communication par chemin de fer entre le point du Sénégal jusqu'où nos navires de commerce peuvent le remonter, et le point du Niger où ce fleuve commence à être navigable, c'est-à-dire entre Médine et Bammakou, soit sur une longueur de 150 lieues.

Le gouvernement, après s'être lancé, peut-être sans études préparatoires suffisantes, dans cette entreprise, manifeste depuis quelques années l'intention de l'abandonner. Est-ce manque de ressources, défaut de persévérance, ou pour d'autres raisons que nous n'avons pas à apprécier? En tout cas, cela est fâcheux à plusieurs points de vue. Se borner à construire le chemin de fer jusqu'à Bafoulabé, c'est comme si, ayant commencé à construire un pont sur une rivière pour faire communiquer les deux rives, on arrêtait le pont au quart de la largeur de la rivière.

Ce qu'il faudrait trouver, c'est une compagnie qui terminât le chemin de fer à ses frais. On lui en laisserait l'exploitation; on lui céderait gratis la partie terminée par l'État, et, en outre, des concessions de terrains aux gares, sur la ligne et sur les bords du Niger.

Cette compagnie aurait ainsi de grandes facilités pour exploiter le commerce de la contrée : elle aurait, à cet effet, une flottille fluviale sur chacun des deux fleuves et une flottille maritime. Nous estimons qu'il lui faudrait, pour se lancer dans cette entreprise, un capital d'au moins 70 millions.

Tombouctou, comme on le sait, est situé à environ 12 kilomètres du lit ordinaire du Niger, sur la rive gauche, à la partie occidentale du coude que fait ce grand fleuve vers le nord dans le Sahara, à 500 lieues de sa source et à la même distance de son embouchure.

C'est la partie la plus septentrionale de la contrée que les Arabes ont appelée Soudan.

Nous allons résumer en quelques pages l'histoire de cette ville fameuse qui entre dès à présent dans la sphère d'action de la colonie française du Sénégal.

Voyons d'abord quelles furent les premières notions acquises par les peuples méditerranéens sur cette partie du continent africain habité par les noirs.

650 ans avant Jésus-Christ, sous le règne de Nécos, roi d'Égypte de la xxvi⁰ dynastie, et d'après ses ordres, des marins phéniciens firent le tour de l'Afrique en partant de la mer Rouge. Leur étonnement fut grand lorsque, doublant la pointe sud du continent africain, ils virent le soleil à leur droite au lieu de le voir à leur gauche, comme ils l'avaient dans l'hémisphère nord quand ils tenaient le cap à l'ouest.

Hérodote nous apprend encore que, 500 ans avant Jésus-Christ, des Libyens Nasamons de l'oasis d'Audjila (aujourd'hui dépendant de la régence de Tripoli), dans le désert de Libye, allèrent faire un voyage de découverte jusqu'au grand coude septentrional du Niger. Rien n'indique que ce voyage d'exploration ait eu des suites.

Vers la même époque, le Carthaginois Hannon fit, comme nous l'avons dit[1], un voyage d'exploration par mer, le long de la côte occidentale d'Afrique; il pénétra jusqu'au golfe de Guinée et rapporta les peaux des Gorgones.

A dater du quatrième siècle avant l'ère chrétienne, les Carthaginois faisaient le commerce de l'or à la côte occi-

---

1. Voir page 16.

dentale d'Afrique, mais ils ne pénétraient pas dans les terres.

Le Soudan central, c'est-à-dire le bassin du Niger moyen, ne fut connu des Européens que postérieurement à ces dates, et il le fut par des documents arabes.

Les renseignements historiques que nous y trouvons ne remontent pas au delà du quatrième siècle de notre ère; les plus anciens se trouvent dans l'ouvrage d'Ahmed Baba, historien tombouctien.

On y voit qu'environ 300 ans avant l'Hégire, existait dans la région du Niger, à l'ouest du grand coude, un empire dont le chef s'appelait le Ghana et dont la capitale devait être Walata actuel, à environ 125 lieues à l'ouest de Tombouctou.

La population était, suivant moi, Soninké et non Poul, comme le pensait Barth. Ses débris se trouvent aujourd'hui dans le Kaarta, provinces de Diafouna et de Diawara; sur les bords du Sénégal, à hauteur de Bakel, dans le Gadiaga et le Guidimakha; et dans une foule de villages disséminés dans toute cette partie de l'Afrique : Sansanding, Djenné, etc.

L'empire de Ghana fut converti ou plutôt soumis à l'islamisme, vers l'an 1000 de notre ère, par les Berbères venus du nord, Lamtouna et Zénaga, qui avaient fondé la ville d'Audagost, à une centaine de lieues à l'ouest du Ghana, vers Tichit et l'Adrar, et avaient conquis les pays voisins.

Alors existait sur les bords du Niger à son coude septentrional, à l'est du Ghana, un autre empire noir, celui des Sonrhaï, dont la capitale était Koukia.

Le roi des Sonrhaï était en relation avec le chef zénaga d'Audagost.

Au onzième siècle, les Berbères d'Audagost s'étaient

emparés du Ghana, et les Sonrhaï de Koukia s'étaient convertis à l'islamisme et avaient transféré leur capitale à Gogo.

Ce serait alors que les Berbères Touareg auraient fondé Tombouctou, dont la population fixe devait être sonrhaï.

En 1203 les Berbères se virent enlever l'empire du Ghana par des noirs venus du sud, les Sousou, nation Malinké[1], qui s'emparèrent de Tombouctou et du pays des Sonrhaï.

En 1326 vinrent du sud d'autres Malinké, dont la capitale était Mali, sur la branche occidentale du Niger; ils battirent les Sousou et s'emparèrent du royaume des Sonrhaï, de Tombouctou et de toutes les contrées voisines, sauf Djenné. Un de leurs rois, Mansa-Moussa[2], dota de mosquées Tombouctou, qui devint le grand marché du pays.

Brûlé dans une invasion des Mochi, venus du sud en 1328, Tombouctou se rétablit sous le roi malinké Mansa-Sliman.

C'est en 1375 que cette ville fut signalée à l'Europe par le Mappa-Mondo catalan.

Dans le quinzième siècle, les Sonrhaï étaient redevenus presque indépendants des Malinké; une tribu berbère, sous son chef Akil, profita des guerres entre Sonrhaï et Malinké pour s'emparer de Tombouctou en 1433.

En 1468 le roi Soni-Ali, des Sarakhollé du Ghana, réagissant contre l'islamisme, livra Tombouctou et Djenné au pillage et au massacre, surtout des lettrés[3].

1. La langue malinké, dont le bambara n'est qu'un dialecte presque identique, est la langue d'une population très considérable, répandue dans le bassin du Haut-Niger et du Haut-Sénégal.
2. Mansa veut dire roi, en malinké; le nom que nous donnons à la Casamance provient de ce que, lors de sa découverte, les habitants qui sont malinké avaient pour roi un nommé Cassa-Mansa.
3. Les Sarakhollé ou Saracolets prirent-ils le nom de Soni-nké, qu'ils

Ce roi permit aux Portugais, sous Jean II, d'établir dans l'Adrar occidental un comptoir, qui n'eut pas de durée.

Après Soni-Ali vint la dynastie sonrhaï des Askia, en la personne de Mohammed-ben-Abou-Beker, qui nomma un de ses frères gouverneur de Tombouctou, fit un pèlerinage célèbre à la Mecque avec une véritable armée, en 1495-1497, dévasta le pays des Mochi idolâtres et prit Mali, l'antique capitale des Malinké. La puissance des Malinké se trouvait alors bien diminuée le long de la branche occidentale du Niger et commençait à faire place à celle des Poul (Foulbé) Mohammed-ben-Abou-Beker battit ces derniers en 1500.

Ce roi se trouvait à Tombouctou lorsque Léon l'Africain fit son voyage dans le Soudan. A cette époque Tombouctou s'était relevé plus florissant que jamais. Le sel lui arrivait de Teghafa, un peu au nord de Taodeni. Les caravanes du nord de l'Afrique avaient abandonné la voie du Ghana pour venir directement à Tombouctou et à Gogo.

Après avoir fondé un immense empire qui allait du Kaarta à Agadès (600 lieues de l'ouest à l'est), Mohammed-ben-Abou-Beker abdiqua en 1529.

Ahmed Baba, l'historien de Tombouctou, était son contemporain.

Sous Askia-Moussa, successeur du grand Mohammed, en 1534, les Portugais d'Elmina (Côte d'Or) envoyèrent une ambassade au gouverneur sonrhaï de Mali.

Vers 1550, Moulé-Ahmed, empereur du Maroc, éleva des prétentions sur les mines de sel de Teghafa; le roi sonrhaï Ishac repoussa ses troupes à l'aide de deux mille

---

portent encore aujourd'hui, parce qu'ils étaient du parti de Soni-Ali? En tout cas, Soni-nké veut dire homme de Soni, Mali-nké également veut dire homme de Mali.

Touareg; mais, quelques années après, Moulé-Ahmed, profitant des discordes du Soudan, entre Malinké et Sonrhaï, réussit à s'emparer de ces salines, et depuis lors ce sont celles de Taodeni qui fournissent du sel à Tombouctou et aux pays voisins, tandis que celles d'Idjil, dans l'Adrar, en fournissent à la partie occidentale du Soudan.

Envoyé par l'empereur du Maroc à la tête de trois à quatre mille hommes armés de mousquets, un pacha, nommé Djodar, battit Ishac et les Sonrhaï. Il fut révoqué par l'empereur du Maroc, qu'il n'avait pas satisfait, et remplacé par Mahmoud-ben-Sarkoub, qui s'empara de Tombouctou et fit abattre le bois voisin pour construire des pirogues, parce que celles de la ville avaient été emmenées par les Sonrhaï. C'est depuis lors qu'on se plaint du manque d'ombrage aux environs de Tombouctou.

Mahmoud-ben-Sarkoub alla ensuite battre Askia près de Gogo, et tout le pays tomba au pouvoir de l'empereur du Maroc, à qui fut envoyée une immense quantité d'or, au grand étonnement de l'Europe.

Les descendants des soldats des garnisons marocaines s'appellent encore aujourd'hui *rouma* ou *arama*, du verbe arabe *rma* (lancer), en souvenir des mousquets.

Dès 1667 les *rouma* ne reconnaissaient plus le joug du Maroc et s'étaient complètement mêlés aux indigènes. Ils furent bientôt subjugués par les Touareg Tademekket.

Vers 1700 les Poul du Sénégal s'étaient croisés avec les noirs Sérères et Wolof. La caste religieuse dominante avait pris le nom de Torodo[1]. Ces Poul, croisés de noirs, semblèrent avoir acquis des facultés nouvelles; ils devinrent les plus ardents convertisseurs et fondateurs d'empires musulmans.

1. Toro, province sur la rive gauche du Sénégal, à 70 lieues de l'embouchure, en suivant le fleuve.

Au commencement du dix-huitième siècle, Abdou-el-Kader fonda le Fouta sénégalais, le Torodo Sidi, l'État musulman du Fouta-Djallon et enfin le Torodo Ibrahima du Fouta-Djallon, le Bondou musulman. Les Poul musulmans étant devenus de plus en plus puissants dans la vallée du Niger supérieur, le Torodo Ahmadou-Labbo fonda l'empire poul musulman du Macina, sur les ruines de l'antique empire de Mali, divisé en petits États. Les Malinké furent partout refoulés, mais deux États puissants de leur race, sous le nom de Bambara, se formèrent dans l'Ouest (le Kaarta) et dans le Sud (le Ségou). Ce dernier, puissant empire, continua les guerres avec le Macina, qui voulait le convertir.

Au commencement du dix-neuvième siècle, le Torodo Othman Fodia et son fils, le sultan Bello, fondèrent un vaste empire musulman entre le Niger et le lac Tchad sur les ruines du Haoussa et pays voisins. Cet empire se partagea plus tard en deux royaumes, celui de Sokoto et celui de Gando.

Depuis la fondation du Macina, cet État se disputait la possession de Tombouctou avec les Touareg Aouellimmiden.

Des marabouts kountah, les Bekkay, vinrent s'établir dans cette ville à la requête des commerçants maures, pour s'efforcer, par leur influence religieuse, de faire régner un peu l'ordre et la justice entre ces farouches adversaires.

En 1854 Barth, en parlant de la situation de Tombouctou, où il venait de séjourner pendant près de huit mois, disait : « Le commerce et les habitants de cette ville ne jouiront d'un peu de sécurité que lorsqu'une puissance civilisée aura établi son autorité sur le Niger »; et, en disant cela, il est certain qu'il faisait allusion à la France, dont il venait d'apprendre les progrès vers l'intérieur, par le Sénégal. Son pronostic est en voie de réalisation, grâce à nous.

Depuis lors les affaires de Tombouctou n'ont fait qu'empirer. Comme nous l'avons déjà dit, de 1859 à 1861 le Torodo el hadj Omar d'Aloar, près de Podor, repoussé par nous du Sénégal, fit la conquête des puissants États idolâtres du Kaarta et du Ségou, de l'État musulman du Macina, et étendit sa domination jusqu'à Tombouctou. Ces révolutions, occasionnées dans le bassin du Niger par el hadj Omar, n'ont pas été favorables à cette ville. Les fanatiques sujets de Tidjani (ancien lieutenant d'el hadj Omar) furent pour Tombouctou des voisins encore plus incommodes que les Poul du Macina, auxquels cette cité était en quelque sorte habituée. C'est ce qu'a pu constater en 1881 le voyageur autrichien Lenz, qui, parti du Maroc, passa par Tombouctou et revint par notre colonie du Sénégal. Il trouva cette ville tellement bloquée du côté du sud, qu'il ne put se procurer la satisfaction d'apercevoir le Niger, qui, comme on le sait, coule à trois lieues de la ville.

Les Touareg Tademekket sont aujourd'hui les maîtres absolus à Tombouctou, quoiqu'ils n'y résident pas. Ils prélèvent des impôts exorbitants et irréguliers sur la fortune des habitants et sur les transactions commerciales, bien diminuées depuis que les Toucouleurs du Macina arrêtent presque complètement les arrivages du Sud.

Depuis quelques années, Tombouctou compte un ennemi de plus : Abidin, le fils aîné de Sidi Ahmed Bekkay, s'est retiré dans le Fermagha et, à la tête de Poul dissidents, fait la guerre aux Touareg Tademekket et pille les embarcations qui naviguent sur le Niger.

Comme on le voit, au sud de Tombouctou, dans le Soudan, c'est la race poul qui domine, et sa puissance va toujours grandissant. D'un autre côté, les dépendances des royaumes de Sokoto et de Gando s'étendent journellement vers l'embouchure du Niger et atteindront bientôt la mer, au fond du golfe de Guinée; de sorte qu'aujourd'hui les Poul sont répandus de l'embouchure du Sénégal à celle du Niger, sur une étendue de 30 degrés de longitude et entre les latitudes de 10 à 15 degrés nord, c'est-à-dire sur un espace d'environ 90 000 lieues carrées.

En regard de cet état politique du bassin du Niger, quelle est notre situation dans cette contrée? Pour l'apprécier, il faut nous reporter vers 1850. A cette époque nous n'étions rien aux yeux des indigènes. Les puissants États de Ségou et du Kaarta connaissaient vaguement l'existence de quelques marchands blancs vers l'embouchure du Sénégal, mais ils ne s'en inquiétaient nullement. Nos traitants remontaient bien jusqu'à Bakel, mais c'était en supportant toute espèce d'insultes et de violences de la part des Toucouleurs du Fouta et en leur payant des droits de passage exorbitants, jusqu'à 1500 fr. par navire à Saldé.

Dans le bas du fleuve, le puissant maître des deux rives, le roi des Trarza, se vantait d'aller faire le salam dans l'église de Saint-Louis, à sa première brouille avec les Français, et en effet, en 1854, lors de l'inauguration de notre nouveau système politique, il venait avec son armée jusqu'à 5 kilomètres de Saint-Louis, pour mettre sa menace à exécution. C'était à Leybar : le nouveau gouverneur y avait fait établir un pont sur un marigot (grande innovation dans le pays), mais, comprenant que c'était un passage ouvert à l'ennemi, il avait, avant de partir avec la garnison de Saint-Louis pour une expédition chez les Trarza, fait construire en huit jours une tour en maçonnerie, comme tête de pont, et y avait mis 1 sergent et

10 hommes avec un obusier de montagne tirant par les fenêtres.

C'est à cet obstacle que se heurta le puissant monarque des Trarza ; après qu'il eut perdu un assez grand nombre d'hommes, un obus étant venu éclater près de la tente d'où il observait l'attaque de la tour, il s'enfuit en toute hâte avec son armée ; puis une guerre de quatre ans détruisit à moitié son peuple. Les Trarza furent donc les premiers détrompés à notre égard et reconnurent que nous n'étions pas, comme ils se le figuraient, de simples marchands incapables de faire la guerre. Le Cayor et le Fouta eurent leur tour, et enfin, comme consécration dernière, le sanglant échec d'el hadj Omar devant Médine nous fit, auprès des indigènes, une réputation de grande puissance militaire.

Ils comprirent la vérité des paroles de Paul Holl, commandant de Médine. Pendant le siège, les assiégeants lui criaient : « Vous n'avez plus de vivres, vous n'avez plus de poudre, le Borom-N'dar ne peut pas venir à votre secours parce qu'il n'y a pas d'eau dans le fleuve : d'ici à quelques jours nous vous aurons coupé le cou à tous ». Paul Holl leur répondit du haut des murs : « Jamais un noir n'entrera de force dans la maison d'un blanc ». Cette vérité est aujourd'hui admise par tout le monde, et nos postes ne seront jamais sérieusement attaqués.

Quant à la possibilité pour les indigènes de nous résister dans leurs villages fortifiés, ils ont été fixés à cet égard par de nombreuses expériences. Tandis qu'entre eux ils restent quelquefois des mois entiers à assiéger leurs tata, nous leur avons enlevé d'assaut et *en un seul jour* :

En 1854, Dialmatch, la ville sainte du Dimar, en perdant 175 hommes tués ou blessés ;

En 1859, Guémou, la forteresse élevée par ordre d'el

hadj Omar chez les Guidimakha et défendue par son propre neveu Siré-Adama, qui s'y fit tuer. Nous y eûmes 156 hommes tués ou blessés;

En 1878, Sabouciré, dans le Khasso, dont le chef fut tué. Nous perdîmes 64 hommes tués ou blessés;

En 1881, Goubanko, dans le Birgo; nos pertes furent de 30 hommes tués ou blessés;

Enfin, en 1883, Daba, dans le Bélédougou, dont le chef fut tué et où nous eûmes 55 hommes tués ou blessés.

Notre supériorité militaire est donc aujourd'hui bien établie aux yeux des indigènes, et cela explique comment Ahmadou et Samory se gardent de s'attaquer à nous.

Quoique notre principal objet soit de parler du Haut-Niger, où nous sommes les maîtres aujourd'hui, nous ne pouvons nous dispenser d'entrer dans quelques détails sur le bas du fleuve, dont le commerce prend de jour en jour plus d'importance et où jusqu'à présent, comme sur tout point accessible par mer, les Anglais ont élevé et élèvent encore des prétentions exagérées.

Le Niger se jette à la mer par une foule de bras qui constituent un delta considérable. Ce delta a, depuis la mer jusqu'à Abo, une vingtaine de lieues. Il est habité par des peuplades sauvages et indépendantes. Le sol y est souvent en partie submergé à marée haute et il est couvert, sur les rives, de palétuviers impénétrables. D'innombrables moustiques, les miasmes de ces terrains marécageux, de ces vases infectes, qui engendrent des fièvres pernicieuses, rendent le séjour de cette contrée impossible pour les blancs.

Lorsqu'on sort du delta en remontant le fleuve, la nature du pays change totalement; on voit se dérouler un grand et magnifique cours d'eau sur les rives duquel s'étalent toutes les splendeurs de la flore intertropicale:

cocotiers, palmiers, bombax; les bananiers entourent de nombreux villages, et cette riante nature est animée par une multitude d'oiseaux parés des plus vives couleurs.

On trouve d'abord le village d'Abo, dont les habitants sont de vrais pirates qui vont faire des expéditions dans les environs sur des flottilles de pirogues de guerre.

Un peu plus haut se trouve Onitcha, ville de 15 000 habitants, grand marché d'huile de palme où affluent des populations considérables.

Puis vient Idda, ville musulmane de 10 000 habitants, position très forte sur un rocher qui domine le fleuve. Les habitants sont hostiles aux Européens.

Il n'en est pas de même de Lokodja, au confluent du Niger et de la Bénué; c'est un grand marché de ravitaillement.

A 25 lieues plus haut, c'est-à-dire à 120 lieues de la mer, se trouve Egga; les produits du pays, qui y sont amenés par de nombreuses caravanes, sont : l'huile de palme, le beurre végétal, un peu de coton et d'indigo, le sésame, les cuirs, l'ivoire, les plumes d'autruche, et de petits chevaux. Egga reçoit annuellement la visite d'une dizaine de steamers. Cette ville fait partie du royaume de Nupé, qui s'étend, sur le fleuve, du confluent de la Bénué jusqu'à Boussa. Ce petit État est une dépendance du royaume de Sokoto; sa capitale, Rabba, compte 70 000 habitants.

A partir de l'embouchure, les populations sont fétichistes jusqu'à Idda. Au-dessus d'Idda, les musulmans dominent; ainsi Lokodja est gouverné par un prince musulman nommé par le roi de Nupé.

Sur la Bénué, à une vingtaine de lieues du confluent, se trouve Loko, ville soumise à l'influence musulmane.

Il y a des indigènes protestants dans un certain nombre

de villages, par exemple à Onomari, Alendzo, Onitcha, etc.

Les bateaux calant six pieds d'eau peuvent facilement remonter jusqu'à Egga du mois de juin au mois de novembre.

Lorsque la crue est forte, des bâtiments calant de dix à douze pieds peuvent remonter jusqu'au même point en août et septembre.

A partir d'Egga, le fleuve diminue de profondeur jusqu'à Rabba et n'est plus navigable que pour des navires calant de quatre à cinq pieds.

De Rabba à Bidda, les chaloupes à vapeur peuvent seules naviguer.

En somme, la navigation du Bas-Niger présente beaucoup de difficultés. Le chenal se déplace d'une année à l'autre, par suite des éboulements continuels de la rive occidentale. Aux environs d'Igbébé, le fleuve est parsemé de grosses roches qui rendent la navigation très périlleuse. Le courant est d'environ quatre milles. Les indigènes se servent de grandes pirogues, qu'ils ont en grand nombre.

Dans le delta du Niger, les traitants européens, au lieu d'habiter les terres insalubres, s'établissent sur des pontons ancrés dans les endroits les plus favorables; ce sont de grands navires dégréés dont on a aménagé une partie pour servir de logement; la partie restante du pont, protégée contre le soleil et la pluie par un toit en zinc ou en toile à voile, sert aux opérations du commerce. Les traitants ne vont à terre que lorsqu'ils y sont absolument forcés. La plupart de ces pontons sont à la fois des entrepôts et des usines pour la préparation de l'huile de palme.

Il y a une trentaine d'années que les Anglais fondèrent des comptoirs dans les canaux du delta du Niger, en même temps qu'ils faisaient, en remontant le fleuve, des voyages d'exploration et qu'ils fondaient quelques missions protestantes. Un de leurs plus zélés missionnaires, dès cette époque, et encore en 1889, est le révérend Krowther, évêque anglican. Son histoire est intéressante, et nous la donnons ici.

Vers 1840 un village indigène situé non loin du confluent du Niger et de la Bénué était subitement assailli par une bande de Poul, du royaume de Sokoto. On sait que les Poul se sont donné comme tâche de convertir à l'islam tout le Soudan, et qu'ils opèrent de l'embouchure du Sénégal à celle du Niger. La religion a toujours été un prétexte commode pour donner carrière aux instincts avides et cruels. Les Poul mettent hors la loi et le droit des gens tous les hommes qui ne partagent pas leurs croyances religieuses. Ni trêve ni merci à qui ne fait pas le salam. Les musulmans en Afrique en sont encore, à cet égard, au point où en étaient les catholiques espagnols en Amérique il y a deux cents ans, et les catholiques français dans les Cévennes il y a cent cinquante ans.

Quand un village est envahi, les hommes périssent en combattant ou parviennent à se sauver; les femmes et les enfants, voilà le butin le plus assuré : on les fait esclaves et on va les vendre.

Dans le cas que nous avons cité ci-dessus, un enfant de neuf ans, après avoir vu son père tué, sa case brûlée, et sa mère laissée pour morte sur le sol, fut pris par les assaillants. Promené de marché en marché, il finit par être vendu à un négrier portugais, à l'embouchure du Vieux-Calebar. Ce négrier, pourchassé par un croiseur anglais aux abords de l'île de Sainte-Hélène, jeta, selon l'usage, à la mer, par des sabords disposés *ad hoc*, son chargement de nègres; mais les Anglais avaient tout vu, et, prenant le négrier à l'abordage, ils pendirent l'équipage aux vergues et visitèrent le navire avant de le couler. Ils trouvèrent, caché dans un coin de la cale, l'enfant dont nous racontons l'histoire. On le conduisit à Sierra-Leone et on le mit à l'école. Il fit des progrès rapides et apprit l'anglais, le latin et l'hébreu. On l'envoya alors à Londres, où il termina ses études au séminaire. Il se fit missionnaire et fut envoyé dans le Niger. Enfin, en 1864 il fut sacré évêque par l'archevêque de Canterbury. Telle serait l'histoire de l'évêque noir Samuel Krowther, âgé aujourd'hui d'une soixantaine d'années et qui consacre sa vie à répandre la connaissance de la religion chrétienne parmi les populations du Bas-Niger et de la Bénué.

Le chef-lieu de sa mission est à Lokodja, au confluent des deux cours d'eau, mais il n'y vient qu'à la saison des hautes eaux, qui lui permettent de parcourir la contrée au moyen d'un petit vapeur.

Le plus extraordinaire, c'est que M. Krowther a, dit-on, retrouvé, il y a quelques années, sa mère, qui l'a reconnu tandis qu'il prêchait dans un village. Il la prit avec lui à Lagos et l'entoura des plus tendres soins jusqu'à sa mort.

Nous ne savons pas si cette histoire est authentique dans tous ses détails, les abolitionnistes anglais ayant pu l'embellir dans de bonnes intentions.

Les partisans de l'esclavage se complaisent au contraire à dire que les affections de famille n'existent pas chez les noirs, et que les négresses vendent spontanément leurs enfants pour une bouteille d'eau-de-vie. Cela peut être exact sur certains points de traite où depuis plusieurs siècles les négriers emploient tous les moyens pour abrutir ces malheureux noirs et les ravaler au-dessous des animaux supérieurs. Il n'en est pas moins vrai que l'amour maternel et l'amour filial sont développés au plus haut point chez les noirs de l'Afrique occidentale. Les mères y sont l'objet de la plus grande vénération de la part de leurs enfants pendant toute leur vie.

Les Wolof, quand ils veulent certifier une chose, jurent par leur nez : *Souma bakan* (par mon nez); mais s'ils veulent faire un serment plus solennel, c'est par le nez de leur mère, et alors il n'y a pas de danger que le serment soit violé : *Souma bakan ou ndey*. Cela veut dire : par mon nez de mère, pour : par le nez de ma mère.

Cette règle de langage indique un des caractères des Wolof. Ils n'ont rien à eux. S'ils se mettent à table, et que paraisse un étranger quelconque, il a droit à sa place.

Les Wolof de notre colonie ne travaillent que pour se procurer de quoi donner autour d'eux ce qu'ils ont gagné : à leurs femmes, à leurs amis, et aux griotes par qui ils font chanter leurs louanges.

Ce qui appartient à l'un d'eux dans une famille appartient à l'autre : de là, les locutions dont nous venons de donner un exemple : *Souma fas ou bay*, mon cheval de père, pour : le cheval de mon père. *Souma fetal ou mag*, mon fusil de frère, pour : le fusil de mon frère.

Pour en finir avec ce sujet, nous dirons que si nous n'avons jamais vu de négresse vendant son enfant, nous avons maintes fois vu de pauvres mères qui parcouraient le pays depuis dix, quinze, vingt ans, au milieu de fatigues et de privations incroyables, pour retrouver un enfant qui leur avait été volé autrefois, et vendu à des négriers.

M. Krowther, qui était dans les meilleures conditions pour réussir auprès des noirs, puisqu'il était de leur race, n'a cependant pas, que nous sachions, obtenu des résultats considérables. La conversion des nègres au christianisme est bien difficile. Les missionnaires protestants, pères de famille, réussissent souvent mieux que les missionnaires catholiques célibataires; au Sénégal ces derniers n'obtiennent que des résultats insignifiants ils réussissent mieux dans l'arrondissement de Gorée, et, comme nous le verrons plus loin, nous espérons qu'ils sont sur le point de réussir tout à fait dans l'intérieur, sur notre ligne de pénétration. Une condition très importante pour que l'œuvre de conversion et d'éducation soit sérieuse, c'est de suivre les convertis devenus hommes, et de ne pas les abandonner subitement à eux-mêmes sans guide, sans position sociale. Les bons missionnaires, après avoir instruit l'enfant, dirigent le jeune homme, observent et conseillent le père de famille. Abandonnés à eux-mêmes, ces individus, déclassés par cela même qu'ils sont, sous certains rapports, supérieurs à leur entourage, tournent presque nécessairement mal, sans qu'on puisse trop le leur reprocher.

Étant en 1855 à bord de l'*Eldorado*, commandant Baudin, nous descendîmes à Grand-Bassam. Nous fûmes reçus en grande pompe au village du roi Piter. Le vieux roi daigna, pour nous faire honneur, exécuter lui-même quelques pas de danse, au milieu de ses femmes qui, agenouillées, nettoyaient de leurs mains le sol que foulaient les augustes pieds de Sa Majesté, pendant qu'un orchestre composé d'une vingtaine de noirs, soufflant dans des dents d'éléphant, produisait la plus épouvantable cacophonie qu'on puisse imaginer.

La foule nous entourait et nous serrait de près. Un indigène surtout, aussi peu vêtu que les autres et plus répugnant, par suite d'une maladie de peau dont il était affligé, venait toujours se placer contre nous. Je dis à l'interprète qui nous accompagnait : « Quel est donc cet homme? que veut-il? » Avant que l'interprète ait pu me répondre, le noir me dit lui-même, sans aucun accent étranger : « Capitaine, je suis un ancien élève du lycée Louis-le-Grand ; j'y ai fait toutes mes études ». On comprendra sans peine ma stupéfaction ; je ne pus que répéter : « Comment! un ancien élève de Louis-le-Grand? — Oui, me dit-il ; l'amiral Bouët m'emmena en France. Le Ministre de la Marine me mit au lycée, et quand j'eus fini mes études, on vint me déposer ici dans mon pays natal. — Mais comment vivez-vous ici? que faites-vous? — Je gagne de quoi manger en servant quelquefois d'interprète entre les soldats du poste et les habitants du village. »

Ce pauvre diable avait l'air profondément malheureux et humilié. Ajoutons, comme détail important, que les habitants de Grand-Bassam étaient anthropophages.

Assez ému de ce que je venais d'apprendre, je me dis en moi-même qu'il était bien mal de se jouer ainsi d'une existence humaine. Si cet homme était resté avec ses frères, ne connaissant pas d'autre état social que le leur, il eût partagé leur sort sans regret, il eût vécu content de sa destinée. On l'expatrie, et au bout de sept ou huit ans on le ramène chez lui, ayant presque perdu l'usage de sa langue, ne sachant plus pêcher, chasser, en un mot n'ayant aucune des connaissances nécessaires pour vivre, mais en revanche sachant le latin et le grec. Il fut naturellement regardé par ses compatriotes comme un être incapable, inutile, et on en fit un paria.

En 1856 le gouverneur du Sénégal, convaincu de la nécessité de former quelques indigènes d'élite pour nous aider dans notre œuvre de civilisation et d'assurer en même temps le recrutement des interprètes pour les diverses langues du pays, fonda une école qui fut d'abord appelée « École des otages », parce que les quelques fils

ÉCOLE DES OTAGES. — Yoro-biao, fils du chef Fara-Penda du Walo. — Demba, fils du roi Sambala de Médine. — Ousman, gardien des otages.

de chefs qui s'y trouvaient nous avaient été donnés en cette qualité par leurs pères, et qui prit ensuite le nom d'« École des fils de chefs et des interprètes ».

Cette école a duré quinze ans. Elle fut supprimée en 1871, sous le gouvernement du colonel Valière, à l'instigation de certains indigènes qui ne désirent rien tant que de voir les autorités françaises ignorantes des choses du pays.

Cent trois élèves y ont passé dans ce laps de temps; quarante et un y sont restés trop peu de temps pour qu'un résultat sérieux ait pu être obtenu en ce qui les concerne; plusieurs d'entre eux n'étaient guère que depuis un an à l'École quand elle fut supprimée. Six ont mal tourné, étant devenus de mauvais sujets ou même ayant trahi notre cause. Cinquante-six ont bien profité de leurs études et ont été des hommes utiles à la colonie; ainsi :

Onze sont devenus des chefs indigènes,

Neuf ont été interprètes,

Deux, officiers indigènes, dont un tué à l'ennemi,

Quelques-uns comptables à bord des bateaux de la flottille intérieure,

D'autres adjoints aux instituteurs de la colonie, employés au bureau du génie, à l'imprimerie du gouvernement ou dans des maisons de commerce.

Enfin, quelques-uns sont retournés chez eux pour s'occuper de culture et de commerce.

Pour obtenir d'une semblable école les résultats qu'on en attend, il faut que certaines conditions soient remplies en ce qui concerne le choix du personnel.

Que l'on charge le premier venu, quelque savant qu'il soit, de tenir l'école; qu'on prenne le premier venu pour surveillant, et que l'autorité supérieure ne s'intéresse que médiocrement à l'institution, les élèves en sortiront, peut-être instruits, mais non transformés comme éducation, comme idées, comme tendances et sans avoir contracté des sentiments de reconnaissance et d'affection pour la France.

Lors de l'ouverture de l'École, en 1856, un commis de marine fut désigné par l'ordonnateur comme instituteur; c'était un médiocre employé, parce que l'administration ne l'intéressait guère; il prit à cœur, au contraire, ses nouvelles fonctions d'instituteur de nos jeunes indigènes. Homme à imagination vive et au cœur chaud, il aimait ses élèves et sut gagner leur confiance. Le surveillant Ousman se montra également parfait dans ses fonctions, dévoué à notre cause, sérieux, ayant le sentiment du devoir, il veillait affectueusement sur ces enfants, qui le respectaient et se montraient très soumis. Tous les dimanches matin, le gouverneur se faisait amener par lui les élèves pour les féliciter, les encourager et les récompenser.

C'est grâce à ces conditions que cette École produisit des résultats satisfaisants.

Il est difficile que ces conditions se trouvent réunies de nouveau. Les gouverneurs du Sénégal changent trop souvent pour pouvoir s'intéresser à de pareilles fondations. Ils quittent souvent la colonie sans avoir eu même le temps d'apprendre le nom des pays qu'ils ont à administrer.

De 1880 à 1888, en huit ans, il y a eu dix gouverneurs du Sénégal en comptant les intérimaires : MM. Brière de l'Isle, Delanneau, Canard, Vallon, Servatius, Bourdiaux, Seignac, Quintrie, Genouille, Clément Thomas.

Il est réellement fâcheux que cette institution de l'École des fils de chefs et des interprètes n'ait pas été maintenue et ne puisse être rétablie. Plusieurs de nos chefs d'exploration ou d'expédition se trouvaient bien agréablement surpris de rencontrer, dans les pays de l'intérieur, des noirs parlant et écrivant le français, les accueillant cordialement et se mettant à leur disposition ; c'étaient d'anciens élèves de notre école de Saint-Louis.

L'heureuse création en 1883 de la société de l'*Alliance française*, pour la propagation de notre langue sur tous les points du globe, a été prise tout à fait au sérieux dans notre colonie du Sénégal ; il est vrai que c'est peut-être celle où le besoin s'en faisait le plus sentir et où les résultats peuvent en être le plus avantageux. Le gouvernement, les administrations, les fonctionnaires civils et militaires, les commerçants se sont empressés de souscrire. M. Hubler, directeur des Postes et Télégraphes, a bien voulu se charger de la présidence de cette société, et il s'en est occupé avec le zèle le plus louable. De plus, une véritable émulation s'est manifestée parmi les commandants des postes pour la création immédiate d'écoles, et les derniers postes établis, comme Kita et Bammakou, ont déjà improvisé des écoles que suivent les enfants indigènes des villages voisins.

La question des écoles a passé au Sénégal par diverses phases. Les écoles de filles y sont tenues par les dames de Saint-Joseph de Cluny, en outre et depuis peu de temps par une ou deux institutrices laïques. Pour les garçons, ce sont les frères de Ploërmel qui ont, de tout temps, dirigé les écoles. En 1856 le gouverneur, voyant que les jeunes chrétiens, qui ne sont qu'une faible minorité, suivaient seuls leurs écoles, parce que les parents musulmans craignaient que les frères, comme ils y étaient forcés par leurs statuts, ne cherchassent à convertir leurs élèves à la religion chrétienne, fonda une école tenue par un laïque en promettant aux musulmans qu'on n'y enseignerait absolument que la langue française et l'arithmétique. Il se produisit alors un fait aussi singulier qu'inattendu : les frères demandèrent à leurs supérieurs et en obtinrent l'autorisation de créer des cours du soir où il ne serait enseigné que le français et l'arithmétique. Comme ils étaient connus des noirs et que, abstraction faite de la question religieuse, ils jouissaient de leur estime, il arriva que, tandis que l'école laïque n'avait que vingt à trente élèves, des centaines de jeunes musulmans suivirent la classe du soir des frères, au grand étonnement du gouverneur.

Après cette digression sur les écoles, revenons au Bas-Niger.

En 1884 encore les traitants anglais et français se disputaient le trafic du cours inférieur du Niger. Les Français se plaignaient que leurs rivaux, étant les plus forts, excitaient les indigènes contre eux, barraient les chemins qui conduisent à leurs comptoirs, et leur suscitaient toute espèce de difficultés.

Le gouvernement de Lagos soutenait par la force les prétentions anglaises ; il est du reste impossible de faire le commerce avec ces barbares sans avoir à sévir de temps en temps contre eux.

En 1876, les indigènes ayant établi un barrage entre les villages d'Akrito et d'Appoprama pour faire échouer les steamers et les piller, une frégate anglaise le détruisit à coups de canon et brûla les villages voisins, qui furent reconstruits par les naturels quelque temps après.

La même année, les villages de Satobrega, Gamatou et Kayama furent aussi brûlés par les Anglais pour avoir insulté les navires marchands. Ces villages se défendirent avec acharnement. Quelques jours après, les villages d'Agheri furent également détruits. En 1879 ce fut le tour d'Imblama.

En 1880 Anrou, sultan du Nupé, qui avait usurpé le pouvoir, avait accordé aux Anglais le monopole du commerce dans ses États. Mais postérieurement son successeur, le prince Maleki, a ouvert le fleuve à tout le monde.

Les Anglais eurent d'abord, dans le Bas-Niger, quatre compagnies commerciales. Se gênant par la concurrence, elles se fondirent en une seule, au capital de 10 millions de francs, qui prit le nom de Compagnies africaines réunies, dont le siège est à Londres et le comptoir principal à Akassa, sur la côte, près de l'embouchure du fleuve. En 1883 elle s'érigea en Compagnie nationale, au capital de 25 millions de francs.

Quant aux Français, ce fut en 1880 que le comte de Semellé, dirigeant une expédition commerciale, établit son centre d'opérations à Brass. Il remonta le fleuve jusqu'à Egga, puis il redescendit en fondant des comptoirs à Lokodja, à Igbébé, à Onitcha et à Abo. Il en avait aussi établi un à Loko, sur la Bénué.

Il mourut en 1880, à bord du navire qui le ramenait en France.

En 1882 la maison Verminck, de Marseille, se transforma en Compagnie du Sénégal et de la côte occidentale d'Afrique et fonda des établissements sur le Bas-Niger.

Pour protéger le commerce national dans ces parages, la France a réoccupé dernièrement Porto-Novo, où notre drapeau avait déjà été arboré en 1862, sur la demande du roi du pays, Sodji, et des commerçants européens établis sur ce point. Le gouvernement français ayant laissé ce comptoir sans agent, les Anglais y avaient établi leur domination. Les commerçants français réclamèrent alors la protection de leur gouvernement, qui envoya la frégate le

Du Petit-Thouars et la corvette le *Dumont d'Urville*. Ces bâtiments se rendirent le 1er juillet 1884 dans le golfe de Bénin, à Kotonou, le meilleur mouillage de ces parages. M. Dorat, lieutenant-colonel d'infanterie de marine en retraite, fut débarqué comme résident de France à Porto-Novo, avec un petit détachement de tirailleurs sénégalais. Les Anglais abandonnèrent les quelques points qu'ils avaient usurpés. Les indigènes et le roi du pays, successeur de Sodji, accueillirent avec joie notre résident.

Les Anglais ne voient qu'avec la plus violente jalousie les autres nations européennes s'établir dans ces parages et leurs tentatives pour y commercer, par exemple les expéditions que des traitants français ont faites dans la baie de Biafra, dans ce qu'ils appellent Oil-rivers (les rivières à Huile). C'est là cependant qu'ils ont accepté la prise de possession du Cameroun par le docteur Nachtigal qui a substitué le pavillon allemand au pavillon anglais.

En résumé, le commerce du Bas-Niger était, au commencement de novembre 1884, entre les mains de trois compagnies :

1° La Compagnie nationale africaine anglaise ;

2° La Compagnie française du Sénégal et de la côte occidentale d'Afrique (ancienne maison Verminck) ;

3° La Compagnie française de l'Afrique équatoriale (MM. Huchet et Després).

Outre ces compagnies, il y avait quelques traitants nègres de Lagos.

La Compagnie anglaise avait sur les lieux douze navires ou embarcations à vapeur. Ces navires sont généralement de 250 tonneaux. L'un d'eux, qui est de 500 tonneaux, ne remontait le Niger qu'en juillet, août et septembre.

La Compagnie française du Sénégal et de la côte occidentale d'Afrique avait cinq navires ou embarcations à vapeur d'un tonnage moins élevé que ceux de la Compagnie anglaise.

La Compagnie de l'Afrique équatoriale avait six petits navires ou embarcations à vapeur.

Si l'on ajoute à cela trois vapeurs appartenant à des traitants nègres de Lagos et un autre appartenant à la mission anglaise, on aura toute la flottille commerciale à vapeur du Bas-Niger, montant, comme on le voit, à une trentaine de bâtiments.

Les comptoirs, dépôts de marchandises et lieux d'échange, gérés par des traitants indigènes, étaient au nombre de :

31 appartenant à des Français ;

30, plus importants, à des Anglais,

Et 2 à des indigènes. Il y avait en outre 7 missions anglicanes[1].

A la fin de 1884 il se produisit un fait important. L'Allemagne convoqua toutes les puissances à une Conférence destinée à régler leurs rapports internationaux dans les bassins des grands fleuves de l'Afrique et spécialement dans celui du Congo.

Pour ce dernier, il n'y a rien à dire, la mesure était nécessaire. Mais cette Conférence s'est occupée du Niger ; du Bas-Niger, où l'on peut accéder librement par mer, passe encore ! Seulement, dans son rapport, le délégué de l'Angleterre a induit la Conférence en erreur, en ayant l'air de dire que les Anglais seuls y avaient des intérêts et des droits acquis, tandis que nous venons de voir qu'il n'en était pas ainsi. Il est vrai qu'un peu avant l'ouverture de la Conférence de Berlin, les deux Compagnies

1. Ces renseignements sont dus à M. Viard, qui a passé plusieurs années dans cette contrée.

françaises avaient vendu, à la Compagnie africaine anglaise, leurs comptoirs et tout leur outillage d'exploitation commerciale, se prêtant ainsi à la mesure dont la France est victime. Cette transaction entre commerçants ne justifie pas le silence du délégué anglais.

Mais ce qui est extraordinaire, c'est que la Conférence ait cru devoir s'occuper du Haut-Niger; dans les régions arrosées par le cours supérieur du grand fleuve soudanien, il y a trois chefs puissants, que nos lecteurs connaissent bien : Samory, Ahmadou et Tidjani. Ces trois personnages se croyaient et étaient effectivement les maîtres absolus du territoire que traverse le Haut-Niger.

Nous venions, il est vrai, de prendre pied sur cette partie du fleuve, à Bammakou, et même d'y monter une petite chaloupe à vapeur. Mais, à la lettre par laquelle le commandant de Bammakou annonçait à Ahmadou que ce petit vapeur allait descendre le Niger, Ahmadou répondit : « Tu me dis que les fleuves sont des voies naturelles créées par Dieu pour faciliter les relations entre ses créatures et qu'on ne doit pas en défendre l'usage. Nous devons être, en effet, reconnaissants envers Dieu de ce bienfait; mais, d'un autre côté, il n'est pas moins vrai que les souverains sont maîtres de réglementer le transit et la navigation sur les cours d'eau qui sont dans leurs États par des traités, des conventions avec les États voisins. Or il n'existe encore rien de semblable entre moi et vous autres Français, les essais de traités n'ayant pas abouti. »

On voit par là que ces souverains, à peu près sauvages, ont la prétention d'être maîtres sur la partie du Niger qui coule dans leurs États. N'est-il pas étrange de voir les diplomates assemblés à Berlin réglementer la navigation sur ce fleuve? Par qui enverront-ils notifier leurs décisions à Samory, Tidjani et Ahmadou?

Quant à nous, grâce à des efforts persévérants depuis nombre d'années, au prix de pertes considérables en hommes et de dépenses qui s'élèvent à près de trente millions, nous en sommes arrivés à prendre pied à Bammakou, et, en faisant de nouveaux sacrifices, nous allons sans doute chercher à exploiter commercialement le bassin du Haut-Niger, et voilà qu'on y entraverait notre action en nous imposant d'avance telle ou telle condition !

Le commerce avec ces barbares ne peut se faire que grâce à une surveillance sévère, à des mesures de police strictement observées, la mauvaise foi, quelquefois réciproque, donnant lieu à chaque instant à des causes de désordre. Ainsi, par exemple, dans le Sénégal, où nous sommes maîtres depuis si longtemps, les traitants qui vont faire la troque dans le fleuve sont astreints aujourd'hui, pour obtenir le droit de commercer, à prendre une patente, à savoir le français et l'arithmétique, et cela pour que leurs comptes puissent être tenus exactement et pour que la justice puisse y voir clair, en cas de contestations avec leurs négociants ou en cas de faillite.

Comment faire concorder ces mesures de police avec la liberté de navigation pour tout le monde? Nous ne croyons pas que cela soit possible.

Les essais faits jusqu'à présent pour réglementer la navigation sur les fleuves internationaux n'ont guère réussi, même en Europe, quoiqu'on n'ait pas eu à lutter contre des difficultés pareilles à celles qu'on rencontre chez les peuples barbares.

Autant, à la rigueur, on peut admettre la nécessité de conventions internationales pour le Congo et même pour le Bas-Niger, autant elles semblent intempestives et impraticables pour le Haut-Niger.

Notre établissement dans le Soudan, quand notre influence et notre autorité y seront bien assises, aura certainement pour résultat la substitution d'un commerce honnête aux infâmes pratiques qui y règnent actuellement, le brigandage, la traite et l'esclavage. Mais nous n'en sommes pas encore là, et la France n'est pas disposée à prodiguer son or et le sang de ses enfants pour conquérir et gouverner de vastes territoires dans le Soudan. Nous sommes simplement en voie de nous y insinuer, grâce à de grands sacrifices, et nous cherchons pour le moment à exploiter cette contrée par le commerce, dans les meilleures conditions possibles.

A ce point de vue spécial, nous nous trouvons en présence d'une situation très embarrassante : le principal, presque le seul commerce qui existe dans cette contrée, est le commerce d'esclaves. N'ayant pas les moyens d'exporter les produits de leur travail, les Soudaniens s'exportent les uns les autres, car l'homme est une marchandise qui se transporte elle-même. Cela cessera progressivement, grâce à la voie commerciale que nous ouvrons, et à notre navigation sur le Niger.

Les indigènes de la côte ont compris, depuis une trentaine d'années, qu'il leur était plus avantageux de vendre le produit du travail de leurs captifs que leurs captifs eux-mêmes. Ceux de l'intérieur le comprendront à leur tour.

Mais pour le moment nous tombons dans un immense marché d'esclaves dont les caravanes vont journellement traverser notre ligne entre Médine et Bammakou.

Quelle conduite tenir? quelles mesures prendre dans cette circonstance?

Nous ne pouvons pas nous opposer par la force à ces transactions, quelque indignation qu'elles nous inspirent.

D'un autre côté, pouvons-nous nous résigner à voir

ainsi enlever et exporter la population d'une contrée dont le marché va nous appartenir, à l'exclusion de toutes les autres nations européennes?

Comment faire pour retenir ces captifs dans le pays? Les racheter?

Le rachat pour l'engagement à temps n'existe pas au Sénégal, et en dessous de Médine il n'est pas nécessaire et il faut bien se garder de l'établir.

Au-dessus de Médine c'est autre chose et je n'y verrais que des avantages, dont le principal serait le repeuplement du pays que traverse notre voie; seulement il faudrait que cette institution fût bien dirigée et bien surveillée pour empêcher les abus.

On pourrait acheter les captifs à condition de venir immédiatement les présenter à l'autorité française, qui les déclarerait libres, les inscrirait comme tels avec signalement, etc., et les laisserait comme travailleurs à la disposition de celui qui les aurait rachetés, pendant un temps suffisant pour qu'il rentrât dans ses frais, — deux, trois, quatre ans peut-être.

Au bout de ce temps, le libéré, complètement maître de sa personne, discuterait librement avec qui il voudrait les conditions de son travail.

On ne saurait s'imaginer à quels crimes, à quelles infamies conduit cette terrible habitude inspirée aux noirs, aujourd'hui encore par les Maures, et autrefois par les Européens, de faire de leurs semblables une marchandise. Ces désordres criminels qui se passaient autrefois aux portes mêmes de Saint-Louis ont toujours été sévèrement réprimés par les gouverneurs, depuis que notre autorité s'est effectivement étendue sur les pays voisins.

Nous ferons ici, croyant qu'il intéressera, le récit d'un de ces actes de brigandage et de son châtiment.

En 1860, le gouverneur du Sénégal se trouvant sur la galerie de l'hôtel du gouvernement, une jeune femme poul pénétra jusqu'à lui, se jeta à ses genoux et, au milieu des sanglots qui entrecoupaient ses paroles, lui dit :

Gouverneur, je demande justice, je ne compte que sur toi. Venge-moi !

Le gouverneur fit appeler son interprète et dit à cette femme de s'expliquer :

Je suis veuve, dit-elle, et j'habitais Coki avec mes deux petits enfants et ma vieille mère. Pour gagner la subsistance de ma famille je suis venue travailler à Saint-Louis. Hier, en retournant chez moi pour y porter le produit de mon travail, j'ai trouvé ma case vide. Pendant mon absence, Patté, ministre du chef de Coki, était allé dans ma case pour voler mes enfants et les vendre. Ma mère ayant voulu s'opposer à ses desseins, il lui a brisé la tête à coups de crosse. Aujourd'hui je n'ai plus ni mari, ni mère, ni enfants. Je n'ai plus que toi. Tu es mon père et ma mère (c'est une locution que les noirs du Sénégal ont l'habitude d'employer) et je te demande justice.

Le gouverneur lui répondit qu'il prenait part à ses malheurs et qu'il allait s'occuper de son affaire. Il fit appeler Samba-Ngouma, chef des Poul de la banlieue de Saint-Louis, qui confirma le récit de la femme. Le gouverneur lui dit qu'il comptait sur lui pour l'aider à venger sa compatriote, et lui demanda de mettre à sa disposition un Poul sûr, intelligent, brave et connaissant Patté.

Il est généralement très difficile de prendre un indigène qui s'est rendu coupable d'un crime ; tous s'entendent pour faire échapper le coupable et il faut user de ruse pour s'en emparer.

Le Poul désigné, nommé Demba, étant arrivé, le gouverneur fit appeler le capitaine commandant l'escadron de spahis et lui dit en présence de Demba :

Demain matin vous partirez avec votre escadron pour Coki : arrivé à Louga, sur la route de Coki, vous déclarerez que les chevaux sont fatigués, vous établirez votre bivouac et vous enverrez un brigadier et deux spahis au chef de Coki, lui dire que vous arriverez le lendemain dans son village pour lui faire une communication de ma part.

Puis il dit à Demba :

Toi, tu partiras également demain matin pour Coki, mais tu t'y rendras directement en faisant en sorte de ne pas être remarqué. Tu t'assureras par tes propres yeux que Patté est dans le village et tu ne le perdras plus de vue. Le soir, quand les trois spahis arriveront, dès que Patté le saura il se sauvera indubitablement. Tu le suivras sans qu'il s'en aperçoive pour savoir où il ira se réfugier, et dès que tu en seras bien certain, tu courras sans désemparer à Louga avertir le commandant de l'escadron.

Tout se passa comme il vient d'être dit; à l'arrivée des trois spahis, Patté, suivi de deux de ses tiédo, quitta le village et alla à deux lieues de là, en pleine forêt, se réfugier dans une case cachée au milieu d'un épais fourré. Demba, après l'y avoir vu s'établir, courut en toute hâte à Louga, rendit compte au capitaine, qui fit monter à cheval l'escadron et partit immédiatement pour arriver un peu avant la pointe du jour à la cachette du coupable. On cerna le fourré sans bruit; et au point du jour on se précipita sur la case, où l'on surprit Patté et ses complices.

Le vieux brigand se défendit comme une bête féroce surprise dans sa tanière. On ne put s'en emparer que couvert de contusions et avec un œil sorti de l'orbite. Le capitaine avait l'ordre de l'amener à Saint-Louis. Patté, qu'on voulait faire marcher, refusa net. Il montra ses cous-de-pied tout calleux par l'usage de l'étrier et déclara que, n'ayant jamais été qu'à cheval, il n'irait pas à pied comme un *Badolo* (pauvre diable). On fut donc obligé de l'attacher sur un mulet pour l'amener à Saint-Louis. Cet homme, très vieux, avait un visage hideux; dans sa vie, il avait peut-être commis cinquante crimes comme celui dont on voulait le punir.

A Saint-Louis on s'assura de son identité et de sa culpabilité, qu'il ne niait pas du reste, regardant de tels actes comme l'usage d'un droit qu'il avait sur les *Badolo*.

La juridiction des tribunaux français ne s'étendant pas jusqu'à Coki, le gouverneur donna l'ordre au commandant de l'escadron de reconduire Patté à Coki et de l'y fusiller.

A l'entrée de ce village, à une croisée des routes qui y conduisent, se trouve un énorme baobab. On pendit le corps du supplicié à une branche qui s'étend au-dessus du chemin, et on cloua sur le tronc de l'arbre une planchette où se trouvait écrit en français et en arabe :

AINSI SERONT TRAITÉS TOUS CEUX QUI TUENT LES MÈRES
POUR VOLER LES ENFANTS.

Quant aux enfants volés, on sut qu'ils avaient été vendus dans le Fouta, mais là on perdit leurs traces.

Après de telles répressions on conçoit qu'autour de nos postes il y ait plus de sécurité pour les familles indigènes et que les pourvoyeurs d'esclaves aient renoncé à exercer leur infâme métier.

En 1858 le gouvernement métropolitain avait autorisé, sous le nom d'immigration, l'engagement pour nos colonies de travailleurs volontaires pris à la côte d'Afrique; ceux-ci devaient être libérés au bout de cinq ans, et les partisans de cette mesure osaient dire qu'*ils devraient devenir un foyer de lumière et de civilisation, quand ils retourneraient chacun dans son pays.*

C'était tout simplement la traite des nègres rétablie sous un nom acceptable.

Chaque bâtiment se livrant à ces opérations avait à bord un commissaire du gouvernement pour veiller à ce que tout se passât avec sincérité.

On alla naturellement aux anciens foyers de traite, et comme le chef à qui l'on s'adressait n'eût rien compris à cette question de travailleurs libres, de primes, etc., on lui disait comme autrefois : « As-tu des esclaves à vendre? » L'un répondait : « Je n'en ai pas, parce que depuis longtemps on ne vient plus m'en demander, mais si voulez attendre huit ou quinze jours, je vous en fournirai ». Il eût réuni ses guerriers et eût été razzier quelques villages voisins. La présence du commissaire du gouvernement avait pour but d'empêcher de telles opérations, et il faut croire qu'elle les empêchait.

Un autre roi nègre répondait : « Je n'en ai pas. Depuis qu'on ne vient plus m'en demander, je les emploie à cultiver des arachides et cela me rapporte beaucoup plus de profits. »

On voit que la question était toute jugée et que les opérations d'immigration allaient directement à l'encontre des idées de progrès dont on poursuivait la réalisation dans ces contrées. Aussi le gouverneur du Sénégal, quand on lui fit connaître officiellement qu'on autorisait ces opérations, écrivit-il au Ministère de la Marine, que si on les autorisait dans l'étendue de son gouvernement, il donnerait sa démission.

Il pouvait en effet arriver qu'un bâtiment vînt pour se procurer des esclaves dans le Cayor par exemple; dans ce cas le chef de ce pays, que le gouverneur empêchait depuis trois ans, par la persuasion, par les menaces et même par des démonstrations armées, de vendre ses sujets, au grand préjudice de notre commerce de Saint-Louis, qui est alimenté par les produits du travail agricole des gens du Cayor, le chef de ce pays, si on l'eût laissé agir sous l'influence des négriers, eût vendu ses sujets jusqu'au dernier pour avoir de l'eau-de-vie.

L'intention du gouvernement français ne pouvait être de sacrifier ses colonies pleines d'avenir de la côte occidentale d'Afrique à ses colonies des Antilles, qui ont dit depuis longtemps leur dernier mot en fait de développement.

Il est parfaitement connu que les chefs de la côte font des expéditions à l'approche des bâtiments négriers pour avoir des esclaves à vendre. Certainement que n'y eût-il pas de négriers, il n'y en aurait pas moins des guerres entre tous ces barbares; dans ces guerres, tantôt ils se tueraient, tantôt ils se feraient esclaves, comme cela a toujours été leur habitude de temps immémorial. Voici généralement ce qui se passe : l'homme libre est tué à la guerre, car il ne consentirait pas à être l'esclave de son vainqueur. La femme, l'enfant libres sont faits captifs, mais non traités comme esclaves, ils ne servent souvent qu'à faire payer une rançon par leurs familles. Quant aux esclaves de condition, on se les prend les uns aux autres à la guerre, et rien n'est plus faux que de dire que si les vainqueurs ne trouvent pas à les vendre, ils les tuent! cela ne peut être vrai que pour un chef de la côte qui vient de faire une razzia exprès pour en vendre le produit à un négrier, et qui, manquant de vivres, ne trouve pas à écouler sa marchandise.

Les esclaves, c'est la prise la plus avantageuse qu'on puisse faire à la guerre; par le travail qu'ils font seuls, ils constituent la principale richesse en Afrique (où la richesse immobilière n'existe pas); presque tout ce qu'exporte cette partie du monde est le produit du travail des esclaves ; et on n'en trouve pas à acheter, quoiqu'il y en ait beaucoup, dans les pays bien gouvernés, qui prospèrent et font du commerce honnête. On n'en trouve que dans les pays où les chefs s'abandonnant, par les excitations des négriers, à l'ivrognerie et aux plus sales débordements, font saisir leurs sujets par des satellites ivres comme eux, pour les conduire au marché.

Venir dépeupler l'Afrique, qui manque déjà de population, au profit bien problématique des Antilles, ce serait d'une part nuire à notre commerce, pour chercher à le favoriser d'autre part; mais, à cause du déchet énorme qu'on éprouve dans la transportation de ces esclaves, le mal fait d'un côté serait beaucoup plus grand que le bien fait de l'autre.

On peut réfuter en quelques mots cette éternelle raison des partisans de la traite et de l'esclavage : « Les noirs sont plus heureux sur nos habitations que dans leur pays ».

Pour les noirs créoles, s'ils sont heureux, je n'en sais rien et n'en dirai rien; je sais seulement que les noirs de l'Afrique, esclaves ou non, malgré les Maures, les négriers et les excès de leurs propres chefs, sont en général des gens heureux, travaillant peu, comme c'est la loi de la nature entre les tropiques, tout à fait insouciants et très gais par caractère. On ne peut réellement comparer le sort d'un esclave africain dans son pays à celui qu'il aura aux Antilles, même comme travailleur *prétendu libre*, sur une habitation.

En Afrique, les maîtres noirs exigent très peu de chose de leurs esclaves, et sont pour eux d'une grande douceur; les esclaves font partie de la famille, parlent la langue de leurs maîtres, s'habillent à peu près comme eux et mangent du même plat; ils ont leurs femmes et leurs enfants.

Les femmes, dès qu'elles ont eu un enfant de leur maître, sont regardées comme leurs égales.

Ceci ne ressemble en rien à l'esclavage ou à l'engagement forcé, dans un pays lointain, chez des maîtres d'une autre couleur ou d'une autre langue, qui exigent un travail relativement considérable, et regardent à peine les noirs comme des hommes; sans femmes, sans enfants, sans les plaisirs du pays natal et sous le joug d'une discipline sévère.

Voici la lettre par laquelle le gouverneur du Sénégal offrit sa démission pour n'avoir pas la responsabilité des désordres dont le pays était menacé par la mesure dont on vient de parler.

Saint-Louis (Sénégal).

Monsieur le Ministre,

J'ai dépensé tout ce qui me restait de force physique et morale pour rétablir les affaires de la colonie dans notre campagne de deux mois à Médine. Aujourd'hui je ne me sens plus en état de rester à mon poste, et j'ai, en conséquence, l'honneur de vous prier de vouloir bien me faire remplacer comme gouverneur du Sénégal.

Je crois laisser la colonie dans un état assez satisfaisant, et je suis persuadé que la France peut s'en faire une belle et utile possession si l'on continue à prendre pour règle de conduite l'intérêt des populations indigènes. Il faut pour cela des gouverneurs qui n'aient ni répugnance, ni aversion, ni mépris pour ces races peu favorisées de la nature, au point de vue de la perfectibilité humaine, mais qui ne sont pourtant pas indignes de quelque sympathie et qui peuvent produire sur leur propre sol, et sans y être forcées par des moyens contraires à la justice et à l'humanité, de quoi dédommager amplement les peuples européens et commerçants qui voudront bien s'intéresser à elles, les protéger et les diriger charitablement.

Je suis, etc.

L. FAIDHERBE.

Les opérations d'engagement de travailleurs libres à la côte occidentale d'Afrique pour les Antilles ayant été interdites dans l'étendue du Sénégal, il ne fut pas donné suite à cette offre de démission. D'ailleurs ces opérations cessèrent bientôt complètement sur tous les points.

Arrivons au projet de pénétration dans l'intérieur du continent.

. . . . . Il s'agit d'occuper par des postes-comptoirs la ligne de Médine au Niger. Ce n'est pas par la force que nous voulons nous établir dans le pays. Les circonstances sont favorables; nous resterons neutres entre les belligérants. . . . .

. . . . . Nous pénétrons dans ces pays pour y faire régner la paix et la justice, afin que les habitants puissent jouir de leurs richesses naturelles, en faisant avec nous un commerce avantageux aux deux partis. . . . .

. . . . . Persuadons aux populations indigènes que nous ne voulons pas nous mêler à leurs guerres, que nous ne désirons qu'une chose, commercer pacifiquement avec tout le monde. . . . .

Telles étaient les idées que nous avions émises à plusieurs reprises, dans différentes publications[1], au sujet de la direction que nous devions donner à notre politique dans le Soudan.

Ceci rappelé, nous allons reprendre le récit des événements, et nous verrons jusqu'à quel point on s'est conformé à ces idées.

1. Voir les *Bulletins de la Société de géographie de Lille*.

Nous savons que, lors du ravitaillement par le colonel Boilève (1883-1884), cet officier ayant été fidèle au programme ci-dessus indiqué, il n'y eut aucune espèce d'hostilité contre nous. Un mouvement commercial par caravanes s'établit entre Médine et les pays de l'intérieur. Ahmadou était occupé de ses démêlés avec ses frères; Samory opérait sur la rive droite du Niger dans le Ouassoulou, et leurs agents semblaient avoir la consigne de vivre en paix avec nous.

En 1884-1885 le commandant Combes fut chargé du ravitaillement de la ligne de pénétration. Depuis trois ans dans le Haut-Sénégal, cet officier avait été promu au grade de chef de bataillon pour sa brillante conduite à l'assaut de Daba, où il était entré le premier par la brèche.

Le départ de sa colonne eut lieu le 31 décembre 1884 de Diamou, à cette époque terminus de la voie ferrée, à une cinquantaine de kilomètres de Médine. L'effectif comprenait : 20 officiers, dont 5 indigènes, 414 hommes, dont 259 indigènes, 4 pièces d'artillerie, 180 conducteurs, palefreniers, etc. On arriva à Bafoulabé le 5 janvier 1885, à Badoumbé le 25 du même mois.

Le commandant punit quelques villages qui, suivant leur ancienne habitude, avaient pillé des caravanes; il exigea la restitution des biens volés aux Dioula (conducteurs de ces caravanes).

C'est alors qu'il obtint du gouvernement l'autorisation de créer un poste à Niagassola, les circonstances lui paraissant le permettre. Dans notre marche vers le Niger en 1882-1883, le fort de Kita étant établi, on avait hésité sur la route à suivre au delà : irait-on directement par la ligne la plus courte à Bammakou, ou bien suivrait-on la vallée du Bakhoy par Niagassola, pour arriver au Niger dans le Bouré, ce fameux pays aurifère qui attire notre attention depuis si longtemps et qui exerce sur beaucoup d'esprits une véritable fascination? On avait, avec raison, préféré le premier parti, comme présentant le moins de difficultés et le plus de chances de réussite.

Mais, une fois notre communication complétée entre Médine et Bammakou, les projets sur le Bouré reprirent faveur et exercèrent certainement une influence sur les déterminations du commandant de la colonne.

Nous pensons qu'il était prématuré d'agir ainsi, puisque les commissions du budget manifestaient l'intention bien arrêtée de réduire considérablement les dépenses du Haut-Fleuve, et que par conséquent on ne pouvait songer à annexer de nouveaux territoires, qui nécessiteraient la construction de nouveaux postes avec de nouvelles garnisons.

Depuis les hostilités qui avaient eu lieu sur les bords du Niger entre le colonel Borgnis-Desbordes et Samory, deux ans auparavant, et dans lesquelles ce dernier n'avait pas été l'agresseur, une espèce de trêve existait entre nous et notre ancien adversaire. Les travaux de Niagassola ne furent donc pas inquiétés.

Samory, de son côté, avait établi sa domination sur la plus grande partie du Manding et sur le Bouré, en laissant dans chaque village un chef avec quelques hommes.

En mars 1885 le commandant de la colonne se portait à Niagassola pour en faire terminer les travaux. Voyant le Manding de Kangaba et le Bouré dégarnis de troupes de Samory, il pensa qu' « il fallait profiter de l'occasion pour rejeter l'ennemi (?) de l'autre côté du Niger et châtier le chef de Kangaba, coupable d'avoir amené Samory sur la rive gauche ».

La véritable raison n'était-elle pas qu'il ne put résister à la tentation de s'emparer enfin de ce fameux Bouré? Il parcourut le Manding, le Bouré et toute la rive gauche du Niger jusqu'à Tiguibiri, confluent du Tankisso. Il réussit d'autant plus facilement que, comme nous l'avons dit, il n'y avait dans chaque village que quelques hommes de Samory, qui s'enfuirent et furent remplacés par des chefs à notre dévotion.

Le commandant avait partagé ses forces en différents détachements qui opéraient isolément. Au seul village de Koma, dans le Bidiga, le lieutenant Péroz, ayant reçu des coups de fusil tandis qu'il palabrait, enleva le village de vive force après une affaire assez chaude.

Le commandant Combes dit que le Bouré entier et même le Bidiga-Sakala ressemblent à une immense écumoire. On trouve partout des trous de mine qui, pour la plupart, ne sont exploités que pendant l'hivernage, alors que l'abondance de l'eau permet le lavage des terres aurifères.

En revenant de Tiguibiri par les bords du fleuve, la colonne arriva le 16 avril devant Kangaba, où l'on avait donné rendez-vous au capitaine Delanneau, commandant un détachement de la garnison de Bammakou. Kangaba fut évacué à leur approche par les gens de Samory; apprenant que ceux-ci s'étaient concentrés à Figuéra, sur la rive droite, le commandant passa le Niger à gué avec un mètre d'eau. Son avant-garde, commandée par le capitaine Delanneau, atteignit l'ennemi et le mit en fuite en lui faisant subir des pertes assez fortes.

On brûla le village et on repassa le fleuve.

Le capitaine Louvel fut alors envoyé pour créer un poste destiné à servir de centre de ravitaillement, à mi-route de Niagassola et de Tiguibiri, au village de Nafadjé, qu'il ne faut pas confondre avec celui où le capitaine Galliéni passa le Niger en 1880. Le 19 avril, le commandant envoya à Nafadjé une compagnie de tirailleurs et une pièce de canon pour renforcer ce point jusqu'à la fin de la campagne ; puis il alla à Bammakou, où il arriva le 24 avril avec ses troupes en très bon état, n'ayant pas perdu un seul homme par la maladie.

Nous savons qu'Ahmadou, au printemps de 1884, lors de l'arrivée de la colonne de ravitaillement Boilève à Bammakou et du montage de la canonnière, avait passé de Ségou à Yamina, sur la rive gauche, avec ses fidèles et ses trésors, laissant un de ses fils pour commander en son nom à Ségou. Il craignait évidemment d'être coupé du Kaarta et du Sénégal par l'apparition de bateaux à vapeur sur le Niger.

Son frère Mountaga, chef du Kaarta, ne lui inspirant pas de confiance, peut-être parce qu'il était en bons termes avec nous et refusait d'aller le trouver, Ahmadou désirait en finir avec lui.

Mais il eut toutes les peines du monde à pénétrer dans le Kaarta, les Bambara du Bélédougou interceptant la route, et il ne put passer pour ainsi dire qu'en se dérobant à eux.

Mountaga, à l'approche de son frère, prit des mesures de défense : il fortifia son tata de Nioro, fit démolir toutes les cases aux abords du tata et s'y enferma avec une grande quantité de vivres et de fourrages et une garnison composée de Talibé et de Sofa de son parti. Il avait fait demander des secours à Tidjani, chef du Macina, qui lui avait promis de venir lorsque la saison serait favorable. En attendant, Ahmadou le bloquait étroitement.

Nous avons vu que, sur ces entrefaites, le commandant était arrivé le 24 avril à Bammakou. Il s'occupa de la canonnière que le lieutenant de vaisseau Davoust était en train de faire réparer. C'est alors qu'il conçut le projet d'exciter la population de Yamina à chasser les Sofa qu'Ahmadou y avait laissés en garnison et à se mettre sous notre protection : mais les eaux étaient encore trop basses pour mettre ce projet à exécution; du reste, le commandant fut rappelé en toute hâte vers le Manding par les nouvelles fâcheuses qu'il en reçut. Samory et son frère Fabou, en apprenant que leurs agents avaient été chassés du Manding et du Bouré, avaient réuni leurs forces, passé le Niger et envahi ces provinces.

Le commandant télégraphia au capitaine Louvel de se replier sur Niagassola, mais il était trop tard. Le capitaine, après avoir eu un engagement très sérieux avec l'ennemi au marigot de Komodo, était bloqué dans un petit tata que nous avions construit à Nafadjé, autour de nos magasins. Le commandant se porta en toute hâte à son secours; il arriva le 5 juin à Niagassola, après une marche forcée, ayant fait le dernier jour cinquante-quatre kilomètres. Il y trouva un billet du capitaine Louvel lui annonçant qu'il était entouré par des forces considérables depuis le 2, qu'il lui était impossible de s'ouvrir un passage sans sacrifier les blessés, beaucoup d'hommes et le matériel. Le commandant, laissant à Niagassola le capitaine Chanteaume avec soixante-dix hommes, marcha en toute hâte sur Nafadjé. Arrivé à Farabalé le 8, il y laissa 6 Européens éclopés avec 10 tirailleurs et des vivres, et s'adjoignit 90 volontaires indigènes, ce qui portait ses forces à un peu plus de 200 hommes. Il aborda Nafadjé par le côté le plus faiblement occupé par les forces de Samory, et opéra sa jonction avec le capitaine Louvel.

La petite garnison de Nafadjé avait horriblement souffert pendant le blocus qu'elle avait supporté; on n'avait pas d'autres vivres que du maïs, chaque homme avait par jour un demi-litre d'eau d'une mare où coulait l'urine des bêtes de somme. L'infection résultant des nombreux cadavres ennemis qui entouraient le tata était insupportable et causait des syncopes chez les hommes. Les assaillants étaient au nombre de cinq à six mille; les cavaliers forçaient les fantassins à marcher en avant.

Le 10 juin au soir, le commandant, trompant la surveillance des assiégeants, se déroba avec son monde, quitta Nafadjé et alla jusqu'à Oudoula, où il fit une halte de nuit. Le lendemain, de ce point à Farabalé, la colonne ne livra pas moins de six combats, l'ennemi essayant de l'arrêter à chaque mauvais passage. Dans deux de ces combats, les tirailleurs durent charger à la baïonnette pour se faire jour. De Farabalé à Dialikrou il y eut un engagement très sérieux dans la matinée; le peloton de spahis dégagea la route par une charge à fond; on se reposa le 13 à Dialikrou; la pluie était continuelle. Il restait, pour arriver à Niagassola, à traverser le marigot de Kokoro, au fond duquel Fabou s'était retranché pour nous disputer le passage, tandis que Samory nous attaquait en queue et sur les flancs.

Pendant que la majeure partie de la colonne était chargée de tenir tête à Samory en arrière et sur les flancs, le canon, par un tir bien ajusté, faisait brèche dans les palissades élevées par Fabou sur les bords du Kokoro, et derrière lesquelles étaient postés quelques milliers d'indigènes. La brèche à peine ouverte, 35 tirailleurs, sous le commandement du lieutenant Péroz, s'élancèrent avec un courage admirable sur l'obstacle, et, à coups de crosse et de baïonnette, à coups de fusil et de revolver, culbutèrent les ennemis dans la rivière et ouvrirent largement le passage au reste de la colonne. Nous avions 23 blessés, dont plusieurs grièvement. Grâce à la supériorité de nos armes, nous avions fait subir à l'ennemi des pertes énormes, celui-ci avait laissé des centaines d'hommes sur le terrain; la cavalerie de Samory nous suivit jusqu'à Niagassola. Le commandant se fit envoyer des renforts de Bammakou, de Koundou, de Badoumbé et de Bafoulabé. Tenant l'ennemi à distance, il compléta par plusieurs voyages de Sitakoto à Niagassola les approvisionnements en vivres et en munitions de guerre de ce dernier poste. L'ennemi, ébranlé par ses pertes, et ayant appris l'arrivée de renforts de différents côtés, s'était éloigné dans la direction du Bouré. Le commandant laissa à Niagassola le lieutenant Péroz avec 10 Européens et 50 tirailleurs, puis il se dirigea par Kita, Toukolo, Badoumbé, Bafoulabé, vers Médine, où il arriva le 29 juillet.

La colonne avait expéditionné pendant trois mois de la saison pluvieuse.

La canonnière le *Niger* ayant été réparée par M. le lieutenant de vaisseau Davoust, on attendait la crue des eaux pour lui faire faire son voyage vers Tombouctou. Elle partit le 6 septembre de Koulikoro avec le capitaine Delanneau qui, nommé commissaire du gouvernement français, était chargé d'entrer en relations avec les États riverains.

Sur la rive gauche, habitée par les Bambara, l'accueil que reçut le personnel de la canonnière, chaque fois qu'il eut affaire aux indigènes, fut très amical. Sur la rive droite, où dominent les fidèles d'Ahmadou, l'attitude fut froide, réservée, sans cependant être hostile.

A l'aller, la canonnière s'arrêta à Kénenkou (11 septembre), à Yamina (12 septembre). Elle passa devant Ségou, à 200 mètres de la rive droite. Toute la population était sur les bords du fleuve, attirée par la nouveauté du spectacle, mais assistant calme et tranquille à cet événement qui constituait cependant une révolution profonde dans ces régions.

Poursuivant sa route, la canonnière fit relâche devant Sansanding (1ᵉʳ octobre). Cet important marché des Sarakhollé, qui pendant si longtemps avait résisté aux attaques des Toucouleurs de Ségou, avait cependant fini par succomber, car les explorateurs ne trouvèrent plus que des ruines là où s'élevait naguère, au temps de Mungo-Park et, plus récemment de Mage, un centre riche et peuplé.

Au delà de Sansanding, le Niger est un véritable labyrinthe, un fouillis d'îles et de marigots, un enchevêtrement de bras au milieu desquels il est bien difficile de reconnaître le vrai fleuve et de se diriger si l'on n'a pas de pilote. Le commandant de la canonnière n'en avait pas engagé ou n'avait pu en trouver. On atteignit cependant Diafarabé au confluent du Niger et du marigot de Djenné, mais on ne put atteindre cette dernière ville, le marigot dans lequel la canonnière s'était engagée devenant impraticable.

A partir de Diafarabé, les bois disparaissent presque complètement: à peine, de temps à autre, voit-on surgir, au-dessus d'un immense désert d'herbes marécageuses, des bouquets d'arbres qui abritent de petits villages, quelques cases de pêcheurs, bien souvent abandonnées et en ruines.

Le 12 octobre, la canonnière, remontant le fleuve, passait devant Sansanding. Là on recueillait le bruit que le fils d'Ahmadou, qui commandait à Ségou, se préparait à barrer le passage à notre petit vapeur. Il n'en fut rien. Même, la canonnière s'étant mise au plein, juste en face de Ségou, les Toucouleurs, qui s'étaient portés en masse sur le rivage, assistèrent impassibles aux efforts faits par l'équipage pour dégager le navire. S'ils avaient eu quelques projets hostiles, l'occasion était propice pour les mettre à exécution. La canonnière, remise à flot, vint mouiller en face de l'ancienne demeure d'el hadj Omar.

Le 19 octobre, après une navigation ralentie par le courant, on touchait à Yamina. Le capitaine Delanneau obtint des habitants, qui déclarèrent accepter notre protectorat, l'expulsion de la garnison de Sofa d'Ahmadou.

Enfin, dans les premiers jours de novembre, la canonnière était de retour au mouillage de Manambougou; elle avait eu beaucoup de peine à remonter les rapides entre Koulikoro et Manambougou, et avait dû renoncer, par suite de la baisse des eaux, à revenir jusqu'à Bammakou.

Dans cette exploration, exécutée pacifiquement, et qui nous procura d'intéressants détails sur l'hydrographie du Niger, la canonnière s'était avancée jusqu'à 400 kilomètres en aval de Bammakou, presque à mi-chemin de Tombouctou. Il eût fallu partir plus tôt pour atteindre cette ville.

En 1885 un ingénieur-entrepreneur, M. Lartigues, proposa d'établir dans le Haut-Fleuve, à la place du chemin de fer commencé et qui semblait abandonné, un chemin de fer aérien de son invention, à un seul rail, élevé de 1 m. 50 au-dessus du sol; il prétendait qu'avec ce chemin de fer on arriverait à une énorme économie dans le ravitaillement des postes. Quand même cela serait vrai, son système était loin de présenter les garanties suffisantes pour qu'on en fît l'essai sur une aussi grande échelle. Il a rendu certainement de bons services aux alfatiers de la province d'Oran, par la facilité de son déplacement, mais comme ligne permanente servant à un transit commercial, on ne saurait le prendre au sérieux. Pour l'établir solidement, nous sommes convaincu qu'il faudrait dépenser autant, sinon plus, que pour une voie ordinaire, à rails posés sur le sol; de plus, ce chemin de fer constitue un obstacle permanent à la circulation des particuliers, des caravanes; enfin, il pourrait être dégradé, détruit même, par les grands animaux qui parcourent ces régions.

En raison de la charge portée par les trains du chemin de fer Lartigues, comparée à celle des wagons sur doubles rails, il n'y a pas, à coup sûr, d'exagération à admettre que le prix de transport se trouverait triplé, c'est-à-dire porté de 0 fr. 04 à 0 fr. 12 par tonne de marchandises et par kilomètre, de sorte que les frais de transport de la tonne entre Bammakou et Bafoulabé s'élèveraient, au minimum, à 47 francs. Dans ces conditions les produits de la vallée du Niger ne pourraient être amenés sur nos marchés d'Europe.

Si la question des transports par voies rapides et économiques ne nous a donné jusqu'à présent que des déceptions dans le Haut-Sénégal, par contre, celle des communications par télégraphe électrique a enfin reçu une solution satisfaisante.

C'est en 1862 que la télégraphie électrique fut introduite au Sénégal. On fit d'abord naturellement la ligne de Saint-Louis à Gorée, qui était la plus urgente, puis successivement on la prolongea de l'un et l'autre côté sur Dagana, sur Rufisque, sur Podor, sur Joal, etc.

En 1885 on immergea un câble de Ténériffe à la baie d'Yof au nord de Dakar, comme prolongement de la ligne espagnole de Cadix aux Canaries. La colonie se trouva alors en communication avec la métropole.

Dans ces dernières années, à mesure qu'on créait les postes du Sénégal au Niger, on établissait en arrière le fil électrique. Mais on ne pouvait obtenir du Fouta, ni par persuasion ni par force, qu'il laissât établir la ligne sur son territoire. Les indigènes enlevaient le fil, renversaient et brûlaient les poteaux à mesure qu'on les plaçait. Ce ne fut qu'en 1885, à la suite d'une conférence qui eut lieu à Oréfondé, dans le Fouta, entre le gouverneur et Abdoul-Boubakar, qu'on obtint de ce dernier la promesse sérieuse qu'il protégerait la construction de la ligne et qu'il se chargerait de veiller à sa conservation, moyennant une indemnité annuelle de 2000 francs. Cette promesse fut tenue, et à la date du 27 décembre 1885 on put communiquer directement des rives du Niger à Paris.

Les missionnaires du Saint-Esprit, qui ont obtenu des résultats sérieux aux environs de Joal, dans les États Serrères, avaient naturellement pensé à former un établissement dans les pays nouveaux de l'intérieur où nous venions d'asseoir l'influence française.

Leur présence pouvait, en effet, être très avantageuse par exemple dans le Bélédougou, dont les populations sont si hostiles à l'islamisme. Encouragés dans leurs projets, ils avaient déjà, il y a quatre ans, désigné un personnel qui devait aller s'établir dans les environs de Koulikoro avec une succursale servant de sanatorium sur les hauteurs de Kita. Mais les bonnes dispositions de l'administration à leur égard changèrent complètement lorsque se manifesta la réaction contre les entreprises coloniales, à la suite des affaires du Tonkin; l'amiral Galiber, Ministre de la Marine, se montra hostile à notre extension vers l'intérieur du Soudan. On parlait même d'abandonner les postes au delà de Bafoulabé, on ordonnait le démontage de la canonnière. Dans ces conditions il ne pouvait plus être question de l'établissement des missionnaires dans l'intérieur. C'est ce qu'on leur déclara; on refusa même d'acquiescer à leur demande d'envoyer un de leurs Pères, en qualité d'aumônier, auprès de la colonne du colonel Frey pour reconnaître le pays.

Depuis lors les choses ont changé, et les missionnaires du Saint-Esprit sont aujourd'hui installés à Kita, comme nous l'apprend une lettre du P. Guillet.

Ils y sont très heureux au milieu d'une population manding non fanatique. Les indigènes connaissent le caractère religieux et le but des membres de cette mission; ils laissent cependant leurs enfants s'approcher des missionnaires.

D'après ces derniers, le pays est plein de ressources : chaque jour on trouve sur le marché du miel, du riz, du maïs, du lait, du beurre, des patates, des ignames, des haricots, etc. On se procure tous ces produits à bon compte, avec des objets d'échange, tels que : miroirs, couteaux, fil, aiguilles, etc.

Nous avons dit plus haut quelques mots d'un envoyé de Tombouctou qui est venu à Paris à la fin de 1884, en passant par le Sénégal. Ce même envoyé, qui devait retourner à Tombouctou l'été suivant, télégraphia en février 1886 au gouverneur de Saint-Louis son arrivée à Bammakou et en même temps son dessein de faire un nouveau voyage en France. Il est nécessaire d'entrer dans quelques détails à son sujet et au sujet de sa mission.

Lors de son premier voyage, il était porteur d'une lettre adressée au gouverneur du Sénégal par Sidi hadj Ibrahim, kiahia de Tombouctou. Les fonctions de kiahia paraissent analogues à celles de maire.

Cette lettre disait à peu près :

Louanges à Dieu seul !

Nous avons appris que vous vous disposiez à venir vers nous ; le porteur de la lettre, Sidi el hadj Abd el-Kader, fils de Bakar-Djeberi, habitant de Tombouctou, qui a beaucoup voyagé et par terre et par eau, vous donnera les renseignements dont vous aurez besoin sur le pays. Si vous ne venez que pour faire du commerce, vous serez les bienvenus ; si vous venez dans d'autres intentions, sachez que le pays ne nous appartient pas. Les Touareg, les Brabisch, les Bambara, les Poul se le disputent. Ce serait donc à eux que vous auriez affaire si vous vouliez vous établir dans notre pays. Nous autres marchands, nous n'avons pas de pouvoir à cet égard. Ce que nous désirons, c'est que vous ne veniez que pour faire du commerce.

Jeudi 4 Schaban 1301.

Signé : EL HADJ IBRAHIM.

Abd el-Kader était parti de Tombouctou au mois de mai 1884 ; il avait passé par Goundam, le Fermagha, Segala et le Bélédougou. Arrivé à Bammakou, il suivit la ligne de nos postes, ne faisant connaître sa mission qu'au commandant de Médine, et encore sur l'insistance de celui-ci. Il a donné une raison admissible pour expliquer cette conduite : c'est que, dans leurs usages, les envoyés ne faisaient connaître leur mission qu'aux personnes à

ÉMANCIPATION. — PÉNÉTRATION. 401

qui ils étaient adressés. Il est possible qu'il nous ait caché quelque chose à ce sujet. Il y avait à Bammakou, lorsque le colonel Borgnis-Desbordes s'en est emparé, trois frères *Niaré*, c'est ainsi qu'on désigne en bambara les Maures noirs négociants. Deux d'entre eux, après nous avoir fait leur soumission, cherchèrent à nous trahir en appelant l'armée de Samory, dans laquelle servaient leurs fils; ils furent fusillés, les circonstances exigeant cette mesure rigoureuse. Ces marchands devaient être en relation d'affaire avec les commerçants de Tombouctou, comme tous ceux des bords du Haut-Niger.

Un des buts du voyage d'Abd el-Kader n'aurait-il pas été de s'assurer de ces faits et de régler quelques comptes de commerce?

On sait que les Maures commerçants de Tombouctou proviennent les uns du Tafilelt, dépendant du Maroc, les autres de Ghadamès, dépendant de Tripoli; ils se sont généralement croisés avec les races du Soudan; ils parlent l'arabe hassania comme ceux des bords du Sénégal, peu différent en somme de celui de l'Algérie. La langue la plus répandue dans Tombouctou est le bambara; le poul y est également parlé, le sonrhay y est à peine connu.

On y mange du pain de blé, qu'Abd el-Kader a déclaré être meilleur que celui de Saint-Louis; cela tient à ce qu'il est fait avec de la farine fraîche, moulue la veille par les femmes dans leurs petits moulins arabes composés de deux pierres rondes superposées. La boisson habituelle, après l'eau, est le lait. Les gens riches boivent du thé venant du Maroc; ils le préparent en le mouillant légèrement, le roulant ensuite dans du sucre pilé, puis versant dessus de l'eau bouillante; ils le boivent froid. Nous avons vu à Paris, au palais de la Légion d'honneur, le visage d'el hadj Abd el-Kader rayonner de joie au moment où on lui offrait une tasse de thé avec du pain beurré. « C'est la première fois, dit-il, que cela m'arrive depuis mon départ de Tombouctou. Je crois être encore chez moi. »

Quelques personnes ont dit qu'Abd el-Kader ne venait pas de Tombouctou, qu'il était absent de cette ville depuis plusieurs années, ayant été obligé de la quitter pour nous ne savons quelle raison; en tout cas, cela n'eût pas empêché qu'il fût chargé de venir nous trouver de la part de la Djemmaa.

Quoi qu'il en soit, Abd el-Kader n'est pas le premier venu; c'est un beau jeune homme, d'une trentaine d'années, d'un teint un peu foncé, très intelligent et dont les manières dénotent qu'il appartient à l'aristocratie de son pays. Il a beaucoup voyagé, beaucoup acquis, et raisonne parfaitement.

Expliquant les motifs de sa mission, il nous dit :

Vous êtes maîtres de l'Algérie depuis longtemps, vous venez de vous emparer de la Tunisie; du Sénégal, vous venez de pousser votre domination jusqu'au Niger; depuis assez longtemps déjà nous avons compris que l'avenir vous appartenait dans ces contrées et que nous ne pouvions mieux faire que d'entrer en relations amicales avec vous; mais, pressés entre les Touareg au nord et le Macina au sud, nous n'étions pas libres d'agir comme nous l'aurions voulu. Aujourd'hui nous n'avons plus de ménagements à garder; les bouleversements occasionnés par les guerres d'el hadj Omar, qui ont eu pour conséquence l'interruption de la navigation sur le Haut-Niger, nous ont mis aux abois. Depuis plus de deux ans, nous ne cessons de refuser aux agents marocains, envoyés par les négociants anglais du cap Juby et de Mogador, le droit de créer des lignes de caravanes sur Tombouctou et des établissements dans cette ville. C'est que nous nous défions des Anglais et que nous avons appris qu'ils viennent de perdre le Soudan égyptien, où ils ont été massacrés par mil-

El hadj Abd el-Kader ould Bakar, l'envoyé de Tombouctou.

liers, tandis que d'un autre côté nous apprenions que vous étiez établis sur le Haut-Niger et que vous y aviez déjà un bateau à vapeur. C'est ce qui nous a tout à fait décidés, car c'est avec vous que nous avons évidemment le plus d'intérêt à entretenir des relations d'amitié et de commerce. Nous ne comptons même que sur vous pour sortir de la triste situation où nous sommes.

Nous avons entendu parler de votre intention de relier vos possessions du nord de l'Afrique avec le Sénégal; nous qui sommes sur la route, nous sommes disposés à ne pas contrecarrer vos projets, mais nous entendons qu'il s'agisse entre nous de traités pacifiques, mais non pas de conquêtes et d'occupation militaire. Vous aurez à vous entendre à Tombouctou avec le kiahia, avec la Djemmaa et avec les chefs des grandes caravanes. Soyez bien convaincus que le jour où la nouvelle se répandra dans tout le Soudan que Tombouctou a des traités avec la France, vous trouverez toute facilité pour vos opérations commerciales dans ces contrées.

Vous me demandez si nous accepterions un consul avec une garde, la liberté pour tout Français de construire des établissements à Tombouctou et aussi d'y installer des écoles. J'ai le pouvoir d'accepter provisoirement de telles conditions, au nom du kiahia, sauf la question de la garde armée, qui serait à discuter; mais mes pouvoirs ne s'étendent pas jusqu'à passer un traité à ce sujet.

Je dois vous dire pourquoi la lettre que je vous apporte est si laconique et insiste sur ce point que le territoire ne nous appartient pas. C'est que je courais grand risque d'être pillé et assassiné dans mon voyage, et la lettre fût tombée alors entre les mains des Toucouleurs de Ségou; ils n'auraient pas manqué d'exploiter cette circonstance pour exciter contre nous les populations du Soudan en leur disant que, nous trahissions la cause de l'Islam en nous soumettant aux chrétiens.

El hadj Abd el-Kader fut reçu avec méfiance au Sénégal dans les postes par où il passa. Son humble équipage, qu'il explique par la crainte qu'il avait d'être assassiné et pillé en route, en était un peu cause. A Saint-Louis ce fut pis encore, et il se manifesta une véritable hostilité contre lui. Nous sommes porté à croire que cela venait des Kountah de la famille de Bekkay, qui habitent dans le Cayor, aux environs de Saint-Louis. Nous savons qu'à la suite des guerres d'el hadj Omar, le fameux Ahmed el-Bekkay, dont Barth a fait un si pompeux éloge, mourut laissant trois fils, dont l'aîné s'appelle Abidin. Abidin et la famille ont abandonné le parti qu'avait embrassé leur père, c'est-à-dire celui des Touareg, qui protégeaient un peu Tombouctou contre les Poul du Macina. Il s'est joint à ces derniers, repoussés vers le nord par les Toucouleurs, et s'est retiré dans le Fermagha.

La tribu des Kountah, à laquelle appartiennent les Bekkay, est très puissante dans toute l'Afrique occidentale. Avec leurs parents, leurs amis, leurs clients, établis dans l'Adrar, le Tiris, à Tichit dans le Tagant, à Saint-Louis même, les Bekkay sont maîtres d'une voie commerciale de Tombouctou à Saint-Louis, qui a pris, dans ces derniers temps, une certaine importance. Ils doivent craindre de voir s'établir une ligne rivale par le Niger et la ligne de nos postes. De là, croyons-nous, leur hostilité envers Abd el-Kader, dont le voyage tendrait à ouvrir cette ligne.

Abd el-Kader arriva en France sur un paquebot des Messageries maritimes après une traversée d'hiver très pénible, le bâtiment ayant été presque en perdition. Il fut présenté au Président de la République le jour même de la réception du premier de l'an, au palais de l'Élysée. Quoique ayant apprécié et admiré toutes les merveilles qui l'entouraient dans cette circonstance, il ne se troubla pas, et aux paroles de bienvenue du Président il répondit par quelques phrases empreintes d'une couleur orientale, terminant par ces mots :

« J'ai couru bien des dangers pour venir dans votre beau pays, j'ai bien souffert sur mer du mauvais temps et du froid, mais aujourd'hui je revois le soleil en votre personne et j'ai tout oublié. »

Nous pensons que, *quand nous nous établirons à Tombouctou, ce qui ne pourra se faire que lorsque nous aurons deux bons bateaux à vapeur sur le Niger, nous devrons simultanément nous établir près d'In-Salah*, ce qui nous est facile par Goléa; en passant par ce point nous éviterons des complications avec le Maroc et certaines puissances européennes. Alors il ne s'agira plus que de tâcher de rétablir le mouvement des caravanes entre In-Salah et Tombouctou.

Deux événements d'une grande importance, le traité de paix conclu avec Samory et l'insurrection de Mahmadou Lamine, rendent l'histoire du Haut-Fleuve particulièrement intéressante pendant l'année 1886.

Au mois de décembre 1885, la colonne de ravitaillement annuel, d'un effectif d'un millier d'hommes environ, fut réunie à Médine, et le lieutenant-colonel d'infanterie de marine Frey, ayant sous ses ordres le commandant Combes, vint en prendre le commandement.

Voici quelle était alors la situation politique dans le Soudan occidental. Ahmadou était venu à bout de vaincre la résistance de ses frères; Mountaga, désespérant de pouvoir résister plus longtemps, s'était tué dans son tata de Nioro; Daah s'était enfui avec quelques centaines de cavaliers, ses femmes, ses enfants et ses troupeaux, et s'était rendu dans le Fouladougou, à Larballa, près de Sédian, c'est-à-dire à portée de notre poste de Koundou; deux autres frères d'Ahmadou s'étaient rendus à Kita; tous demandaient notre appui contre Ahmadou. Quant à ce dernier, on doit supposer qu'il s'était formalisé du renvoi de sa garnison de Yamina, à notre instigation. Il avait réuni autour de lui une armée que les indigènes évaluaient à quinze mille hommes, envoyait des avant-gardes sur les routes qui conduisent de Nioro à nos différents postes, et avait interdit à ses sujets tout commerce avec nous. Les uns disaient qu'il voulait envahir le Bélédougou et que dans cette intention il avait déjà envoyé un gros de ses forces sur Farabougou; d'autres prétendaient que, au lieu de venir se heurter à nos postes, ce qui n'était guère supposable, il voulait laisser notre colonne s'engager à l'intérieur et, la tournant, aller chez les Guidimakha, entre Médine et Bakel. On disait même qu'une avant-garde de cinq cents cavaliers et quatre cents fantassins s'était mise en route dans ce but.

Quant à Samory, il avait, après le départ de la colonne du commandant Combes, envahi le Birgo, le Gadougou, le Bafing et pénétré dans le Gangaran. Malinkamory, un de ses lieutenants, hiverna à Galé, en face de notre fort de Kita; la ligne des postes se trouva ainsi menacée sur une longueur de 300 kilomètres.

Telle était la situation qu'avaient amenée nos agissements envers Ahmadou et Samory, à Yamina et dans le Bouré. Elle se compliquait de l'attitude qu'avait prise le marabout Mahmadou Lamine, alors en résidence à Gondiourou, près de Médine. Malgré toutes ses protestations d'amitié à notre égard, ce personnage s'employait activement à se faire reconnaître comme le chef des populations sarakhollé de cette région, et à fomenter quelque soulèvement dont il pût prendre la direction pour asseoir définitivement son autorité.

Pendant ce temps le colonel Frey achevait d'organiser la colonne de ravitaillement des postes de l'intérieur. Croyant Niagassola étroitement bloqué et Samory sur la rive gauche du Niger avec des forces considérables pour s'opposer au ravitaillement de ce poste, il décida de se porter sans retard contre le prophète ; mais, en réalité, Niagassola était débloqué depuis un mois et Samory avait repassé le Niger et demandait déjà la paix.

Partie le 20 décembre 1885 de Khayes, la colonne arriva à Kita dans la première quinzaine de janvier 1886.

On disait les forces de Samory divisées en trois parties : l'une, évaluée à douze mille hommes, sous les ordres de Malinkamory, à Galé, pour s'opposer à la colonne qui irait ravitailler Niagassola ; les deux autres en observation sur la rive droite du Niger, sur la ligne Sansando-Kéniéba-Koura.

Le colonel Frey divisa ses forces en deux parties pour marcher sur Galé : le commandant Combes devait, avec deux cent soixante-dix tirailleurs, partir de Kondou, ayant pour mission d'essayer de couper la retraite vers l'est à Malinkamory, et le colonel Frey devait se porter directement de Kita sur Galé avec le reste de la colonne.

Les troupes de Malinkamory, à leur approche, rétrogradèrent vers le sud ; un petit engagement eut lieu le 15 entre leur arrière-garde et notre avant-garde.

L'armée de Malinkamory continuant sa retraite, le commandant supérieur la poursuivit dans la direction de Nafadjé, au sud de Galé, où il arriva le 17 janvier. Dans la nuit il surprit un poste avancé de l'ennemi et apprit des prisonniers que Malinkamory devait passer la nuit au marigot de Fatako-Djingo.

Notre colonne arriva à cent mètres du camp ennemi sans être signalée. Les hommes de Malinkamory, surpris, n'eurent pas le temps de décharger leurs armes; ils s'enfuirent dans toutes les directions, laissant sur la route plus de deux cents fusils; on avait tué quelques Malinké et pris un certain nombre de chevaux.

Malinkamory se sauva d'une traite jusqu'à Farabalé, puis se dirigea vers le Niger, ses soldats étant entièrement dispersés dans le pays. La colonne, continuant sa poursuite, fit quelques prisonniers à Nabou.

A la suite de ce succès, la colonne rentra à Niagassola pour s'y reposer quelques jours, puis elle se dirigea sur Bammakou, où le colonel termina son opération du ravitaillement des postes.

La panique qui s'était emparée des troupes de Malinkamory gagna Samory dans sa capitale, Sanankoro, où il crut que nous allions venir l'attaquer. Ce chef noir dépêcha donc un de ses conseillers, Oumar Diali, pour obtenir la paix à tout prix. Nous lui imposâmes pour condition qu'il se contenterait de la rive droite du Niger et nous laisserait possesseurs de la rive gauche.

Samory exigea, avant tout pourparler, qu'un de nos officiers vînt signer le traité sur son territoire.

Le capitaine Tournier, accompagné du capitaine Mahmadou-Racine, du lieutenant Péroz, de l'interprète Alassane, fut chargé de cette mission. Il était suivi d'une escorte de spahis et de tirailleurs sénégalais.

Ces officiers arrivèrent le 20 mars à Mansalah. En cet endroit la mission trouva Mody-Fodé, gendre de Samory, envoyé par lui avec vingt cavaliers et deux cents fantassins pour la conduire à Kéniéba-Koura, sa résidence. Le 21 on se mit en route; le même soir la mission couchait à Bouroubougoula, le lendemain à la rivière Koba, et le surlendemain à Domka.

Dans ce dernier village eut lieu le partage du bœuf

traditionnel, cérémonie qui enchaîne par les liens de l'hospitalité ceux qui y prennent part. Selon la coutume du pays, l'arrivée d'hôtes de marque doit être saluée par l'envoi d'un bœuf, lequel est tué sur l'heure, rôti par quartiers et mangé séance tenante. Dans les circonstances où l'on était, ce repas en commun devenait pour les indigènes un grand événement. Aussi, dès que les membres de la mission se furent conformés à cet usage, le camp retentit des cris d'allégresse des Malinké; le tam-tam ne cessa de résonner, et, dès ce moment, des courriers partirent d'heure en heure pour Kéniéba-Koura, afin de renseigner l'almamy sur les faits et gestes, même les plus insignifiants, de l'ambassade que la France lui envoyait.

Le lendemain à huit heures on leva le camp, et après avoir traversé deux grands villages, Siguiri et Tiguibiri, abandonnés depuis la guerre, on passa le Bafing, que nous appelons Tankisso, à 500 mètres de son confluent avec le Niger. Sur ce point, le Bafing de Tiguibiri est un splendide cours d'eau de quelques centaines de mètres de large, avec des fonds de 2 m. 50 à 3 mètres (en cette saison) et dont les rives sont couvertes de hautes futaies, de figuiers et de caïlcédras. Le passage se fit en moins d'une demi-heure, grâce aux nombreuses pirogues que Samory y avait envoyées; et on alla s'établir en un village de marabouts, Togué, où des logements avaient été préparés pour la mission. Pendant que le capitaine Tournier s'occupait de l'installation, le lieutenant Péroz, escorté par les spahis, partit pour Kéniéba-Koura, afin de saluer l'almamy au nom du colonel Frey et du capitaine Tournier. A mi-chemin, Malinkamory, à la tête d'une centaine de cavaliers et de deux cents fantassins, arriva à sa rencontre au milieu d'un tourbillon de poussière, et, après les salutations d'usage, il le conduisit auprès de son frère.

Samory attendait l'envoyé français sur une sorte de divan élevé, couvert de tapis multicolores. Fort simplement habillé avec des vêtements noirs et blancs, le visage encadré par un turban dont les extrémités se rejoignent sous le menton, l'almamy paraissait avoir une quarantaine d'années. Sa physionomie était agréable, ses traits fort réguliers, tout en lui dénotait une grande intelligence.

A ses côtés, deux hommes coiffés de hautes mitres de peau de panthère portaient la hache et la masse d'armes d'argent ciselé, qui sont les insignes de la royauté. Ses intimes et ses conseillers avaient pris rang autour de lui, couverts de vêtements aux couleurs chatoyantes, et derrière le divan se tenaient ses neuf femmes préférées, nonchalamment étendues et comme affaissées sous le poids de leurs ornements en or massif.

En arrière, sous l'immense gourbi construit pour la réception, s'étageaient en demi-cercle, par rang de taille et assis à la turque, le fusil haut, cinq cents jeunes gens, sorte de gardes ou de pages qui ne quittent jamais le sultan.

Des deux côtés du gourbi étaient rangées en cercles des masses profondes de guerriers immobiles et le fusil haut. Malinkamory à cheval, le bâton de commandement au poing, sur la tête un casque lamé d'argent, la hache de même métal à l'arçon de sa selle, avait pris place sur l'un des flancs du gourbi. Il avait derrière lui un escadron de deux cents cavaliers aux uniformes éclatants, et, plus loin en arrière, étaient massées cinq compagnies de deux cents hommes.

Sur l'autre flanc, un peu pêle-mêle, mais en groupes distincts, étaient rangés les guerriers appelés des régions voisines pour assister à cette imposante cérémonie. Les chefs de l'armée de Samory étaient à cheval, ceux des alliés à pied, devant leurs troupes, leurs chevaux tenus en main en arrière des guerriers.

Sur la quatrième face, une ligne épaisse de spectateurs, au milieu desquels on voyait un groupe nombreux de griots musiciens, aux instruments les plus variés et les plus bizarres, dont ils tiraient, avec un grand ensemble, des sons suffisamment rythmés.

L'aire gigantesque que limitait cette multitude était sablée d'un fin cailloutis apporté du Niger et soigneusement nivelé.

Évidemment Samory avait voulu étonner les blancs par le spectacle grandiose qui les attendait. L'entrevue fut très cordiale; après un échange de paroles obligeantes, le sultan fixa au lendemain à la même heure la réception de la mission. A cet effet il fit préparer un campement à 500 mètres du sien.

Le lendemain 25 mars, la mission quitta Togué pour se rendre à Kéniéba-Koura. Comme la veille, Malinkamory vint à mi-chemin pour l'escorter auprès de l'almamy; celui-ci la reçut avec le même apparat qu'il avait déployé pour recevoir le lieutenant Péroz.

Pour faire honneur à ses hôtes, l'almamy monta à cheval et passa la revue de ses troupes, puis Malinkamory fit manœuvrer cavaliers et fantassins.

Enfin, pendant le mois qu'ils séjournèrent à Kéniéba-Koura, les membres de la mission furent entourés des plus grands égards et des plus grands honneurs. Ce n'était pas sans raison que Samory agissait ainsi : par la présence prolongée des officiers français sur son territoire, et par ces négociations auxquelles il donnait tant d'importance, il voulait prouver à ses populations que les blancs le reconnaissaient, lui nouveau venu, comme l'almamy des pays de la rive droite du Niger. C'était la consécration de l'empire nouveau qu'il venait de fonder.

Aux quelques renseignements déjà donnés sur Samory nous ajouterons qu'au moment de la visite que lui fit le capitaine Tournier, il paraissait être à l'apogée de sa puissance.

On disait que son empire s'étendait de Sierra-Leone au Ségou ainsi que sur le cours du Haut-Niger et de ses affluents, et qu'il comprenait cent cinquante-sept petits États dont Samory s'était successivement emparé.

On évaluait le nombre de ses soldats armés de fusils à soixante mille, plus cinq mille cavaliers, qu'il montait à grands frais avec des chevaux tirés du Bélédougou et du Macina. Il s'en fallait que cette armée pût être mise en entier en ligne, car il était obligé d'entretenir des garnisons de tous côtés pour contenir les populations. La fraction de ses troupes considérée comme mobile était partagée en cinq corps, commandés chacun par un de ses frères et sans cesse occupés aux frontières à pousser plus loin les conquêtes.

Samory, sans être un croyant bien fervent, est musulman; mais il tient à l'écart les grands marabouts, dont il redoute les intrigues et l'influence. Cependant il a fait construire des mosquées dans tous les grands villages et il proscrit rigoureusement l'usage des boissons fermentées, pour la raison, dit-il, que l'homme ivre ne craint plus ni Dieu ni diable et se montre prompt à la révolte.

Dans l'empire malinké qu'il est parvenu à fonder se trouvent englobés un grand nombre d'États ou de populations d'origine poul.

Il y avait donc en 1886, dans le Soudan occidental, trois races en présence, sans compter les Bambara : les

Toucouleurs, les Malinké et les Sarakhollé. La première reconnaissait comme chef Ahmadou, la seconde subissait l'ascendant de Samory, et la troisième était celle que le marabout Mahmadou Lamine rêvait de grouper autour de lui.

Le capitaine Tournier, sa mission terminée et le traité signé — traité sur lequel nous n'insistons pas, car il fut modifié d'un commun accord l'année suivante, — revint en France, ramenant avec lui un des fils de Samory, le prince Karamoko-Diaoulé, qui fit à Paris un séjour de quelques semaines pendant l'été de 1886.

Dès qu'il avait vu le lieutenant-colonel Frey se diriger vers le Niger contre Samory, le marabout Mahmadou Lamine avait réuni ses contingents et s'était mis à parcourir les régions voisines de Bakel.

Un événement d'une haute gravité favorisait singulièrement les projets du marabout. Le roi du Bondou, Boubakar-Saada, qui s'était si loyalement rangé de notre côté en 1855, qui nous avait rendu tant de services pendant la lutte contre el hadj Omar, et durant trente ans de règne nous était toujours resté fidèle, était mort à la fin de 1885. Boubakar avait eu un fils, nommé Mahmadi, que le gouvernement avait fait élever avec le plus grand soin à l'École des otages en même temps que Demba, fils de Sambala de Médine, pour assurer l'avenir dans le Bondou. Malheureusement Mahmadi mourut jeune et Boubakar ne laissa que deux frères : Omar Penda, âgé d'environ cinquante ans, qui a toujours combattu auprès de son frère, mais sans montrer pour nous beaucoup de sympathie, et un autre frère, Saada Ahmadi, un peu plus jeune et qui paraissait avoir les mêmes dispositions à notre égard.

Les événements qui suivirent la mort de Boubakar-Saada montrèrent combien son dévouement nous avait été utile pendant trente ans.

En 1885 il y avait dans le Bondou un parti hostile à Boubakar-Saada. Le marabout le savait et avait conçu le projet d'attirer à lui les mécontents. Aussi, quand il apprit que la colonne avait quitté Khayes, se mit-il à parcourir le Guidimakha, le Guoye, pour sonder les esprits et se rendre compte, au cas où il aurait besoin de ses compatriotes, du concours qu'il pourrait en attendre. Toute la population des provinces des deux rives du Sénégal, des environs de Bakel à Khayes, c'est-à-dire sur un parcours de plus de 200 kilomètres, est d'origine sarakhollé. Cette race se mêle peu aux autres, à cause de la supériorité qu'elle se targue d'avoir sur elles. Les vieillards qui se rappelaient avec quelle vigueur, il y a une trentaine d'années, le général Faidherbe, alors gouverneur, avait repoussé l'invasion religieuse d'el hadj Omar, malgré leur grande sympathie pour le prophète, n'auguraient rien de bon d'une levée d'armes contre les Français. Mais le marabout comprit que si les chefs de village et les vieillards, appréciant à sa valeur l'existence paisible due à notre protection, ne pouvaient pas accueillir avec enthousiasme l'idée d'un soulèvement, il n'en était pas de même de la partie jeune de la population. Celle-ci, intelligente, mais légère et vaine, était exaltée par des croyances religieuses qu'entretenaient les prédications des nombreux marabouts du Guidimakha et du Guoye; elle ne rêvait que guerre contre les infidèles, dans l'espoir d'y trouver quelque occasion de pillage et de butin.

Une autre partie de la population, provenant des manœuvres, laptots, chauffeurs, capitaines de rivière

Karamoko-Diaoulé, fils de Samory.

retraités ou licenciés, devait également fournir à Lamine un concours précieux.

Ces anciens serviteurs oubliaient trop qu'ils avaient été parfaitement traités par nous.

Redevenus dans leur village musulmans zélés, ils faisaient à tout propos sonner très haut leur indépendance.

Il y avait dans les environs de Bakel douze ou quinze cents de ces anciens serviteurs : ils se rallièrent aussitôt à Mahmadou Lamine.

Dès 1880 on avait déjà eu l'occasion de constater les mauvaises dispositions des gens du Guidimakha, lorsque la première colonne du colonel Borgnis-Desbordes traversa leur pays.

Toutefois notre tolérance fut excessive, désireux que nous étions de ne pas nous créer d'ennemis sur notre base d'opérations.

Notre façon d'agir fut considérée et exploitée comme une marque de faiblesse et d'impuissance, et rendit extrême dans ces dernières années l'arrogance des chefs de village. Ils en étaient arrivés à refuser formellement de nous fournir même quelques indigènes nécessaires pour le transport des correspondances postales; aussi le marabout put-il réunir sans difficulté le contingent de guerriers qu'il demandait lorsqu'il se présenta dans le Khasso, le Natiaga et le Logo.

Assuré de l'appui des populations, le marabout Mahmadou Lamine conçut le projet de s'emparer du Bondou.

Un prétexte fut bientôt trouvé : il annonça publiquement son intention d'aller combattre le Tenda, qu'il représentait comme peuplé d'infidèles et d'ennemis du Koran.
— Lamine savait parfaitement que, conformément à nos ordres, les chefs du Bondou s'opposeraient à son passage sur leur territoire; il comptait sur les dissensions

qui existaient entre Omar-Penda, frère de Boubakar-Saada et son héritier légitime, et Ahmadi-Soma, son compétiteur au trône.

Aussi, dès que son appel à la guerre sainte lui eut donné une armée de fanatiques et de pillards, commença-t-il par ravager le Boudou.

Le marabout Mahmadou Lamine, de son vrai nom Demba-Debassi, n'était pas un noir ordinaire ; c'était un ambitieux intelligent, devenu rusé et habile grâce au contact prolongé des chefs religieux qu'il avait fréquentés pendant de longues années.

Sarakhollé, né sur les bords du Sénégal aux environs de Khayes, Lamine, après avoir étudié l'arabe à Bakel, partit à l'âge de vingt ans pour entreprendre un voyage à la Mecque. Il resta absent pendant une trentaine d'années, courut le monde musulman, et se vanta à son retour d'avoir passé plusieurs années à Constantinople.

En passant par Ségou, il eut l'imprudence d'y annoncer son intention de fonder un empire sarakhollé aux dépens de celui d'Ahmadou. Celui-ci le fit arrêter et le retint six ans prisonnier.

Il ne reparut dans le haut Sénégal qu'en 1885.

Il était bien doué pour le rôle qu'il s'était choisi ; de haute taille, il avait la physionomie d'un homme fait pour commander. Il parlait bien, était instruit pour un noir, et s'était montré aussi rusé dans sa propagande qu'audacieux dans l'action.

Le prompt succès de sa tentative prouve du reste suffisamment combien les ressources de son esprit étaient remarquables.

En six mois il se fit une assez grande réputation pour pouvoir réunir une armée.

Sa qualité de pèlerin de la Mecque lui donna dès son

retour un certain prestige. Il racontait aux noirs crédules qu'il avait couché auprès du corps de Mohammed. Il cherchait à leur insinuer que son rôle serait presque aussi grand que celui du fondateur de l'Islam. Comme tout bon prophète se reconnaît aux miracles qu'il a le don de faire, il en faisait.

Dans les derniers jours de novembre 1885, le colonel Frey avait fait venir à Khayes le marabout Lamine pour obtenir des explications au sujet du projet que lui attribuait l'opinion publique : levée d'une armée pour aller combattre les infidèles du Tenda, puis Ahmadou.

Mahmadou Lamine ne fit aucune difficulté pour se rendre auprès du commandant supérieur; il protesta vivement de son dévouement aux Français, qu'il aimait, disait-il, de longue date, dont il connaissait la puissance et contre lesquels il n'entrerait jamais en lutte. Il nia tout projet vis-à-vis du Tenda et avoua que son seul désir était de nous voir déclarer la guerre à Ahmadou, ce qui lui permettrait de se mettre à la tête des Sarakhollé et de combattre à nos côtés. Sambala, roi de Médine, présent à ces entretiens, se porta garant du dévouement du marabout et conseilla vivement de ne pas prendre de mesures contre lui.

Le colonel accéda à cet avis et pensa même pouvoir autoriser Lamine à se rendre à Touabo, village situé à une douzaine de kilomètres en aval de Bakel, avec une escorte de cinquante hommes choisie parmi ses disciples, à la condition toutefois que ces hommes ne devaient point porter d'armes. Lorsque Lamine passa à Bakel, le commandant du poste remarqua que son escorte était armée, s'en étonna, et demanda des ordres par télégraphe. Mahmadou n'attendit pas que l'on fût disposé à s'emparer de sa personne, et se dirigea sur Balou, village situé au confluent de la Falémé avec le Sénégal. Il s'arrêta pour demander à Omar-Penda l'autorisation de traverser le Bondou, voulant aller attaquer Gamou, grand village fortifié du Tenda, entre la Gambie et les frontières sud du Bondou. Il alléguait que les gens de Gamou avaient jadis insulté sa mère et qu'il se proposait d'en tirer vengeance. Ce prétexte était très bien choisi, car Gamou est un vieil ennemi du Bondou. Boubakar l'a assiégé deux fois sans succès et y a laissé ses meilleurs soldats. Mahmadou comptait donc sur cette communauté de haine pour s'ouvrir l'entrée du Bondou. Mais Omar-Penda se méfia et lui répondit par un refus formel.

Le marabout était toujours à Balou et ses forces s'étaient considérablement accrues. Le commandant de Bakel, escorté de quelques traitants, alla tenter auprès de lui une démarche toute pacifique. Il lui représenta que c'était faire acte de rébellion que de vouloir traverser un pays allié à la France, malgré l'opposition du chef de ce pays, et ajouta que sa présence avec des forces considérables pouvait être regardée par nous comme un acte d'hostilité.

A ce moment le marabout avait environ deux mille hommes qui s'étaient joints à lui, aussi répondit-il qu'il ne comprenait pas la défiance de la France et du Bondou à son égard; que s'il était quelque chose il le devait à la protection française; qu'il cherchait seulement à aller à Gamou chez des infidèles, venger une vieille injure, et que l'on ne pouvait s'opposer à un désir aussi légitime.

Le commandant ne put obtenir satisfaction, et Mahmadou Lamine commença à piller méthodiquement le Bondou sous prétexte de nourrir ses troupes pendant leur marche vers Gamou. A la première nouvelle de sa mise en route Omar-Penda avait immédiatement abandonné

Sénoudébou en prétextant qu'il voulait aller mettre en état de défense sa ville à lui, Boulébané. Mahmadou Lamine entra donc à Sénoudébou sans tirer un coup de fusil.

Lorsqu'il y fut bien installé, il s'achemina vers Boulébané. Omar-Penda, estimant sans doute que la défense n'était pas suffisamment assurée, n'essaya pas de résister, et s'enfuit dans le Damga, province du Fouta, pour demander aide et assistance à Mahmadou Abdoul, fils d'Abdoul Boubakar, chef dans le Fouta.

Dès la nouvelle de la prise de Sénoudébou, le colonel envoya les premiers ordres pour préparer un retour offensif qui aurait lieu aussitôt que le ravitaillement des postes serait achevé.

La deuxième compagnie de tirailleurs, les troupes d'infanterie de marine et les disciplinaires furent échelonnés entre Badoumbé et Kita. Le 15 février, apprenant le pillage des villages du Bondou et des environs de Bakel, le commandant du Haut-Fleuve envoya aux troupes l'ordre de se diriger sur Khayes.

La deuxième compagnie devait, dès son arrivée à Khayes, être portée à 150 hommes et dirigée sur Bakel. De là les deux compagnies, formant un effectif d'environ 250 hommes, avaient l'ordre d'opérer réunies, dans les environs du poste; de visiter les villages des pays annexés; de ramener l'ordre dans les populations; en un mot, d'exercer un rôle de surveillance et de protection.

Le marabout cherchait alors à entraîner quelques populations encore indécises; il se disait notre ami et donnait comme preuve de son entente avec nous la tranquillité dans laquelle vivait sa famille à Goundiourou.

Pour mettre fin à ces agissements, ordre fut donné

d'enlever et de conduire à Médine les femmes et les captifs qu'il avait laissés dans son village.

L'opération, habilement conduite par le commandant de la deuxième compagnie (capitaine Férat), eut un plein succès.

Toutefois elle décida le marabout à abandonner ses projets à l'égard du Tenda, à se déclarer ouvertement contre nous, et à concentrer ses bandes à Kounguel, à 6 kilomètres de Bakel. Aussi, le 13 mars, ordre était-il envoyé à la première compagnie de tirailleurs de la garnison de Bakel de disperser ces contingents.

Le 14 mars 1886 eut lieu le combat de Kounguel. L'ennemi, prévenu par l'interprète Alpha-Sega, s'était embusqué dans un marigot situé environ à mi-chemin de Bakel à Kounguel; cette partie de la route était couverte et constituait un passage difficile. Le commandant de la compagnie, trahi par l'interprète, donna dans une embuscade habilement préparée et fut forcé de battre en retraite sur Bakel, en laissant aux mains de l'ennemi une pièce de canon qui n'avait pu tirer un seul coup.

Nos pertes furent de 10 tués et 25 blessés dont 2 officiers. L'ennemi eut 150 hommes tués et autant de blessés.

Ce succès donna au prophète un prestige immense et lui attira de nouveaux contingents. Bientôt il se sentit en état de prendre l'offensive contre nous. Le 5 avril, une première attaque était exécutée par ses bandes contre le village de Bakel. Les défenses extérieures dont le gouverneur Faidherbe avait muni Bakel en 1854, quoique très sérieuses, avaient été complètement négligées depuis, et on ne s'en servit pas dans cette circonstance. La plus grande partie de la population sarakhollé, secrètement dévouée à la cause de Mahmadou Lamine, se tournait contre nous, lui livrait et incendiait elle-même le village de Mody M'Palé (partie ouest de Bakel). Malgré cette trahison, le marabout rencontrait une résistance énergique du reste de la population. Les traitants, quelques Sarakhollé, des Bambara et des Wolof habitants du village de Guidi M'Palé (partie est de Bakel), ainsi que quelques Toucouleurs, secondés par le feu du fort, soutinrent pendant plusieurs heures dans les rues du village un combat acharné. L'attaque fut repoussée et les assaillants subirent des pertes considérables. De notre côté nous avions 5 traitants tués et environ 50 blessés, dont un seul appartenait à la garnison du fort.

Le lendemain, une seconde attaque dirigée par le marabout en personne n'avait pas plus de succès.

L'interprète Alpha-Sega, qui avait déjà trahi le 14 mars à l'affaire de Kounguel, devait mettre le feu à la poudrière et, à la faveur du désordre qui en résulterait, ouvrir les portes à l'ennemi. Surpris dans l'accomplissement de son crime, il fut immédiatement fusillé. La principale attaque, dirigée par le marabout sur la porte du fort qui devait lui être ouverte, échoua complètement. L'ennemi subit encore des pertes considérables.

A ce moment, le capitaine Férat arrivait à Diakandapé avec une colonne qui comprenait la deuxième compagnie de tirailleurs, un détachement d'infanterie et une pièce de canon. C'était l'avant-garde de la colonne du colonel Frey.

Parti le 15 février de Bammakou, le colonel était arrivé le 2 avril à Khayes et hâtait la rentrée des dernières troupes échelonnées sur la ligne de ravitaillement, pour achever l'organisation du corps expéditionnaire qui devait débloquer Bakel.

Le 10 avril, l'effectif dont disposait le colonel Frey se répartissait de la façon suivante :

Européens	150
Tirailleurs et spahis noirs	450
Total	600 combattants.

La force et la composition du corps expéditionnaire permettaient une action énergique et rapide. Toutefois cette action ne pouvait être entreprise qu'autant que Khayes, où se trouvaient tous les approvisionnements, serait mis à l'abri d'un coup de main. Malheureusement ce nouveau point d'appui manquait complètement d'ouvrages défensifs, et il était difficile à la colonne de rien entreprendre avant d'y avoir pourvu.

Les circonstances permirent d'adopter un plan d'opérations atténuant dans une large mesure les désavantages de la situation.

Les villages du Guidimakha, après avoir fourni au marabout des contingents considérables, avaient, à la suite du combat de Kounguel, recueilli un grand nombre de blessés et donné asile à ceux dont l'enthousiasme était devenu hésitant. Comme le sultan Ahmadou avait la prétention d'exercer des droits sur le Guidimakha, le colonel l'informa des faits accomplis, et l'invita à châtier les coupables. Ahmadou n'en fit rien. Il nous appartenait alors de prendre nous-mêmes l'initiative de la répression. Une expédition immédiate dans le Gadiaga fut donc décidée. Elle avait pour avantage de ne pas éloigner prématurément la colonne de Khayes; en outre, l'attaque des villages devait produire de nombreuses désertions dans l'armée du marabout, forte alors de 15000 hommes, en obligeant ceux des habitants qui s'étaient joints à lui à revenir chez eux protéger leurs femmes et leurs enfants.

Le 12 avril commença pour la colonne expéditionnaire

une seconde campagne de six semaines, qui offre un grand intérêt.

Marches forcées, marches de nuit, surprises de nuit, tout ce qu'un chef ingénieux et hardi peut demander à une troupe aguerrie, dévouée et admirablement entraînée, fut essayé et presque toujours obtint plein succès.

On est étonné des preuves de vigueur que sut encore donner cette vaillante troupe, quand on considère que, deux mois avant, elle combattait sur le Niger à plus de 800 kilomètres de ce nouveau théâtre d'opérations.

Une série de villages bâtis le long du fleuve furent pris les uns après les autres et incendiés : les habitants s'étaient réfugiés à Bokhoro, grand village de l'intérieur, avec leur bétail et leurs richesses. Bokhoro fut surpris par une marche bien dissimulée, et pris après deux combats de nuit et une résistance désespérée de la part de l'ennemi, qui nous blessa dix tirailleurs et tua une vingtaine d'auxiliaires.

Les noirs, habitués à ne jamais nous voir nous éloigner des bords du fleuve, furent consternés de la chute de Bokhoro. On entendait la nuit les femmes gémir et crier : « Lamine! Lamine! viens à notre aide ».

Le lendemain de la prise de Bokhoro eut lieu un nouveau combat, suivi de la prise des deux grands villages de Guémou et de Bambella, où l'on trouva un riche butin.

Le marabout avait déjà, à la suite de ses deux échecs, renoncé à s'emparer du village et du fort de Bakel; mais toutefois il avait continué à les faire étroitement bloquer par une partie de ses forces, pendant qu'il se portait avec le reste à la rencontre du colonel. Voyant ses bandes ébranlées et portées à la désertion à mesure qu'elles apprenaient la marche de la colonne contre leurs villages, il fut obligé d'interrompre le blocus de Bakel pour aller au-devant des Français avec toutes ses forces, qui montaient à six ou sept mille hommes. La rencontre eut lieu le 19 avril, à Tamboukhané, dans une position qu'avait choisie et fortifiée d'avance le colonel Frey. Le combat fut très résolument engagé par les noirs. Le drapeau blanc du prophète vint tomber à vingt mètres de nos lignes. Son armée n'en fut pas moins dispersée. Les contingents, découragés, ne cherchèrent point à se rallier et songèrent à rentrer chez eux. Lamine, se voyant abandonné, se sauva vers le Bondou. La colonne se mit aussitôt à sa poursuite.

Si l'on jette un regard sur la carte, on voit que le Sénégal et son affluent la Falémé forment un angle presque droit. Makhana se trouve sur le Sénégal à 45 kilomètres environ du confluent, et Sénoudébou, sur la Falémé, à peu près à la même distance de ce même confluent.

Le territoire compris dans l'angle est un désert sans eau. La route ordinaire longe les deux rivières et décrit par conséquent le même angle qu'elles.

Le commandant Combes eut mission de poursuivre le marabout pendant que le colonel Frey se dirigeait sur Sénoudébou à travers le désert, avec une colonne légère. Ce dernier marcha quatorze heures, de cinq heures du soir à sept heures du matin. Cette marche fut si pénible que des auxiliaires périrent de soif.

On arriva à temps pour barrer la route au marabout, et, sans la maladresse d'un guide, on l'aurait certainement capturé. Il se reposait au village de Kydira, où il venait d'arriver depuis une heure à peine et se croyait dans la plus grande sécurité. On entendait son tam-tam invitant les populations des environs à venir saluer le grand prophète.

Un détachement fut envoyé pour garder le gué de Maé, au-dessus du village, pendant que la colonne, très allongée par la rapidité de la marche, se reformait. Le détachement ne devait se montrer qu'au moment où la colonne serait en état de passer le gué, de s'établir en travers de la route et de cerner le village. Au lieu de conduire ce détachement à Maé, le guide le mena à Kydira.

Nos hommes, apercevant sur la place une troupe de cavaliers et de fantassins, firent feu.

Mahmadou Lamine se trouvait dans le tata du village, sorte de réduit de la défense. N'ayant pas été inquiété jusque-là dans sa fuite, il était loin de soupçonner la présence des Français. Il pensa d'abord que ces coups de feu étaient le fait de quelques indigènes de la région que son retour mécontentait et qui s'attaquaient aux siens. Il se contenta de hausser les épaules avec mépris. Un feu de salve le détrompa. « Mais ce sont les Français! » cria-t-il, et, fou de terreur, il se précipita hors du tata, sans même prendre le temps d'emporter les objets de valeur qu'il avait avec lui, et parmi lesquels on trouva son cachet et les bijoux de ses femmes. Il sauta à cheval et se sauva à toutes brides sur Sénoudébou. Le tata, défendu par une poignée de fidèles, fut enlevé d'assaut et les défenseurs tués à coups de crosse de fusil, les tirailleurs répugnant à se servir de la baïonnette. Six cents femmes qu'il emmenait à sa suite, un grand troupeau et tous les bagages tombèrent entre nos mains à Kydira. Dans ces bagages se trouvaient plus de trois cents korans, dont quelques-uns étaient richement reliés, et qui jusqu'à ce jour avaient été portés par dix porteurs indigènes marchant pompeusement derrière lui[1].

1. Mahmadou Lamine s'enorgueillissait beaucoup de cette bibliothèque ambulante. Il prétendait que chacun des livres qui la composaient était le présent d'un monarque ou d'un grand chef de croyants et qu'il l'avait réunie dans le cours de ses trente années de voyages et d'études religieuses.

Mahmadou Lamine ne nous attendit point à Sénoudébou, où la colonne se rendit aussitôt; il se réfugia dans le Diaka, sur la limite de la Gambie anglaise.

A la nouvelle de sa déroute, les insurgés des environs de Bakel traversèrent le fleuve et se concentrèrent sur la rive droite, devant le village de Mannael. Ils étaient environ sept ou huit mille individus, parmi lesquels beaucoup de femmes et d'enfants, que la crainte de nos représailles avait fait fuir de leurs villages. Le colonel Frey alla les y attaquer, et, après un engagement qui dura trois heures, les dispersa et leur fit de nombreux prisonniers.

Enfin une dernière leçon fut donnée aux gens du Guidimakha : il s'agissait de châtier les villages de Guémou et de Kémandao, dans lesquels s'étaient réunis les transfuges de Bakel et les populations de plus de vingt villages qui n'avaient pas encore fait leur soumission.

En marchant vers ce point, la colonne fut attaquée en pleine nuit par un groupe de cinq à six cents hommes résolus, qui tentèrent de lui barrer la route. Le marabout Lamine n'était plus là pour enlever aux balles françaises leur efficacité, ainsi qu'il en avait fait la promesse à ces populations crédules; les guerriers avaient eu recours à leurs vieilles pratiques fétichistes : ils avaient immolé des moutons sur le sentier que devait suivre la colonne et à proximité du point choisi pour leur embuscade. Il paraît qu'un sentier ainsi ensorcelé doit devenir infranchissable à l'ennemi. Le sacrificateur fut tué par un éclaireur sur le corps même de l'un de ces moutons, au moment où il prononçait les paroles sacramentelles. Toutefois il semble que leur croyance dans ces sortilèges est limitée, puisqu'ils n'attendirent pas la colonne, qui trouva le village de Guémou abandonné.

ÉMANCIPATION. — PÉNÉTRATION.

En allant de Guémou à Kémandao, la colonne livra un combat très rude à plusieurs milliers d'hommes. Ce fut le dernier rassemblement important qu'elle ait eu à disperser. Elle termina ses opérations en enlevant d'assaut un marigot dans lequel quatre cents hommes s'étaient fortement retranchés : l'ennemi laissa soixante morts dans ce ruisseau.

Tous les villages soulevés par Mahmadou Lamine contre nous se trouvèrent ainsi châtiés les uns après les autres : ses bandes étaient anéanties ou dissoutes ; les survivants demandèrent la permission de rentrer dans leurs foyers, et, à la fin du mois de mai, la paix se trouva rétablie dans le Haut-Sénégal. On estime à trois mille le nombre des hommes qui ont péri sous nos balles, ou par la soif ou la faim dans la brousse, pendant ces six semaines. Peu de campagnes ont été aussi meurtrières au Sénégal.

La nouvelle de l'attaque de Bakel causa une certaine émotion à Saint-Louis et le contre-coup s'en fit sentir en France. L'interruption des communications télégraphiques augmenta l'émotion en laissant libre cours aux bruits les plus étranges et les plus exagérés.

En présence de la surexcitation qui régnait à Saint-Louis, le comité de défense dut se réunir et prendre les mesures nécessaires pour calmer l'irritation des Wolof contre les Sarakhollé qui habitaient la ville. On dut interdire la vente des armes et de la poudre. Dans les premiers jours d'avril, les noirs de Saint-Louis se présentèrent en masse à l'hôtel du Gouvernement et demandèrent à partir pour Bakel ; malheureusement, à cette époque de l'année, des renforts ne pouvaient remonter le fleuve. On croyait encore le colonel Frey avec sa petite colonne à 800 kilomètres à l'est du théâtre de ces événements, et l'on était d'accord sur ce point que, si le marabout, à la suite d'un coup de main hardi, parvenait à détruire les magasins de Khayes, alors sans défense, la situation de la petite colonne serait fortement compromise.

Le bruit d'un concours promis à Lamine par les chefs du Fouta commençait à circuler. Une prise d'armes chez les Toucouleurs, c'eût été l'insurrection jusqu'aux portes de Podor.

Comme il fallait déjà prévoir le cas où l'envoi d'une colonne de secours deviendrait nécessaire, un bataillon d'infanterie de marine fut expédié de France en toute hâte à Saint-Louis.

Dans l'hypothèse d'un envoi de troupes de renfort pour le haut fleuve, une difficulté se présentait : le fleuve, cette route naturelle, la seule suivie jusqu'à ce jour pour remonter à Bakel, était rendu impraticable par la baisse des eaux.

D'ailleurs on ne pouvait organiser une colonne de secours sans être auparavant renseigné sur la situation, et les nouvelles positives ne parvenaient plus. En prévision des mesures à prendre dans le cas possible de complications ultérieures, il devenait urgent de recueillir à l'avance des renseignements exacts sur la situation et de rechercher les moyens d'y remédier.

Inspiré par ces considérations, le Ministre de la Marine envoya son officier d'ordonnance, M. le lieutenant Brosselard, en mission au Sénégal. Celui-ci avait pour instructions de rechercher le chemin le plus direct, le plus praticable de Saint-Louis à Bakel, pouvant être suivi, le cas échéant, par une colonne composée de troupes de différentes armes; de se rendre compte des ressources du pays; de prendre contact avec les populations sur le parcours suivi, et de voir dans quelles dispositions étaient leurs chefs.

Le lieutenant Brosselard, arrivé à Saint-Louis le 2 mai 1886, quitta cette ville le 15 sur un remorqueur qui le transporta près de Mafou, dans l'île à Morphil, le 18. Il mit douze jours à franchir les 450 kilomètres qui le séparaient de Bakel, et reconnut un itinéraire par eau et par terre permettant à une colonne d'infanterie d'atteindre facilement ce poste.

En traversant le Fouta il eut une entrevue avec Abdoul-Boubakar et put se convaincre que, malgré les bonnes dispositions apparentes de ce chef, il était nécessaire de le surveiller attentivement, car il existait dans les provinces du Fouta, du Damga et du Toro des ferments d'agitation entretenus avec soin par Ahmadou; Abdoul-Boubakar n'aurait pas hésité à répondre à l'appel à l'insurrection qui lui aurait été adressé par le sultan de Ségou ou par Mahmadou Lamine s'il avait cru pouvoir compter sur un triomphe facile.

Nous avons laissé le marabout Mahmadou Lamine fuyant devant le colonel Frey qui le poursuivait. Après s'être réfugié dans la région comprise entre la Falémé et la Gambie, l'agitateur parvint à réunir une poignée d'aventuriers tandis que la colonne était rentrée à Bakel.

Au mois de juillet 1886, avant de revenir à Saint-Louis, le colonel Frey avait dû faire réoccuper le poste de Sénoudébou, afin de maintenir à distance les nouvelles bandes du marabout et de protéger les habitants du Bondou.

Le poste était en très mauvais état; Mahmadou Lamine, en s'enfuyant devant nos colonnes, l'avait incendié. Mais l'enceinte, quoique nécessitant quelques réparations, était encore défendable.

La garnison laissée à Sénoudébou comprenait : 70 tirailleurs sous le commandement de M. le sous-lieutenant

Laty, assisté du sous-lieutenant Yoro-Coumba, et une pièce de canon commandée par l'adjudant d'artillerie Fougas, servie par 8 tirailleurs auxiliaires de la batterie.

Dans le courant du mois d'août, les bandes de Mahmadou Lamine, qui de sa personne s'était retiré à Diama, dans le Diaka, faisaient de nouveau leur apparition dans le Bondou. L'une d'elles surprenait dans le village de Picha, situé à 40 kilomètres dans l'ouest de Sénoudébou, Oumar-Penda, le frère et le successeur de Boubakar-Saada, et le tuait.

Saada-Amady, frère d'Oumar-Penda, lui succédait alors comme almamy du Bondou. Plus énergique et mieux avisé que son prédécesseur, il réunissait ses sujets armés et venait s'établir aux abords du poste de Sénoudébou.

Dans le courant de septembre, des bruits vagues circulaient au sujet de Mahmadou Lamine, qui allait, disait-on, quitter Diaka et tenter une opération dont on ignorait l'objectif. En effet, le 22 septembre une bande du marabout attaquait le petit village de Sambakola, situé à une vingtaine de kilomètres à l'ouest de Sénoudébou.

Immédiatement le sous-lieutenant Yoro-Coumba, devenu commandant du poste par suite du départ de M. Laty, départ nécessité par l'état de santé de cet officier, prenait toutes les dispositions nécessaires pour résister à une attaque qu'il jugeait imminente. Il fit ensuite placer les hommes de Saada-Amady en embuscade en avant du poste, dans la direction où il présumait que se présenterait l'ennemi. Les femmes et les enfants étaient parqués à l'abri du poste, qui conservait sa garnison entière.

Le 23 septembre l'attaque eut lieu. 1800 hommes de Mahmadou Lamine s'avancèrent contre les gens de Saada-Amady, qui, sous le nombre, lâchèrent bientôt pied et se replièrent sur le poste. Déjà les soldats de Mahmadou pénétraient dans le village, les femmes et les enfants s'enfuyaient dans toutes les directions, quand le sous-lieutenant Yoro-Coumba, prenant avec lui 30 tirailleurs, sortit du poste, tomba sur les assaillants, leur tua un grand nombre d'hommes et les chassa du village et des abords. Il eut la sagesse de borner là son action, et laissa s'élancer à la poursuite des fuyards les hommes de Saada-Amady, qui s'étaient ralliés et que le combat avait électrisés.

L'ennemi perdit 170 hommes, dont 82 prisonniers, qui furent passés par les armes. On ramassa 500 fusils sur le champ de bataille. De notre côté nous avions eu 3 tirailleurs tués et 1 blessé, et les gens du village comptaient 4 tués et 15 blessés. Quatre jours après arrivait un renfort inutile de 70 hommes, envoyé de Bakel par le commandant Combes.

Le poste de Sénoudébou, créé pour empêcher les Dioula d'aller en Gambie, a eu sa raison d'être il y a trente ans. Aujourd'hui il paraîtrait préférable de créer un établissement dans la Falémé moyenne. D'ailleurs on ne peut plus tirer parti des ruines du poste de Sénoudébou. Un nouvel établissement construit dans la région voisine de Farabana, c'est-à-dire à 180 kilomètres du confluent de la rivière, bénéficierait d'une partie du commerce du Bambouk, qui va aujourd'hui en Gambie, c'est-à-dire chez les Anglais.

On ne saurait passer sous silence d'importants événements qui eurent pour théâtre, pendant 1886, une région voisine de Saint-Louis, le Cayor. Mais il est nécessaire, pour les comprendre, de revenir en arrière.

On se souvient qu'en 1870 le gouverneur Valière avait permis à Lat-Dior de rentrer dans le Cayor et même l'en avait reconnu damel, quoique par sa naissance il ne pût prétendre à ce titre. Aussi, quelques années après, Lat-Dior faisait élire damel son neveu Samba-Laobé, mais continuait à gouverner en son nom. Nos relations avec lui, à partir de 1870, furent d'abord assez cordiales, puisque, en 1875, nos soldats combattirent avec ses gens contre le prophète Ahmadou-Cheikhou, qui dévastait le Cayor, et qu'en 1879 le gouverneur Brière de l'Isle obtint qu'il signât un traité nous autorisant à construire un chemin de fer à travers ses États, entre Saint-Louis et Dakar.

Mais quand, en 1882, on voulut commencer les travaux, Lat-Dior fit savoir au gouverneur qu'il ne voulait plus du chemin de fer et qu'il s'opposerait par la force à sa construction. A la fin de décembre 1882, comme il annonçait qu'il allait marcher contre les Français à la tête de ses troupes, une colonne expéditionnaire fut envoyée contre lui; Lat-Dior n'osa pas livrer bataille et s'enfuit dans le Baol. Le gouverneur de la colonie, M. René Servatius, le déclara déchu du pouvoir ainsi que Samba-Laobé, et proclama damel un autre neveu de Lat-Dior, Amary-Ngoné-Fall II. Celui-ci vint à Saint-Louis et signa un traité qui confirmait celui de 1879, en ce qui concerne nos droits à la construction de la voie ferrée et par lequel, en outre, le Cayor était placé sous le protectorat de la France et la province de N'Diambour annexée à la colonie.

Pendant qu'à Saint-Louis on s'occupait de la rédaction de ce traité et qu'on fêtait le nouveau damel, Samba-Laobé, à la tête de ses partisans, faisait irruption dans le pays et cherchait à le soulever contre les Français et contre Amary-Ngoné-Fall, leur protégé. Trois petites colonnes très mobiles se mirent à sa poursuite. Grâce aux habiles dispositions prises par M. le chef de bataillon d'infanterie de marine Dodds, qui dirigeait l'expédition, grâce à la rapidité de marche du capitaine Dupré qui, à la tête de ses spahis et de tirailleurs sénégalais, montés à dos de chameau, pourchassa sans arrêt Samba-Laobé, celui-ci, qui avait tenté plusieurs fois de se jeter soit dans le Baol, soit dans le Djiolof, avait toujours vu sa retraite coupée. Il finit par être acculé dans le nord du Cayor. Dans l'impossibilité de s'échapper, entouré de tous côtés, il renonça à la résistance et capitula avec tout son monde, le 2 mai 1883.

Amary-Ngoné-Fall, ne put se faire accepter par les habitants du pays. Les pillages et surtout sa pusillanimité le rendirent absolument impopulaire.

En juillet 1883, Lat-Dior ayant cherché à pénétrer dans le Cayor, Amary-Ngoné-Fall s'enfuit, tandis que Samba-Laobé, qui avait été autorisé à vivre en simple particulier dans la contrée, fit appel aux captifs de la couronne et se porta résolument contre Lat-Dior; ce dernier n'osa pas engager la lutte et se retira dans le Djiolof.

A la suite de ces faits, Amary-Ngoné-Fall fut invité à abdiquer, et Samba-Laobé, élu damel, fut reconnu par le gouvernement de la colonie avec lequel il signa, au mois d'août 1883, un traité dans lequel il abandonnait les cantons de N'Diambour et de Mérina-N'Guick, et promettait de laisser continuer les travaux du chemin de fer. L'inauguration de la ligne de Dakar à Saint-Louis eut lieu le 6 juillet 1885.

Le Cayor jouissait d'une tranquillité profonde, lorsque au mois de mai 1886 une querelle de famille s'éleva entre Samba-Laobé et le Bour du Djiolof, Ali-Bouri-N'Diaye, à la suite de la répudiation par ce dernier de sa femme, princesse du Cayor et proche parente du damel. L'orgueil et l'intérêt, car le Bour-ba-Djiolof n'avait point, selon l'usage, restitué la dot de la princesse répudiée, envenimèrent cette querelle au point que Samba-Laobé jugea qu'il fallait du sang pour réparer l'honneur de la famille; seulement il eut le tort de ne pas prendre conseil du gouvernement, ni même de le prévenir, avant d'engager une guerre qui allait jeter le trouble parmi les populations.

Les armées se rencontrèrent dans le Djiolof, et les deux chefs combattirent, dit-on, corps à corps. La victoire resta à Ali-Bouri.

Après la défaite de Samba-Laobé, la poursuite victorieuse d'Ali-Bouri fut arrêtée par l'intervention du gouverneur. Une amende de 20 000 francs fut imposée à Samba-Laobé au profit d'Ali-Bouri.

Pour payer cette amende considérable, Samba-Laboé fit d'abord appel à ses administrés. Ne pouvant rien retirer de ces pauvres populations agricoles, surtout avant la récolte, le damel s'adressa à des colons installés sur son territoire; il leur réclama ce que les traités l'autorisaient à prélever, une redevance sur le commerce qui s'effectue sur son domaine.

Il fit donc percevoir une patente à Tiwawane sur des commerçants français. Quelques-uns la lui payèrent; d'autres, en plus grand nombre, la lui refusèrent, prétextant, comme c'était vrai, que déjà ils en payaient une au gouvernement français.

D'autres faits, tels que celui d'un troupeau de bœufs écrasé par un train, rendirent les rapports plus tendus.

Le damel molesta nos traitants, leur contesta le droit de s'établir dans le rayon de cinq cents mètres fixé comme limite de leurs établissements autour de Tiwawane, grand marché d'arachides et l'une des stations du chemin de fer de Dakar à Saint-Louis.

Les colons réclamèrent protection au gouverneur.

Le 6 octobre 1886, le capitaine Spitzer, aide de camp du gouverneur, partit avec mission de faire des représentations au damel et de tâcher de l'amener, par la conciliation, à changer d'attitude.

Le capitaine Spitzer prit le chemin de fer et, ralliant à la station de N'dand un peloton de 25 spahis, commandé par le sous-lieutenant Chauvet, vint débarquer à Tiwawane, vers trois heures de l'après-midi.

A 150 mètres de la gare se tenait le damel avec 150 hommes dont une partie armés.

Le capitaine Spitzer fait arrêter le peloton rangé en bataille, puis s'avance à cheval, accompagné d'un spahis indigène, qui lui sert d'interprète.

Le damel l'accueille avec hauteur et refuse toute discussion. « Si le gouverneur est maître à Saint-Louis, je suis le roi de tout le Cayor, dit-il. Tiwawane et la voie ferrée m'appartiennent et je n'ai que faire de vos représentations. »

M. Spitzer, voyant son insistance inutile, s'éloigne, mais il envoie successivement au damel, pour tenter de renouer le palabre, deux spahis et un maréchal des logis. Ce dernier aurait alors essayé d'entraîner le damel vers le peloton, en prenant le cheval par la bride. Le damel tire sur le maréchal des logis et le manque. Deux autres coups sont tirés : un spahis indigène est atteint. Le capitaine Spitzer fait mettre à ses spahis le sabre en main et les fait charger. Ceux-ci se précipitent sur le damel et ses guerriers. Devant l'impétuosité de l'attaque, les noirs fuient et se dispersent de tous les côtés. Le lieutenant Chauvet, suivi de deux hommes, se jette sur les traces du damel. Malgré le danger d'une embuscade dans les rues étroites et tortueuses d'un village noir, il traverse N'doukoumane, où il essuie presque à bout portant un premier coup de feu qui ne l'atteint pas; au delà il se trouve seul pendant quelques instants : l'un des spahis s'est écarté; l'autre est resté en arrière. Malgré les difficultés que présente un terrain coupé par des cultures et des haies formées avec des fagots d'épines, son cheval, bien enlevé, triomphe de tous les obstacles et continue à mener grand train. Les distances se rapprochent; à deux kilomètres du village, la bête que montait le damel est absolument fourbue.

« Pendant ce galop de deux kilomètres, dit le lieutenant dans son rapport, le maréchal des logis Bégny tua un cavalier du damel, Boubakar Mahmadou un second, et moi deux autres qui suivaient leur chef de près. »

Le lieutenant Chauvet arrive ainsi jusqu'à dix mètres du damel. Le spahis Aly-Touré seul avait pu le suivre; les autres étaient à 50 mètres en arrière. « A ce moment, dit le lieutenant, le spahis Aly-Touré me dépassa et piqua droit au damel pour le sabrer. Celui-ci lui déchargea un coup de feu à bout portant dans la partie supérieure de la poitrine; Aly-Touré essaya de revenir sur son ennemi. Je le vis tomber de cheval. Il était mort.

« Le damel fit feu sur moi de son second coup et me manqua; je l'atteignis aussitôt : il dégaina et nous luttâmes assez longtemps à coups de sabre[1]. Je lui portai un coup de revers sur la figure, lui coupai plusieurs doigts de la main droite dans une parade et enfin lui portai sur l'épaule un coup qui le fit chanceler. Lui, de son côté, me porta un coup de sabre qui, paré à temps, ne fit que couper ma vareuse.

« Il fit deux blessures assez profondes à l'encolure de

---

1. Le damel était armé de trois fusils dont deux en bandoulière: celui qu'il avait en main était un lefaucheux à deux coups.

mon cheval; enfin il m'atteignit d'un coup de plat de sabre à la cuisse. Je ripostai par un nouveau coup de pointe. Le damel descendit de cheval.

« Le spahis Oumar-N'Diaye survint et lui envoya une balle dans le flanc.

« Samba-Laobé tomba sur les genoux, essaya de prendre un deuxième fusil à un coup chargé; je me précipitai sur lui et lui portai deux coups de pointe en pleine poitrine qui l'étendirent raide mort[1]. »

Une heure après, le peloton de spahis était réuni à la gare, où l'on apportait le corps du damel. Vingt de ses gens avaient été tués. De notre côté, outre le spahis tué, nous avions deux cavaliers grièvement blessés.

———

Dès la mort de Samba-Laobé, son oncle et compétiteur Lat-Dior se mit en mouvement afin de rentrer dans le Cayor, où il espérait reprendre le pouvoir. C'eût été une grave faute d'entrer en composition avec ce personnage qui se vantait de haïr tout ce qui porte le nom français et tient à la France.

Le gouverneur avait, du reste, pris ses précautions : après une entrevue avec les chefs des captifs de la couronne, captifs eux-mêmes, qui avaient remis leur pays entre ses mains, il avait fait afficher dans tous les villages une proclamation avisant les habitants que le royaume était divisé en six provinces. Dans la même pro-

[1]. Le combat entre le lieutenant à cheval et le damel à pied avait duré douze minutes. Le damel était un homme très vigoureux; sa taille dépassait deux mètres.

clamation il reconnaissait Samba-Laobé-Boury comme chef des Poul, il enjoignait à Lat-Dior de sortir immédiatement du Cayor, et aux chefs de province de procéder militairement, s'il en était besoin, à cette expulsion.

Lat-Dior s'était avancé jusqu'au village de Soguer, à cinq heures de marche de N'Dande, station de la ligne du chemin de fer; là, à la tête de cent cinquante hommes, il feignait d'attendre sa nomination de damel.

Les guerriers du Cayor de notre parti se mirent en marche le 26 octobre, appuyés par quarante-cinq spahis sous le commandement du capitaine Vallois.

Tout d'abord Lat-Dior sembla obéir aux ordres du gouverneur, il ne conserva auprès de lui que quelques cavaliers et se retira vers l'est.

En même temps ses émissaires faisaient courir le bruit qu'il avait coupé la ligne du chemin de fer, et brûlé plusieurs villages.

Le 26, le capitaine Vallois arrivait à Diadié. Là on apprenait que Lat-Dior s'était dirigé sur Dekkelé, sa résidence habituelle. Le lendemain, à deux heures du matin, la division se remettait en route vers ce point, mais, arrivée à Tchilmakha, ses éclaireurs l'avisaient que Lat-Dior avait levé son camp et s'était porté vers l'est, se plaçant ainsi entre nos gens et la voie ferrée de Saint-Louis à Dakar.

On continua néanmoins à marcher vers le puits de Dekkelé, où il était urgent de s'arrêter pour faire boire les chevaux, qui souffraient beaucoup de la soif. Les abords du puits, sur un rayon de 30 mètres, sont sablonneux et complètement dénudés; au delà, aussi loin qu'on peut voir, ce sont des broussailles et des hautes herbes qui dépassent de beaucoup la tête d'un cavalier à cheval. L'endroit était détestable pour un bivouac; mais on n'avait pas le choix; les chevaux n'avaient rien bu depuis la veille.

À onze heures trente, les six premiers chevaux buvaient; tout à coup une fusillade éclate sur la droite; trois chevaux sont tués, six hommes mis hors de combat. Presque au même moment un feu violent arrive sur notre front. Le capitaine Vallois rallie à droite la moitié des spahis, le lieutenant Chauvet se porte sur le front avec l'autre moitié.

On répond à l'ennemi avec un admirable entrain.

Lat-Dior, avec trois cents hommes environ, s'était avancé dans les herbes, et grâce à leur grande hauteur il avait pu gagner le bord de la clairière sans être aperçu, et ouvrir le feu à petite distance.

À onze heures quarante-cinq, nos alliés avaient pris part à la lutte; le capitaine Vallois fut dès lors maître de la situation; il fit monter à cheval vingt spahis et se porta en avant. L'ennemi se débanda et prit la fuite. On le poursuivit vigoureusement.

Lat-Dior, ses deux fils et soixante-dix-huit de ses guerriers furent tués.

De notre côté, les pertes étaient sérieuses : un tiers de l'effectif des spahis, hommes et chevaux, était hors de combat.

Depuis vingt-cinq ans Lat-Dior nous avait toujours combattus, soit par les armes, soit par ses agissements. Il nous infligea autrefois un désastre sanglant à N'Golgol, où cent trois de nos hommes sur cent quarante restèrent sur le terrain; en 1869 ses cavaliers détruisirent presque entièrement à Mekhey l'escadron de spahis sénégalais; ses menées avaient toujours mis en danger la tranquillité du Cayor.

Le système des damels a fait son temps. Il ne peut être

cependant question d'annexer le Cayor, où l'application immédiate de notre administration serait impossible.

Dans cette région, les villages sont naturellement groupés en *toundé* (le toundé est une sorte de canton); il semble nécessaire de respecter ces divisions naturelles, et de consacrer par notre autorité, dans chacun de ces cantons, le pouvoir d'un chef nommé par la population. Nous éviterons ainsi de troubler l'état social de ces peuples, et l'application de notre administration s'imposera naturellement peu à peu.

Chez les Maures Trarza, Eli Ould Mohammed el Habib, roi de cette tribu, était assez fidèle observateur des conventions avec la France. Toutefois il nourrissait toujours le secret espoir de récupérer le Walo, pays de sa mère Djimbot; on lui reprochait aussi les mauvais traitements qu'il faisait parfois subir aux traitants. A la fin de septembre 1886, son neveu Ahmed-Fall l'assassina. Celui-ci, s'emparant aussitôt du pouvoir, jeta la perturbation parmi les partisans d'Eli, faillit atteindre son autre oncle, frère de la victime, Amar-Saloum, et s'empara de tout ce qui appartenait à ses deux oncles. Amar se réfugia chez Chikh-Sidia, le grand marabout des Brakna, tandis que le fils d'Eli, jeune garçon de douze ans, gagnait Saint-Louis.

Ahmed-Fall, le meurtrier d'Eli, put alors se faire nommer roi des Trarza par les Ouled-Ahmed-ben-Dahman. A la suite de ces événements, les Azouna et les autres partisans d'Eli se réfugièrent dans le voisinage de Saint-Louis.

Ce ne fut parmi les Maures que compétitions, batailles,

et tueries. Le gouvernement désirait vivement voir reprendre les transactions commerciales. Il ne pouvait cependant s'entendre avec l'assassin d'Eli, notre ancien allié, et répudier son frère Amar-Saloum ou son jeune fils Ahmed-Saloum.

On laissa donc ces voisins de la rive droite régler entre eux leurs affaires, tout en faisant respecter énergiquement la rive gauche du fleuve bordant le Walo et le Dimar.

Cependant les Trarza n'ignoraient pas que les préférences des Français étaient acquises au frère d'Eli, son successeur naturel. Aussi les défections ne tardèrent pas à se produire dans l'entourage de l'assassin Ahmed-Fall.

Bientôt, assuré du concours de la majorité des tribus, Amar-Saloum quitta Saint-Louis avec une soixantaine d'hommes déterminés pour encadrer les anciens partisans d'Eli, devenus les siens. Il infligea peu après à Ahmed-Fall une défaite sanglante, à la suite de laquelle il ne tarda pas à devenir maître absolu du pays, et réussit le 17 mars à atteindre Ahmed-Fall, son neveu, qu'il tua. Amar-Saloum, n'ayant plus de compétiteur sérieux, s'est aussitôt fait reconnaître roi, et les autres princes, ainsi que les notables, sont venus lui faire leur soumission.

Le lieutenant-colonel Galliéni fut nommé commandant supérieur du Haut-Fleuve pour la campagne 1886-1887. Tout le monde a lu l'émouvant récit que cet officier a publié de son voyage en 1880, alors qu'étant capitaine il fut chargé de porter des présents à Ahmadou. MM. Vallière et Tautain, ses glorieux compagnons, se firent un honneur de seconder de nouveau leur ancien chef de mission.

Le colonel Galliéni arriva le 15 novembre 1886 à Bakel, et assura immédiatement l'exécution des réparations nécessaires au poste et aux ouvrages extérieurs environnants.

Il se rendit ensuite à Aroundou, au confluent de la Falémé, pour faire élever sur un vaste plateau, d'une salubrité parfaite, les installations nécessaires à la première colonne qui devait venir s'y concentrer.

Amnistie complète fut accordée au Guoy et au Kaméra, sous condition de ne plus seconder Mahmadou Lamine, en l'étoile duquel les habitants semblaient encore avoir confiance.

Le Guidimakha, cette province qui borde la rive droite du Sénégal entre Bakel et Médine, réclamait notre protectorat. Ce malheureux pays était réquisitionné sans mesure ni pitié par les cavaliers d'Ahmadou, qui forçaient également les guerriers à rejoindre leur chef vers Koniakary. On voyait, jusqu'en face de Khayes, de longues bandes d'hommes armés qui allaient vers l'est.

Au mois de janvier, Ahmadou avait auprès de lui une armée d'une douzaine de mille hommes; tous ses Talibé de Nioro l'avaient suivi, et, de plus, les contingents du Kaarta, du Diombokho, du Guidimakha étaient auprès de lui. Il avait établi son quartier général à Koniakary, distant de trois ou quatre journées de marche de Khayes, et se disposait, disait-on, à marcher sur Gouri, où s'était réfugié le fils de Mahmadou Lamine.

Les nombreux émissaires dont on avait constaté la présence dans le Fouta avaient déjà réussi à faire émigrer plusieurs tribus de Poul et avec elles le chef Samba-Ngouma. Comme toujours il fallait se préoccuper de l'attitude douteuse de notre voisin. Nos postes entre Bakel et le Niger sont, grâce à la solidité de leur construction et à leurs approvisionnements, à l'abri de toute insulte de la part de nos ennemis, qui n'ont pas les moyens d'attaquer des localités fortifiées. C'est ce dont se convainquit probablement Ahmadou, car il se retira bientôt vers Nioro, et au mois de mai 1887 il consentit à signer avec le colonel Galliéni un traité de paix.

Cependant le colonel, se proposant d'aller, dans la région voisine de la Gambie poursuivre Mahmadou Lamine dans ses derniers retranchements, crut nécessaire de compléter par tous les moyens la sécurité de la ligne de postes.

Dès son arrivée il donna une nouvelle impulsion à la construction de la ligne ferrée du Haut-Fleuve, qu'on poussa cette année jusqu'au marigot de Galougou, à 94 kilomètres de Khayes.

Puis il se rendit à Diamou et organisa la seconde colonne placée sous les ordres du commandant Vallière. Les deux colonnes allaient opérer contre Mahmadou Lamine.

Ce personnage, d'une audace et d'une ténacité extraordinaires, continuait à organiser la résistance après son échec de Sénoudébou. Il envoyait des émissaires nombreux dans tous les pays environnants et même jusqu'au Fouta-Djallon. A Diana, gros village fortifié, il parvint à réunir plus de 5000 guerriers bien approvisionnés en armes et en munitions, grâce au voisinage des comptoirs anglais de la Gambie. Prêchant la guerre sainte, Lamine commençait à se créer un empire musulman, comme naguère Ahmadou et Samory[1].

1. Il est à peu près certain que Mahmadou Lamine était affilié à la confrérie religieuse des Senoussyah; peut-être a-t-il été à la zaouia de Djargh-

La nécessité de marcher immédiatement contre Mahmadou Lamine était bien évidente ; le colonel organisa donc ses deux colonnes dans des conditions telles qu'il lui fût possible d'aller surprendre par une marche rapide le village de Diana. Les fantassins furent montés sur des mulets, les canonniers sur de petits chevaux. Le fantassin monté présente un grand avantage dans les expéditions soudaniennes : il rend la colonne mobile et capable de faire des étapes de 50 kilomètres ; en outre, l'homme emporte six jours de vivres pour lui et sa monture, ce qui par suite diminue le convoi.

Le 11 décembre, le colonel lançait l'ordre du départ : les deux colonnes devaient partir l'une de Sénoudébou et l'autre de Diamou (ces deux points sont distants de 200 kilomètres), et calculer leur marche respective de manière à se trouver le 24 dans deux villages voisins l'un de l'autre, et situés chacun à 8 kilomètres environ de Diana.

La première colonne devait barrer la route de l'est, la deuxième la route du sud, tandis que la cavalerie et les auxiliaires surveilleraient les routes du nord et de

boub. Le grand chef des Senoussyah, qui y réside, subit l'influence d'un certain Mohammed Etteni, originaire de l'oasis de Ghadamès. Ce personnage, fanatique dangereux, a organisé le massacre des Pères blancs et celui de la mission Flatters. Il est l'instigateur d'un vaste projet de conquête et de propagande religieuse que le chef des Senoussyah serait à la veille de mettre à exécution. L'ermite de Djarghboub se disposerait à parcourir les territoires occupés par les Touareg, afin d'acquérir une grande influence religieuse sur ces populations, dont il voudrait se faire des auxiliaires dans l'intérieur de l'Afrique, contre l'élément chrétien en général et les Turcs en particulier.

Ce plan de conquête comprend, dans le Soudan, Tombouctou, les rives du Niger et celles du Sénégal. Dans le nord de l'Afrique, ce vaste programme a déjà reçu dernièrement un commencement d'exécution. Grâce en effet au concours du chérif Moulaï-Ahmed, qui prêchait dans la Tripolitaine la révolte contre les Turcs et la guerre sainte contre les chrétiens, les Touareg s'emparèrent de Ghât, dont la garnison turque fut massacrée.

Mahmadou Lamine n'aurait-il point été l'exécuteur de la propagande senoussyah dans la région du Sénégal ?

l'ouest. Les deux premières routes mènent vers la Gambie et le Ferlo, et paraissaient être les seules que le marabout dût chercher à prendre pour s'enfuir.

La première colonne, après une petite escarmouche à Sintouta, trouvait tous les villages évacués sur sa route, bien que remplis de grains de toute sorte, mil, riz, arachides, etc.; les habitants et les troupeaux étaient cachés dans la brousse.

Les deux colonnes arrivèrent au jour et aux points indiqués. Elles avaient dû faire des marches très pénibles à travers un pays boisé et riche en gommiers et en arbres à caoutchouc. Leur arrivée simultanée jeta le désarroi dans la région.

Le 25 décembre, le colonel se présentait devant Diana. Il ne trouvait que quelques hommes isolés, qui avaient pris position dans un marigot, et qui furent facilement cernés par l'avant-garde. Diana venait d'être évacué, malgré les fortifications sérieuses qui l'entouraient.

Une colonne volante se lança sur les traces de l'ennemi et atteignit le marabout sur la frontière du Ouli. Le capitaine Robert s'engagea résolument, tua une cinquantaine d'hommes, mais ne put s'emparer de Lamine, qui profita du combat pour se dérober par une fuite rapide. Les chevaux étaient fourbus et, en outre, la ligne d'opérations s'étendait d'une façon démesurée; on était, en effet, à 500 kilomètres de Bakel. Enfin, les dépendances du poste de Mac-Carthy étaient voisines; la poursuite n'était plus possible, il fallait s'arrêter.

Le chef du Ouli, auquel le colonel avait écrit qu'il traiterait en ennemis les pays qui recevraient le marabout, se jeta sur les traces de notre adversaire et lui infligea une nouvelle défaite. Celui-ci fut obligé de se retirer en fugitif dans le Niani, où quelques villages sarakhollé pouvaient être disposés à le recevoir. Laissant les auxiliaires du Bondou dans la région, le colonel regagna Sénoudébou, après avoir détruit les fortifications de Diana et épargné les villages environnants, dont les chefs avaient fait leur soumission.

Comme conséquence de la campagne du colonel Galliéni contre Mahmadou Lamine, l'almamy du Bondou, Saady-Amady, renouvela le traité conclu avec nous par Boubakar-Saada. Entre autres engagements, il prit ceux de ne plus recevoir de traitement des Anglais, d'acheminer les produits de son pays vers le Sénégal, et de ne plus empêcher les caravanes de Dioula de se rendre du Fouta-Djallon à Bakel.

Le Ferlo, le Diakha, le Tiali, le Mériko et le Ouli passèrent des traités avec nous, ces derniers s'engageant à marcher contre Mahmadou Lamine s'il reparaissait chez eux. L'agitateur se réfugia à Tébékouta, dans le Niani, ayant encore autour de lui quelques partisans recrutés dans le Ouli. Mais il y avait lieu de croire qu'il ne lui serait pas permis de se reformer pour l'offensive, car une forte colonne[1], partie de Saint-Louis le 10 avril 1887, se trouvait alors dans la rivière Saloum.

La région où l'on opérait était voisine de celle où s'était réfugié Lamine.

Celui-ci ne pouvait d'ailleurs remonter vers l'ouest dans le Ouli, ni vers le nord dans le Ferlo, ces pays ayant reconnu le protectorat français, et se montrant disposés à lui faire un mauvais parti. Il ne pouvait davan-

---

1. L'effectif de cette colonne était de 230 hommes d'infanterie et d'artillerie. Un renfort de 200 hommes l'avait rejointe.
 La colonne était précédée par l'escadron des spahis, et avait avec elle quatre pièces de canon.
 L'*Aréthuse* et l'*Ardent* avaient fait voile pour la rivière Saloum et opéraient de concert avec les troupes.

tage songer à fuir vers le sud dans les dépendances anglaises de Mac-Carthy. Aussi, se trouvant bloqué dans le Niani, il eût été sans doute obligé d'attendre le choc de la colonne du Saloum, si celle-ci poussait une pointe vers Tébékouta.

Nos troupes, il est vrai, avaient une autre mission à remplir, car elles donnaient appui à notre allié Guédel, roi du Saloum, contre son ennemi Saer-Maty, chef du Rip. Ce dernier, marabout fanatique et guerrier, était excité par les intrigues de Mahmadou Lamine, réfugié dans le voisinage de ses propres États. Il avait d'ailleurs l'appui du chef des Poul, Ali-Boury, et du roi du Sine, Nioko-Baye.

Le colonel Coronnat franchit le 25 avril la rivière Saloum, avec une colonne portée à 600 hommes et les auxiliaires de notre allié. L'ennemi, qui gardait le gué de Saor, fut refoulé sur le village de Goumbof. Battu en brèche, celui-ci fut pris d'assaut malgré une vigoureuse résistance et plusieurs retours offensifs de l'ennemi, qui avait incendié toute la région environnante. Nos pertes s'élevèrent dans cette première journée à 2 tués (tirailleurs indigènes) et 10 blessés, parmi lesquels le commandant Caron. Saer-Maty, complètement battu, avait cherché un refuge sur le territoire d'Albréda, où les Anglais le firent prisonnier.

Cette expédition contre Saer-Maty devait avoir comme épilogue un incident malheureux.

La colonne commandée par le lieutenant-colonel Coronnat se reforma à Fatik, sur la rivière Saloum, après la pointe audacieuse poussée jusqu'à la frontière du territoire anglais d'Albréda, puis se disloqua de nouveau pour rentrer à Saint-Louis. L'infanterie fut embarquée sur les avisos et transportée par mer. Les hommes de l'artillerie et de la cavalerie devaient, marchant réunis en une seule colonne, gagner le poste de Thiès par la voie de terre.

Mais le gouverneur du Sénégal, M. Genouille, jugea utile de faire opérer une reconnaissance dans le Baol, où, disait-on, s'étaient réfugiés quelques dissidents du Rip. Il confia cette mission à son officier d'ordonnance, le lieutenant d'infanterie de marine Minet.

La colonne fut scindée; les spahis, au nombre d'une quarantaine, furent adjoints au lieutenant Minet. Le 28 mai, la petite troupe arriva sur les confins est du Baol, devant le village de N'gapou, où l'on apprenait que les dissidents signalés se trouvaient réunis. Le lieutenant Minet n'hésita pas à se porter avec quelques hommes dans l'intérieur du village pour les arrêter. Mais à peine y fut-il entré que des coups de feu éclatèrent de tous côtés. Le lieutenant Minet, l'interprète Abdoulaye furent tués à bout portant; 3 spahis et 8 chevaux furent blessés. Les hommes restés en observation en dehors du village exécutèrent un feu nourri qui obligea les ennemis à évacuer N'gapou. Le chef du village apporta le soir, au camp des spahis, les corps du lieutenant Minet et de l'interprète Abdoulaye, qui furent transportés à Saint-Louis.

Pendant que le colonel Galliéni dirigeait les expéditions militaires et l'opération du ravitaillement, de nombreuses missions organisées par ses soins parcouraient le Soudan occidental.

Tout d'abord, comme il est de règle quand on fait des expéditions en pays nouveaux, des officiers des colonnes étaient spécialement chargés de la partie des reconnaissances comprenant les levers d'itinéraire à vue et par renseignements, et la réunion des notions recueillies sur le sol, les productions, les races, l'organisation politique.

C'est ainsi que le Ouli, le Diaka, le Niéri, une partie du Tenda et du Gamou, traversés par les troupes lancées à la poursuite du marabout Mahmadou Lamine, furent explorés dans tous les sens.

Le Djallonkadougou, où règne Aguibou, un fils d'el hadj Omar, n'avait jamais été visité par un Européen. Il y avait intérêt à reconnaître ce pays et à s'assurer l'amitié d'Aguibou. Le Djallonkadougou confine en effet au Manding de Niagassola et au Bouré, qui aujourd'hui nous sont soumis; il se trouve en outre sur la ligne qui joint Kita à Timbo, la capitale du Fouta-Djallon, ligne que nous devons tendre à faire suivre par les caravanes.

M. le capitaine Oberdorf, de l'infanterie de marine, fut envoyé auprès d'Aguibou. Parti de Bontou, sur la Falémé, il traversa les États du petit Bélédougou et du Badon, coupa la Gambie en deux endroits, marcha à l'est vers la Falémé, qu'il franchit à Irimalo, et de là vers Dinguiray, la capitale du Djallonkadougou. Il n'alla pas jusqu'à cette ville, Aguibou se trouvant plus au nord, à Tamba. Après une entrevue très cordiale avec ce chef, le capitaine Oberdorf revint à Kita par la route la plus directe.

Ce voyage a fait déterminer la grande boucle de la Gambie, les cours supérieurs de la Falémé et du Bafing. Les cartes existantes subiront des changements notables, surtout en ce qui concerne la Falémé. Cette rivière ne sort pas du pays de Timbo, mais des monts de Koy; la rivière Téné, considérée jusqu'ici comme son cours supérieur, est un affluent du Bafing. Il est également démontré maintenant qu'on ne peut compter sur la navigabilité des grands affluents du Sénégal; leurs cours présentent très en amont de beaux biefs larges et profonds, mais ils sont séparés par de fréquents barrages rocheux et des chutes importantes. Il ne peut y avoir de navigation continue.

Au point de vue de notre extension territoriale, tous les pays visités ont consenti des traités, à l'exception du Koï; il est vrai que cette province fait partie du Fouta-Djallon, dont le souverain est lié à nous depuis le voyage du docteur Bayol[1].

Disons de suite que le capitaine Oberdorf devait, au cours de la campagne suivante, compléter cette belle exploration en recherchant une route praticable entre les postes du Haut-Fleuve et les rivières du Sud à travers le Fouta-Djallon. Il s'était mis en route, mais à Tombé, village du Kongadougou, situé entre le Bafing et la Falémé, il fut arrêté par la maladie et succomba le 9 janvier 1888.

Pendant que M. le capitaine Oberdorf parcourait, en 1887, les hautes vallées de la Gambie, de la Falémé et du Bafing, M. le lieutenant d'artillerie de marine Reichemberg reconnaissait les pays plus rapprochés de la ligne des postes : le Bafé, le Soulou, le Kongadougou et le Bafing, qui limitent au sud le Bambouk.

La mission dont le capitaine Péroz, de l'infanterie de marine, avait été chargé auprès de Samory, était surtout politique. Il importait d'obtenir la revision du traité signé l'année précédente, traité qui laissait sous la dépendance de Samory le Bouré et d'autres pays de la rive gauche du Niger et du Tankisso; c'était, pour la sécurité des communications sur la ligne des postes, un perpétuel danger qu'il fallait écarter à tout prix.

Le capitaine Péroz traversa le Niger à la fin de janvier 1887 et, suivant la vallée du Milo, parvint jusqu'à Bissandougou, résidence de Samory.

Après de longs pourparlers dans lesquels l'esprit retors de Samory épuisa tous les moyens dilatoires, le traité qui fixait le Tankisso et le Niger comme limites entre les possessions françaises et les conquêtes du chef noir, et pla-

---

1. *Bulletin de la Société de Géographie de Paris.* V° trimestre 1887. Notice géographique sur le Soudan français, par le commandant Vallière, p. 496.

çait celles-ci sous le protectorat de la France, fut enfin signé le 25 avril 1887.

Outre ce traité avantageux, M. Péroz rapportait de son voyage des notes très intéressantes sur l'histoire de Samory et la formation de l'empire du Ouassoulou [1].

Voici les limites qu'il assigne à cet empire :

A l'ouest : la république de Libéria, les possessions anglaises de Sierra-Leone, le Fouta-Djallon;

Au nord-ouest : le Tankisso et le Niger, qui le séparent des États d'Aguibou et du Soudan français;

Au nord : les États d'Ahmadou;

A l'est et au sud : les États d'un puissant chef noir, nommé Tiéba.

M. Liotard, aide-pharmacien de la marine, exécuta dans le Gangaran, le Gadougou, le Manding et le Bouré, pays déjà parcourus, une exploration plus spécialement scientifique. Il avait pour tâche d'étudier la flore et la constitution géologique de ces régions, comprises dans les bassins du Bafing, du Bakhoy, du Tankisso et du Niger. Il a reconnu la présence de l'or dans tout le Bouré et dit que les indigènes retirent de 0 gr. 50 à 2 grammes d'or par 10 kilogrammes de terre travaillée.

Le docteur Tautain, commandant du poste de Bammakou, et le lieutenant Quiquandon visitèrent le petit et le grand Bélédougou et s'élevèrent dans le nord jusqu'à Goumbou.

Reprenant l'itinéraire suivi en 1885 par le docteur Bayol, ils passèrent par Nossombougou, Nonkò, Koumi, Damfa et Mourdia, village où s'était arrêté M. Bayol. De là ils gagnèrent Ségala, puis Sokolo, la Kala des Arabes, visité par Lenz en 1880, et enfin Goumbou, auquel Lenz

---

1. *Id.* Notice géographique sur le Soudan français, p. 505 et suiv.

donnait 20 000 habitants, et qui en réalité n'en aurait que 1 500. Le docteur Tautain et le lieutenant Quiquandon abandonnèrent leur premier projet de se rendre à Gardio, résidence d'Abidin, et au lac Deboë. Il aurait fallu traverser des territoires parcourus par les Touareg, et les dispositions hostiles de ceux-ci n'étaient pas douteuses. Les explorateurs revinrent à Bammakou par Yamina, ayant parcouru environ 1 200 kilomètres.

M. Binger, lieutenant d'infanterie de marine, avait reçu du gouvernement une mission spéciale d'exploration dans les pays situés au delà du Niger par rapport à notre colonie. Parti de Bammakou le 30 juin 1887, il avait dû y revenir six semaines après pour attendre de Samory l'autorisation de traverser ses États. Cette autorisation étant enfin parvenue, M. Binger franchit de nouveau le Niger, pénétra dans le Ouassoulou et alla visiter Samory, qui assiégeait alors Sikasso, défendu par Tiéba, le chef du Canadougou; il s'enfonça ensuite dans l'est.

Pendant quelques mois on n'eut plus de ses nouvelles, puis le bruit courut dans les postes du Niger qu'il avait été assassiné par ordre de Samory. Le fait était heureusement inexact. Binger était arrivé à Kong, ville qu'aucun Européen n'avait visitée avant lui, au mois de mars 1888. Il envoyait de ce point plusieurs lettres en France. Dans l'une d'elles se trouvait un petit carré de papier sur lequel se trouvaient écrites en arabe quelques lignes, un salut, adressées par le chef de Kong au général Faidherbe.

De Kong, Binger remonta vers le Mochi, puis, décrivant un grand circuit vers le sud-est, gagna Selgha, à la frontière nord du pays des Achanti. De ce point il envoya en France de ses nouvelles dans lesquelles il annonçait son intention de repasser par Kong avant de se diriger vers Grand-Bassam ou Assinie. M. Treich-Laplène, agent des factoreries Verdier, d'Assinie, s'est offert pour aller le rejoindre à Kong, le ravitailler et revenir avec lui à la côte. Il a quitté Assinie au mois de septembre 1888, et, malgré des difficultés de toute nature, il a pu atteindre Kong dans le courant de janvier 1889; il y a trouvé le capitaine Binger, et tous deux sont arrivés à Grand-Bassam le 19 mars 1889.

L'exploration du capitaine Binger est une des plus importantes qui aient eu lieu dans le Soudan occidental. Nous en attendons avec intérêt les détails et les résultats.

Au point de vue des explorations, l'année 1887 marquera dans l'histoire du Sénégal par le voyage de la canonnière le *Niger* jusqu'à Koriomé, un des ports de Tombouctou.

Nous avons, dans les pages précédentes, raconté le transport à Bammakou de cette canonnière démontable, son montage, ses premiers essais, son premier voyage jusqu'à Diafarabé en 1885. Nous avons dit également qu'à la fin de cette année 1885, le Ministre de la Marine, peu favorable aux projets d'extension vers le Niger, avait donné l'ordre de la démonter.

On devait la mettre en magasin ou même la rapporter par morceaux à Saint-Louis, transport qui eût peut-être coûté 50 000 francs pour un objet qui n'avait plus à beaucoup près cette valeur.

Malgré les observations qu'on put faire et les raisons invoquées par le gouverneur, M. Seignac-Lesseps, la mesure allait être exécutée, quand le Ministre tomba. L'amiral Aube, qui le remplaça, donna contre-ordre et prescrivit de faire les préparatifs pour un nouveau voyage de la canonnière en 1886.

Des causes diverses le firent cependant encore ajourner.

Tout d'abord, M. le lieutenant de vaisseau Davoust était

tombé gravement malade et avait dû revenir en France. Son successeur, M. le lieutenant de vaisseau Caron, n'avait pas été envoyé en temps utile pour profiter des hautes eaux. Des projets de construction de nouvelles embarcations à Bammakou même étaient mis en avant.

Enfin, et ce fut là probablement la cause prédominante de l'ajournement, la colonie du Sénégal traversa, en 1886, une véritable crise. L'insurrection de Mahmadou Lamine, la négociation du traité avec Samory, les appréhensions qu'inspirait la conduite assez louche d'Ahmadou, les affaires du Cayor, les événements survenus chez les Trarza, tout semblait conspirer à détourner l'attention des rives du Niger.

On dut remettre à des temps plus calmes une entreprise aussi considérable que celle d'un voyage à Tombouctou.

Le lieutenant-colonel Galliéni, après avoir, par une action vigoureuse, éloigné les périls qui paraissaient menacer la colonie, put donner son attention à la préparation du voyage à Tombouctou et remit, à cet effet, des instructions détaillées au lieutenant de vaisseau Caron.

Celui-ci commença par organiser à Bammakou un véritable chantier de construction de bateaux. Conformément à un projet étudié avec détails par le Ministère de la Marine, son premier objectif était de construire sur place une coque de bateau en bois qu'on aurait munie d'une machine à vapeur apportée de France. La première partie de ce programme fut seule exécutée. Le bateau, baptisé du nom de *Mage*, et destiné à explorer le Niger en amont de Bammakou, fut bien lancé; mais comme les bois avaient été employés un peu verts, on eut des craintes sur sa solidité et on renonça à le pourvoir d'une machine.

M. Caron, lieutenant de vaisseau.

On préféra envoyer de nouveau, de France, un bateau complet.

M. Caron faisait en outre construire un canot sharpee et un chaland destinés à alléger la canonnière le *Niger*. Enfin, il faisait réparer cette dernière et la mettait en état d'accomplir sa grande exploration. Tous les mois de la saison sèche de 1886-1887 furent employés à ces travaux, auxquels chacun se consacra avec activité et intelligence.

Le succès devait enfin couronner de si généreux efforts.

Le 1er juillet 1887, la petite flottille, composée de la canonnière le *Niger* remorquant le chaland de 10 tonneaux et le canot sharpee, quittait le mouillage de Manambougou et descendait le cours du fleuve.

L'équipage se composait de :

M. Caron, lieutenant de vaisseau, commissaire du gouvernement, muni à ce titre de pouvoirs pour traiter et ayant reçu du commandant supérieur des lettres pour les différents chefs et des instructions particulières pour la conduite à tenir envers chacun d'eux ; MM. Lefort, sous-lieutenant d'infanterie de marine, et Jouenne, médecin de la marine ; el hadj Abd-el-Kader ould Bakar Djébéri, l'envoyé de la Djemmâa de Tombouctou, dont nous racontons plus loin la curieuse odyssée. Disons seulement qu'il avait quitté Bammakou dans les premiers jours d'avril, afin de précéder la mission à Tombouctou et d'y préparer le terrain, mais qu'il était revenu peu de temps après sans donner de raisons bien valables de son retour. M. Caron s'était décidé à l'emmener avec lui comme interprète d'arabe, et, comme on le verra, il n'eut pas à regretter cette décision.

Enfin, l'équipage se complétait de matelots et de mécaniciens européens, de noirs laptots, domestiques et pilotes qu'on prit au cours du voyage; au total, 21 personnes.

Le 1ᵉʳ juillet 1887, jour du départ, la canonnière franchissait heureusement le rapide de Toulimandio, et le lendemain, malgré un échouage, la passe de Massassian.

Le 6, le *Niger* quittait Yamina, passait devant Sama, dont le chef, Mabercano, envoyait saluer le commandant Caron; le 8, devant Ségou, où l'on jugeait inutile de s'arrêter, puisque Ahmadou était absent de sa capitale; et, le 9, le bateau mouillait devant Sansanding, qu'avait réoccupé une partie de sa population. Le chef Kami faisait un excellent accueil à l'équipage.

Le 11 juillet, devant Noï, la canonnière était entourée de pirogues de pêcheurs ou *bozos* qui prodiguèrent les démonstrations d'amitié. Après avoir dépassé Siranincoro et Mérou, elle arrive le 15 juillet à Diafarabé, au confluent du fleuve et de l'important bras de Diaka. De ce point, M. Caron envoie à Tidiani, chef du Macina, un courrier porteur d'une lettre lui annonçant son arrivée dans ses États.

Suivant le bras principal du Niger, on passe successivement devant le marigot où deux ans auparavant M. Davoust s'était engagé pour atteindre Djenné, puis devant Koakourou, à l'entrée du vrai marigot conduisant à cette ville; le 17 juillet, on jette l'ancre devant Mopti (Isaca de Caillé), au confluent du Niger et du Mahel-Balével, un des plus importants affluents du grand fleuve.

Pendant quatre jours on reste en ce point, sans communication avec les Toucouleurs, qui manifestent la plus grande méfiance à l'égard de l'équipage.

Le 21 juillet arrive enfin un courrier de Tidiani, qui demande que le commissaire français se rende à Bandiagara.

Cette ville, résidence du chef du Macina, est située à 60 kilomètres dans l'est-sud-est de Mopti.

Le 25, M. Caron, accompagné de M. Jouenne, d'Abd-el-Kader, de Sory et d'une petite escorte, y fait son entrée. Il y reste six jours, discutant avec Tidiani les bases d'un traité de commerce et de protectorat. L'almamy, entraîné par son entourage, pose des conditions inacceptables, et le traité ne peut être conclu. En outre, Tidiani défend à la mission de se rendre à Tombouctou; néanmoins il la laisse partir, en confiant à son chef une lettre pour le colonel Galliéni.

Le 6 août, la mission, réunie tout entière à bord du *Niger*, quitte Mopti, et la canonnière, remontant le courant très violent, reprend la route de Diafarabé. Mais, comme au bout d'une heure on avait à peine fait deux kilomètres, M. Caron calcule que le retour à Diafarabé, impérieusement ordonné par Tidiani, demandera peut-être une vingtaine de jours; il juge que son bateau ne pourra pas supporter un pareil accroissement de voyage, et en conséquence il donne l'ordre de virer de bord et de se diriger sur Tombouctou.

Le 9 août, après avoir longé des rives absolument désertes depuis Mopti, la canonnière entre dans le lac Deboë et le traverse. A la sortie elle suit la branche orientale du Niger, ou Bara-Issa, route suivie par René Caillé en 1828.

Successivement, elle passe ou mouille devant Sa (12 août); Farangoéla, très grand marché situé au débouché du marigot de Koli-Koli (13 août); Daré-Salam (14 août), où l'influence néfaste de Tidiani se manifeste dans les refus persistants des Poul et des Toucouleurs d'entrer en relation avec la mission; Safay (15 août), au confluent des deux Niger, le Bara-Issa et l'Issa-Ber; Koirétago (17 août), d'où M. Caron envoie un courrier au kiahia de Tombouctou.

Le 18 août, la canonnière tente d'accéder à Kabara ; mais le peu de hauteur d'eau dans le canal artificiel qui joint ce port de Tombouctou avec le Niger ne le permet pas. La canonnière le *Niger* mouille devant Koriomé, port et chantier de construction de pirogues. Elle reste sur cet emplacement jusqu'au soir du 20 août.

Pendant ces trois journées, M. Caron cherche à communiquer avec les habitants de Tombouctou, avec le kiahia, avec les chefs des diverses tribus de Touareg qui entourent la ville et y font la loi ; il veut leur faire connaître ses intentions pacifiques, amicales, le but de la mission, qui est tout commercial. Mais Tidiani avait envoyé des courriers aux chefs touareg et leur avait perfidement représenté la mission comme venant faire la conquête de Tombouctou. M. Caron voit échouer tous ses efforts; aucun délégué autorisé du kiahia ne se rend à bord; il ne peut avoir de conversations qu'avec des gens sans mandat. Cependant, le dernier jour, un nommé Al-Kounti lui apporte une lettre *non revêtue du cachet habituel*, dans laquelle le kiahia lui annonce que les habitants de Tombouctou et les Touareg ont déclaré qu'ils dépendaient du sultan du Maroc, et que, par conséquent, ils ne pouvaient traiter directement avec les Français. Al-Kounti ajoute que cette décision a été prise à l'instigation des Maures commerçants.

En outre, les dispositions des Touareg étaient manifestement hostiles. Du pont de la canonnière on les voyait se masser dans la plaine, avec des convois d'ânes, semblant attendre un événement espéré, préparé, qui ne pouvait être que le pillage de la canonnière si une occasion favorable se présentait, ou l'attaque de la mission si elle se

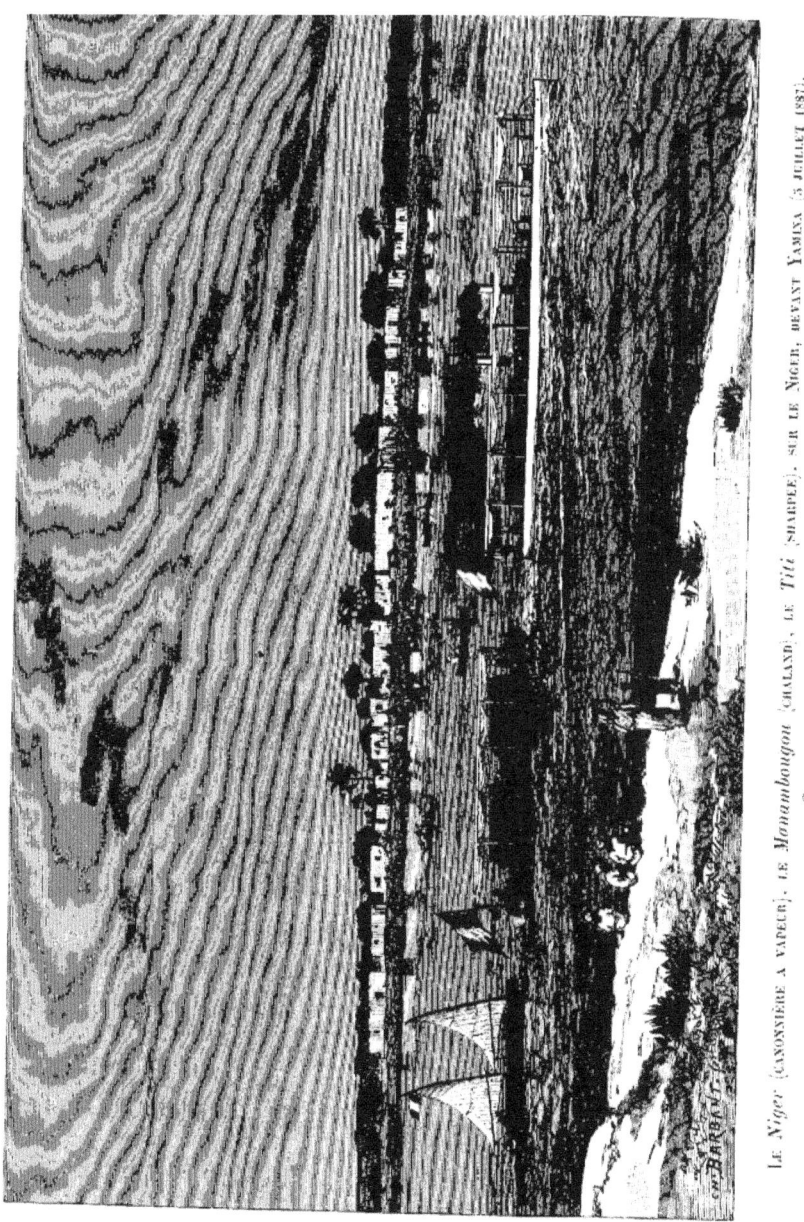

Le *Niger* (canonnière a vapeur), le *Mayambougou* (chaland), le *Titi* (shappe), sur le Niger, devant Yamina (3 juillet 1887).
Commandant : lieutenant de vaisseau Caron.

décidait à se rendre à Tombouctou. Dans ces conditions, M. Caron prend le parti de quitter le mouillage peu sûr de Koriomé, et de revenir dans le fleuve, où il serait à l'abri de toute attaque, puis enfin de prendre la route du retour.

Le 24 août il est à Safay, où, laissant la branche du Niger suivie à l'aller, il s'engage dans la branche occidentale ou Issa-Ber. Après Tindirma (26 août) et Arbéri, grand campement de Poul sujets des Touareg (27 août), il franchit, non sans toucher, le dangereux rapide à fond de roches de Tondouforma, et arrive le 3 septembre à l'entrée du lac Deboë, à Iowarou, grand village dont il ne reste plus que des ruines.

Le 5 septembre, la canonnière, après avoir subi une violente tornade qui faillit la mettre en perdition, s'engage dans le bras de Diaka, dont les rives, autrefois couvertes de villages, sont aujourd'hui désertes.

Le 14, elle dépasse le village abandonné de Penhé, ancien port de Tenenkou; le 16, elle s'arrête devant Dia, résidence de l'almamy Mahmadou, dont la réputation de sainteté a préservé son village des déprédations de Tidiani.

Le 17, on revoit Diafarabé, et, comme le dit M. Caron, on est presque dans les eaux françaises. Le voyage va pouvoir s'achever sans dangers, mais non sans peine et sans fatigues pour un équipage surmené. Les grilles du foyer sont presque hors de service; le bois, qu'on a eu tant de peine à se procurer jusque-là, fait défaut, et pour avancer on brûlera le chaland; mais on avance toujours, quoique bien lentement. Le 22 septembre, à Kokri, M. Caron signe un traité de protectorat avec Boroba, chef du Monimpé; le 25 il mouille devant Sansanding, le 29 devant Ségou-Sikoro, le 2 octobre devant Yamina. Enfin, le 6 octobre, la canonnière épuisée jette l'ancre devant Manambougou.

Le voyage est terminé. Tous sont plus ou moins fiévreux, anémiés par l'usage prolongé des conserves, exténués, mais à l'appel il ne manque qu'un seul homme, un malheureux laptot qui s'est noyé par accident à Mopti.

De cette magnifique exploration ressort un premier résultat des plus considérables, que faisaient déjà prévoir le voyage de Caillé et les renseignements antérieurs : c'est la parfaite navigabilité du Niger, de Manambougou à Tombouctou. Mais la canonnière a reconnu ce fait pour les deux branches du Niger, de Diafarabé à Safay. Le bras de Diaka et l'Issa-Ber, ce dernier indiqué sur certaines cartes sous le nom de Mayo-Dhanco, paraissent aussi praticables que les branches orientales, que jusqu'à ce jour on semblait considérer comme les seules navigables.

Certes, la navigation sur ce long parcours n'a pas été exempte d'incidents de tous genres : échouages sur les bas-fonds, courants violents à remonter, rapides à franchir, etc., mais toutes ces difficultés pourront être facilement surmontées maintenant qu'on a quelques connaissances sur l'hydrographie du fleuve. Il en est une dont il faudra tenir grand compte, soit dans la préparation d'un nouveau voyage avec la même canonnière, soit dans la construction des bateaux destinés à faire un service constant et régulier sur le Niger, c'est la difficulté, sur d'assez longs espaces, de se procurer du bois pour le chauffage de la machine. Les rapports détaillés, les croquis qu'a fournis M. Caron, permettront à cet égard de prendre d'avance les mesures nécessaires.

En terminant le récit de ce voyage nous ne pouvons nous dispenser de féliciter les vaillants officiers qui l'ont si heureusement accompli.

M. le lieutenant de vaisseau Caron fut décoré à son retour, et sa nomination était accompagnée de ce libellé :

« M. Caron est parvenu à conduire un bâtiment au port de Tombouctou au milieu de difficultés et de périls sans nombre. Il a montré un courage, un sang-froid et une énergie dignes des plus grands éloges. » Ajoutons que ces éloges, M. Caron les a mérités également au point de vue politique. M. le lieutenant Lefort seconda son chef avec zèle et intelligence en exécutant le levé du fleuve. M. Jouenne et l'équipage de la petite canonnière ont de leur côté concouru au succès de l'entreprise.

El hadj Abd-el-Kader, mal vu à Saint-Louis, considéré par les uns comme un imposteur, par les autres comme un espion, rendit de grands services à la mission. Il l'éclaira sur les desseins des Touareg, l'empêcha de se livrer à eux par ses conseils et ses instances, et lui évita probablement ainsi un désastre.

Lorsque, au mois de novembre 1887, le colonel Galliéni vint prendre pour la seconde fois le commandement supérieur dans le Haut-Fleuve, la situation politique était bien meilleure qu'au début de l'année précédente.

Le Cayor, si profondément troublé en 1886 par la révolte de Samba-Laobé et la tentative d'insurrection de Lat-Dior, était alors absolument pacifié. Les luttes intestines, les compétitions qui s'étaient produites chez les Trarza à la suite de l'assassinat de leur roi Eli, avaient pris fin par le triomphe définitif de notre allié Amar-Saloum sur l'assassin Ahmed-Fall.

Comme nous l'avons dit plus haut, Ahmadou et Samory avaient accepté de signer de nouveaux traités de paix et d'amitié.

Seul Mahmadou Lamine, quoique très éloigné de la grande ligne des postes, était encore une menace pour la colonie. Il s'était établi dans le Ouli, État riverain de la Gambie, avait fortifié le village de Toubakouta, et, à la tête de deux mille fanatiques, livrait des combats continuels à nos alliés du Bondou et du Ouli.

Une victoire décisive remportée sur ces derniers pouvait lui rendre son prestige, bien affaibli depuis ses défaites successives devant Bakel à Tamboukhané, à Mannael, à Kydira, à Sénoudébou, et surtout depuis sa fuite de Diana.

Le colonel Galliéni, dès son arrivée à Bakel, décida de ne pas attendre cet événement et d'aller attaquer Mahmadou Lamine dans son tata de Toubakouta.

Cette mission fut dévolue au capitaine Fortin, de l'artillerie de marine. Celui-ci occupait depuis plusieurs mois, avec une petite garnison, le village de Bani, dans le Bondou, afin de s'opposer précisément à une nouvelle tentative de Mahmadou Lamine sur le Bondou et sur nos postes de la Falémé et du Haut-Sénégal.

Le 25 novembre 1887, le capitaine Fortin quittait Bani avec deux compagnies de tirailleurs sénégalais et deux pièces de 80 millimètres. Après les marches les plus pénibles à travers un pays coupé de marécages et de rivières larges et profondes — il fallut jeter un pont de 40 mètres sur le Niériko — la colonne arrivait le 8 décembre, à sept heures du matin, devant le tata de Toubakouta. Elle s'était grossie en route des auxiliaires du Bondou et trouvait aux abords de Toubakouta ceux du Ouli et du Firdou.

Les pièces d'artillerie ouvrirent le feu contre le tata, et, malgré la résistance des partisans de Mahmadou Lamine, malgré leur tir précipité, la brèche était ouverte et le village enlevé par les assiégeants vers onze heures du matin.

Les tirailleurs sénégalais n'avaient éprouvé aucune perte ; les auxiliaires comptaient une vingtaine d'hommes hors de combat.

Les défenseurs se dispersèrent dans toutes les directions. Mahmadou Lamine, entouré de quelques fidèles, prit la fuite du côté de la Gambie, mais le capitaine Fortin avait lancé à sa poursuite les auxiliaires montés. Ceux-ci atteignirent le fugitif à Lamen-Kotto, à peu de distance de l'île de Mac-Carthy, dans la Gambie, le cernèrent et le tuèrent. Le corps du prophète et son cheval furent rapportés au capitaine Fortin dans une pirogue.

Pendant qu'avait lieu cette expédition contre Mahmadou Lamine, le colonel Galliéni organisait à Khayes, qui est le grand magasin du Haut-Fleuve, la colonne de ravitaillement des postes du Haut-Niger.

Durant la période des hautes eaux, du 15 août au 30 septembre 1887, neuf vapeurs de 500 à 1 200 tonneaux avaient transporté à Khayes le matériel destiné au chemin de fer et les objets d'alimentation. Il ne restait plus qu'à les distribuer dans les différents postes jusqu'à Bammakou.

La colonne, très forte — environ 1 500 hommes et une batterie d'artillerie, — accomplit cette opération.

Deux détachements furent formés. Le premier, sous le commandement du chef de bataillon Vallière, fit une incursion dans le Petit-Bélédougou jusqu'à la hauteur de Yamina. On signalait, en effet, dans ce pays, un commencement de fermentation. Le traité récemment conclu avec Ahmadou inquiétait les Bambara, qui craignaient de payer les frais de la paix et d'être sacrifiés à leur ennemi, au sultan de Ségou.

Le commandant Vallière revint à Bammakou, d'où il se dirigea ensuite sur Kangaba pour surveiller de près les agissements de Farba, le chef d'un village de la rive droite, qui cherchait à soulever contre notre autorité les populations de la rive gauche.

Farba continuant, malgré les remontrances du commandant Vallière, à prêcher la révolte, la petite colonne traversa le Niger, entra sans résistance dans le tata de Minandougou-Farba et transporta sur la rive gauche les habitants des villages hostiles.

Le colonel Galliéni s'était réservé le commandement du détachement le plus important, qui de Kita se dirigea sur Siguiri, où il arriva le 25 janvier.

Siguiri, situé au confluent du Niger et du Tankisso, était un emplacement désigné pour recevoir un poste fortifié. De la sorte, nous posséderons dans le Haut-Sénégal et le Haut-Niger, non plus une simple ligne de communication, mais une région fortifiée, un triangle d'occupation susceptible de résister à toutes les attaques, qu'elles viennent d'Ahmadou ou de Samory. Ce triangle a son sommet à Kita, sa base sur le Niger, constituée par les postes de Bammakou et de Siguiri; ses côtés sont renforcés, celui de Kita-Bammakou par le poste de Kondou, celui de Kita-Siguiri par le poste de Niagassola.

Les travaux du fort commencèrent dès l'arrivée de la colonne. Des ouvriers venus de Saint-Louis, les troupes de la colonne et 600 manœuvres noirs fournis gratuitement par les pays voisins y coopérèrent.

Au commencement d'avril le fort était terminé, armé de deux pièces de 80 millimètres, de deux pièces de 4, approvisionné de munitions et de vivres. Dès le mois de février, la ligne télégraphique de Niagassola avait été poussée jusqu'à Siguiri.

Le colonel Galliéni, laissant à la garde du nouveau fort une compagnie de tirailleurs sénégalais, prit le 10 avril la route du retour. Il arriva à Bafoulabé à la fin du même mois. Pendant le mois de mai la concentration de toutes les troupes de la colonie s'opéra à Khayes, d'où elles furent dirigées sur Saint-Louis.

Une compagnie de tirailleurs cependant fut détachée pour une mission spéciale. De Siguiri elle se dirigea vers la mer, à Benty, à travers le Fouta-Djallon. Le capitaine Audéoud la commandait; le capitaine Le Châtelier, envoyé en mission dans le Soudan pour y étudier les différentes sectes religieuses musulmanes, se joignit à cette colonne.

La traversée, par une troupe armée, du Fouta-Djallon, de cet État où les Poul règnent en maîtres et sont jaloux de leur indépendance, était évidemment une expérience intéressante à tenter, mais elle présentait des risques. Elle eut lieu sans soulever, au moment où elle s'exécuta, le moindre incident, grâce à l'attitude pacifique que surent garder les chefs de la colonne. Néanmoins cette sorte de promenade militaire agita le pays et y provoqua une certaine émotion dont les effets sont encore à apprécier.

En même temps qu'il dirigeait les opérations militaires, le colonel Galliéni s'occupait des travaux de viabilité dans le Haut-Sénégal, ainsi que des questions diverses concernant la colonie.

En particulier il faisait continuer le chemin de fer de Khayes à Bafoulabé, en utilisant comme manœuvres les indigènes fournis par les chefs des villages environnants. Un pont en fer de 75 mètres de long fut jeté sur le Galougou, marigot situé à une centaine de kilomètres de Khayes, et à la fin du mois de mai 1888 la ligne atteignit enfin Bafoulabé. Au delà de ce poste on installa le decauville qui avait servi à transporter le matériel de la voie définitive entre Diamou et Bafoulabé. Entre les différents postes du Haut-Sénégal on travailla aux routes commencées dans les campagnes précédentes et on ouvrit de nouveaux tronçons. En somme, les voies de communication sont chaque année améliorées, et le temps n'est pas loin, il faut l'espérer, où l'on pourra se rendre de Khayes à Bammakou, partie en chemin de fer, partie dans de petites voitures traînées par des ânes ou des bœufs du pays.

L'amélioration des voies de communication dans le Haut-Sénégal a permis de transporter plus facilement, plus rapidement, et avec une notable économie sur l'opération analogue exécutée en 1884, les 945 colis qui composent la nouvelle canonnière démontable le *Mage*.

Au point de vue commercial, la colonie, y compris le Soudan français, se trouvait dans un état des plus satisfaisants; l'organisation de marchés mensuels dans tous les postes, depuis Médine jusqu'à Bammakou, est une heureuse innovation, qui ne peut que contribuer à accentuer le mouvement de progrès. Les indigènes se rendent avec empressement à ces foires fixes. Les traitants, assurés de trouver des affaires à conclure, s'avancent de plus en plus dans le centre du pays. Trente traitants de Khayes ont établi, en 1887-1888, des succursales à Bafoulabé, qui, par sa situation, est appelé à un grand avenir. Nous espérons que, la sécurité étant maintenant assurée sur les bords de cette partie du Niger, les traitants n'hésiteront pas à se fixer à Bammakou et à Siguiri.

Le colonel Galliéni s'est également préoccupé de développer l'enseignement du français chez les noirs; dans ce but, il a prescrit d'installer des écoles dans chaque poste. Dans certains d'entre eux, où le local s'y prêtait, on a créé des espèces d'internats, afin de soustraire les enfants à l'action des marabouts. Sous la surveillance du commandant du poste, ils reçoivent, de moniteurs pris parmi les sous-officiers et les soldats de la garnison, les premières notions de la langue française. Les frais d'installation, d'aménagement des locaux, d'achat de livres, etc., sont faits par la société l'Alliance française, dont l'action s'étend sur le monde entier.

Ce n'est pas seulement dans les postes du Haut-Fleuve que ces écoles ont été fondées. M. Hübler, chef du service des Postes et Télégraphes au Sénégal, et délégué de l'Alliance française, aidé par M. Mademba-Seye, un des indigènes les plus intelligents et les plus dévoués à la cause nationale, poursuit avec une ardeur infatigable le même but dans les postes de la côte, dans le Saloum, la Casamance, etc. Le Conseil général de la colonie s'est associé à cette œuvre en y consacrant d'importantes subventions. Le dernier courrier nous a appris qu'il venait d'accorder 10 000 francs de subvention pour 1889.

Des missions d'officiers, organisées par le colonel Galliéni dès son arrivée dans le Haut-Sénégal, continuèrent et complétèrent le travail de reconnaissance commencé l'année précédente.

Outre ces missions, qui dépendaient directement du commandant supérieur du Soudan français, il faut signaler celles qui relevaient de l'initiative privée ou du gouvernement de la métropole.

M. Collin, ancien médecin de la marine, qui avait déjà accompli de nombreux voyages dans le Soudan, et particulièrement dans le Bambouk, est retourné dans ce pays en 1888. Son but principal était de créer un comptoir à Kassama, capitale du Diébédougou, au centre d'une région aurifère et riche en outre en produits divers, ivoire, caoutchouc, soie, graines, bois de teinture, etc.

M. le capitaine Brosselard a été nommé commissaire

plénipotentiaire du gouvernement français, et, à ce titre, chargé de procéder à la délimitation des possessions françaises des rivières du Sud et des possessions portugaises. Le capitaine Brosselard, arrivé à Dakar le 13 janvier 1888, en est reparti le 26 pour Boulam, où il a rencontré le commissaire portugais. La mission, ainsi constituée par la réunion des deux commissaires et de leur suite, est partie du Rio-Nuñez. Elle a gagné de là et suivi la nouvelle frontière à déterminer marquée par la ligne de partage des eaux entre le rio Cassini et le rio Compony jusqu'au 16° méridien, puis par ce méridien, par le 15°20′ de latitude nord, et enfin par la ligne de partage des eaux entre la Casamance et le rio Cacheo.

En dehors des avantages politiques qu'elle a présentés, cette opération a eu pour conséquence de faire reconnaître des régions jusqu'alors inexplorées, et qui, desservies par de nombreuses rivières, sont appelées à un grand avenir commercial. Elle a permis en outre de dresser une carte exacte des rivières du Sud.

Le commandant d'artillerie de marine Archinard fut chargé de la conduite du ravitaillement pendant la campagne 1888-1889. Il trouva le pays dans l'état que nous avons indiqué plus haut. Seulement il fut amené à s'emparer de Koundian.

Nous avons déjà dit que lorsqu'en 1880 la France se décida à pénétrer au delà de Médine, vers le Niger, le sultan Ahmadou ne possédait plus à proximité de notre ligne d'opérations que Mourgoula et Koundian, villages fortifiés et pourvus de garnison. Nous ne parlons pas de

Dinguiray, qui était presque indépendant sous l'autorité d'Aguibou, frère d'Ahmadou, à la frontière occidentale du Fouta-Djallon, à soixante lieues de notre ligne d'opérations; nous n'avions pas à craindre d'hostilités de sa part, et il avait lui-même un redoutable voisin dans Samory.

Mourgoula et Koundian, au contraire, étaient sur notre ligne même ou à proximité, mais, déchus de toute importance et n'ayant que quelques hommes armés, ils étaient incapables de nous gêner en rien.

C'est seulement en 1882 que, décidés à nous emparer du Bouré, nous ne pouvions pas laisser subsister Mourgoula; c'est ce que comprit le colonel Borgnis-Desbordes qui s'empara de Mourgoula, comme nous l'avons vu plus haut, en y mettant beaucoup de courtoisie.

Restait Koundian, et l'on comprend que l'existence d'un village indépendant de nous, ne se conformant pas aux mesures que nous prenions dans l'intérêt de la tranquillité du pays, exerçant sur ses voisins une certaine influence au profit d'Ahmadou, pouvant devenir un danger dans le cas où nous aurions à réprimer des soulèvements, gênait beaucoup le commandant Archinard.

On conçoit donc que cet officier supérieur ait été amené à s'en emparer.

On a vu que les avis sont partagés en ce qui concerne les ressources, la salubrité et l'avenir de notre colonie; le moyen le plus simple pour se faire une opinion et connaître la vérité serait d'aller s'assurer par soi-même de la valeur des uns et des autres.

Aujourd'hui que tout le monde, en France, fait son

voyage annuel des vacances, soit au Mont-Dore, soit en Suisse, aux Pyrénées, en Angleterre, en Italie, et même, pour les plus aventureux, en Algérie ou en Tunisie, sans craindre une journée de navigation en mer, pourquoi n'irait-on pas jusqu'au Sénégal?

Il y a trente ans, cette proposition eût été regardée comme une simple plaisanterie, et avec raison, à cause des conditions dans lesquelles devait se faire le voyage. Aujourd'hui c'est sérieusement que nous émettons cette idée, parce que tout est bien changé depuis quelques années, et que, grâce aux Messageries Maritimes[1] et au chemin de fer de Dakar à Saint-Louis, la durée du voyage de Paris à Saint-Louis et retour peut être réduite à trente jours, en restant dix jours dans la colonie.

On part de Bordeaux; un petit vapeur vous conduit jusqu'à Pauillac. Là on s'embarque sur un des grands paquebots des Messageries Maritimes, admirablement aménagés, et qui ne laissent rien à désirer sous le rapport du confortable et du luxe. Les passagers sont généralement nombreux. Les Français, les Portugais, les Brésiliens, les Porteños dominent. Il se trouve presque toujours à bord des troupes d'artistes ou des artistes isolés allant à Rio-de-Janeiro ou en revenant, de sorte qu'on y fait de bonne musique, ce qui égaye la traversée.

Si le mal de mer vous tourmente un peu, une relâche à Lisbonne, le troisième jour, vous remet bientôt sur

---

1. Outre la ligne française des Messageries Maritimes, nous avons : les vapeurs des maisons Maurel et H. Prom, et Devès et J. Chaumet, de Bordeaux; les vapeurs de la Compagnie du Sénégal et de la côte occidentale d'Afrique, dont le siège est à Marseille; la ligne anglaise de Liverpool à Saint-Paul de Loanda, par Gorée; la ligne allemande de Hambourg à Saint-Paul de Loanda, par Gorée.

Depuis 1889 deux autres services fonctionnent entre la France et le Congo français. L'une des lignes part de Marseille, l'autre du Havre.

Paquebot des Messageries Maritimes.

pied. Là on contemple avec admiration la splendide embouchure du Tage, avec la tour célèbre de Belem, et, si l'on a la chance de pouvoir descendre à terre quelques heures, on va voir le cloître de même nom, qui est vraiment un bijou merveilleux avec ses dentelles de grès; puis on se remet en route vers le sud. La mer est quelquefois un peu houleuse le long des côtes abruptes du Portugal, mais dès qu'on est à la hauteur du détroit de Gibraltar, le temps est presque toujours beau, la mer calme, et l'on sent, à la température croissante, que l'on est dans la mer d'Afrique. Au bout de six jours on passe au milieu des îles Canaries, appelées autrefois îles Fortunées, à cause de leur climat délicieux. Si le temps est brumeux, on ne voit que le sommet du pic de Ténériffe, qui se montre toujours au-dessus de la couche des nuages. Après les Canaries, on se rapproche de la côte basse et sablonneuse du Sahara; le fond de la mer y est si régulier qu'on pourrait y naviguer rien qu'à la sonde. On passe devant le cap Blanc, limite septentrionale des possessions françaises, devant le golfe d'Arguin, et, se dirigeant plus directement vers la terre, on arrive à hauteur du cap Vert. On aperçoit son double sommet, qu'on appelle « les Mamelles » et qui, couvert de végétation, explique le nom donné à ce cap. On passe devant l'îlot de la Madeleine, puis on double le cap Manuel, sur lequel se trouve un phare qui éclaire les abords de Dakar; on passe ensuite devant l'île pittoresque de Gorée, dont la partie haute porte un fort appelé le Château, et sur la partie basse de laquelle se trouve la petite ville de Gorée. De là, en quelques minutes, on va mouiller dans l'excellent port de Dakar sous l'abri de la jetée construite en 1862.

Dakar est une ville en formation, qui s'accroît depuis quelques années avec une rapidité prodigieuse. On y trouve un bon hôtel. C'est le point de départ du chemin de fer qui va toucher à Rufisque, commune tout récemment organisée, sur la côte, ayant déjà 6 000 habitants, faisant un grand commerce d'arachides, mais dont la rade foraine ne présente de sûreté que pendant une partie de l'année.

La ligne ferrée traverse ensuite le Cayor pour aller à Saint-Louis.

Un train part chaque jour de Dakar à six heures du matin et arrive à six heures du soir à Saint-Louis. Comme il y a soixante lieues, cela fait une vitesse de cinq lieues à l'heure. Cette lenteur, due aux arrêts continuels pour prendre des arachides aux diverses stations, donne une sécurité complète aux voyageurs.

Le Cayor est un pays très légèrement ondulé, où il n'y a ni montagnes ni rivières; les villages se touchent presque sur le parcours de la ligne ferrée. Le pays est boisé et on y voit beaucoup d'arbres remarquables par leur taille et leur beauté.

Le voyageur se trouve alors avoir sous les yeux un tableau pris sur le vif des populations wolof, de leurs usages, de leurs habitations, de leurs vêtements, etc., et cela présente un grand intérêt pour les personnes qui n'ont jamais quitté l'Europe.

Arrivé à Bouëtville, point terminus de la voie, un petit omnibus vous fait traverser le fleuve sur un pont de 600 mètres de longueur, et vous dépose à l'hôtel, à Saint-Louis.

Quand on est suffisamment reposé du voyage, on peut aller, en traversant le petit bras du fleuve par le pont de Guet-N'dar, visiter le village curieux de ces pêcheurs, qui se trouvent aussi à l'aise dans les brisants que sur terre, et sont connus pour leur dévouement par toutes les

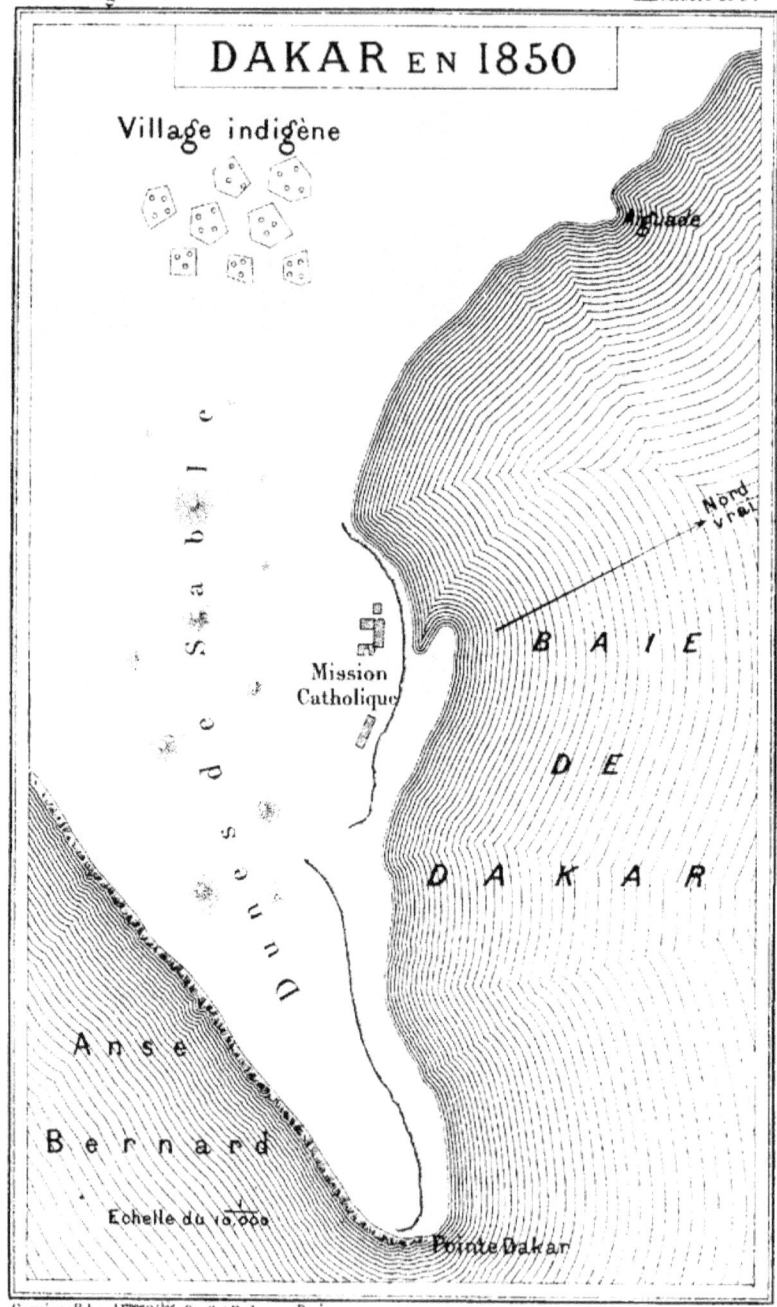

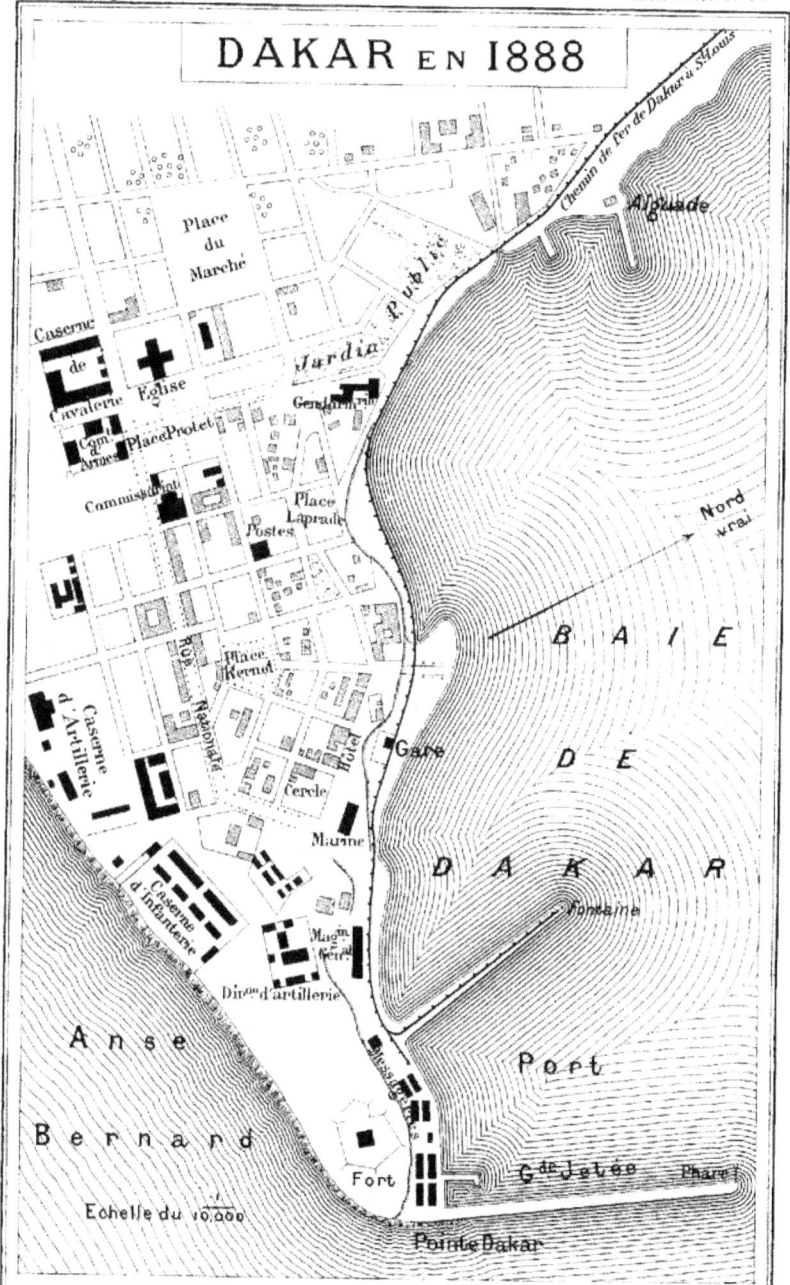

relations sur le Sénégal, ainsi que le nouveau quartier de la ville, qu'on nomme N'dar-Tout (petit N'dar), rafraîchi par la brise de mer et par l'ombre que donnent depuis vingt-cinq ans de magnifiques plantations de cocotiers.

Neuf jours après, on peut revenir en France dans les mêmes conditions que ci-dessus, par le bateau suivant.

Ce temps peut être employé à visiter en embarcation les environs de Saint-Louis et à y faire des parties de chasse ou de pêche.

Si, au lieu de trente jours, on veut consacrer un temps plus long pour acquérir une connaissance plus grande du pays, on profitera, soit de bâtiments du commerce, soit de vapeurs de l'État pour remonter le fleuve jusqu'à Podor, ce qui n'a rien de bien intéressant, ou jusqu'à Khayes et Médine, voyage un peu long et fatigant, mais plein d'intérêt.

CONCLUSION

En nous résumant, nous dirons que le Sénégal est une de nos colonies les plus prospères. C'est un champ d'activité commerciale qui peut s'étendre presque à l'infini, au grand avantage de notre navigation.

C'est ce genre de colonies qu'il nous faut, puisque, bien loin de produire des éléments d'émigration, nous avons besoin chez nous d'un million d'immigrants étrangers; le département du Nord, seul, en a plus de 300 000.

Ici nous répondrons à cette question si souvent controversée, à savoir si les Français sont ou non un peuple colonisateur. Il paraît malheureusement certain que nous sommes aujourd'hui peu aptes à fonder des colonies de peuplement. Ainsi, en Algérie, les deux tiers des colons sont Espagnols ou Italiens, et non Français : « Cependant, disent les uns, voyez le Canada, il n'y a pas d'autre exemple d'établissement ayant autant prospéré et multiplié sa population. » C'est que colonisateurs nous avons pu l'être et ne plus l'être, et les causes de cette dégénérescence ne sont pas difficiles à trouver. Le Canada s'est peuplé d'une race franco-normande, c'est vrai, mais c'est certainement parce qu'il a été séparé violemment de la mère patrie depuis cent vingt-six ans qu'il a pu prospérer comme il l'a fait, en profitant des grandes ressources du pays. Chez les congénères des Canadiens, c'est-à-dire chez les habitants des départements de la Seine-Inférieure, de l'Eure, du Calvados, de la Manche et de l'Orne, la natalité est aujourd'hui la plus faible de toute la France. Tandis que chacun au Canada met son amour-propre à avoir une très nombreuse famille, dans notre province normande la natalité est aujourd'hui inférieure à la mortalité; c'est le résultat de l'égoïsme ou du libertinage. Il est probable que si le Canada était resté colonie française jusqu'à nos jours, l'influence de nos mœurs s'y serait fait sentir, par l'échange continuel de personnel, par l'action de la littérature, des théâtres, des arts, et les habitants du Canada ne seraient plus cités comme une race éminemment prolifique.

Mais le Sénégal n'est pas une colonie de peuplement et nous avons encore assez l'esprit d'entreprise pour qu'il ne manque pas de personnes allant y chercher fortune; aussi avons-nous bon espoir dans l'avenir de cette intéressante possession française.

Pendant qu'Allemands et Anglais se disputeront la prédominance à la côte orientale d'Afrique, nous continuerons dans l'ouest notre œuvre si bien commencée, nous y aurons une belle et florissante colonie.

La grosse question du moment est celle de l'esclavage.

Dans l'Afrique occidentale nous voyons malheureusement encore des chefs indigènes, comme Samory, faire la chasse à l'homme chez leurs voisins, prenant le plus souvent, pour prétexte des invasions, la conversion des infidèles à l'islamisme.

Nous espérons, par suite de notre nouvelle situation

dans cette région, pouvoir apporter de sérieux obstacles à ces désordres.

Dans l'Afrique orientale la situation est bien pire. C'est une espèce de nation factice d'Arabes d'Oman, mêlés à des noirs complices, organisés jusqu'à un certain point sous la dépendance de chefs comme le sultan de Zanzibar, Tippo-Tip, etc., qui ont pour unique raison d'être, pour moyen d'existence, pour industrie, la chasse à l'homme noir. C'est une race qui en dévore une autre. La chasse est impitoyable, elle se fait dans des proportions inouïes. Les Anglais, qui veulent se créer dans ces contrées un vaste empire, annexe de l'Égypte, mettaient quelques ménagements dans la répression de ces infamies.

Aujourd'hui tout se sait; grâce aux révélations de Livingstone et à la rivalité des Allemands et des Anglais, on ne pourra plus rien cacher. Mgr de Lavigerie a poussé aussi le cri d'alarme.

A ce sujet, il est bien heureux, dirons-nous, pour les puissances chrétiennes qui ont des intérêts en Afrique, que les Senoussyah n'aient pu s'entendre avec les derviches du Mahdi pour faire avec eux la guerre sainte. Il paraîtrait, d'après une nouvelle venant d'Ondurman et arrivée au Caire le 25 mars 1889, que les Senoussyah ont chassé les derviches du Darfour et du Kordofan. On annonçait, d'un autre côté, que 6000 mahdistes, sur des steamers, ayant été attaquer Emin, celui-ci les aurait défaits complètement et se serait emparé des steamers et de leurs provisions.

Si les derviches se font battre comme cela de tous les côtés, il deviendra facile de leur reprendre le Haut-Nil.

D'autre part, le négus d'Abyssinie vient d'être tué et son armée détruite par les derviches.

En somme, la situation politique de ces contrées est terriblement compliquée dans ce moment.

La puissance des derviches, maîtres de Khartoum depuis 1883, semblait jusqu'à ce jour prédominante. La puissance redoutable des Senoussyah vient de s'affirmer contre ces mêmes derviches.

Stanley et Émin-Pacha, opérant on ne sait trop pour qui ni pourquoi, ont certainement de vastes projets, sur lesquels ils gardent le silence, mais qui sont probablement favorables à l'Angleterre.

Les Anglais sont en observation aux confins nord et sud de ce vaste territoire, en Égypte et à la côte orientale, mais de nouveaux venus, les Allemands, ont évidemment de grandes visées et disputeront vigoureusement aux Anglais la suprématie, en partant du sud.

Au milieu de tout cela, les Italiens par Massaouah ont pris position pour se faire dans ces contrées un domaine colonial.

Cela fait bien des prétendants, et l'on ne sait quand l'ordre pourra succéder à l'état de révolution qui menace de ruiner ces pays.

FIN

TABLE

DES GRAVURES, CARTES ET PLANS

	Pages.
Portrait du général Faidherbe.	
Carte du Soudan occidental.	
Chemin de fer de Khayes à Bafoulabé. Station de Khayes	11
Mohammed-Saloum	41
Station du chemin de fer de Dakar à Saint-Louis.	59
Une des fontaines amenant à Saint-Louis l'eau du marigot de Lampsar.	65
Grande rue de N'Dar-Tout.	67
Vues comparatives de Saint-Louis.	72
Plans comparatifs de Saint-Louis	76
Jeune fille wolof de Saint-Louis	87
Signare de Saint-Louis.	97
Boubakar-Saada, roi du Bondou	177
Jeune fille khassonké	195
Saint-Louis vu de N'Dar-Tout. Pont de Guet-N'Dar.	241
Vue de Gorée.	259
Rufisque.	279
Fort de Bammakou.	331
École des Otages.	367
El hadj Abd-el Kader ould Bakar, l'envoyé de Tombouctou	405
Karamoko-Diaoulé, fils de Samory.	417
M. Caron, lieutenant de vaisseau.	459
Le Niger, le Manambougou, le Titi, sur le Niger, devant Yamina.	465
Paquebot des Messageries Maritimes	479
Plans comparatifs de Dakar.	482

TABLE DES MATIÈRES

DÉDICACE A M. SCHŒLCHER

AVANT-PROPOS

	Pages.
Projet de pénétration au Niger.	1
Comment l'entendait le gouverneur Faidherbe.	2
La construction d'un chemin de fer est décidée, commencée, puis subitement abandonnée.	3
Lettre du général Faidherbe aux sénateurs pour obtenir qu'on accorde au moins un crédit pour utiliser les matériaux transportés sur place.	6
La ligne est poussée jusqu'à Bafoulabé par le colonel Gallieni, mais d'une façon insuffisante dans sa deuxième moitié.	10

PREMIÈRE PARTIE

ESCLAVAGE. — COMPAGNIES PRIVILÉGIÉES

Division de la partie occidentale de l'Afrique boréale en trois zones bien distinctes : Tell, Sahara, Soudan.	14
Apparition des Européens sur la côte.	16
Établissements français au Sénégal.	17
Compagnies privilégiées pour la traite des nègres.	19

TABLE DES MATIÈRES.

Histoire d'une cargaison de nègres du Cayor destinée aux Antilles (Tirée de l'ouvrage anonyme d'un magistrat contemporain).	20
Réflexions sur les noirs qu'on transportait d'Afrique en Amérique.	27

Épisode de la traite des nègres. Brüe, prisonnier du Damel.	28

Traite de la gomme dans le fleuve.	31
Tromperies réciproques auxquelles donnait lieu ce commerce.	32
Concurrence faite de nos jours, aux gommes du Sénégal par celles des contrées du Haut-Nil, dites arabiques.	35

Les Maures du Sénégal. Les chefs arrivent au pouvoir par l'assassinat. Leur férocité.	36
L'élément berbère ne vaut pas mieux que l'élément arabe. Exceptions.	43
Les Maures ont une culture littéraire assez remarquable.	45
Ils appartiennent aux ordres ou confréries des Kadriya et des Tidjaniya.	46

Correspondance du chevalier de Boufflers.	47

La barre du Sénégal. Elle présente beaucoup moins d'inconvénients depuis l'emploi de la marine à vapeur.	58
Chemin de fer de Dakar à Saint-Louis.	58

Établissement d'un réservoir d'eau douce et de conduites d'eau alimentant les fontaines de Saint-Louis, N'dar Tout et Bouët-Ville.	62
Des ponts sont construits de 1855 à 1865 pour faire communiquer l'île de Saint-Louis avec les deux rives.	69
Création d'une rue de ceinture.	70
Commencement de quais.	75

La colonie passe des mains des Français dans celles des Anglais, et réciproquement.	75
Naufrage de la Méduse portant le personnel de la colonie, lors de la réoccupation par la France en 1816.	76
Liste des gouverneurs à partir de la réoccupation.	79

Baron Roger, gouverneur.	79
Ses fables imitées du wolof.	80

TABLE DES MATIÈRES. 493

Superstitions des habitants du Sénégal (Récit tiré de l'ouvrage de l'abbé Boilat).................. 84

Polygamie dans les pays soumis à l'autorité chrétienne....... 90

Mariages à la mode du pays (coutume qui existait au Sénégal).... 95
Grandes dépenses faites aujourd'hui pour l'enseignement public... 100

Essais de cultures industrielles de l'indigo et du coton (Renseignements extraits de l'ouvrage de Raffenel)............. 100
Culture et commerce de l'arachide.................. 104

Réfutation des assertions du colonel Frey sur la mortalité au Sénégal et sur l'infériorité de ses produits.................. 106
Lettre d'un commerçant ayant habité longtemps le Sénégal, et fournissant des données sur la salubrité du climat........... 109

Les tornades au Sénégal....................... 112

DEUXIÈME PARTIE

ÉMANCIPATION. — PÉNÉTRATION

Suppression de l'esclavage dans nos colonies, en 1848....... 115
Ses conséquences pour les habitants du Sénégal........... 115
Gouverneur Baudin......................... 116
Gouverneur Protet.......................... 116
Première pétition des habitants du Sénégal............. 116
Occupation de Podor et prise de Dialmatch............. 117
Nouvelle pétition des habitants du Sénégal............. 118
Le chef de bataillon du génie Faidherbe est nommé gouverneur... 121
Affaire de Bokol........................... 122
Enlèvement du camp des Azouna................... 124
Conquête du Walo.......................... 126
Annexion du Walo.......................... 135
Arrivée du roi des Trarza...................... 136
Manière dont les Trarza font la guerre................ 138

TABLE DES MATIÈRES.

Le gouverneur fait une expédition chez les Trarza. Razzia considérable... 141
Le roi des Trarza vient pour attaquer l'île de Sor par Leybar. Il est repoussé, retourne sur la rive droite, et s'éloigne vers le Nord.. 141
Hostilités pendant l'hivernage.................................... 143
Les noirs s'unissent franchement à nous pour faire tout le mal possible aux Maures... 144
Grande expédition du gouverneur au lac Cayar.................... 146
Disette chez les Maures... 148
Ils viennent se faire prendre pour avoir à manger................ 148
La discorde se met parmi eux..................................... 148
Les hostilités redoublent... 149
Deuxième expédition du gouverneur au lac Cayar................... 151
Une bande de Trarza s'empare du village de Gandon près Saint-Louis. 152
Le gouverneur les poursuit avec toutes ses forces. Ils sont atteints et massacrés près de Dialmatch par les spahis...................... 153
Les tribus Trarza résistent ouvertement à leur roi, et ne veulent plus de guerre.. 154
Le roi des Trarza, d'accord avec celui des Brakna, fait la paix avec nous... 156

El hadj Omar, marabout sénégalais, fomente une guerre sainte... 158
Il établit sa place d'armes à Dinguiray dans la Fouta-Djallon.... 159
Il se rend maître du Bambouk et arrive sur le Haut-Sénégal...... 159
Il feint de ne pas en vouloir aux Européens, et demande au gouverneur Protet de l'aider dans sa guerre sainte...................... 160
El hadj Omar massacre la population de Makhana, et nous déclare la guerre... 161
Bakel étant en bon état de défense, el hadj Omar ne l'attaque pas. 162
Il passe le fleuve et envahit le Kaarta........................... 163
Il fait piller tous nos comptoirs................................. 165
Le commandant de Bakel est obligé de brûler la moitié du village pour se garantir contre toute trahison........................... 166
Hostilités dans le fleuve, entre les villages et nos bateaux.... 167
Le commandant de Bakel brûle le village de Tuabo, devenu hostile. 168
Combat de Mannaël.. 169
Le gouverneur se rend à Médine avec ses forces, et d'accord avec le roi Sambala, il y construit un fort............................. 171
On canonne le village de Gagny qui a commis des hostilités contre nous. 174
Boubakar-Saada, fils de feu l'almamy du Bondou, Saada, vient s'offrir à nous pour combattre el hadj Omar, et est nommé almamy du Bondou.. 175
Combats et razzias dans le Bondou, entre nos partisans et ceux d'el hadj Omar... 175

TABLE DES MATIÈRES.

Le ponton *le Galibi* stationne à Makhana où il a plusieurs engagements avec les populations. 176
Sénoudébou repousse plusieurs attaques. 176
Prise du tata d'Ahmadié 179
El hadj Omar revient du Bambouk pour attaquer Médine, à la tête de 15 000 hommes. 181
Les chefs du Khasso se rendent à lui, excepté Niamodi, chef du Logo, qui se réfugie à Médine avec tous les Khassonké, qui ne veulent pas se rendre à el hadj Omar. 182
Sambala entoure son village d'un tata qu'il réunit au fort. 182
Le 20 avril 1857, l'armée ennemie attaque Médine en trois corps. .. 182
Elle est repoussée après des pertes énormes. 183
Escarmouches journalières. 185
Le 11 mai, deuxième attaque par le fleuve, repoussée 185
Le commandant de Sénoudébou tente en vain d'aller porter des munitions à Médine. 186
Le 18 juillet 1857, Médine n'ayant plus de vivres, et ses munitions étant presque épuisées, est secourue par des troupes que le gouverneur a amenées sur le Podor. 187
Mort de l'enseigne de vaisseau des Essarts, dont le bateau, le *Guet-N'Dar*, s'était échoué pendant sept mois aux petites cataractes en essayant d'aller délivrer Médine. 188
El hadj Omar ayant perdu tout son prestige s'éloigne dans le Bambouk. 188
Épisode de Mlle Mary Duranton, morte dans le fort de Médine, la veille de sa délivrance. 197
Détails sur sa famille. 197
L'armée d'el hadj Omar lève le siège de Médine. On la poursuit jusqu'au delà des cataractes. 199
Combat livré cinq jours après la levée du siège, à une armée de secours qui arrivait à el hadj Omar, du Fouta sénégalais. Elle est battue et dispersée. 199
Mort du lieutenant d'état-major Descemet. 201
Avec les renforts qui lui arrivent de Saint-Louis, grâce à la crue des eaux, le gouverneur va prendre le village fortifié de Somsom-Tata, dans le Bondou. 202
Le gouverneur, avec toutes ses forces, va enlever le village de Kana-Makhounou, à quatre lieues au N.-E. de Médine. 206
Les troupes rentrent à Saint-Louis. 208
Le lieutenant de vaisseau Brossard de Corbigny va rétablir notre autorité dans la Falémé. 208
Hostilités, tout le long du fleuve, avec les riverains. 209
Construction de vive force, de la tour de Matam 211
Retour offensif d'el hadj Omar dans le Bondou et le Fouta. 213
Il essaie de barrer le fleuve à Garly 215
Tout le barrage est enlevé par la crue, et le gouverneur remonte le fleuve avec sa flottille. 217

Il va fonder à Kéniéba un établissement pour l'exploitation de l'or . . 218
Le capitaine de frégate Robin, gouverneur par intérim. 219
El hadj Omar ne s'entend pas avec les chefs du Fouta. 220
Sambala et Boubakar battent une armée d'el hadj Omar dans le Tomoro. 221
Le commandant Faron, commandant les troupes, et le capitaine de
 frégate Desmarais, commandant la flottille, sont envoyés dans le
 haut du fleuve et enlèvent le village fortifié de Guémou, où un neveu
 d'el hadj Omar se fait tuer avec ses fidèles. 226
Le commandant de Bakel, chef de bataillon Cornu, rétablit notre auto-
 rité dans les environs de son poste. 255
Pourparlers pour la paix avec Tierno-Moussa, envoyé d'el hadj Omar. 256

Gouvernement de l'amiral Jauréguiberry 257
Expédition du Fouta. 257
Combat de Mbirboyan. 258
Prise d'Oréfondé, capitale des Bosséiabé. 240
Combat de Loumbel contre l'armée du Fouta. 240
Grande expédition du Fouta, commandée par le gouverneur Jauréguí-
 berry 244
Les hostilités commencent à Edy et Touldegal. 246
La colonne traverse le Lao, les Irlabé, les Ebiabé et les Bosséiabé. . . 247
Elle arrive à Matam où la rejoint une partie de la garnison de Bakel. 247
Au retour, la flottille qui accompagnait autant que possible la colonne,
 et qui transportait les malades et les blessés, est cernée dans le
 grand bras du fleuve, et dégagée par la colonne. 248
Affaires de Doualel et de Kaédi. 249
Le camp des Maures Ouled-Eyba est enlevé et détruit. 249

Expédition de Nguik dans le Ndiambour. 251
Destruction de Niomré dans le Ndiambour. 251
Expéditions de Sine et de Saloum. 252
Expéditions du commandant Pinet-Laprade à Sine et Saloum. . . . 255
Expédition du commandant Pinet-Laprade dans la Basse-Casamance. 256
Expédition du colonel Pinet-Laprade dans la Haute-Casamance. . . 257

Opérations militaires dans le Cayor 258
Essais de traités avec le damel. 261
Construction de petits postes sur la côte, entre Saint-Louis et Dakar. 262
Combat de Diati. 263
Nouvelle expédition dans le Cayor. 264
Le damel Macodou est chassé de Cayor. 265
Nomination du damel Madiodio 266

TABLE DES MATIÈRES. 497

Expédition du gouverneur Jauréguiberry pour soutenir le damel Madiodio	266
Lat-Dior est proclamé damel	267
Macodou se réunit à Maba, marabout de la Gambie, pour nous combattre.	267
Le commandant de Gorée va punir le village de Thiès	268
On construit un blockhaus à Pout	268
La garnison de ce blockhaus se laisse surprendre et massacrer.	268
Le lieutenant-colonel Pinet-Laprade tire vengeance de cette trahison en 1864, et construit un poste à Thiès	269
Le gouverneur Faidherbe, revenu dans la colonie, est chargé par le gouvernement de faire construire des postes dans l'intérieur du Cayor	269
Nouveau traité avec Madiodio qui nous abandonne le Ndiambour et plusieurs autres provinces du Cayor	270
Le capitaine du génie Lorans, commandant à Nguiguis marche avec sa garnison contre Lat-Dior. Il est tué, et sa colonne est détruite à Ngolgol	271
Le lieutenant-colonel Pinet-Laprade tire vengeance de cette malheureuse affaire en remportant une grande victoire sur Lat-Dior à Loro	273
Lat-Dior se réfugie auprès de Maba qui pille nos alliés.	275
Le colonel Pinet-Laprade poursuit le prophète et bat son armée à Paouos	286
En 1867, les bandes de Maba tuent la plus grande partie de la garnison de Kaolakh qui était sortie à leur rencontre	285
Maba est tué dans une bataille contre le roi de Sine.	287
Un marabout du Toro, Ahmadou-Cheikhou, envahit le Cayor.	288
Lat-Dior se joint à lui contre nous.	289
Le commandant du génie Brunon, gouverneur par intérim, marche sur Mekhé où l'escadron de spahis est aux trois-quarts détruit par l'ennemi	289
Le lieutenant-colonel Le Camus bat Lat-Dior à Louga.	291
Le capitaine de spahis Canard chasse Lat-Dior du Cayor.	292
En 1871, le gouverneur du Sénégal reconnaît Lat-Dior comme damel.	292
Le marabout Ahmadou-Cheikhou se soulève de nouveau dans le Toro et le Dimar	292
Le lieutenant-colonel Trèves marche contre lui et le met en déroute.	293
Ahmadou-Cheikhou se réfugie dans le Fouta et s'empare du Djiolof	294
Il fait une nouvelle irruption dans le Cayor	294
Le lieutenant-colonel Bégin marche contre lui	294
Lat-Dior se joint à nous	295
Ahmadou-Cheikhou est battu et tué	296
Lat-Dior se conduit convenablement envers le gouvernement français pendant quelques années	297

TABLE DES MATIÈRES.

Travaux publics de tous genres exécutés dans la colonie 297
Voyage de MM. Mage et Quintin à Ségou, de 1863 à 1866 299
Colonel Brière de l'Isle, de l'infanterie de marine, gouverneur. 300
Prise de Sabouciré. 301
L'amiral Jauréguiberry étant ministre de la marine et des colonies, le gouvernement décide la construction d'un chemin de fer de Khayes, près de Médine, à Bafoulabé, et en même temps la construction de forts pour sa protection 302
Le lieutenant-colonel Borgnis-Desbordes est chargé de l'exécution de cette dernière partie du projet 302
Construction du poste de Bafoulabé. 303
Envoi du capitaine Gallieni en mission auprès d'Ahmadou avec un convoi de cadeaux 305
Affaire de Dio. Pillage du convoi 305
La mission Gallieni est internée à Nango par Ahmadou. 306
Mission géodésique pour faire la carte entre le Sénégal et le Niger, en 1881. 307
Le lieutenant-colonel Borgnis-Desbordes pénètre avec une colonne jusqu'à Kita, et y construit un fort 308
Destruction du village de Goubanko. 308
Retour de Gallieni. 309
Gouverneur de Lanneau 310
Achèvement de la ligne télégraphique de Saint-Louis à Kita 310

Commencement d'exécution du chemin de fer de Khayes vers Bafoulabé. 315
Nouvelle expédition du colonel Borgnis-Desbordes pour le ravitaillement des postes. 315
Établissement d'un fort à Badoumbé entre Bafoulabé et Kita. 316
Pointe du colonel Borgnis-Desbordes sur la rive droite du Niger pour essayer de s'opposer aux ravages de Samory 317
Considérations sur l'esclavage dans le Haut-Niger 319
Rentrée de la colonne à Saint-Louis. 322
Le colonel Borgnis-Desbordes fait une 3ᵉ expédition dans le Haut-Sénégal en 1882-83. 323
Détails sur le beurre végétal. 325
Le colonel Borgnis-Desbordes fait évacuer la place forte de Mourgoula par la garnison d'Ahmadou. 328
Il prend d'assaut le village de Daba qui voulait s'opposer à sa marche vers Bammakou, et punit les villages coupables du pillage de Dio. . 329
Le colonel arrive à Bammakou et commence la construction du fort. 333
Hostilités avec les gens de Samory qui viennent inquiéter les travaux. Ils sont repoussés. 333
Samory repasse sur la rive gauche et envahit le Bouré, le Gangaran, etc. 334
Le colonel rentre à Saint-Louis avec la colonne. 335

TABLE DES MATIÈRES.   499

Ravitaillement de 1883-84 par le colonel Boilève. 357
La colonne, partie de Médine le 18 décembre 1883, rentre à Saint-
   Louis sans hostilités. Construction de Koundou. 558
Ahmadou quitte Ségou pour s'établir sur la rive gauche à Yamina,
   en laissant son fils à Ségou. 558
La canonnière Le Niger montée à Bammakou prend son mouillage à
   Koulikoro. 542
Détails sur le cours du Niger. 543
Nécessité de relier ce fleuve au Sénégal en continuant le chemin de
   fer qui part de Médine. 548
Histoire de Tombouctou. 549
L'évêque anglican Khrowter. 562
Épisode concernant un noir du Grand-Bassam. 565
École des otages. 566
Instruction publique. 571
Le Bas-Niger. Rivalités entre les Français et les Anglais. 572
Conférence de Berlin. 575
L'esclavage sur le Haut-Niger. 578
Épisode sur un acte de brigandage inspiré par l'esclavage. 580
Tentatives de rétablissement de la traite sous le nom d'immigration
   libre, en 1856. 582

Quels étaient les projets primitifs de pénétration. 387
Ravitaillement du Soudan français en 1884-85 par le commandant
   Combes. 388
Construction du poste de Niagassola. 388
Hostilités avec Samory dans le Bouré et le Manding. 389
Affaire de Nafadjé. 390
Ahmadou quitte le Niger et s'établit à Nioro. 391
Voyage de la canonnière Le Niger jusqu'à Diafarabé. 594
A notre instigation, les gens de Yamina chassent les sofa d'Ahmadou. 596
Projet de chemin de fer Lartigues. 596
Télégraphie électrique. 598
Missionnaires du Saint-Esprit. 598
L'envoyé de Tombouctou, Abd-el Kader-ould-Bakar. Son voyage à Paris. 599

Situation politique du Soudan occidental au mois de décembre 1885. 407
Inquiétudes d'Ahmadou en présence de la révolte de ses frères et de
   l'arrivée de notre colonne de ravitaillement. 407
Le marabout Mahmadou Lamine cherche à pousser les Sarakhollé à
   l'insurrection. 408
La colonne de ravitaillement chasse les gens de Samory sur la rive
   droite du Niger. 409

TABLE DES MATIÈRES.

Mission du capitaine Tournier.	410
Traité de paix avec Samory. Voyage en France de son fils Karamoko-Diaoulé.	412
Mort de Boubakar-Saada, roi du Bondou.	415
Invasion du Bondou par Mahmadou Lamine.	419
Combat de Kounguel.	424
Attaque de l'akel.	424
Opérations du colonel Frey contre Mahmadou Lamine.	425
Mission du lieutenant Brosselard dans le Fouta	432
Retour offensif de Mahmadou Lamine.	433
Événements dans le Cayor	435
Mort de Samba-Laobé	439
Mort de Lat-Dior	443
Suppression du damel. Le Cayor, province française, divisée en cantons.	444
Assassinat d'Eli, roi des Trarza.	444
Amar-Saloum lui succède	445

Campagne de ravitaillement de 1886-87, sous les ordres du lieutenant-colonel Gallieni.	445
Ahmadou se retire vers Nioro et signe un traité de paix avec le lieutenant-colonel Gallieni.	447
Travaux du chemin de fer du Haut-Fleuve	447
Opérations contre Mahmadou-Lamine	447
Arrivée devant Diana, évacué par lui.	448
Poursuite du marabout jusqu'en Gambie.	449
Expédition contre Saer-Maty, chef du Rip	451
Mort du lieutenant Minet.	451
Missions Oberdorf, Reichemberg, Peroz, Liotart, Tautain, Oniquandon, Binger.	452
Voyage de la canonnière *Le Niger* sous le commandement du lieutenant de vaisseau Caron, partant de Manambougou le 1er juillet 1887.	461
On passe devant Yamina, Segou, et on mouille à Sansanding.	462
Arrivée le 13 à Diafarabé, confluent du grand bras de Diaka.	462
M. Caron envoie annoncer son arrivée à Tidiani qui l'appelle à Bandiagara.	462
Conférence. Tidiani défend à M. Caron d'aller à Tombouctou	463
M. Caron n'obéit pas à cet ordre et continue son voyage. Il traverse le lac Deboë, et va mouiller devant Koriomé, un des ports de Tombouctou. Il ne peut pas entrer en relations sérieuses avec la population de la ville qui déclare appartenir au Maroc	464
M. Caron arrive à Manambougou le 6 octobre, de retour de son magnifique voyage	467

TABLE DES MATIÈRES.   501

Campagne de ravitaillement de 1887-88 sous les ordres du lieutenant-colonel Gallieni	469
Le capitaine Fortin s'empare de Toubakouta où Mahmadou-Lamine s'était réfugié.	470
Poursuite du marabout. Sa mort à Lamen-Kotto.	471
Opérations du commandant Vallière contre Farba, chef d'un village de la rive droite du Niger.	472
Construction du poste fortifié de Siguiri.	472
Rentrée de la colonne à Saint-Louis.	473
Marche d'une petite colonne de Siguiri à Benty à travers le Fouta-Djallon.	473
La voie ferrée est terminée jusqu'à Bafoulabé et prolongée par un Decauville.	473
Le lieutenant-colonel Gallieni organise l'enseignement de la langue française dans les postes occupés par nous.	474
M. Hübler, délégué de l'Alliance française, poursuit le même but avec le plus grand zèle.	475
Reconnaissance faite par le docteur Collin.	475
Mission du capitaine Brosselard dans la Guinée portugaise.	476

Campagne de ravitaillement de 1888-89, sous les ordres du commandant Archinard. Prise de Koundian.	476
Renseignements sur le moyen de faire un voyage d'agrément au Sénégal en un mois.	477

CONCLUSION. 485

PARIS. — IMPRIMERIE GÉNÉRALE A. LAHURE
9, RUE DE FLEURUS.

www.ingramcontent.com/pod-product-compliance
Lightning Source LLC
Chambersburg PA
CBHW051128230426
43670CB00007B/719